Außervertragliche Haftung bei mangelhafter IT-Sicherheit

SCHRIFTENREIHE ZUM IT- UND INFORMATIONSRECHT
Herausgegeben von Thomas Hoeren und Nikolaus Forgó

BAND 1

PETER LANG

Markus Andrees

Außervertragliche Haftung bei mangelhafter IT-Sicherheit

Legislative Handlungsoptionen zur Verbesserung des IT-Sicherheitsniveaus von Produkten und Diensten

PETER LANG

Bibliografische Information der Deutschen Nationalbibliothek
Die Deutsche Nationalbibliothek verzeichnet diese Publikation in der Deutschen Nationalbibliografie; detaillierte bibliografische Daten sind im Internet über http://dnb.d-nb.de abrufbar.

Zugl.: Münster (Westfalen), Univ., Diss.
der Rechtswissenschaftlichen Fakultät, 2018

D 6
ISSN 2567-658X
ISBN 978-3-631-78721-2 (Print)
E-ISBN 978-3-631-78776-2 (E-PDF)
E-ISBN 978-3-631-78777-9 (EPUB)
E-ISBN 978-3-631-78778-6 (MOBI)
DOI 10.3726/b15538

Peter Lang – Berlin · Bern · Bruxelles ·
New York · Oxford · Warszawa · Wien

Diese Publikation wurde begutachtet.

www.peterlang.com

Vorwort

Die vorliegende Arbeit wurde im Sommersemester 2018 von der Rechtswissenschaftlichen Fakultät der Westfälischen Wilhelms-Universität Münster als Dissertation angenommen. Gesetzgebung, Rechtsprechung und Literatur befinden sich auf dem Stand von März 2018.

Großer Dank gilt zunächst Frau Prof. Franziska Boehm für die hervorragende Betreuung der Dissertation sowie für die interessante und lehrreiche Zusammenarbeit während ihrer Tätigkeit am Institut für Informations-, Telekommunikations- und Medienrecht (ITM). Die gemeinsame Zeit war nicht nur fachlich wertvoll, sondern hat mich auch menschlich bereichert. Danken möchte ich daneben Herrn Prof. Klicka für die zügige Erstellung des Zweitgutachtens.

Besondere Erwähnung verdient darüber hinaus die RWTÜV-Stiftung aus Essen. Diese hat sich der Förderung von Wissenschaft und Forschung auf den Gebieten Technik, Sicherheit und Umwelt verschrieben und in diesem Zusammenhang die Promotion finanziell gefördert. Ohne die großzügige Zuwendung wäre die Erstellung dieser Arbeit nicht möglich gewesen. Prof. Dr. Karl Friedrich Jakob, Vorstandsvorsitzender der RWTÜV-Stiftung, und Harald Schaaf als meinem direkten Ansprechpartner möchte ich dafür stellvertretend meinen herzlichen Dank aussprechen. Dies schließt auch ein großes Dankeschön für den mir gewährten Freiraum ein, den ich bei der Anfertigung der Arbeit genießen durfte.

Neben der Betreuung und der Finanzierung ist für das Gelingen einer Dissertation natürlich die persönliche Unterstützung unerlässlich. Deshalb gebührt ein weiterer großer Dank meinen Freunden. Auf vielfältige Art und Weise – etwa durch Diskussionen, Ratschläge, Korrekturarbeiten aber auch durch die Verbreitung von Optimismus und guter Laune – haben sie wesentliche Beiträge für die Anfertigung dieser Arbeit geleistet.

Gleiches gilt in noch größerem Maße für meine Familie, die mich die gesamte Dissertationszeit über bedingungslos unterstützt hat. Auf sie konnte ich mich auch in schwierigen Phasen stets verlassen. Der von ihr gewährte Rückhalt hat es mir ermöglicht, mein Ziel zu erreichen. Dafür gebührt ihr der größte Dank.

Münster, im Januar 2019
Markus Andrees

Inhaltsverzeichnis

1. Kapitel: Einführung

Aus der Nische in den Mittelpunkt: das Thema IT-Sicherheit hat in jüngster Zeit einen bemerkenswerten Aufschwung in der öffentlichen Wahrnehmung erfahren. Aufsehenerregende Vorfälle wie der komplexe Angriff auf das Netz des Bundestages,[1] die großflächigen Störungen von Anschlüssen der Telekom,[2] das Abhandenkommen von Unmengen personenbezogener Daten aus Cloud-Angeboten,[3] die stundenlange Nichterreichbarkeit populärer Webdienste aus den USA[4] oder die weltweite Infizierung von Computersystemen mit Ransomware[5] haben Schwächen unserer digitalisierten und vernetzten Gesellschaft eindrucksvoll vor Augen geführt. Das Thema IT-Sicherheit ist dadurch in das Zentrum intensiver Diskussionen gerückt.

In den Debatten zeigt sich sowohl auf politischer Ebene als auch innerhalb von Wissenschaft und Praxis eine weitgehende Übereinstimmung, dass die IT-Sicherheitslage in Deutschland verbessert werden muss.[6] Uneinigkeit besteht hingegen darüber, wie genau Mängel bezüglich der IT-Sicherheit beseitigt werden sollen. Diskutiert wird in diesem Zusammenhang unter anderem darüber, neue Haftungsregeln einzuführen, damit auch das Haftungsrecht zu einer Verbesserung der IT-Sicherheitslage beiträgt.[7]

---

1 *Kühl/Caspari*, auf: Zeit.de, Was wir über den Angriff auf den Bundestag wissen (**Verlinkungen zu Online-Veröffentlichungen** sind in einem separaten Quellenverzeichnis im Anhang der Arbeit ausgewiesen).

2 *Agenturmeldung*, auf: Zeit.de, Hinweise auf Hackerangriff verdichten sich.

3 *Agenturmeldung*, auf: Süddeutsche.de, Apple weist Schuld an Nacktfoto-Hack von sich.

4 *Bernau*, auf Faz.net, Der große Coup der Hacker.

5 *Agenturmeldung*, auf: Spiegel.de, „WannaCry"-Attacke – Fakten zum globalen Cyberangriff.

6 Siehe beispielhaft: *Bundesministerium des Innern*, auf: BMI.bund.de, Cybersicherheitsstrategie für Deutschland 2016; *Könen*, DuD 2016, 12, 12; *Roth*, ZD 2015, 17, 18.

7 Zur Diskussion aus wissenschaftlicher Sicht: *Buermeyer/Golla*, K&R 2017, 14, 18; *Horner/Kaulartz*, InTeR 2016, 22, 27; *Pohlmann*, DuD 2014, 655, 659; *Roßnagel*, DVBl 2015, 1206, 1212; *Schallbruch*, CR 2016, 663, 670; *Spindler*, CR 2016, 297, 312. Forderungen aus politischer Sicht, vgl.: *Beer*, auf: Heise.de, Nach WannaCry-Attacke: Dobrindt für schärferes IT-Sicherheitsgesetz; *Kleinhans*, auf: Zeit.de, Der Staat gegen das Netz der unsicheren Dinge; *Kleinz*, auf: Heise.de, IT-Sicherheitskongress: BSI-Chef befürwortet neue Haftungsregeln; *Schmidt*, auf: Heise.de, ENISA-Chef fordert Produkthaftung für Hard- und Software; *Schneier*, auf: Telekom.com, Was wir aus dem DDoS-Angriff auf Dyn lernen können.

An diese Diskussion knüpft die folgende Arbeit an. Sie analysiert, ob und inwieweit das geltende Haftungsrecht fortzuentwickeln ist, um einen sinnvollen Beitrag zur Verbesserung der IT-Sicherheit zu leisten. Wie genau dabei vorgegangen wird und auf welche Aspekte sich die Arbeit konzentriert, wird nach einem kurzen Überblick über die faktischen und politischen Rahmenbedingungen des Themas dargestellt.

I. Faktischer Rahmen: Vernachlässigung der IT-Sicherheit

Es klingt beunruhigend, was das *Bundesamt für Sicherheit in der Informationstechnik* (BSI) Jahr für Jahr in seinen Lageberichten zur IT-Sicherheit veröffentlicht. So wird beispielsweise bemängelt, dass IT-Sicherheit im Spannungsfeld von Innovation, Globalisierung und Komplexität oft zu kurz komme.[8] Die IT-Risikolage wird regelmäßig als „angespannt“[9] oder „kritisch“[10] bewertet. Festzustellen sei, dass die Bedrohungslage an Komplexität zugenommen habe und Gefahren an Intensität hinzugewonnen hätten.[11] Gerade die Verwundbarkeit des alltäglichen Lebens durch Cyberangriffe sei mittlerweile durch viele Fälle deutlich geworden.[12]

Die obere Bundesbehörde, die vielfältige Aufgaben im Zusammenhang mit IT-Sicherheit wahrnimmt und deren fachliche Expertise unbestreitbar ist,[13] ist nicht die einzige mahnende Stimme bezüglich der IT-Sicherheitslage. Unabhängige Studien zeichnen ein ähnliches Bild. Sie belegen, dass in vielen unternehmerischen Branchen Defizite hinsichtlich der IT-Sicherheit vorhanden sind.[14] In

---

8 *Bundesamt für Sicherheit in der Informationstechnik*, auf: BSI.bund.de, Jahresbericht 2015, S. 6.

9 *Bundesamt für Sicherheit in der Informationstechnik*, auf: BSI.bund.de, Jahresbericht 2017, S. 75.

10 *Bundesamt für Sicherheit in der Informationstechnik*, auf: BSI.bund.de, Jahresbericht 2016, S. 61; Jahresbericht 2014, S. 4.

11 *Bundesamt für Sicherheit in der Informationstechnik*, auf: BSI.bund.de, Jahresbericht 2016, S. 61.

12 *Bundesamt für Sicherheit in der Informationstechnik*, auf: BSI.bund.de, Jahresbericht 2016, S. 61.

13 Siehe dazu den Katalog in § 3 BSIG.

14 *Bitkom*, RDV 2015, 160; *Büllingen*, DuD 2013, 173, 174; *Bundesamt für Sicherheit in der Informationstechnik*, auf: BSI.bund.de, Studie zur IT-Sicherheit in KMU. Siehe auch: *Deutschland sicher im Netz e.V.*, auf: Sicher-im-netz.de, Sicherheitsmonitor Mittelstand 2015; *Holland*, auf: Heise.de, WannaCry: Deutschland laut BSI-Chef „mit blauem Auge davongekommen“; *Ries*, auf: Heise.de, Sicherheits-Report: Unternehmen setzen selbst simple Schutzmechanismen nicht um.

der Wirtschaft selbst schätzen laut Umfragen ebenfalls viele Unternehmen die Situation so ein, dass das Thema IT-Sicherheit große Herausforderungen für sie mit sich bringt.[15]

Die kritikwürdige IT-Sicherheitslage ist die Kehrseite der dynamischen Fortentwicklung von Informationstechnik. Deren Resultate sind aus unserem Alltag kaum noch wegzudenken und erlangen immer größere Bedeutung.[16] Ein Blick auf die Trends der Geschäftswelt unterstreicht diese Annahme: Industrie 4.0, Big Data, Cloud Computing, Smart Technologies oder Internet der Dinge – in enormer Geschwindigkeit entwickeln und verbreiten sich unter diesen Oberbegriffen neuartige Geschäftsmodelle. Unternehmen kommen an einer Auseinandersetzung mit diesen Themen kaum mehr vorbei, wenn sie auf dem Markt Erfolg haben wollen.[17]

Die im Rahmen der technischen Fortentwicklung entstehenden Produkte und Dienste zeichnen sich im Wesentlichen dadurch aus, dass Informationstechnik immer stärker in die Geschäftsprozesse bzw. in die jeweiligen Angebote eingebunden wird und untereinander eine intensivere Vernetzung stattfindet.[18] Wesentlicher Faktor für die Vernetzung ist das Internet als globales Kommunikationsnetz. Durch den verstärkten IT-Einsatz werden wiederum Unmengen an Informationen generiert, verarbeitet und übermittelt, die ihrerseits weitere unternehmerische Tätigkeiten bedingen oder verstärken.

Bei der Entwicklung dieser Produkte und Dienste sind Funktionalität und Wirtschaftlichkeit die dominierenden Handlungsanreize, während die IT-Sicherheit geringere Priorität genießt.[19] So sorgt beispielsweise die Steuerung

---

15 *Bundesdruckerei GmbH*, auf: Bundesdruckerei.de, IT-Sicherheit im Rahmen der Digitalisierung; *TeleTrusT – Bundesverband IT-Sicherheit*, auf: Teletrust.de, IT-Sicherheit bei Industrie 4.0: Botschaft angekommen, Umsetzung hapert; *Verband der deutschen Internetwirtschaft*, auf: Eco.de, IT-Sicherheit 2016; *ders.*, IT-Sicherheit 2015; vgl. auch *Beukelmann*, NJW-Spezial 2017, 376, 377.

16 *Roßnagel*, DVBl 2015, 1206, 1206; *Schmelling*, DuD 2016, 635, 639.

17 *Bräutigam/Klindt*, NJW 2015, 1137, 1137; *Heun/Assion*, CR 2015, 812, 812; Vgl. dazu auch: *Bitkom*, auf: Bitkom.org, Zukunft der Consumer Electronics; *Bitkom*, auf: Bitkom.org, Potenziale und Einsatz von Big Data; *Deloitte/TU München*, auf: Deloitte.com, Ready for Takeoff? Smart Home aus Konsumentensicht.

18 *Gaycken/Karger*, MMR 2011, 3, 3; *Gitter/Meißner/Spauschus*, ZD 2015, 512, 512; *Junker*, DuD 2015, 647, 650; *Paulus*, DuD 2012, 413, 414; *Waidner/Backes/Müller-Quade*, auf: Kompezenz-it-sicherheit.de, Positionspapier Cybersicherheit, S. 2.

19 *Bundesamt für Sicherheit in der Informationstechnik*, auf: BSI.bund.de, Jahresbericht 2017, S. 16; *Schneier*, auf: Telekom.com, Was wir aus dem DDoS-Angriff auf Dyn lernen können; *Schneier*, auf: Schneier.com, We Need to Save the Internet from the Internet of Things.

von Produkten und Diensten über das Internet, die aus Gründen der Funktionalität begrüßenswert ist, für Einfallstore, die manipulative Eingriffe Dritter begünstigen.[20] Zudem hat die aus wirtschaftlichen Gründen sinnvolle Idee der Vernetzung den Nachteil, dass bei einer Störung oder bei einem Ausfall eines IT-Systems negative Auswirkungen bei vernetzten Dritten auftreten. Die eingangs genannten und zahlreiche weitere in den Medien veröffentlichte Vorfälle können in diesem Zusammenhang als eindrückliche Beispiele für mangelhafte IT-Sicherheit angeführt werden.[21]

II. Politischer Rahmen: Streben nach Verbesserung

Dass die Lage der IT-Sicherheit im Ganzen nicht optimal ist, schätzen nicht nur Experten aus Wissenschaft und Praxis so ein.[22] Auch auf Ebene der politischen Entscheidungsträger hat sich die Erkenntnis durchgesetzt, dass die Gefährdungslage hoch ist und gesetzgeberisches Handeln erfordert. Zur Verbesserung der IT-Sicherheitslage wurde etwa im Jahr 2015 das „Gesetz zur Erhöhung der Sicherheit informationstechnischer Systeme“ (kurz: IT-Sicherheitsgesetz) verabschiedet.[23] Es handelt sich dabei um ein Artikelgesetz, das kein neues Regelwerk schafft, sondern verschiedene bestehende Gesetze modifiziert.[24] Mit der gleichen Zielsetzung wurde auf europäischer Ebene im Jahr 2016 die „Richtlinie über Maßnahmen zur Gewährleistung einer hohen gemeinsamen Netz- und Informationssicherheit in der Union“[25] (kurz: NIS-Richtlinie) verabschiedet.

Der deutsche und der europäische Gesetzgeber haben sich in diesem Rahmen dazu entschieden, die Optimierung der IT-Sicherheitslage durch weitgehend übereinstimmende branchenspezifische Pflichten für bestimmte Unternehmen zu erreichen. Ohne an dieser Stelle genauer auf die Details eingehen zu wollen,[26]

---

20 *Fox*, DuD 2015, 717, 717.

21 Weitere Überblicke bei: *Roos*, MMR 2015, 636, 637 mwN; *Waidner/Backes/Müller-Quade*, auf: Kompezenz-it-sicherheit.de, Positionspapier Cybersicherheit, S. 5f mwN.

22 Siehe etwa: *Gehrmann/Klett*, K&R 2017, 372, 372; *Grudzien*, DuD 2016, 29, 33; *Pohlmann*, DuD 2016, 38, 38; *Roßnagel*, DVBl 2015, 1206, 1206; *Witt/Freudenberg*, CR 2016, 657, 657.

23 BGBl. 2015 I Nr. 31, S. 1324ff.

24 *Gliss*, DSB 2015, 15, 15; *Roßnagel*, DVBl 2015, 1206, 1207.

25 Richtlinie (EU) 2016/1148 vom 6. Juli 2016, OJ L 194, 19.7.2016, S. 1–30.

26 Ausführlich zum IT-Sicherheitsgesetz: *Gerling*, RDV 2015, 167ff.; *Gitter/Meißner/Spauschus*, DuD 2016, 7ff.; *Gitter/Meißner/Spauschus*, ZD 2015, 512ff.; *Hornung*, NJW 2015, 3334ff.; *Leisterer/Schneider*, CR 2014, 574ff.; *Rath/Kuss/Bach*, K&R 2015, 437ff.; *Roos*, MMR 2015, 636ff.; *Roos*, MMR 2014, 723ff.; *Roßnagel*, DVBl 2015, 1206ff.;

kann festgestellt werden, dass die IT-Sicherheitslage insbesondere durch zwei Maßnahmen verbessert werden soll: Zum einen müssen Betreiber kritischer Infrastrukturen erhebliche IT-Sicherheitsvorfälle melden. Diese Meldungen sollen dazu beitragen, dass ein umfassendes Lagebild entsteht und schneller und effektiver Maßnahmen gegen Sicherheitsrisiken eingeleitet werden.[27] Zum anderen werden bestimmte Unternehmen verpflichtet, angemessene technische und organisatorische Maßnahmen zum Schutz ihrer Informationstechnik zu implementieren. Diese müssen sich am Stand der Technik orientieren und sollen so ein hohes Sicherheitsniveau garantieren.[28]

Auf politischer Ebene wurde jedoch bereits bei der Verabschiedung des IT-Sicherheitsgesetzes klargestellt, dass dies nur ein erster Schritt auf dem Weg zum Ziel einer verbesserten IT-Sicherheitslage sein könne.[29] IT-Sicherheit sei eine Daueraufgabe, die nicht durch einmaliges gesetzliches Tätigwerden den rechtlichen Rahmen auf die Höhe der Zeit bringe.[30] Zumindest in dieser Bewertung stimmten die Oppositionsparteien mit der parlamentarischen Mehrheit überein. Auch wenn sie die durch das IT-Sicherheitsgesetz eingeführten Maßnahmen ablehnten, zeigten sie durch die Aufstellung eines alternativen Forderungskatalogs, dass sie ebenfalls eine Regulierung befürworten, um für mehr IT-Sicherheit zu sorgen.[31]

Insofern lässt sich ein parteiübergreifendes Streben nach einer Verbesserung der IT-Sicherheitslage feststellen. Aufgrund dieser weitreichenden politischen Übereinstimmung ist über kurz oder lang mit weiteren Gesetzesvorschlägen zu rechnen, die zur Optimierung der IT-Sicherheitslage beitragen sollen. Äußerungen von Politikern verschiedener Parteien legen nahe, dass dabei auch die Frage der Haftung für mangelhafte IT-Sicherheit zur Debatte gestellt wird.[32]

Roth, ZD 2015, 17ff. Ausführlich zur NIS-Richtlinie: *Gehrmann/Voigt*, CR 2017, 93; *Gehrmann/Voigt*, ZD 2016, 355; *Schallbruch*, CR 2016, 657ff.; *Witt/Freudenberg*, CR 2016, 657.

27 § 8b Abs. 4 BSIG; § 44b AtG; § 11 Abs. 1c EnWG; § 291b Abs. 6 SGB V. Vgl. auch: Gesetzesbegründung zum IT-Sicherheitsgesetz, BT-Drucksache 18/4096, S. 2.

28 §§ 8a Abs. 1, 8c BSIG; § 11 Abs. 1, 1b EnWG; § 13 Abs. 7 TMG; § 109 Abs. 2 TKG; Vgl. auch: Gesetzesbegründung zum IT-Sicherheitsgesetz, BT-Drucksache 18/4096, S. 2.

29 Plenarprotokoll 18/110 der 110. Sitzung vom 12. Juni 2015: S. 10565 und S. 10571.

30 Plenarprotokoll 18/110 der 110. Sitzung vom 12. Juni 2015: S. 10574.

31 Plenarprotokoll 18/110 der 110. Sitzung vom 12. Juni 2015: S. 10566; S. 10570; S. 10573

32 *Bündnis 90/Die Grünen*, auf: Gruene-bundestag.de, Fraktionsbeschluss vom 25.4. 2017: Sicherheit im Digitalen, S. 8; *SPD*, auf: SPDFraktion.de, Positionspapier: Stärkung des digitalen Immunsystems, S. 2. Vgl. auch: *Steiner/Briegleb*, auf: Heise.de, Softwarehaftung: CDU will Hersteller in die Haftung nehmen; *Krempl*, auf: Heise.de, IT-Gipfel: Produkthaftung gegen die „digitale Sorglosigkeit"; *Mayntz*, auf: RP-online.

III. Forschungsgegenstand: IT-Sicherheit im Haftungsrecht

In dem aufgezeigten Spannungsfeld zwischen faktischen Defiziten im Bereich der IT-Sicherheit und dem politischen Willen, diese zu beseitigen, ist diese Arbeit angesiedelt. Sie widmet sich mit dem Haftungsrecht einem Rechtsgebiet, das in der bisherigen Diskussion über die Verbesserung des IT-Sicherheitsniveaus zwar immer wieder anklingt, aber bisher kaum vertieft behandelt wurde.[33]

1. Forschungsgegenstand in sachlicher Hinsicht

In sachlicher Hinsicht konzentriert sich die folgende Arbeit auf das außervertragliche Haftungsrecht, das verstanden wird als die Gesamtheit der Normen, die einen Anspruch auf Schadensersatz begründen.[34] Ausschlaggebend für diese Wahl ist die Annahme, dass die praktische Bedeutung der außervertraglichen haftungsrechtlichen Regeln im Zusammenhang mit der Thematik der IT-Sicherheit in naher Zukunft zunehmen dürfte. Dafür gibt es im Wesentlichen zwei Gründe.

Zum ersten sorgen die eingangs dargestellten Entwicklungen der IT im Zusammenspiel mit der Ubiquität des Haftungsrechts für einen Bedeutungszuwachs dieses Rechtsgebiets. Der Anwendungsbereich des außervertraglichen Haftungsrechts ist unbeschränkt. Während bislang existierende IT-sicherheitsrelevante Regelungen (wie etwa auch diejenigen im IT-Sicherheitsgesetz) ausdrücklich nur bestimmte Adressatenkreise betreffen, muss sich grundsätzlich jeder, der IT entwickelt, herstellt oder einsetzt, mit der Thematik der Haftung und folglich auch mit der Haftung aufgrund mangelhafter IT-Sicherheit befassen.[35] Zudem ist gerade keine vertragliche Sonderverbindung nötig, sodass jeder Geschädigte potentiell gegen einen die IT-Sicherheit vernachlässigenden Schädiger vorgehen kann. Aufgrund der steigenden Vernetzung und der vermehrten Einbindung von Informationstechnik in Alltagsprodukte besteht vor diesem

---

de, Beschlusspapier der Innenministerkonferenz: Plan gegen Spionage im Kühlschrank.

33 Eine Ausnahme stellt ein mittlerweile über zehn Jahre altes, vom *Bundesamt für Sicherheit in der Informationstechnik* in Auftrag gegebenes Rechtsgutachten dar, das einen ausführlichen Überblick über Schwachstellen im Recht gibt, dabei jedoch nicht den Fokus auf mangelhafte IT-Sicherheit IT-spezifischer Produkte und Dienste legt, vgl. *Bundesamt für Sicherheit in der Informationstechnik*, auf: BSI.bund.de, Verantwortlichkeiten von IT-Herstellern, Nutzern und Intermediären.

34 Vgl. *Grüneberg*, in: Palandt, Vorb § 249, Rn. 1.

35 *Heckmann*, MMR 2006, 280, 284.

Hintergrund ein berechtigter Anlass, individuelle Haftungsrisiken genauer zu prüfen. Denn diese Trends bergen die Gefahr, dass mangelhafte IT-Sicherheit tatsächlich vermehrt Schäden bei Dritten auslöst, die durch Sicherheitsmaßnahmen bei der Entwicklung, Herstellung und Anwendung der Informationstechnik hätten verhindert werden müssen.

Zum zweiten resultiert aus der Struktur dieses Rechtsgebietes ein weiterer Grund dafür, dass dessen Bedeutung voraussichtlich zunehmen wird. Beim außervertraglichen Haftungsrecht handelt es sich nicht um eine isolierte Materie. Vielmehr wirken sich Vorschriften aus anderen Bereichen stark aus. Insbesondere wird regelmäßig das haftungsauslösende schuldhafte Verhalten unter Rückgriff auf Normen anderer Rechtsbereiche begründet.[36] Vor diesem Hintergrund kann es dazu kommen, dass Gesetzesänderungen, wie etwa durch das IT-Sicherheitsgesetz, bestehende Haftungsmaßstäbe verschieben und neue Haftungsrisiken schaffen.[37]

2. Forschungsgegenstand in personeller Hinsicht

Im Rahmen der Auseinandersetzung mit dem außervertraglichen Haftungsrecht soll der Blick allerdings nur auf bestimmte Akteure gerichtet werden: Hersteller und Diensteanbieter, deren Produkte und Dienste IT-spezifisch sind, sollen im Zentrum dieser Arbeit stehen.

Mit IT-spezifischen Produkten und Diensten sind im Folgenden solche gemeint, die ihre bestimmungsgemäßen Zwecke und Zielvorgaben nur unter Einsatz informationstechnischer Systeme, Komponenten und Prozesse vollständig erfüllen können. Sie lassen sich also dadurch charakterisieren, dass Beeinträchtigungen der verarbeiteten Informationen oder der zur Informationsverarbeitung eingesetzten Systeme, Komponenten oder Prozesse unmittelbar zu einer Einschränkung der zu erwartenden Funktionalität bzw. Leistung der Produkte oder Dienste führen. Die Definition ist bewusst weit formuliert, um unterschiedliche Akteure wie etwa Hersteller von vernetzten Produkten ebenso in die Arbeit einzubeziehen wie Anbieter von Cloud-Services oder Versorgungsunternehmen, die bei ihrer Leistungserbringung vom IT-Einsatz abhängig sind.

Aus dem Fokus der Arbeit ausgenommen sind damit trotz der weiten Definition Hersteller bzw. Anbieter von Produkten oder Diensten, für deren Entstehung oder Durchführung der Einsatz von Informationstechnik nur ein reines Hilfsmittel ist. Es handelt sich bei diesen Akteuren lediglich um Nutzer

36 *Spindler*, CR 2015, 766, 771.

37 *Beucher/Utzerath*, MMR 2013, 362, 367; *Rath/Kuss/Bach;* K&R 2015, 437, 440.

von Informationstechnik, für deren Produkte bzw. Dienste Informationstechnik nicht direkt erforderlich ist und deren Einfluss auf IT-Sicherheitsmaßnahmen auch nur beschränkt ist. Ein Hersteller von Lebensmitteln wird nicht etwa dadurch zum Hersteller eines IT-spezifischen Produkts, weil es ohne informationstechnische Geräte nicht hergestellt werden kann bzw. weil Fehlfunktionen der Informationstechnik sich negativ auf die Produktqualität auswirken können. Ebenso wenig erbringt ein Anwalt einen IT-spezifischen Dienst, weil er zur Erbringung seiner Leistung auf elektronische Informationsverarbeitung angewiesen ist. In beiden Fällen wirkt sich eine Beeinträchtigung der Informationstechnik nur mittelbar in einem Produkt bzw. Dienst aus.

Der Fokus auf Hersteller und Anbieter IT-spezifischer Produkte und Dienste resultiert aus pragmatischen Erwägungen. Sie sind diejenigen, die für ihre Geschäftsmodelle Informationstechnik (weiter-)entwickeln und einsetzen. Sie sind damit zugleich diejenigen, die in erster Linie die Sicherheit der Produkte und Dienste beeinflussen können. Umgekehrt sind die Hersteller und Diensteanbieter aus Sicht der Geschädigten die naheliegenden Adressaten, wenn es zu Schäden kommt. Auch wenn nicht verkannt werden darf, dass in vielen Fällen dritte Personen Mängel der IT-Sicherheit ausnutzen und Schäden herbeiführen, ist regelmäßig festzustellen, dass Produzenten und Diensteanbieter den Schaden hätten verhindern können. Sie sind zudem leichter bestimmbar und verfügen regelmäßig auch über eine ausreichende Haftungsmasse, sodass aus Sicht der Geschädigten ein Vorgehen gegen sie vielversprechend erscheint.

IV. Ziel der Arbeit: Fortentwicklung des Haftungsrechts zur Verbesserung des IT-Sicherheitsniveaus

Das konkrete Ziel der Arbeit besteht darin, das außervertragliche Haftungsrecht im Lichte des übergeordneten Ziels der Verbesserung des IT-Sicherheitsniveaus zu untersuchen und fortzuentwickeln. Zu diesem Zweck wird zunächst ermittelt, inwieweit das geltende außervertragliche Recht überhaupt dazu geeignet ist, das IT-Sicherheitsniveau zu steigern. Die Ausarbeitung soll dann aufzeigen, wo legislative Maßnahmen ansetzen sollten, um das Haftungsrecht so zu modifizieren, dass es einen sinnvollen Beitrag zum Anstieg des IT-Sicherheitsniveaus leistet. Im Ergebnis sollen konkrete Handlungsoptionen des Gesetzgebers erörtert werden, die dem dargestellten politisch-gesellschaftlichen Anliegen gerecht werden.

1. Theoretische Grundlage

Der grundlegende theoretische Ansatz dafür, dass das außervertragliche Haftungsrecht ein Mittel ist, um das übergeordnete Ziel eines höheren IT-Sicherheitsniveaus zu fördern, entstammt dem Sinn und Zweck des Haftungsrechts.

Nach traditioneller Ansicht liegt der Zweck haftungsrechtlicher Regelungen im Ausgleich von Schäden.[38] Da sich diese Zweckbestimmung in Zweifelsfällen über das Bestehen eines Schadensersatzanspruchs als „Leerformel"[39] erweist und sie keine Hilfestellung für die Lösung konkreter Fälle leistet,[40] wird sie zusätzlich unter Rückgriff auf das Gerechtigkeitsprinzip inhaltlich angefüllt. Der Ausgleich von Schäden soll demnach in gerechter Weise erfolgen, wobei der Aspekt der Gerechtigkeit aus funktionaler Sicht in den Vordergrund rückt.[41] An der Auffassung, die Funktion des außervertraglichen Haftungsrechts bestehe in der Herbeiführung eines gerechten Schadensausgleichs, lässt sich nicht zweifeln. Es handelt sich um die grundlegende Aufgabe dieser Regelungen.[42]

Die Funktion des Haftungsrechts erschöpft sich jedoch nicht in diesem Zweck. Gerade weil trotz Verweises auf die Gerechtigkeit die Inhaltsleere der Ausgleichsfunktion nicht vollständig beseitigt wird, gibt es zahlreiche weitere Vorschläge für die Funktion des Haftungsrechts.[43] Weit verbreitet ist in dem Zusammenhang der Verweis auf die Präventionsfunktion.[44] Ihr zufolge soll das Haftungsrecht dazu beitragen, das Verhalten der von Haftungsnormen betroffenen Akteure in eine gesellschaftlich akzeptierte Richtung zu lenken und so vorbeugend den Eintritt ungewollter Resultate zu verhindern.[45]

Die präventive Funktion ist nicht nur in der Lehre weitgehend akzeptiert, sondern findet auch in der Rechtsprechung Niederschlag.[46] Zudem zeigt die

---

38 *Grüneberg*, in: Palandt, § 249 BGB, Rn. 1; *Kötz*, in: Festschrift Steindorff, S. 643, 643 mwN. *Larenz*, S. 424; *Schiemann*, S. 185.

39 *Schiemann*, S. 187.

40 *Wagner*, in: MüKo, Vor. § 823 BGB, Rn. 43.

41 *Spindler*, in: BeckOGK, § 823 BGB, Rn. 10; *Jansen*, S. 37; *Kötz*, in: Festschrift Steindorff, S. 643, 644; *Marburger*, AcP 192 (1992), 1, 31.

42 *Hager*, in: Staudinger, § 823 BGB, Rn. 9; *Deutsch*, Rn. 17; *Larenz/Canaris*, S. 354.

43 Siehe die Aufzählungen bei: *Jansen*, S. 37; *Kötz*, Festschrift Steindorff, S. 643, 643.

44 Näher dazu: *Kötz*, Festschrift Steindorff, S. 643, 646ff.; *Larenz*, S. 424 mwN; *Schiemann*, S. 190; *Wagner*, in: MüKo, Vor § 823 BGB, Rn. 45ff. Kritisch zur Präventionsfunktion: *Marburger*, AcP 192 (1992), 30ff.

45 *Förster*, in: Bamberger/Roth, § 823 BGB, Rn. 9; *Deutsch*, Rn. 18; *Larenz*, S. 423.

46 Siehe *Hager*, in: Staudinger, § 823 BGB, Rn. 10 mwN; *Spindler*, in: BeckOGK, § 823 BGB, Rn. 11 mwN. Zur Anerkennung der verhaltenslenkenden Wirkung durch die

Gesetzgebungshistorie, dass Haftungsregeln mit dem Ziel verabschiedet werden, das Verhalten der Normadressaten zu lenken. So heißt es in der Begründung zum Entwurf des UmweltHG: „Wie alle Haftungsvorschriften soll auch das Umwelthaftungsrecht einen gerechten Schadensausgleich [...] herbeiführen. Darüber hinaus dient es aber auch der Verhinderung von Schäden. Das Risiko künftiger Schadensersatzleistungen soll den [E]inzelnen zu einem vorsichtigen, schadensvermeidenden Verhalten veranlassen.“[47]

Speziell auf diese dem Haftungsrecht zugewiesene Funktion stützt sich die folgende Arbeit. Es wird davon ausgegangen, dass die Aussicht, für Schäden aufgrund mangelhafter IT-Sicherheit einstehen zu müssen, Hersteller und Diensteanbieter zur Umsetzung von IT-Sicherheitsmaßnahmen verleitet. Inwieweit diese Annahme in der Praxis zutrifft, soll genauso geklärt werden wie die Frage, inwiefern ein sinnvoller Beitrag zur Verbesserung des IT-Sicherheitsniveaus durch eine Stärkung der verhaltenslenkenden Wirkung des Haftungsrechts geleistet werden kann.

2. Abstraktheit der Prüfung

Aus der soeben genannten Zielvorgabe folgt zugleich die Entscheidung für eine abstrakte Perspektive im Rahmen dieser Arbeit. Eine Verpflichtung eines Herstellers oder Anbieters von IT-spezifischen Produkten bzw. Diensten zur Leistung von Schadensersatz lässt sich abschließend nur unter Berücksichtigung sämtlicher Umstände des Einzelfalles feststellen. Es soll im Folgenden jedoch nicht um konkrete Einzelfälle gehen, sondern um eine ganzheitliche Bewertung des Umgangs des außervertraglichen Haftungsrechts mit mangelhafter IT-Sicherheit von IT-spezifischen Produkten und Diensten. Nur diese höhere Abstraktionsstufe ermöglicht eine Aussage darüber, ob die etablierten Rechtsgrundlagen angesichts der eingangs skizzierten Entwicklungen im geschäftlichen Umfeld ihre Wirkung noch wie vorgesehen entfalten können oder ob sie im Hinblick auf das Neue anzupassen sind.[48] Um Vorschläge zur Fortentwicklung des Rechts zu unterbreiten, die einen sinnvollen Beitrag zur Verbesserung des IT-Sicherheitsniveaus leisten, ist also eine von konkreten Einzelfällen losgelöste Auseinandersetzung mit den außervertraglichen Haftungsgrundlagen erforderlich.

Gerichte, vgl. *BGH*, BGHZ 199, 237, 257 = NJW 2014, 2029, 2034; BGHZ 165, 203, 205f. = NJW 2006, 605, 607; BGHZ 160, 298, 302 = NJW 2005, 215, 216.

47 Gesetzesbegründung zum Umwelthaftungsgesetz, BT-Drs. 11/7104, S. 14.

48 Ebenso in Bezug auf die Entwicklungen bezüglich der Industrie 4.0: *Ensthaler*, InTeR 2017, 1, 2.

3. Zwischenergebnis

Das Ziel der folgenden Arbeit ist damit festgelegt. Sie soll das außervertragliche Haftungsrecht mit Blick auf die IT-Sicherheit von IT-spezifischen Produkten und Diensten untersuchen und fortentwickeln. Leitgedanke dabei ist, die haftungsrechtlichen Regelungen im Lichte der Präventionsfunktion so zu modifizieren, dass sie einen sinnvollen Beitrag zur Verbesserung des IT-Sicherheitsniveaus leisten.

V. Grenzen der Arbeit

Um den Rahmen dieser Arbeit nicht zu weit auszudehnen, sollen bestimmte Fragestellungen, die im Zusammenhang mit dem Forschungsgegenstand stehen, nicht bearbeitet werden.

Auf eine erste thematische Grenze ist aus Klarstellungsgründen hinzuweisen. Sie ist logische Folge des gewählten Forschungsgegenstandes. Vertragliche Ansprüche auf Schadensersatz werden in dieser Arbeit nicht behandelt. Dieser Ausschluss ist angebracht, weil häufig keinerlei vertragliche Beziehungen zwischen Geschädigten und Herstellern oder Anbietern IT-spezifischer Produkte oder Dienste existieren.[49] Dort wo doch Verträge bestehen, fehlt es wiederum häufig am Verschulden der Vertragspartei, die als Zwischenhändler bzw. Intermediär in der Regel kaum Einfluss auf die IT-Sicherheit nehmen kann. Das vertragliche Haftungsrecht weist aufgrund dieser inhärenten Anwendungsbeschränkungen nicht dasselbe Potenzial zur Verbesserung des IT-Sicherheitsniveaus auf wie das außervertragliche Haftungsrecht.

Zum zweiten wird die Frage der Haftungsausfüllung im Kontext dieser Arbeit nicht detailliert betrachtet. Angesichts der Vielfalt möglicher Anspruchsgrundlagen im außervertraglichen Haftungsrecht empfiehlt es sich, den Schwerpunkt allein auf die Haftungsbegründung zu legen. In welchem Umfang einzelne Schadenspositionen ersetzt werden, bleibt also offen.

Schließlich ist eine dritte thematische Grenze zu ziehen. Im Rahmen der Arbeit soll die Frage der Beweisbarkeit der schuldhaften Verursachung von Schäden außen vor bleiben. Dass es sich dabei um ein Problem für den von der Darlegungs- und Beweislast betroffenen Geschädigten handelt, ist nicht abzustreiten.[50] Dieses Hindernis ist jedoch eher auf prozessualer Ebene zu verorten

---

49 Dazu speziell mit Blick auf Softwarehersteller: *Raue*, NJW 2017, 1841, 1843; in Bezug auf IoT-Produkte: *Klein-Hennig/Schmidt*, DuD 2017, 605, 607.

50 Dazu unter anderem: *Gehrmann/Voigt*, CR 2017, 93, 98; *Grützmacher*, CR 2016, 695, 698; *Raue*, NJW 2017, 1841, 1845; *Spindler*, CR 2016, 297, 311.

und darüber hinaus kein unmittelbares, IT-sicherheitsspezifisches Phänomen. Auch in anderen technisch geprägten Schadenskonstellationen besteht die Nachweisproblematik.[51] Eine Auseinandersetzung mit dieser Problematik empfiehlt sich losgelöst vom inhaltlichen Kontext des Forschungsgenstandes. Im Folgenden soll es dagegen ausschließlich um eine materiell-rechtliche Beurteilung des Einflusses des außervertraglichen Haftungsrechts auf die IT-Sicherheit von IT-spezifischen Produkten und Diensten gehen.

VI. Gang der Darstellung

Die Prüfung des geltenden Rechts auf dessen Bedarf nach Modifikationen, die unter Anknüpfung an die präventive Wirkung des Haftungsrechts das IT-Sicherheitsniveau in sinnvoller Weise erhöhen, soll durch eine aufeinander aufbauende Vorgehensweise vorgenommen werden. Daraus ergibt sich für diese Arbeit eine Gliederung in vier auf die Einleitung folgende, übergeordnete Kapitel, deren wichtigste Erkenntnisse neben einer abschließenden Bewertung der gesetzgeberischen Handlungsoptionen in einem finalen Kapitel zusammengefasst werden.

Im 2. Kapitel erfolgt eine grundlegende Auseinandersetzung mit dem materiellen Inhalt von IT-Sicherheit. Diese ist erforderlich, weil nur im Wissen um die Bedeutung des abstrakten Rechtsbegriffs IT-Sicherheit der Einfluss des geltenden Rechts auf das IT-Sicherheitsniveau festgestellt werden und sinnvolle Vorschläge zur Verbesserung des Niveaus unterbreitet werden können. Es geht also in diesem Teil der Arbeit darum, IT-Sicherheit greifbar zu machen und dadurch einen Maßstab für die rechtliche Analyse herauszuarbeiten.

Im 3. Kapitel wird unter Rückgriff auf die zuvor gewonnenen Erkenntnisse über den Inhalt von IT-Sicherheit eine Bestandsanalyse des geltenden außervertraglichen Haftungsrechts vorgenommen. Es wird untersucht, in welchem Umfang spezialgesetzliche und allgemeine Haftungsgrundlagen präventiv auf die Gewährleistung von IT-Sicherheit hinwirken. In diesem Zusammenhang wird der Fokus insbesondere darauf gerichtet, inwiefern jüngere gesetzgeberische Modifikationen mit Bezug zur IT-Sicherheit, nämlich das IT-Sicherheitsgesetz, die Umsetzungsnormen zur NIS-Richtlinie und auch die DSGVO, die präventive Wirkung des außervertraglichen Haftungsrechts beeinflussen. Das Ziel des Kapitels besteht darin, aufzuzeigen, inwieweit Hersteller IT-spezifischer Produkte und Anbieter IT-spezifischer Dienste in Anbetracht der Haftungsregeln

---

51 Vgl. etwa die jahrelange Entscheidungspraxis zur Beweislastverteilung im Rahmen der Produzentenhaftung: *BGH*, Urt. v. 2.2.1999 – VI ZR 392/97 = NJW 1999, 1028ff. mwN; BGHZ 51, 91ff. = NJW 1969, 269ff.

prinzipiell zu einem Verhalten verleitet werden, welches förderlich im Sinne eines hohen IT-Sicherheitsniveaus ist.

Im 4. Kapitel wird die Reichweite der im vorangehenden Teil ausgearbeiteten präventiven Wirkung detaillierter betrachtet. Es wird analysiert, inwieweit das außervertragliche Haftungsrecht einen Anreiz dazu vermittelt, sich so zu verhalten, dass typische negative Folgen mangelhafter IT-Sicherheit in der Praxis vermieden werden. In diesem Zusammenhang sollen insbesondere die Konsequenzen des abgestuften Rechtsgüterschutzes im geltenden Recht aufgezeigt werden. Zudem wird untersucht, inwiefern die jüngsten gesetzgeberischen Modifikationen mit ihren Maßnahmen zur Verbesserung der IT-Sicherheit sich im haftungsrechtlichen Kontext auswirken. Daran anknüpfend wird erörtert, ob und inwieweit es zur Verbesserung des IT-Sicherheitsniveaus erforderlich ist, die Reichweite des außervertraglichen Haftungsrechts auszudehnen.

Das 5. Kapitel wird sich schließlich mit der Intensität und Effektivität der präventiven Wirkung des außervertraglichen Haftungsrechts befassen. Zum einen soll geprüft werden, ob einem intensiven Anreiz zur Umsetzung von IT-Sicherheitsmaßnahmen die Tatsache entgegensteht, dass häufig ein eigenverantwortlich handelnder Dritter den Zustand mangelhafter IT-Sicherheit ausnutzt und es erst dadurch zu einem Schaden kommt. Zum anderen soll eine Auseinandersetzung mit der Frage erfolgen, wie wirkungsvoll die Produzenten und Diensteanbieter über die haftungsrechtlichen Regelungen zur Umsetzung von IT-Sicherheitsmaßnahmen verleitet werden. Je nach Ergebnis dieser Untersuchungen sind verschiedene Modifikationen des Rechts zu diskutieren. Denn nur wenn aufgrund der präventiven Wirkung des Haftungsrechts ein möglichst intensiver und zugleich effektiver Impuls zur Gewährleistung von IT-Sicherheit gesetzt wird, resultiert daraus ein hohes IT-Sicherheitsniveau.

Abschließend wird im 6. Kapitel ein Fazit gezogen. Dafür werden die wesentlichen Erkenntnisse der vorangegangenen Kapitel noch einmal thesenartig dargestellt. Daran anknüpfend folgt eine komprimierte Vorstellung und Bewertung der herausgearbeiteten Handlungsempfehlungen für den Gesetzgeber. Sie beinhalten konkrete Vorschläge, inwiefern das geltende außervertragliche Haftungsrecht fortzuentwickeln ist, um dadurch einen sinnvollen Beitrag zur Verbesserung des IT-Sicherheitsniveaus zu leisten.

2. Kapitel: Zum Inhalt von IT-Sicherheit

Diese Arbeit will, wie soeben erläutert, das außervertragliche Haftungsrecht im Lichte des übergeordneten Ziels der Verbesserung des IT-Sicherheitsniveaus untersuchen und fortentwickeln. Um dieses Ziel erreichen zu können, ist vor der Auseinandersetzung mit den haftungsrechtlichen Normen zunächst eine grundlegende thematische Befassung mit dem Inhalt von IT-Sicherheit erforderlich. Denn nur, wenn feststeht, was unter dem abstrakten Begriff der IT-Sicherheit zu verstehen ist, können der Einfluss des geltenden Rechts auf das Niveau der IT-Sicherheit festgestellt und sinnvolle Vorschläge zur Verbesserung des Niveaus unterbreitet werden. Ohne diese Festlegung würde es hingegen an Anknüpfungspunkten für konkrete Empfehlungen fehlen, die zur angestrebten Erhöhung des Niveaus führen. Es geht also im Folgenden darum, IT-Sicherheit greifbar zu machen. Dazu wird der materielle Gehalt von IT-Sicherheit erarbeitet.

I. § 2 Abs. 2 BSIG als Quelle für IT-Sicherheit

Als Quelle für die Feststellung des materiellen Gehalts von IT-Sicherheit müsste primär auf eine rechtliche Umschreibung dieses Begriffes zurückgegriffen werden. Denn sofern eine derartige Norm existieren würde, hätte der demokratisch gewählte Gesetzgeber darin grundsätzlich in verbindlicher Form zum Ausdruck gebracht, welchen Inhalt er dem Regelungsgegenstand zumisst. Eine solche Norm wäre vor dem Hintergrund der natürlichen Autorität des Gesetzgebers zumindest als Grundlage für eine generelle Auseinandersetzung mit IT-Sicherheit heranzuziehen.

Eine ausdrückliche gesetzliche Regelung zum Inhalt von IT-Sicherheit findet sich jedoch im gesamten kodifizierten Recht nicht. Zwar ist vor kurzem das bereits angesprochene IT-Sicherheitsgesetz in Kraft getreten. Außer in seinem Kurztitel enthält das Gesetz diesen Begriff jedoch nicht ein einziges Mal. In starkem Kontrast dazu stehen viele rechtswissenschaftliche Veröffentlichungen, die den Begriff IT-Sicherheit häufig nutzen. In diesen Publikationen wird zur Definition von IT-Sicherheit regelmäßig auf die Vorschrift des § 2 Abs. 2 BSIG verwiesen.[52] Dort heißt es:

---

52 Vgl. *Bräutigam/Klindt*, NJW 2015, 1137, 1141; *Eckhardt*, DuD 2008, 330, 330; *Gaycken/Karger*, MMR 2011, 3, 6; *Heckmann*, MMR 2006, 280, 281; *von Holleben/Menz*, CR

> Sicherheit in der Informationstechnik im Sinne dieses Gesetzes bedeutet die Einhaltung bestimmter Sicherheitsstandards, die die Verfügbarkeit, Unversehrtheit oder Vertraulichkeit von Informationen betreffen, durch Sicherheitsvorkehrungen
>
> 1. in informationstechnischen Systemen, Komponenten oder Prozessen oder
> 2. bei der Anwendung von informationstechnischen Systemen, Komponenten oder Prozessen.

Den zahlreichen wissenschaftlichen Beiträgen liegt also die nicht näher geprüfte Annahme zugrunde, dass der Gesetzgeber in dieser Norm die rechtlichen Anforderungen an IT-Sicherheit festgelegt hat. Dagegen spricht zwar, dass der Begriff IT-Sicherheit selbst nicht im Gesetzestext erscheint. Dennoch hält diese Annahme einer näheren Überprüfung stand. Wie sogleich erläutert wird, ergibt sich aus Historie und Systematik dieser Norm, dass für den Gesetzgeber „Sicherheit in der Informationstechnik" ein Synonym zu IT-Sicherheit ist.

1. Historischer Hintergrund der Definition im BSIG

Das BSIG war Hauptbestandteil des Gesetzes zur Stärkung der Sicherheit in der Informationstechnik des Bundes im Jahr 2009.[53] Gleichzeitig mit dem Erlass des BSIG wurde das BSI-Errichtungsgesetz aufgehoben.[54] Dieses seit dem 1.1.1991 geltende Gesetz war der Vorgänger des BSIG.[55] Seine Regelungen bildeten dessen Grundlage. So war der soeben zitierte Artikel nahezu identisch bereits in der Fassung des Jahres 1991 enthalten. Mit der Hinzufügung des Tatbestandmerkmals „Prozessen" zu „informationstechnischen Systemen oder Komponenten" wurde lediglich eine redaktionelle Anpassung vorgenommen.[56] Die genannte Definition lässt sich damit bis in das Jahr 1991 zurückverfolgen.

2. Gesetzgeberischer Wille bei Verabschiedung des BSI-Errichtungsgesetzes

Die Gesetzesmaterialien zu dieser Ursprungsversion lassen allerdings keinen Rückschluss darauf zu, ob es sich bei der Beschreibung in § 2 Abs. 2

2010, 63, 65; *Holznagel*, S. 11; *Lensdorf/Mayer-Wegelin*, CR 2009, 545, 545; *Rockstroh/Kunkel*, MMR 2017, 77, 78, *Schallbruch*, CR 2017, 648, 648.

53 BGBl. 2009 I Nr. 54, S. 2821.

54 Art. 3 S. 2 des Gesetzes zur Stärkung der Sicherheit in der Informationstechnik des Bundes, BGBl. 2009 I Nr. 54, S. 2826.

55 BGBl. 1990 I S. 2834.

56 Gesetzesbegründung zum BSIG, BT-Drucksache 16/11967, S. 11.

BSI-Errichtungsgesetz um die Langfassung des Begriffes IT-Sicherheit handelt. Denn weder in der Gesetzesbegründung noch im Wortlaut des Gesetzestextes wird dieser Terminus verwendet. Dennoch kann eine Kommentierung des Gesetzes aus Regierungskreisen dahingehend interpretiert werden, dass „Sicherheit in der Informationstechnik" und „IT-Sicherheit" die gleiche Bedeutung aufweisen.

Denn ein Staatssekretär des für die Thematik zuständigen Innenministeriums stellte auf der 1. Deutschen Konferenz über Computersicherheit die Aktivitäten der Bundesregierung zur IT-Sicherheit vor.[57] Ausdrücklich wurde dabei der Bezug zum BSI-Errichtungsgesetz hergestellt. Mit dem Bundesamt für Sicherheit in der Informationstechnik sollte unter anderem ein zentraler Ansprechpartner für Fragen der IT-Sicherheit zur Verfügung gestellt werden.[58] Diese Aufgabe ist in § 3 Abs. 1 Nr. 7 BSI-Errichtungsgesetz verankert worden. Dort hieß es allerdings, dass die Aufgabe in der Beratung in Fragen der Sicherheit in der Informationstechnik bestehe. Die Formulierung des Staatssekretärs indiziert demnach, dass IT-Sicherheit auf Ebene der politisch Verantwortlichen damals bereits als ein Synonym für die gesetzlich genutzte Ausdrucksweise verstanden wurde.

3. Bedeutungszuweisung im BSI-Gesetz

Mehr als nur Indizien zur Bestätigung der These der inhaltlichen Identität der Begriffe finden sich im BSIG selbst und in den dazu gehörigen Gesetzesmaterialien. So heißt es im Rahmen der Begründung, dass eine wesentliche Aufgabe des BSI die Unterstützung anderer Behörden in IT-Sicherheitsfragen sei.[59] Es fungiere als „Zentralstelle für IT-Sicherheit."[60] Ebenso wird auf die Rolle des BSI als zentrale Meldestelle für IT-Sicherheit verwiesen.[61] Liest man gerade die letztgenannte Passage im Zusammenhang mit § 4 Abs. 1 BSIG wird die Gleichstellung evident. Dort heißt es, dass das BSI die „zentrale Meldestelle [...] in Angelegenheiten der Sicherheit in der Informationstechnik" sei.

Schließlich lässt sich für eine Übereinstimmung der Begriffe § 3 Abs. 1 Nr. 3 BSIG anführen. In dieser Norm ist eine Legaldefinition des „IT-Sicherheitsproduktes" enthalten. Dabei handelt es sich um „informationstechnische [...] Verfahren und Geräte [...] für die Sicherheit in der Informationstechnik." Während

57 Abdruck der Rede: *Neusel*, RDV 1990, 161ff.

58 *Neusel*, RDV 1990, 161, 165.

59 Gesetzesbegründung zum BSIG, BT-Drucksache 16/11967, S. 10.

60 Gesetzesbegründung zum BSIG, BT-Drucksache 16/11967, S. 10.

61 Gesetzesbegründung zum BSIG, BT-Drucksache 16/11967, S. 1.

der Wortbestandteil „Produkt“ nur die informationstechnischen Verfahren und Geräte meinen kann, bezieht sich der erste Wortbestandteil zwangsläufig auf das anvisierte Ziel, nämlich Sicherheit in der Informationstechnik.

4. Zwischenergebnis

Es lässt sich damit aufgrund der Historie und der Systematik des BSIG festhalten, dass der Begriff IT-Sicherheit als Kurzform des Ausdrucks „Sicherheit in der Informationstechnik“ in § 2 Abs. 2 BSIG zu verstehen ist. Der Bedeutungsgehalt beider Termini ist identisch und folgt nach dem Willen des Gesetzgebers aus dem Inhalt dieser Norm.

II. Inhalt von IT-Sicherheit gemäß § 2 Abs. 2 BSIG

Auf Basis der gesetzlichen Begriffsumschreibung in § 2 Abs. 2 BSIG kann folglich der Inhalt von IT-Sicherheit bestimmt werden. Es handelt sich um ein aus vier Elementen bestehendes, ineinander verschränktes Handlungskonzept. Die vier Elemente sind die individuell zu bestimmenden Sicherheitsstandards, die Schutzgüter, die Schutzziele sowie die umzusetzenden Sicherheitsmaßnahmen. Im Folgenden soll das Zusammenwirken dieser vier Elemente, die die inhaltlichen Anforderungen an IT-Sicherheit aus Sicht des Gesetzgebers umschreiben, näher erläutert werden.

1. Bestimmung von Sicherheitsstandards

Das erste, sich aus § 2 Abs. 2 BSIG ergebende inhaltliche Element sind die Sicherheitsstandards. Um IT-Sicherheit zu erreichen, wird die Einhaltung „bestimmter Sicherheitsstandards“ gefordert. Es handelt sich formell und materiell um den zentralen Begriff der gesetzlichen Umschreibung. Diese zentrale Rolle verlangt, sich genauer mit den Anforderungen an bzw. die Bestimmung der Sicherheitsstandards auseinanderzusetzen.

a) Formale oder individuelle Standardbestimmung

§ 2 Abs. 2 BSIG gibt keine Auskunft darüber, wie die einzuhaltenden Standards bestimmt werden. Diese Frage hat aber enorme Bedeutung für den Inhalt von IT-Sicherheit, da sie maßgeblich über die inhaltliche Reichweite von IT-Sicherheit entscheidet. Je nachdem welche Anforderungen an die „bestimmten Sicherheitsstandards“ gestellt werden, ist IT-Sicherheit stärker oder weniger stark formalisiert. Wären Standards einzuhalten, die durch eine externe Instanz bestimmt werden, käme es zu einer Formalisierung von IT-Sicherheit. Ein flexibles Verständnis würde hingegen etabliert, wenn die Einhaltung von Standards gewollt ist, die anhand der Möglichkeiten und Bedürfnisse des Einzelnen bestimmt werden. Um letztlich sinnvolle Verbesserungsvorschläge zur Erhöhung des IT-Sicherheitsniveaus unterbreiten zu können, ist es unerlässlich, zu klären, ob von einer formalisierten oder flexiblen IT-Sicherheit auszugehen ist.

Dem Wortlaut zufolge ist es nicht ausgeschlossen, dass die Bestimmung durch einen externen Akteur erfolgt. Als Quellen kämen Veröffentlichungen von Behörden oder von Organisationen mit großer Expertise im Bereich der IT-Sicherheit in Betracht. Beispiele sind Richtlinien und Standards des BSI, technische Normen des Deutschen Instituts für Normung (DIN) oder der International Organization for Standardization (ISO). Würden diese die einzuhaltenden „bestimmten Sicherheitsstandards" darstellen, hätte dies für die Verpflichteten den Vorteil, praktische Umsetzungsschwierigkeiten zu lindern und fehlende fachliche Erfahrung auszugleichen.[62] Durch die Einhaltung passender, vorgegebener Standards seitens der Unternehmen würden sie der gesetzgeberischen Vorstellung von IT-Sicherheit entsprechen.

Diesem Verständnis steht jedoch der Zweck entgegen, den der Gesetzgeber mit der Verankerung der Wendung „bestimmte Sicherheitsstandards" in § 2 Abs. 2 BSIG verfolgte. Mit ihnen wollte er die Relativität von IT-Sicherheit zum Ausdruck zu bringen.[63] Darin spiegelt sich die Erkenntnis wider, dass ein Zustand wie IT-Sicherheit der Natur seiner Sache nach nicht losgelöst von den Umständen des Einzelfalls verabsolutiert werden kann. Wann beispielsweise ein Produkt oder Dienst den Anforderungen der IT-Sicherheit entspricht, hängt vielmehr von verschiedenen Faktoren wie der Einsatzumgebung, den Verarbeitungsprozessen, dem Adressatenkreis oder den Kundenerwartungen ab.[64] Diese Faktoren unterscheiden sich je nach Betroffenem, der IT-Sicherheit schaffen soll.[65] Ein Anbieter, der beispielsweise Informationstechnik in medizinischen Behandlungsgeräten einsetzt, muss bei der Gewährleistung der IT-Sicherheit andere Akzente setzen als jemand, der auf seinen informationstechnischen Systemen Kundendaten für Dritte bereithält.

Der Wortlaut des § 2 Abs. 2 BSIG ist deshalb so zu verstehen, dass die Bestimmung der Sicherheitsstandards anhand der Bedürfnisse des Einzelnen zu erfolgen hat. Aus einem hohen Bedürfnis nach Sicherheit resultiert ein hoher

62 *Schultze-Melling*, CR 2005, 73, 74.
63 Gesetzesbegründung zum BSI-Errichtungsgesetz, BT-Drucksache 11/7029, S. 7.
64 Vgl. *Amann/Atzmüller*, DuD 1992, 286, 288.
65 *Schultze-Melling*, CR 2005, 73, 74; *Eckhardt*, DuD 2008, 330, 330.

Standard, der im Wege der sogleich erläuterten Schritte einzuhalten ist. Ist das Bedürfnis hingegen geringer, sinken auch der Standard und damit einhergehend die Anforderungen an das erforderliche Handeln.[66] Folge ist eine von Individualität geprägte IT-Sicherheit, deren Erreichen von den Umständen des Einzelfalls abhängt. Dies ist bei den später zu entwickelnden Verbesserungsvorschlägen zu berücksichtigen.

b) Vorgehen zur Bestimmung der einzuhaltenden Standards

Um die individuellen Sicherheitsstandards zu bestimmen, können zwar grundsätzlich externe Veröffentlichungen als Orientierungshilfe herangezogen werden. Sie ersetzen jedoch nicht die Bestimmung des individuellen Standards anhand der jeweiligen Sicherheitserfordernisse.[67] Vielmehr erweist es sich angesichts der vom Gesetzgeber favorisierten Relativität der IT-Sicherheit stets als erforderlich, eine den Anforderungen des Einzelnen angepasste Risikoanalyse vorzunehmen. Diese ist in ihrer Zielrichtung prinzipiell unbeschränkt. Sämtliche denkbaren IT-Sicherheitsrisiken im Zusammenhang mit einem Produkt bzw. einer Dienstleistung müssen in die Bestimmung des Sicherheitsstandards einfließen. Dazu gehört auch, so vielfältige Risikofaktoren wie Angriffe Dritter, Fehlverhalten von Nutzern bzw. Anwendern oder physische Einflüsse wie Unwetter zu berücksichtigen.[68] Die Bestimmung der einzuhaltenden Standards hat also unter einem „All-Gefahren-Ansatz“[69] zu erfolgen.

c) Zwischenergebnis

Die „bestimmten Sicherheitsstandards“, die durch die erläuterte Vorgehensweise zu entwickeln sind, bilden das erste inhaltliche Element von IT-Sicherheit. Sie müssen individuell auf die jeweiligen Sicherheitserfordernisse angepasst werden. Dafür reicht der Rückgriff auf externe Standards von Behörden oder sonstigen Organisationen aus dem Bereich der IT-Sicherheit nicht aus. Stattdessen muss eine subjektive Risikoanalyse erfolgen, um der Relativität der Sicherheitsanforderungen gerecht zu werden.

---

66 Vgl. *Pohlmann/Blumberg*, S. 138.
67 *Lensdorf/Mayer-Wegelin*, CR 2009, 545, 550.
68 *Schultze-Melling*, CR 2005, 73, 74.
69 *Grudzien*, DuD 2016, 29, 29.

2. Schutzgut der Sicherheitsstandards

Das zweite aus § 2 Abs. 2 BSIG folgende Element gibt das Schutzgut vor. Die individuell zu bestimmenden Sicherheitsstandards sind auf den Schutz von Informationen auszurichten. Dieses Element sorgt für eine Konkretisierung der eben angesprochenen Risikoanalyse. Bei der Bestimmung des Sicherheitsstandards ist zu analysieren, ob und in welchem Umfang Schutz benötigt wird, um Risiken im Zusammenhang mit der informationstechnischen Übermittlung oder Verarbeitung von Informationen zu beseitigen.

Was genau dieses Schutzgut inhaltlich erfasst, ist allerdings nicht so eindeutig, wie es auf dem ersten Blick erscheint. Denn in den Debatten zu den Schutzgütern der IT-Sicherheit hat ein weiterer Begriff Einzug gehalten. Es handelt sich um den Begriff der Daten. Beide Termini werden in der wissenschaftlichen Auseinandersetzung mit IT-Sicherheit genutzt, wobei keine klare Grenze zwischen ihnen ersichtlich wird. Es fragt sich deshalb, in welchem Verhältnis Informationen zu Daten stehen.

Aufgrund der Art der Nutzung der Begriffe ist darauf zu schließen, dass sie als untereinander austauschbar verstanden werden.[70] Ob dieses Verständnis übernommen werden kann, soll im Folgenden erläutert werden. Denn das Resultat beeinflusst in erheblichem Maße, wie die individuellen Sicherheitsstandards zu bestimmen sind. Damit hat es zugleich Einfluss auf mögliche Verbesserungspotenziale des außervertraglichen Haftungsrechts. Nur wenn klar ist, inwieweit ein hohes IT-Sicherheitsniveau den Schutz von Daten, von Informationen oder von beidem erfordert, können sinnvolle Modifizierungsvorschläge unterbreitet werden.

a) Verhältnis von Informationen und Daten

Streng genommen missachtet die Gleichsetzung von Daten mit Informationen und die daraus folgende synonyme Nutzung inhaltliche Unterschiede der Begriffe. Zwischen Datum und Information besteht ein sachlicher Unterschied, der eine Differenzierung nahelegt.[71] Denn an sich sind Daten physikalische Bausteine, die Informationen abbilden.[72] Es handelt sich dabei um die reine

---

70 Vgl. *Bartsch*, in: Festschrift Schneider, S. 939, 939; *Dierstein*, InformatikSpektrum 2004, 343, 346; *Kerber*, GRUR Int 2016, 989, 994; *Spindler*, in: Festschrift Coester-Waltjen, S. 1183, 1183.

71 *Specht*, CR 2016, 288, 290.

72 *Amann/Atzmüller*, DuD 1992, 286, 289; *Heymann*, CR 2015, 807, 808; *Weber/Willi*, S. 4. Vgl. auch *Europarat*, Übereinkommen über Computerkriminalität, SEV Nr. 185, Art. 1

Zeichenebene, bei digitalisierten Daten also um eine Menge von Nullen und Einsen.[73]

Erst unter Rückgriff auf vereinbarte oder unterstellte Interpretationsregeln können aus Daten Informationen gewonnen werden.[74] Es ist demnach eine interpretatorische Leistung notwendig, damit Daten Bedeutung erlangen.[75] Diese Leistung kann sowohl von einem menschlichen Rezipienten als auch von einem informationstechnischen Gerät erbracht werden, wenn es aufgrund seiner Konzeption und Konfiguration die Fähigkeit besitzt, interpretatorische Regeln anzuwenden. Die Information selbst entfaltet sodann weitergehende Wirkungen, beispielsweise weil daraus ein Erkenntnisgewinn resultiert oder weil sie menschliche oder maschinelle Aktionen auslöst.

b) Notwendigkeit einer begrifflichen Änderung

Vor diesem begrifflichen Hintergrund erscheint es naheliegend, den Inhalt von IT-Sicherheit nicht auf das Schutzgut der Information zu beziehen, sondern an den Begriff der Daten anzuknüpfen. Denn in Bezug darauf bestehen bereits Risiken, beispielsweise durch eine unbefugte Veränderung der Zeichenfolge, die eine fehlerhafte Interpretation hervorrufen und im Ergebnis zu einer schädigenden Wirkung führen kann. Würde der Baustein, der die Information abbildet, außer Acht gelassen, wäre die Risikoanalyse zwangsläufig verkürzt und würde den Ansprüchen an ein hohes Niveau der IT-Sicherheit nicht gerecht. Da das Datum das Material für die Interpretation liefert, ist es der logische Anknüpfungspunkt für die Risikoanalyse. Dies spricht dafür, IT-Sicherheit inhaltlich so zu verstehen, dass Daten anstelle von Informationen das Schutzgut darstellen.

Allerdings ist eine Entfernung vom gesetzlich vorgegebenen Schutzgut Information nicht zwingend erforderlich. Der Informationsbegriff kann auch in umfassenderer Form verstanden werden. Theoretisch lassen sich drei Ebenen der Information unterscheiden. Die erste ist die syntaktische Ebene, also die Darstellung der Information auf Zeichenebene. Die zweite Ebene bildet die semantische Ebene. Dort erlangt die Information ihren Bedeutungsgehalt. Auf

---

lit. a, abrufbar unter: http://www.coe.int/de/web/conventions/full-list/-/conventions/rms/090000168008157a.

73 *Zech*, GRUR 2015, 1151, 1153.

74 *Amann/Atmüller*, DuD 1992, 286, 289; *Heymann*, CR 2015, 807, 810; *Specht*, CR 2016, 288, 290. Vgl. auch: Entwurf eines Gesetzes zur Förderung der elektronischen Verwaltung sowie zur Änderung weiterer Vorschriften, BT-Drucksache 17/11473, S. 43f.

75 *Specht*, CR 2016, 288, 290.

oberster Ebene liegt schließlich das Ziel, das mit der Information verfolgt wird. Sie wird deshalb auch als pragmatische Ebene bezeichnet.[76] Nach diesem Modell bilden Daten die syntaktische Ebene der Information.[77]

Diese syntaktische Ebene hatte aber auch der Gesetzgeber des BSIG im Blick, als er sich für das Schutzgut Information entschied. Dies lässt sich aus dem Regelungsziel des Gesetzes ableiten. Die Normen bezwecken die Verringerung von Risiken beim Einsatz von Informationstechnik. Diese Risiken bestehen nach Ansicht des Gesetzgebers in unrichtigen, unbefugt gesteuerten, fehlenden oder rechtsgutgefährdenden Informationen.[78] Insbesondere der Verweis auf das Risiko der unbefugten Steuerung kann nur in dem Sinne verstanden werden, dass der Schutz auf die syntaktische Ebene, also die des Bausteins zielt. Denn nur in der maschinenlesbaren, in codierten Zeichen dargestellten Form kann es zu unbefugter Steuerung von Information kommen. Zusätzlich lassen sich auch die übrigen genannten Risiken praktisch nur verhindern, wenn der Schutz bereits am Baustein ansetzt.

Folglich bleibt das inhaltliche von IT-Sicherheit erfasste Schutzgut die Information. Die Risikoanalyse bezieht sich auf Informationen, wobei damit die syntaktische Ebene, also ihre Darstellung in Zeichenform, gemeint ist. Insofern besteht ein Gleichlauf mit dem Begriff der Daten. Beide Begriffe können in Bezug auf die IT-Sicherheit synonym verwendet werden.[79]

c) Unabhängigkeit des Schutzguts vom Inhalt

Aufgrund der Unabhängigkeit beider Begriffe von der inhaltlichen Ebene kommt es für die Qualifikation als Schutzgut auch nicht darauf an, welchen Inhalt oder welchen Wert die Informationen bzw. Daten aufweisen und ob sich aus ihnen Erkenntnisse über eine Person ergeben oder sie für automatisierte Steuerungsprozesse benötigt werden. Allein ihre Existenz in Zeichenform führt zur Anerkennung als Schutzgut, das im Fokus der zu bestimmenden Sicherheitsstandards steht.

---

76 Vgl. *Wiebe*, GRUR Int. 2016, 877, 881; *Zech*, GRUR 2015, 1151, 1153.

77 *Specht*, CR 2016, 288, 291.

78 Gesetzesbegründung zum BSI-Errichtungsgesetz, BT-Drucksache 11/7029, S. 6. Dazu ausführlich Kap. 2, Teil II, Abschn. 1b) lit. cc).

79 Die synonyme Nutzung zeigt sich etwa bei: *Gliss*, DSB 2005, 14, 15; *Enquete-Kommission*, BT-Drucksache 17/12541, S. 47; *Ernestus*, in: Simitis, § 9 BDSG, Rn. 2; In diesem Sinne auch: Entwurf eines Gesetzes zur Förderung der elektronischen Verwaltung sowie zur Änderung weiterer Vorschriften, BT-Drucksache 17/11473, S. 44.

d) Zwischenergebnis

Die Übereinstimmung der Begriffe führt im Ergebnis dazu, dass das Thema IT-Sicherheit wahlweise unter Rückgriff auf das Schutzgut Datum oder Information geführt werden kann.[80] Im Folgenden wird der im BSIG angelegte Wortlaut beibehalten, um die Nähe zur Quelle für den materiellen Gehalt des Begriffes zu bewahren. Schutzgut der IT-Sicherheit sind folglich Informationen, dies allerdings gerade in ihrer Gestalt als Daten. Auf ihren Inhalt kommt es für den Schutz nicht an. Dieses Schutzgut bildet das zweite inhaltliche Element der IT-Sicherheit.

3. Schutzziele der Sicherheitsstandards

Ergänzend zu den ersten beiden Elementen gibt § 2 Abs. 2 BSIG einen weiteren inhaltlichen Aspekt vor: Die Informationen sind im Hinblick auf ihre Verfügbarkeit, Unversehrtheit und Vertraulichkeit zu schützen. Über diese Schutzziele erfährt der Begriff IT-Sicherheit eine weitere Konkretisierung, die angesichts des weiten „All-Gefahren-Ansatzes"[81] unabdingbar ist. Sie schafft eine Beschränkung dahingehend, dass das Schutzgut Information nicht vor allen denkbaren Risiken abzusichern ist, sondern nur vor denen, die die aufgezählten Eigenschaften bedrohen.

Die Schutzziele sind zwar nicht im Gesetz selbst, wohl aber in der Gesetzesbegründung näher umschrieben. Sollten Informationen nicht in der vorgesehenen Weise verarbeitet oder übertragen werden, betrifft dies nach Ansicht des Gesetzgebers die Verfügbarkeit.[82] Vertraulichkeit ist darauf gerichtet, einen unbefugten Informationsgewinn über die Informationstechnik und einen ungewollten Abfluss der mit ihr verarbeiteten oder übertragenen Informationen zu verhindern.[83] Das Schutzziel Unversehrtheit, das vermehrt durch den synonymen Begriff Integrität ersetzt wird, verlangt schließlich nach Vorkehrungen, um Inhalt und Form von Informationen vor unbefugtem Verändern zu schützen.[84]

Diese Schutzziele sind für die Risikoanalyse von grundlegender Bedeutung. Für jede Verarbeitung oder Übermittlung von Informationen im

---

80 Informationssicherheit als „modernerer" bzw. „anderer Begriff", vgl. *Bundesamt für Sicherheit in der Informationstechnologie*, auf: BSI.bund.de, IT-Grundschutzkataloge, Glossar; Leitfaden Informationssicherheit, S. 14.

81 Dazu bereits Kap. 2, Teil II, Abschn. 1b).

82 Gesetzesbegründung zum BSI-Errichtungsgesetz, BT-Drucksache 11/7029, S. 7f.

83 Gesetzesbegründung zum BSI-Errichtungsgesetz, BT-Drucksache 11/7029, S. 8.

84 Gesetzesbegründung zum BSI-Errichtungsgesetz, BT-Drucksache 11/7029, S. 8.

Zusammenhang mit einem Produkt bzw. Dienst muss geklärt werden, inwiefern Informationen von einer Beeinträchtigung ihrer Verfügbarkeit, Vertraulichkeit und Unversehrtheit bedroht sind, wie wahrscheinlich das jeweilige Szenario ist und welche Folgen eine solche auslöst. An diesen Bedrohungsszenarien richtet sich der Sicherheitsstandard aus. Die Schutzziele geben damit unmittelbar den Wirkungsgrad für die Sicherheitsmaßnahmen vor.[85] Der materielle Gehalt von IT-Sicherheit wird dadurch sachlich eingegrenzt, was im Rahmen der Fortentwicklung des Rechts hinsichtlich eines besseren IT-Sicherheitsniveaus zu berücksichtigen ist.

4. Umsetzung der Sicherheitsstandards

Das letzte aus § 2 Abs. 2 BSIG folgende Element, das den Inhalt von IT-Sicherheit festlegt, betrifft den Umgang mit den Erkenntnissen aus der Risikoanalyse. Gefordert ist die Umsetzung von Maßnahmen, die aufgrund des individuell bestimmten Sicherheitsstandards angezeigt sind. Die Norm verlangt, dass die erarbeiteten Sicherheitsstandards eingehalten werden, indem Vorkehrungen sowohl in informationstechnischen Systemen, Komponenten oder Prozessen als auch bei deren Anwendung umgesetzt werden. Der Gesetzgeber sieht in den Systemen, Komponenten und Prozessen demnach die Mittel zum Zweck. Sie sind der Ansatzpunkt, um den Standards zu entsprechen und das Schutzgut unter Berücksichtigung der drei Schutzziele zu sichern. Aus dieser gesetzlichen Vorgabe lassen sich zwei bedeutsame Erkenntnisse für den Inhalt von IT-Sicherheit ableiten.

Zum einen beeinflusst diese Vorgabe die Reichweite der für IT-Sicherheit umzusetzenden Maßnahmen. Die gesetzliche Umschreibung ist nicht darauf beschränkt, Sicherheitsvorkehrungen in den Systemen, Komponenten oder Prozessen zu verlangen. Stattdessen hat der Gesetzgeber zusätzlich festgelegt, dass solche Vorkehrungen auch bei der Anwendung von Informationstechnik umzusetzen sind. Ganz bewusst werden damit nicht nur technische Maßnahmen wie z. B. die Verschlüsselung von Daten eingefordert.[86] Vielmehr sind auch organisatorische Maßnahmen zur Erfüllung der Standards umzusetzen. Derartige Maßnahmen sind weit zu verstehen und erfassen deshalb konzeptionelle ebenso wie personelle Maßnahmen. Beispiele dafür sind bauliche Maßnahmen oder das Zugriffsmanagement auf informationsverarbeitende Systeme.[87] Hinsichtlich der

---

85 *Heckmann*, MMR 2006, 280, 281.

86 Vgl. Gesetzesbegründung zum BSI-Errichtungsgesetz, BT-Drucksache 11/7029, S. 8.

87 Vgl. Gesetzesbegründung zum BSI-Errichtungsgesetz, BT-Drucksache 11/7029, S. 8. Ausführlich dazu: *Kipker/Pfeil*, DuD 2016, 810, 813.

Umsetzung der Sicherheitsstandards ist also ein weit gesteckter Rahmen vorgegeben.

Zum anderen wird ein ebenso weiter Rahmen bezüglich des Kreises derjenigen gesteckt, die durch die Regelung angesprochen werden. Auch wenn es in § 2 Abs. 2 BSIG nicht ausdrücklich steht, so impliziert die Nennung der beiden Alternativen, dass die Verantwortlichkeit für IT-Sicherheit auf mehreren Schultern ruht. Denn während Vorkehrungen zur Einhaltung von Sicherheitsstandards in Systemen, Prozessen oder Komponenten in erster Linie von den Herstellern bzw. Entwicklern getroffen werden können, sind die Vorkehrungen bei Anwendung der Systeme, Prozesse oder Komponenten hauptsächlich durch ihre Nutzer durchführbar. Gerade die geforderten organisatorischen Maßnahmen richten sich an Anwender von informationsverarbeitenden Technologien.[88]

5. Zusammenspiel der Elemente in einem Handlungskonzept

Anhand dieser aus § 2 Abs. 2 BSIG abgeleiteten Elemente wird deutlich, was der Gesetzgeber unter dem abstrakten Begriff der IT-Sicherheit versteht. Es handelt sich um einen idealisierten Zustand, der durch das in der Norm vorgezeichnete Handlungskonzept erreicht wird. Dieses Handlungskonzept verlangt zunächst eine auf einer Risikoanalyse beruhende Bestimmung von individuellen Sicherheitsstandards, die auf den Schutz zu verarbeitender bzw. übermittelnder Informationen zielen. Diese Standards sind dadurch näher eingegrenzt, dass das Schutzgut Information nur hinsichtlich seiner Verfügbarkeit, Unversehrtheit und Vertraulichkeit abzusichern ist. Die an dem Schutzgut ausgerichteten Sicherheitsstandards sind sodann durch technische und organisatorische Maßnahmen sowohl bei der Herstellung als auch bei der Anwendung informationstechnischer Systeme, Komponenten und Prozesse umzusetzen.

Diese Vorgehensweise erschöpft sich weiterhin nicht in einmaligem Handeln, sondern ist als Daueraufgabe zu charakterisieren. Verdeutlicht wird dies durch das nominalisierte Verb „einhalten“ in § 2 Abs. 2 BSIG. Es impliziert nicht nur eine punktuelle Handlung, sondern ein andauerndes Tätigwerden.[89] Nur ein solches Verständnis wird zugleich dem Regelungsgegenstand des BSIG gerecht. Informationstechnik zeichnet sich durch stetigen technischen Wandel aus. Neue Entwicklungen eröffnen neue Geschäftsfelder, die wiederum technische Neuerungen anstoßen können. In diesem wandelnden Umfeld muss auch die

---

88 Gesetzesbegründung zum BSI-Errichtungsgesetz, BT-Drucksache 11/7029, S. 8.

89 IT-Sicherheit als „fortlaufenden Prozess“ betonen auch *Kipker/Pfeil*, DuD 2016, 810, 813.

IT-Sicherheit Schritt halten.[90] Inhaltlich stellt sich IT-Sicherheit deshalb als ein dynamischer Prozess dar, der kontinuierliche Aktivität im dargestellten, relativ weitreichenden Rahmen verlangt.[91]

III. Inhaltlicher Wandel von IT-Sicherheit

An sich könnte nun im Wissen um den soeben erarbeiteten Inhalt von IT-Sicherheit untersucht werden, inwieweit das außervertragliche Haftungsrecht Hersteller und Anbieter von IT-spezifischen Produkten und Diensten dazu verleitet, das soeben dargestellte Handlungskonzept umzusetzen und so zu einem hohen Niveau von IT-Sicherheit beizutragen. Allerdings ist zu beachten, dass der erarbeitete materielle Gehalt auf eine gesetzliche Umschreibung zurückgeht, die ihre Wurzeln im BSI-Errichtungsgesetz aus dem Jahr 1991 hat.

Zwar hat das dort verankerte Grundkonzept, wonach jeder Produzent oder Diensteanbieter individuelle Sicherheitsstandards durch eine Risikoanalyse bestimmen und sie mittels angemessener technischer und organisatorischer Maßnahmen umsetzen soll, seine Aktualität nicht verloren. Dies zeigt sich nicht nur anhand der aktuellen wissenschaftlichen Veröffentlichungen zu Themen der IT-Sicherheit, in denen im Regelfall auf § 2 Abs. 2 BSIG zurückgegriffen wird.[92] Vielmehr hat auch der Gesetzgeber dieses Konzept bestätigt, indem er im Rahmen des IT-Sicherheitsgesetzes an diese Norm angeknüpft hat.[93]

Angesichts der seitdem vergangenen Zeitspanne, in der sich die Informationstechnik und damit auch die Bedrohungslage in großen Schritten weiterentwickelt hat, drängt sich dennoch die Frage auf, ob sich damit einhergehend der materielle Gehalt von IT-Sicherheit verändert hat. Gerade in Anbetracht des übergeordneten Ziels, der Fortentwicklung des außervertraglichen Haftungsrechts zur Verbesserung des IT-Sicherheitsniveaus, wäre es erforderlich, derartige Veränderungen zu berücksichtigen. Ansonsten würden Verbesserungsvorschläge basierend auf einem Verständnis von IT-Sicherheit unterbreitet, welches auf einer fast 30 Jahre alten Norm beruht. Um ein derartiges widersprüchliches Ergebnis zu vermeiden, ist sicherzustellen, dass der Arbeit ein materieller Maßstab bzgl. der

---

90 So auch *de Maiziere*, in: Bundesamt für Sicherheit in der Informationstechnik, auf: BSI.bund.de, Jahresbericht 2017, S. 3.

91 Ebenso *Jandt*, in: Kühling/Buchner, Art. 32 DSGVO, Rn. 22; *Pohlmann/Blumberg*, S. 144, *Schallbruch*, CR 2017, 798, 803.

92 Vgl. dazu bereits 2. Kap., Teil I.

93 Gesetzesbegründung zum IT-Sicherheitsgesetz, BT-Drucksache 18/4096, S. 25.

IT-Sicherheit zugrunde liegt, welcher sich angesichts modernster Informationsverarbeitung und der veränderten Bedrohungslage etabliert hat.

1. Möglichkeit der inhaltlichen Fortentwicklung

Eine Fortentwicklung des Inhalts von IT-Sicherheit ist möglich, da § 2 Abs. 2 BSIG lediglich als Quelle für den materiellen Gehalt dient. Die dortige Fassung ist nicht darauf angelegt, zwingende Anforderungen für das gesamte Recht aufzustellen. Sie will den Begriff nur „im Sinne dieses Gesetzes", also für das BSIG festlegen. Bedeutung hat sie allein deshalb, weil dort gesetzgeberische Vorstellungen hinsichtlich der IT-Sicherheit niedergelegt sind, die aufgrund des sonstigen Mangels an inhaltsbestimmenden Normen auch in anderen Rechtsgebieten als Anhaltspunkt für ihren materiellen Gehalt zu berücksichtigen sind.

2. Erweiterung der Schutzgüter

Das zweite inhaltliche Element in § 2 Abs. 2 BSIG legt das Schutzgut der IT-Sicherheit fest und sorgt damit für ihre sachliche Konkretisierung. Wie bereits dargestellt, sind die individuellen Sicherheitsstandards mit Blick auf Informationen in ihrer Gestalt als Daten zu bestimmen. Allerdings greift die alleinige Fokussierung auf Informationen bei der Standardbestimmung zu kurz.[94] Stellungnahmen in der Literatur und insbesondere Reformen des Gesetzgebers deuten darauf hin, dass sich der Inhalt in dieser Hinsicht gewandelt hat. Ein zeitgemäßes Verständnis von IT-Sicherheit erfordert den Einbezug zusätzlicher Schutzgüter.

a) Erweiterung auf Systeme

Zieht man rechtswissenschaftliche Auseinandersetzungen mit dem Thema IT-Sicherheit heran, so fällt auf, dass das Schutzgut regelmäßig extensiver verstanden wird. Die Tendenz zur Ausdehnung zeigt sich, wenn es beispielsweise heißt, dass es um die „Frage der Sicherheit der verwendeten IT-Systeme"[95] gehe oder die „Beeinflussung […] sicherheitskritischer Systeme"[96] eine Bedrohung darstelle. Über den Wortlaut von § 2 Abs. 2 BSIG hinaus wird IT-Sicherheit so interpretiert, dass sie nicht nur die Verfügbarkeit, Unversehrtheit oder Vertraulichkeit

---

94 Die definitorische Einengung auf Informationen wurde bereits bei der Verabschiedung des Gesetzes kritisiert, vgl. *Stelzer*, DuD 1990, 501, 502.

95 *Schultze-Melling*, CR 2005, 73, 73.

96 *Krauß/Waidner*, DuD 2015, 383, 385.

von Informationen, sondern auch die der informationstechnischen Systeme umfasst.[97] Letztere wären damit nicht mehr wie in der gesetzlichen Umschreibung im BSIG nur Mittel zum Zweck, sondern würden selbstständige Bedeutung als Schutzgüter erlangen.

Die gleiche Entwicklung zeichnet sich auf der Ebene der politischen Entscheidungsträger ab. So geht etwa der Bundesminister des Innern davon aus, dass zu den vielen Facetten der IT-Sicherheit die „Sicherheit von Plattformen und Netzen" oder „sicheres Cloud Computing" gehören.[98] Auch die Kooperationsgruppe Informationssicherheit des IT-Planungsrates verfolgt in ihrer Leitlinie für Informationssicherheit in der öffentlichen Verwaltung unter anderem das Ziel, IT-Systeme gegen Manipulation, unberechtigten Zugriff und Verlust abzusichern.[99]

b) Erweiterung aufgrund veränderter Bedrohungslage

Begründen lässt sich die Ausdehnung des Schutzgutes mit der technischen Weiterentwicklung und den damit verbundenen veränderten Bedrohungsszenarien. Der heutige Einsatz von Informationstechnik entspricht nicht mehr dem Bild der Informationsverarbeitung zur Zeit des In-Kraft-Tretens des BSI-Errichtungsgesetzes, auf dessen § 2 Abs. 2 BSIG der Inhalt von IT-Sicherheit beruht. Die damals erfolgte Beziehung der Standards auf das Schutzgut „Informationen" vernachlässigt aus heutiger Sicht Objekte, deren Sicherung angesichts der Gefahrenlage ebenfalls geboten ist.

So liegt ein nicht zu vernachlässigendes Risiko darin, dass ein informationstechnisches System kompromittiert wird und sodann neue Informationen erzeugt oder aufgespielt werden.[100] Aufgrund dieser Informationen kann ein an sich ordnungsgemäßer Verarbeitungsprozess gestartet oder beeinflusst werden, der zu Ergebnissen führt, die vom Anwender nicht gewollt sind. Beispielhaft dafür ist die Übernahme wichtiger Funktionen eines mit dem Internet

---

97 Weitere Beispiele für die Ausdehnung über Informationen hinaus: *Amann/Atzmüller*, DuD 1992, 286, 290; *Barton*, K&R 2004, 305, 305; *Büllingen*, DuD 2013, 173, 174; *Eckhardt*, DuD 2008, 330, 330; *Gliss*, DSB 2005, 14, 15; *Heckmann*, MMR 2006, 280, 281; *von Holleben/Menz*, CR 2010, 63, 68; *Neusel*, RDV 1990, 161, 162; *Rockstroh/Kunkel*, MMR 2017, 77, 78.

98 *de Maiziere*, auf: Bundesregierung.de, IT-Sicherheit – künftige Herausforderungen für Staat, Wirtschaft und Gesellschaft, S. 1.

99 *Kooperationsgruppe „Informationssicherheit des IT-PLR"*, auf: IT-Planungsrat.de, Leitlinie für die Informationssicherheit in der öffentlichen Verwaltung

100 So schon *Stelzer*, DuD 1990, 501, 502. Vgl. auch: *Heeg*, auf: Faz.net, IT-Sicherheit – Eine Falle für Cyberkriminelle.

verbundenen Kraftfahrzeugs durch Hacker, die sich aus der Ferne Zugriff auf die Informationstechnik verschaffen und die Steuerung übernehmen.[101] Ein ebenso eindrückliches Beispiel ist die über das Internet durchführbare Manipulation von Infusionspumpen.[102] Solche Konstellationen haben Standards, die sich allein auf den Schutz der Verfügbarkeit, Vertraulichkeit oder Unversehrtheit von Informationen beziehen, nur unzureichend im Blick.

Zwar lassen sich unter Berücksichtigung der Gesetzesmaterialien zum BSI-Errichtungsgesetz Passagen finden, die darauf hindeuten, dass derartige Gefährdungen dem Gesetzgeber bekannt waren und sie deshalb schon damals vom Gesetz umfasst sein sollten.[103] Entscheidend ist jedoch, dass der Wortlaut des § 2 Abs. 2 BSIG die Systeme lediglich als Mittel zum Zweck behandelt. Da dies der tatsächlichen Gefährdungslage nicht entspricht und die Anforderungen in dieser Hinsicht gestiegen sind, ist der Inhalt von IT-Sicherheit zumindest aus klarstellenden Gründen mit Blick auf die Schutzgüter zu erweitern.

Rechtfertigen lässt sich diese inhaltliche Modifizierung zusätzlich durch den Verweis auf eine ähnliche Beurteilung der gefährdeten Güter durch den Gesetzgeber in jüngeren legislativen Maßnahmen mit Bezug zur IT-Sicherheit. So wird von Betreibern kritischer Infrastrukturen seit der Verabschiedung des IT-Sicherheitsgesetzes ausdrücklich in § 8a Abs. 1 BSIG der Schutz von für die Funktionsfähigkeit bedeutsamen Systemen, Komponenten und Prozessen verlangt. Auch die neu eingeführten Meldepflichten knüpfen an erhebliche Störungen bestimmter Eigenschaften von informationstechnischen Systemen, Komponenten oder Prozessen an.[104] Bei der Aufzählung dieser Schutzgüter verweist die Gesetzesbegründung sogar ausdrücklich auf § 2 Abs. 2 BSIG,[105] obwohl dort nur Informationen als Schutzgut genannt sind. Dies spricht dafür, dass stillschweigend von einer Erweiterung der Schutzgüter ausgegangen wurde. Für die Erweiterung spricht schließlich auch, dass seit der Entscheidung des *BVerfG* zur Online-Durchsuchung ein grundrechtlicher Schutz auf Gewährleistung der Vertraulichkeit und Integrität informationstechnischer Systeme anerkannt ist.[106]

---

101 Vgl. *Greenberg*, auf: Wired.com, Hackers Remotely Kill a Jeep on the Highway – With Me in It.

102 Vgl. *Bergert*, auf: Heise.de, Weitere Sicherheitslücke in Hospira-Infusionspumpen; *Wendt*, auf: Zeit.de, Auch Medizintechnik lässt sich hacken.

103 Siehe Gesetzesbegründung zum BSI-Errichtungsgesetz, BT-Drucksache 11/7029, S. 6.

104 Siehe etwa § 8b Abs. 4 BSIG, § 44b AtomG, § 11 Abs. 1c EnWG.

105 Gesetzesbegründung zum IT-Sicherheitsgesetz, BT-Drucksache 18/4096, S. 25.

106 *BVerfG*, BVerfGE 120, 274 = NJW 2008, 822.

Die Fortbildung der Grundrechte, um diesen Schutz zu gewähren, unterstreicht ebenfalls die hohe Bedeutung von IT-Systemen.

c) Erweiterung mit entwicklungsoffener Terminologie

In terminologischer Hinsicht ist auffällig, dass der Gesetzgeber im Rahmen der jüngsten legislativen Tätigkeiten stets den Dreiklang aus Systemen, Komponenten und Prozessen im Gesetz verankert hat. Damit entspricht er jedoch nur dem im BSIG gewählten Ansatz, durch weite Formulierungen Technikneutralität und Entwicklungsoffenheit zu gewährleisten.[107] Die drei Begriffe sind so gewählt, dass sämtliche für die IT-Sicherheit regelungsbedürftigen Gegenstände erfasst werden können.

Von Systemen ist auszugehen, wenn mehrere Bestandteile ein komplexes informationstechnisches Gesamtkonstrukt bilden. Komponenten sind einzelne Bestandteile von informationstechnischen oder sonstigen Systemen. Mit Prozessen sind Vorgänge der Informationsverarbeitung gemeint.[108] Auf dieser breiten begrifflichen Grundlage gibt es ausreichende Anknüpfungspunkte, um den Verantwortungsbereich für Maßnahmen zur Schaffung von IT-Sicherheit im konkreten Einzelfall differenziert ausgestalten zu können. Der Dreiklang der Begriffe ist deshalb auch bei der Erweiterung der Schutzgüter zu berücksichtigen.

d) Zwischenergebnis

Das inhaltliche Verständnis von IT-Sicherheit hat sich hinsichtlich des Schutzgutes im Vergleich zu § 2 Abs. 2 BSIG fortentwickelt. Die individuellen Sicherheitsstandards sind nicht nur auf Informationen, sondern auch auf Systeme, Komponenten und Prozesse auszurichten. Diese Aufwertung der ursprünglichen Mittel zum Zweck zu eigenständigen Schutzgütern entspricht einer angesichts der Bedrohungslage modifizierten inhaltlichen Betrachtungsweise von IT-Sicherheit, wie sie in neuen Gesetzen, aber auch in Rechtsprechung und Literatur zum Ausdruck kommt.

3. Erweiterung der Schutzziele

Das dritte Element in § 2 Abs. 2 BSIG gibt die Zielrichtung vor, in welche die individuellen Standards zum Schutz von Informationen zu entwickeln sind.

---

107 So auch die Gesetzesbegründung zum BSI-Errichtungsgesetz, BT-Drucksache 11/7029, S. 7.

108 Gesetzesbegründung zum IT-Sicherheitsgesetz, BT-Drucksache 18/4096, S. 26.

Wie gezeigt, sind sie im Hinblick auf ihre Verfügbarkeit, Unversehrtheit und Vertraulichkeit zu sichern. Daran hat sich trotz der großen Zeitspanne und der technischen Weiterentwicklung nichts geändert. Auch die Hinzufügung der zusätzlichen Schutzgüter hat die Zielrichtung des Schutzes nicht beeinflusst. Die Schutzziele Verfügbarkeit, Unversehrtheit (bzw. die synonym verwendete Eigenschaft der Integrität)[109] und Vertraulichkeit sind als Grundgerüst für die IT-Sicherheit anerkannt.[110] Diese Anerkennung herrscht nicht nur im rechtswissenschaftlichen sondern auch im technischen Bereich, in dem die Basis der etablierten Sicherheitsstandards ebenfalls die drei genannten Schutzziele sind.[111]

Die drei in § 2 Abs. 2 BSIG genannten Schutzziele sind allerdings schon immer nur als „prinzipiell unvollständige Hinweise“[112] verstanden worden. Von einer strukturellen Offenheit des Katalogs der Schutzziele geht auch der Gesetzgeber aus. Mit seinen jüngsten Handlungen im Kontext der Regulierung von IT-Sicherheit deutet er an, dass ein viertes Schutzziel zu beachten ist. Denn die Gesetzesbegründung zum IT-Sicherheitsgesetz nennt als Schutzziele die Verfügbarkeit, Integrität, Vertraulichkeit und Authentizität und nimmt dabei auf § 2 Abs. 2 BSIG Bezug.[113] Diese Norm enthält den Verweis auf die Authentizität jedoch nicht.

Auch in Fachbeiträgen zur IT-Sicherheit wird zusätzlich zu den drei in § 2 Abs. 2 BSIG genannten klassischen Zielen regelmäßig auf die Authentizität als weiteres Schutzziel verwiesen.[114] Im Gegensatz zu den gesetzgeberischen Materialien finden sich in diesem Zusammenhang auch nähere Erläuterungen dazu, was mit diesem Schutzziel gemeint ist. Im Folgenden soll deshalb der Inhalt dieses Schutzziels erarbeitet werden. Mit dem Wissen darum lässt sich

---

109 Vgl. zum identischen Inhalt: *Heckmann*, MMR 2006, 280, 281; *Weber/Willi*, S. 13.

110 Siehe nur: *Enquette-Kommission*, BT-Drucksache 17/12541, S. 47; *Gliss*, DSB 2015, 15, 16; *Rockstroh/Kunkel*, MMR 2017, 77, 78; *Schmidl*, NJW 2010, 476, 477.

111 Vgl. ISO/IEC 27000:2016, 2.33; *Bundesamt für Sicherheit in der Informationstechnik*, auf: BSI.bund.de, IT-Grundschutzkataloge, Glossar; Common Criteria, Version 3.1 vom September 2012, S. 10, abrufbar unter: http://www.commoncriteriaportal.org/files/ccfiles/CCPART1V3.1R4.pdf.

112 *Stelzer*, DuD 1990, 501, 505. Ebenso: *Dierstein*, Informatik Spektrum 2004, 343, 347; *Heckmann*, MMR 2006, 280, 282; *Weber/Willi*, S. 13.

113 Gesetzesbegründung zum IT-Sicherheitsgesetz, BT-Drucksache 18/4096, S. 1, 25.

114 *Amann/Atzmüller*, DuD 1992, 286, 288; *von Holleben/Menz*, CR 2010, 63, 65; *Schmelling*, DuD 2016, 635, 636; *Weber/Willi*, S. 13. Vgl. auch EwG 53 der E-Privacy-Richtlinie 2009/136/EG.

eine Aussage darüber treffen, inwieweit die inhaltliche Ergänzung von IT-Sicherheit in dieser Hinsicht erforderlich ist.

a) Inhalt von Authentizität

Durch die Eigenschaft der Authentizität soll gewährleistet werden, dass eine eindeutige Zuordnung zwischen angeblicher und tatsächlicher Quelle eines informationstechnischen Verarbeitungsvorgangs möglich ist.[115] Nicht nur die Echtheit der Quelle in Kommunikationsprozessen zwischen Mensch und Maschine, sondern auch die Übereinstimmung der angeblichen mit den tatsächlichen charakteristischen Merkmalen von IT-Komponenten oder IT-Anwendungen wird davon umfasst.[116] Die Eigenschaft ist somit auch für die sog. Maschine-zu-Maschine-Kommunikation (M2M) relevant.

b) Erforderlichkeit der Ergänzung

Mit Blick auf den Inhalt der Authentizität entstehen Zweifel, ob dieses zusätzliche Schutzziel tatsächlich erforderlich ist. Die Zweifel rühren daher, dass es Schnittmengen mit den übrigen Schutzzielen gibt. Abhängig von der Größe der Überschneidungen könnte die Ergänzung überflüssig und wegen ihres zusätzlichen Aufwandes bei der Bestimmung der Sicherheitsstandards abzulehnen sein.

aa) Überschneidungen durch Ergänzung

Die Schnittmengen ergeben sich deshalb, weil die etablierten Schutzziele das Merkmal der Befugnis ausdrücklich oder zumindest implizit beinhalten.[117] So kann es dazu kommen, dass für die Umsetzung der individuellen Standards dieselben Sicherheitsmaßnahmen erforderlich werden, die sich auch nach der Risikoanalyse mit Blick auf die Authentizität der Schutzgüter aufdrängen. Denn dem Risiko einer unbefugten Aktion begegnet man durch eine Überprüfung des handelnden Subjekts bzw. Objekts. In genau diese Richtung zielen jedoch auch die Maßnahmen, die zur Wahrung der Authentizität getroffen werden müssen. Authentizität verlangt nämlich zuverlässige Mechanismen zum Erkennen von

---

115 *Enquette-Kommission*, BT-Drucksache 17/12541, S. 47; *Schmelling*; DuD 2016, 635, 636; *Weber/Willi*, S. 13.

116 *Bundesamt für Sicherheit in der Informationstechnik*, auf: BSI.bund.de, IT-Grundschutzkataloge, Glossar.

117 Vgl. Kap. 2, Teil I, Abschn. 2c).

Handelnden oder Objekten.[118] Erst durch eine klare Zuordnung zu einer Quelle wird die Vertrauensbasis geschaffen, die für eine Vielzahl informationstechnischer Vorgänge notwendig ist.[119]

Das, was die Authentizität fordert, wird also dem Grunde nach bereits von den klassischen Risikokategorien durch das Merkmal der Befugnis abgedeckt. Es besteht ein enger Zusammenhang zwischen Authentizität auf der einen und Integrität, Verfügbarkeit und Vertraulichkeit auf der anderen Seite.[120] Allein die Berücksichtigung der etablierten Schutzziele sollte damit zu Maßnahmen führen, die den angestrebten Zustand von IT-Sicherheit schaffen. Die Erweiterung der Schutzziele würde folglich die Risikoanalyse ausdehnen, ohne einen Mehrwert auf der Seite der Maßnahmen zu bewirken. Vor diesem Hintergrund erscheint die Berücksichtigung der Authentizität als unnötige Erschwernis bei der Bestimmung der Standards, die nur erhöhten organisatorischen Planungs- und Überprüfungsaufwand mit sich bringt.

bb) Einbeziehung neuartiger Bedrohungen durch Ergänzung

Bei genauerer Betrachtung spricht die Schnittmenge zwischen den etablierten Schutzzielen und der Authentizität jedoch nicht gegen ihre Hinzufügung. Denn über die Gemeinsamkeiten hinausgehend passt dieses Schutzziel die Anforderungen hinsichtlich der IT-Sicherheit besser an aktuelle Bedrohungsszenarien an. Auf ihrer Basis geraten Risiken ins Blickfeld, die von den klassischen Kategorien nicht ausreichend abgedeckt werden. Diese Risiken ergeben sich aus der Art der Nutzung und der Quantität von automatisch generierten Informationen.

Auslöser für informationstechnische Vorgänge sind nicht mehr nur menschliche Aktionen, sondern immer häufiger allein durch automatische Informationsverarbeitung erzeugte Signale. Diese M2M-Kommunikation dürfte künftig noch stärker an Bedeutung gewinnen.[121] Den Schutzgütern drohen in dieser Situation Risiken, die von den klassischen Schutzzielen nicht angemessen erfasst werden. Sie werden dann nicht zwingend im individuellen Sicherheitsstandard

118 *Bundesamt für Sicherheit in der Informationstechnik*, auf: BSI.bund.de, IT-Grundschutzkataloge, Glossar. Vgl. *Enquette-Kommission*, BT-Drucksache 17/12541, S. 47; *Heckmann*, MMR 2006, 280, 282.

119 *Weber/Willi*, S. 14.

120 *Schultze-Melling*, CR 2005, 73, 74. Ebenso: *Bundesamt für Sicherheit in der Informationstechnik*, auf: BSI.bund.de, IT-Grundschutzkataloge, Einstiegskapitel: „Authentizität als ein Teilbereich der Integrität."

121 *Horner/Kaulartz*, InTeR 2016, 22, 22; *Wendt/Oberländer*, InTeR 2016, 58, 58.

abgebildet, weshalb in letzter Konsequenz nicht die für ein hohes IT-Sicherheitsniveau erforderlichen Sicherheitsmaßnahmen implementiert werden.

Beispielhaft deutlich wird die Vernachlässigung dieser Gefahren an einem Geschäftsmodell im Zusammenhang mit dem vernetzten Fahren. Dort werden unter anderem in Zusammenarbeit mit Kartenanbietern Plattformen geschaffen, auf denen die durch die Fahrzeuge generierten, für den Verkehr relevanten Informationen gesammelt und in Echtzeit in den Kartendienst integriert werden.[122] Mit Blick auf die IT-Sicherheit ist es in diesem Zusammenhang unzureichend, wenn Plattformbetreiber lediglich gewährleisten, dass nur Befugte auf die Informationen zugreifen können (Verfügbarkeit) oder Informationen nicht unzulässig verändert werden (Integrität). Vielmehr ist zusätzlich erforderlich, dass die Echtheit der Quelle überprüft wird. Die Information muss von einer Maschine stammen, die tatsächlich diese Information generieren kann und auch soll.[123] Diesen Akzent setzt das in den klassischen Eigenschaften enthaltene Merkmal der Befugnis seinem traditionellen Verständnis nach nicht. Ein nur anhand der Verfügbarkeit, Vertraulichkeit oder Integrität bestimmter Sicherheitsstandard ist damit anfällig für ein praxisrelevantes Risiko. Die Folge sind fehlende Maßnahmen zur Abwendung dieser Art von Gefahren.

cc) Rechtfertigung der Ergänzung

Über die Eigenschaft der Authentizität gewinnt der individuelle Sicherheitsstandard also zusätzliche Tiefe. Zwar ist als Nachteil der Erweiterung anzuerkennen, dass sich in zahlreichen Fällen die tiefergehende Risikoanalyse nicht auf die umzusetzenden Sicherheitsmaßnahmen auswirkt. Denn eine gewisse inhaltliche Schnittmenge der Authentizität mit den etablierten Schutzzielen ist nicht zu übersehen. Der erhöhte Analyseaufwand schlägt sich dann nicht in konkreten Maßnahmen nieder.

Allerdings sind die Schutzziele nicht vollständig deckungsgleich, sodass ohne die Erweiterung bestimmte praxisrelevante Risiken nicht in die Bewertung einfließen und die Standards daher unzureichend hinsichtlich des Bedrohungspotenzials bleiben. Der zusätzliche Aufwand im Rahmen der Risikoanalyse ist hingegen nicht so schwerwiegend, dass er gegen die Erweiterung spricht. Es handelt sich um Prüfungs- bzw. Bewertungsaufwand. Die eigentliche Belastung liegt in der Umsetzung der Maßnahmen zur Wahrung der Authentizität der

---

122 *Sokolow*, auf Heise.de, Autohersteller stecken Positionen für Kampf um Daten-Schatz ab.

123 Ein weiteres praxisrelevantes Beispiel in dieser Hinsicht findet sich bei *Heeg*, auf: Faz.net, IT-Sicherheit – Eine Falle für Cyberkriminelle.

Schutzgüter. Wenn sich in vielen Fällen die Maßnahmen schon aus der Perspektive der anderen Schutzziele ergeben, bleibt der Aufwand gleich. Führt die Analyse hingegen zu einem Sicherheitsstandard, der weitergehende Maßnahmen erfordert, so ist der Aufwand für die Umsetzung angesichts der ansonsten drohenden Gefahren für die Schutzgüter gerechtfertigt.

c) Zwischenergebnis

Auf Ebene der Schutzziele hat sich das Verständnis von IT-Sicherheit im Vergleich zu § 2 Abs. 2 BSIG ebenfalls gewandelt. Neben den drei traditionellen Schutzzielen hat sich die Authentizität etabliert. Sie erweitert den materiellen Gehalt von IT-Sicherheit, da dadurch die Reichweite der Risikoanalyse ausgedehnt wird und mithin die Anforderungen an die umzusetzenden Sicherheitsmaßnahmen steigen.

4. IT-Sicherheit als Mindestsicherheit

Bereits in § 2 Abs. 2 BSIG als Grundlage von IT-Sicherheit wird ein relativ weiter Rahmen für das Verständnis von IT-Sicherheit vorgegeben. Im Vergleich dazu haben die aufgezeigten inhaltlichen Ergänzungen den materiellen Gehalt von IT-Sicherheit noch weiter ausgedehnt. Denn die Einbeziehung neuer Schutzgüter und -ziele führt im Endeffekt zu einem Mehr an Ansatzpunkten, die bei der Gewährleistung von IT-Sicherheit zu berücksichtigen sind und Sicherheitsmaßnahmen erfordern können.

Angesichts dieser Erweiterungen ist aus Klarstellungsgründen darauf hinzuweisen, dass sich dadurch nichts an den inhärenten faktischen bzw. praktischen Grenzen von IT-Sicherheit geändert hat. Es können für jeden Einzelnen nur solche Sicherheitsmaßnahmen in Betracht kommen, die in seinem Machtbereich umsetzbar sind. Zudem ist nicht jede praktisch in Betracht kommende Sicherheitsmaßnahme zwingend in die Tat umzusetzen. Stattdessen sind die Vorkehrungen in und bei der Anwendung von Systemen, Komponenten und Prozessen am Maßstab der Angemessenheit zu orientieren.

Dies folgt zwar nicht ausdrücklich aus § 2 Abs. 2 BSIG oder den sonstigen jüngeren legislativen Änderungen. Allerdings ist die Unvollkommenheit von IT-Sicherheit in politischen und wissenschaftlichen Debatten weitestgehend als Fakt akzeptiert. Die Gewährleistung von einhundertprozentiger Sicherheit wird als unerreichbares Ziel eingestuft.[124] Ein Restrisiko ist bei der Entwicklung und

124 *de Maiziere*, auf: Bundesregierung.de, IT-Sicherheit – künftige Herausforderungen für Staat, Wirtschaft und Gesellschaft, S. 3; *Gaycken/Karger*, MMR 2011, 3, 6; *Heckmann*, MMR 2006, 280, 284; *Schultze-Melling*, CR 2005, 73, 74.

Umsetzung von IT-Sicherheitsmaßnahmen folglich zu akzeptieren.[125] Begründen lässt sich diese pragmatische Sichtweise mit dem aus dem römischen Recht stammenden, allgemein anerkannten Rechtsgrundsatz „ultra posse nemo obligatur". Diesem zufolge kann niemand über seine Grenzen hinaus verpflichtet werden.[126] Dies gilt auch mit Blick auf das Handlungskonzept, das aus dem materiellen Gehalt von IT-Sicherheit folgt.

Das bedeutet jedoch nicht, dass eine nach der Verkehrsauffassung zu erwartende absolute Mindestsicherheit unterschritten werden darf.[127] Wie im sonstigen technischen Bereich gilt, dass beispielsweise von der Vermarktung eines Produkts bzw. Dienstes Abstand zu nehmen ist, sofern ein Mindeststand der Sicherheit nicht durch eine Änderung der Technik gewährleistet werden kann.[128] Die Grenze bestimmt sich jeweils im Einzelfall unter Berücksichtigung des Schadenspotenzials, des Nutzens des Produkts oder Dienstes, der Bedrohungslage sowie des Aufwandes zur Risikovermeidung.[129] IT-Sicherheit ist vor diesem Hintergrund als Mindestsicherheit zu verstehen.

5. Zwischenergebnis

Alles in allem lässt sich anhand von aktuellen legislativen Akten sowie unter Berücksichtigung wissenschaftlicher Beiträge ein Wandel im Verständnis des Inhalts von IT-Sicherheit feststellen. Die Ursache dieses Wandels liegt in der fortentwickelten Informationstechnik begründet, mit der neuartige Bedrohungen einhergehen. Die aufgezeigte inhaltliche Weiterentwicklung ist die Reaktion darauf und sorgt dementsprechend für ein zeitgemäßes Verständnis von IT-Sicherheit. Das Fundament für dieses Verständnis liegt zwar weiterhin im Handlungskonzept, das in § 2 Abs. 2 BSIG angelegt ist. Allerdings sind zusätzliche Schutzgüter und -ziele zu berücksichtigen, weshalb IT-Sicherheit inhaltlich an Reichweite gewonnen hat. Allerdings bleibt es dabei, dass das Konzept in seinem Kern auf eine situationsabhängige, individuelle Mindestsicherheit zielt.

---

125 Vgl. in Bezug auf vernetzte Produkte: *Klindt/Wende et al.*, in: Bräutigam/Klindt, auf: Bdi.eu, Digitalisierte Wirtschaft/Industrie 4.0, S. 89; Ebenso: *Koch*, CR 2009, 485, 489.

126 *Hassemer*, ZRP 2011, 192, 192.

127 *Horner/Kaulartz* sprechen mit Blick auf autonome Maschinen von einer „Basissicherheit", vgl. CR 2016, 7, 11.

128 So für Eisenbahnen: *BGH*, Urt. v. 10.10.1978 – VI ZR 98/77, Rn. 22 (**Rn. außerhalb der amtlichen Sammlung sind zitiert nach juris**) = VersR 1978, 1163, 1164; In Bezug auf autonome Systeme: *Sosnitza*, CR 2016, 764, 769f.

129 In diesem Sinne: *BGH*, BGHZ 181, 253, 259, Rn. 17 = NJW 2009, 2952, 2953 mwN.

IV. Fazit

Die vorangehenden Ausführungen dienten dazu, den abstrakten Begriff der IT-Sicherheit mit Leben zu füllen. Es hat sich gezeigt, dass dieser auf einen Zustand zielt, der durch eine bestimmte Verhaltensweise erreicht werden soll. Dazu ist die Befolgung eines Handlungskonzepts vorgesehen, das aus vier ineinander verschränkten Elementen besteht. Die einzelnen Bestandteile dieses Konzepts sind die individuellen Sicherheitsstandards, die Schutzgüter, die Schutzziele und die Umsetzung der Standards. Sie lassen sich aus § 2 Abs. 2 BSIG entnehmen. Die dortigen Vorgaben haben auch nach fast dreißig Jahren ihrer Wirksamkeit nichts an ihrer grundsätzlichen Relevanz für den Inhalt von IT-Sicherheit verloren. Sie sind allerdings angesichts der technischen Fortentwicklung im Bereich der Informationstechnik zu ergänzen: Neben Informationen sind Systeme, Komponenten und Prozesse zusätzliche Schutzgüter. Zu den Schutzzielen Verfügbarkeit, Vertraulichkeit und Integrität ist die Authentizität aufzunehmen.

Auf dieser Grundlage ergibt sich, dass IT-Sicherheit zunächst die Bestimmung von individuellen Sicherheitsstandards erfordert. Grundlage dafür ist eine Risikoanalyse mit Blick auf verschiedene Schutzgüter, nämlich die informationstechnisch zu verarbeitenden bzw. übermittelnden Informationen sowie die dazu erforderlichen Systeme, Komponenten und Prozesse. Für deren Schutz gilt als Zielvorgabe die Sicherung ihrer Verfügbarkeit, Integrität, Vertraulichkeit und Authentizität. Anhand der so bestimmten Sicherheitsstandards sind schließlich angemessene technische und organisatorische Sicherheitsmaßnahmen zu implementieren. Dabei handelt es sich im Ganzen um einen dynamischen Prozess, der kontinuierliche Aktivität erfordert. Er bezweckt im Ergebnis die Gewährleistung eines Mindestsicherheitsniveaus.

Inhaltlich steht aufgrund dieser inhaltlichen Auseinandersetzung mit dem abstrakten Begriff der IT-Sicherheit zugleich fest, wodurch ein hohes IT-Sicherheitsniveau gekennzeichnet ist. Es handelt sich um einen Idealzustand, bei dem gewährleistet ist, dass Hersteller und Anbieter von IT-spezifischen Produkten das dargestellte, individuell geprägte Verhalten zur Gewährleistung des Mindestsicherheitsniveaus an den Tag legen. Entspricht das Verhalten hingegen nicht diesen Anforderungen, liegt mangelhafte IT-Sicherheit vor. Zu klären ist vor diesem Hintergrund im Folgenden, inwieweit das außervertragliche Haftungsrecht zur Erreichung von IT-Sicherheit beiträgt und inwiefern Verbesserungen sinnvoll sind.

3. Kapitel: Zur präventiven Wirkung des Haftungsrechts in Bezug auf die IT-Sicherheit

Um das Ziel dieser Arbeit zu erreichen, nämlich das außervertragliche Haftungsrecht mit Blick auf eine Verbesserung des IT-Sicherheitsniveaus fortzuentwickeln, ist zunächst eine Bestandsanalyse notwendig. Es ist zu untersuchen, inwieweit das geltende Recht prinzipiell geeignet ist, präventiv auf die Gewährleistung von IT-Sicherheit hinzuwirken. In diesem Zusammenhang soll insbesondere auch der Fokus darauf gelegt werden, in welchem Umfang jüngere gesetzgeberische Modifikationen mit Bezug zur IT-Sicherheit, etwa das IT-Sicherheitsgesetz, die NIS-Richtlinie oder die DSGVO, sich auf die präventive Wirkung des außervertraglichen Haftungsrechts auswirken. Erst im Anschluss daran lassen sich sinnvollerweise Verbesserungsvorschläge entwickeln.

I. Voraussetzung der präventiven Wirkung

Eine präventive Wirkung mit Blick auf die IT-Sicherheit würde bewirkt, sofern das geltende Haftungsrecht die im Fokus dieser Arbeit stehenden Hersteller und Anbieter IT-spezifischer Produkte und Dienste zu dem Verhalten verleiten würde, welches im vorangegangenen Kapitel anhand der inhaltlichen Anforderungen der IT-Sicherheit beschrieben wurde. Ein Anreiz dazu würde sich ergeben, sofern ein Fehlverhalten diesbezüglich eine Einstandspflicht für daraus resultierende Schäden zur Folge hätte.

Eine ausdrücklich an Fehler hinsichtlich der IT-Sicherheit anknüpfende Haftungsgrundlage für Hersteller und Anbieter von IT-spezifischen Produkten bzw. Diensten kennt das geltende Recht jedoch nicht. Dies hat sich insbesondere durch das IT-Sicherheitsgesetz nicht geändert. Dementsprechend setzt sich der bereits festgestellte Mangel an konkret auf IT-Sicherheit zugeschnittenen Normen fort.[130] Der Begriff IT-Sicherheit ist weder in einem haftungsrechtlichen Tatbestand verankert noch fällt er in direktem Zusammenhang mit Vorschriften über den Schadensersatz.[131]

---

130 Siehe dazu bereits Kap. 2, Teil I.

131 *Hornung*, NJW 2015, 3334, 3339; *Roßnagel*, DVBl 2015, 1206, 1212; *Spindler*, CR 2016, 297, 297.

Allerdings enthält das außervertragliche Haftungsrecht eine Vielzahl unterschiedlicher Haftungsnormen. Ob diese im hier behandelten Themenkomplex Anwendung finden und damit zur präventiven Verhaltenslenkung beitragen, hängt nicht davon ab, dass der Begriff IT-Sicherheit im Tatbestand genannt ist. Entscheidend ist vielmehr, dass sie den Herstellern und Anbietern IT-spezifischer Produkte bzw. Dienste inhaltliche Vorgaben hinsichtlich der IT-Sicherheit machen, bei deren Verstoß eine Ersatzpflicht für daraus resultierende Schäden angeordnet ist. Diejenigen außervertraglichen Haftungsnormen, die dazu geeignet sind, sollen im Folgenden unter Rückgriff auf die im vorherigen Kapitel gewonnenen Erkenntnisse über den materiellen Gehalt von IT-Sicherheit identifiziert werden. Dies geschieht zunächst unabhängig von einer detaillierten Auseinandersetzung mit den tatsächlich eintretenden Schäden.[132]

II. Präventive Wirkung spezieller Einstandspflichten

In einem ersten Schritt ist zu klären, ob spezialgesetzliche Einstandspflichten vorhanden sind, die Hersteller oder Anbieter IT-spezifischer Produkte bzw. Dienste zu IT-Sicherheit verleiten. Dies wäre der Fall, wenn Haftungsnormen existieren, die ein Verhalten voraussetzen, das den im vorigen Kapitel aufgestellten Anforderungen entspricht, und die an einen darauf bezogenen Verstoß eine Haftungsfolge knüpfen. Sofern also eine spezielle Einstandspflicht zumindest zum Teil sämtliche vier Elemente enthält, die das Handlungskonzept zur Erreichung von IT-Sicherheit vorsieht, wäre eine Norm identifiziert, die im Grundsatz eine präventive Wirkung entfaltet.

Zur Identifikation spezialgesetzlicher Haftungsgrundlagen wird auf den sektoralen Ansatz des IT-Sicherheitsgesetzes zurückgegriffen.[133] Diesem Gesetz liegt die Wertung zugrunde, dass die Gewährleistung von IT-Sicherheit in den sogleich näher betrachteten Sektoren von besonderer gesellschaftlicher Bedeutung ist.[134] Angesichts dieser Wertung könnte die Tatsache, dass durch das IT-Sicherheitsgesetz keine Haftungsgrundlagen geschaffen wurden, dafür sprechen, dass in diesen Sektoren bereits ausreichende Einstandspflichten für Schäden aufgrund mangelhafter IT-Sicherheit bestehen. Es liegt also nahe, dass innerhalb der sektorbezogenen Vorschriften spezialgesetzliche Haftungsgrundlagen

---

132 Der Fokus ist im Folgenden also einzig auf etwaige Verhaltensvorgaben gerichtet. Zu den Schäden, siehe ausführlich Kap. 4.

133 Zum sektoralen Ansatz, vgl.: Gesetzesbegründung zum IT-Sicherheitsgesetz, BT-Drucksache 18/4096, S. 31.

134 Gesetzesbegründung zum IT-Sicherheitsgesetz, BT-Drucksache 18/4096, S. 1.

identifiziert werden können, die einen präventiven Effekt hinsichtlich der IT-Sicherheit haben.

1. Sektor Informationstechnik und Telekommunikation

Ein erster im IT-Sicherheitsgesetz adressierter Sektor ist der Bereich der Informationstechnik und Telekommunikation. Diesem Sektor gehören Akteure an, die die technische Basisinfrastruktur für die Nutzung von Sprach- und Datenübertragung auf Basis von leitungsgebundenen und drahtlosen Infrastrukturen bereitstellen und Datenspeicherung und -verarbeitung für die Allgemeinheit anbieten.[135] Anhand ihrer Tätigkeiten sind sie im Kontext dieser Arbeit als Anbieter IT-spezifischer Dienste einzuordnen. Denn sie bieten Leistungen an, zu deren Erbringung sie unmittelbar auf den Einsatz unbeeinträchtigter IT angewiesen sind.[136] Es sind vielfältige Szenarien denkbar, in denen Schäden durch mangelhafte IT-Sicherheit ihrer Angebote ausgelöst werden können. Ein Beispiel wäre der zu einem Schaden führende Ausfall des Mobilfunkanschlusses einer Person infolge fehlerhafter Maßnahmen zur Gewährleistung der Verfügbarkeit der für den Netzbetrieb erforderlichen Systeme.[137]

Reguliert sind die Tätigkeiten dieser Anbieter insbesondere durch das TKG und TMG. Während das TMG keine haftungsbegründende Norm enthält, ist in § 44 Abs. 1 S. 1, 4 TKG ein verschuldensabhängiger Schadensersatzanspruch verankert. Tatbestandlich vorausgesetzt wird ein vorsätzlicher oder fahrlässiger Verstoß gegen das TKG, eine auf Grund des TKG erlassene Rechtsverordnung, eine auf Grund des TKG in einer Zuteilung auferlegte Verpflichtung oder eine Verfügung der Bundesnetzagentur. Konstruktiv setzt diese haftungsbegründende Norm also die Missachtung eines Handlungsgebots voraus, das in einer der genannten Quellen niedergelegt ist. Zu prüfen ist deshalb, ob es im genannten Regelungsbereich Verhaltensanforderungen gibt, die dem Handlungskonzept der IT-Sicherheit ganz oder zumindest in seiner grundlegenden Gestalt entsprechen. Ist das der Fall, folgt daraus in Verbindung mit § 44 TKG eine Einstandspflicht, die präventiv zu IT-Sicherheit verleitet.

135 Begründung zu § 5 BSI-KritisVO, S. 21.

136 Zur Erläuterung von IT-spezifischen Diensten, siehe Kap. 1, Teil III, Abschn. 2.

137 Vgl. z. B.: *Schmitz*, auf: Heise.de, SIM-Karten-Prüfdatenbank hat Telekom-Mobilfunknetz lahmgelegt; *Beer*, auf Heise.de, Vodafone/Kabel Deutschland-Störung auch nach zwölf Stunden noch immer nicht komplett behoben.

a) Einstandspflicht aus § 44 TKG iVm § 109 TKG

In Betracht kommt in diesem Zusammenhang einzig die Norm über technische Schutzmaßnahmen in § 109 TKG. In ihren acht Absätzen enthält sie verschiedene Regelungen, die sich an unterschiedliche Akteure im Telekommunikationssektor richten. Näherer Untersuchung bedürfen lediglich die ersten zwei Absätze von § 109 TKG. In ihnen könnten sich alle vier Elemente und damit das inhaltlich vorgesehene Handlungskonzept der IT-Sicherheit widerspiegeln.

aa) Bestimmung von Sicherheitsstandards

Nicht eindeutig geht aus den Absätzen 1 und 2 hervor, ob das erste inhaltliche Element der IT-Sicherheit enthalten ist. Die Norm fordert nicht direkt, dass individuelle Sicherheitsstandards bestimmt werden müssen, die sodann durch technische und organisatorische Maßnahmen umzusetzen sind. Die Notwendigkeit einer Risikoanalyse, die in individuellen Sicherheitsstandards mündet, ergibt sich jedoch aus dem Zusammenspiel der einzelnen Bestandteile der jeweiligen Absätze.

Denn was für den Schutz des Fernmeldegeheimnisses und der personenbezogenen Daten erforderlich oder was angemessen zum Schutz gegen Störungen und zur Beherrschung von Risiken ist, kann nur angesichts der Sicherheitsbedürfnisse eines jeden von der Norm Verpflichteten bestimmt werden. So erfordert beispielsweise eine Anlage mit hoher Wichtigkeit für ein Telekommunikationsnetz einen höheren Sicherheitsaufwand als eine weniger wichtige Anlage.[138] Der Umsetzung der geforderten Maßnahmen geht also zwingend eine Planungsphase voraus, in der der Ist-Zustand und bestehende Risiken zu analysieren sind.[139] Die individuelle Prägung der IT-Sicherheit findet sich folglich auch in § 109 Abs. 1, 2 TKG.

Bestätigt wird die Übereinstimmung der Absätze 1 und 2 mit dem ersten Element der IT-Sicherheit zudem durch den von der Bundesnetzagentur (BNetzA) im Einvernehmen mit dem *BSI* erstellten Katalog von Sicherheitsanforderungen. Gem. § 109 Abs. 6 TKG dient der Katalog u.a. als Grundlage für die zu treffenden Maßnahmen nach den Absätzen 1 und 2. Zur Erfüllung der aus § 109 Abs. 1, 2 TKG folgenden Handlungsgebote sieht der Katalog vor der Umsetzung von Sicherheitsmaßnahmen eine umfassende Risikoanalyse vor.[140] Diese mündet zwangsläufig in individuellen Sicherheitsstandards.

---

138 *Graulich*, in: Arndt/Fetzer/Scherer/Graulich, § 109 TKG, Rn. 26.

139 *Eckhardt*, in: Geppert/Schütz, § 109 TKG, Rn. 27 und Rn. 41.

140 *Bundesnetzagentur*, Katalog von Sicherheitsanforderungen nach § 109 TKG, S. 9.

bb) Schutzgüter der Sicherheitsstandards

Deutlicher als in Bezug auf das erste Element weist der Wortlaut von § 109 TKG darauf hin, dass das die Sicherheitsstandards konkretisierende zweite Element, die Schutzgüter (Informationen, Systeme, Komponenten Prozesse), zumindest partiell in der Vorschrift enthalten ist.

So verpflichtet § 109 Abs. 1 TKG zum Schutz des Fernmeldegeheimnisses und zum Schutz personenbezogener Daten. Während wegen der Gleichstellung von Daten mit Informationen die Übereinstimmung des Schutzgutes offensichtlich ist,[141] lässt sich Gleiches bezüglich des Verweises auf das Fernmeldegeheimnis erst unter Rückgriff auf § 88 TKG feststellen. Aus der dortigen Definition folgt, dass ebenfalls bestimmte Informationen zu schützen sind. § 109 Abs. 2 TKG ist demgegenüber wiederum eindeutig, da es ausdrücklich um den Schutz von bestimmten Systemen geht.

Die Handlungsgebote des TKG enthalten also durch die Bezugnahme auf Informationen sowie auf Systeme zumindest zum Teil die Schutzgüter aus dem Handlungskonzept der IT-Sicherheit. Sie sind allerdings sachlich eingegrenzt. Aus § 3 Nr. 30a TKG ergibt sich, dass nach Abs. 1 schützenswerte Informationen nur solche sind, die im Zusammenhang mit der Bereitstellung öffentlich zugänglicher Telekommunikationsdienste verarbeitet werden. Die nach Abs. 2 zu schützenden Systeme beschränken sich wiederum ausdrücklich auf solche, die für ein öffentliches Telekommunikationsnetz bzw. öffentlich zugängliche Telekommunikationsdienste betrieben werden. Folglich erfordert das TKG nicht die Sicherung sämtlicher verarbeiteter Informationen bzw. eingesetzter Systeme durch einen von der Norm betroffenen Anbieter eines IT-spezifischen Dienstes.[142]

cc) Schutzziele der Sicherheitsstandards

Die Schutzziele der IT-Sicherheit (Vertraulichkeit, Verfügbarkeit, Integrität und Authentizität) sind wiederum nicht explizit in der Norm genannt. Mit Blick auf den Zweck und die Systematik des Gesetzes lässt sich allerdings feststellen, dass der Schutz der von § 109 Abs. 1, 2 TKG erfassten Informationen und Systeme auf die gleichen Schutzziele gerichtet sein muss.

Mit der Normierung des Fernmeldegeheimnisses in § 88 TKG ist der Gesetzgeber dem staatlichen Schutzauftrag aus Art. 10 GG nachgekommen. Es bezweckt, Telekommunikationsteilnehmer auch davor zu schützen, dass private

---

141 Dazu Kap. 2, Teil II, Abschn. 2a).

142 Konkrete Beispiele dazu finden sich bei: *Graulich*, in: Arndt/Fetzer/Scherer/Graulich, § 109 TKG, Rn. 11 und Rn. 17.

Dritte sich Kenntnis des Inhalts und der näheren Umstände der Telekommunikation verschaffen.[143] Anbieter, die geschäftsmäßig Telekommunikationsdienste erbringen bzw. daran mitwirken, sind deshalb selbst zur Achtung des Fernmeldegeheimnisses verpflichtet und müssen nach § 109 Abs. 1 TKG technische und organisatorische Schutzmaßnahmen umsetzen, damit sich kein Dritter Kenntnis verschafft. Der Schutz des Fernmeldegeheimnisses zielt also gerade auf die Wahrung der Vertraulichkeit der ihm unterliegenden Informationen.[144] Die übrigen Schutzziele sind hingegen mit Blick auf die vom Fernmeldegeheimnis erfassten Informationen nicht relevant. Damit besteht ein Unterschied zu den ebenfalls zu schützenden personenbezogenen Daten. Aus der ausführlichen Aufzählung über die drohenden Risiken in § 3 Nr. 30a TKG folgt die Notwendigkeit, diesbezüglich alle vier Schutzziele zu berücksichtigen.

Eine ebenso umfassende Auseinandersetzung mit den Schutzzielen ist zudem im Rahmen des Schutzes der Systeme gem. § 109 Abs. 2 TKG erforderlich. Denn die Gewährleistung von Verfügbarkeit, Integrität und Authentizität der Systeme ist Voraussetzung, um die genannten Störungen zu verhindern (vgl. Nr. 1) bzw. die Risiken zu beherrschen (vgl. Nr. 2). Nur unter Berücksichtigung dieser Ziele führt die Bestimmung der individuellen Sicherheitsstandards auch zu Maßnahmen, die die Systeme gegen unerlaubte Zugriffe sichern (vgl. Abs. 2 S. 2) und ihren ordnungsgemäßen Betrieb gewährleisten (vgl. Abs. 2 S. 4). Die gesetzlichen Pflichten in § 109 Abs. 1, 2 TKG enthalten damit zumindest teilweise die Schutzziele, die inhaltlich vom Handlungskonzept der IT-Sicherheit vorausgesetzt werden.

dd) Umsetzung der Sicherheitsstandards

Offensichtlich ist schließlich das Vorliegen des vierten Elements der IT-Sicherheit in § 109 Abs. 1, 2 TKG. Ausdrücklich verlangt der Wortlaut, dass technische Vorkehrungen und sonstige Schutzmaßnahmen zu treffen sind. Mit den sonstigen Maßnahmen sind die organisatorischen Maßnahmen gemeint,[145] die auch im Handlungskonzept der IT-Sicherheit vorgesehen sind. Diese unterliegen ebenfalls dem Angemessenheitsvorbehalt. Während § 109 Abs. 2 TKG insofern ausdrücklich auf die Angemessenheit abstellt, ist die Formulierung in § 109 Abs. 1 TKG missglückt. Um den verfassungsrechtlichen Grundsatz der

143 *Bock*, in: Geppert/Schütz, § 88 TKG, Rn. 4.

144 *Graulich*, in: Arndt/Fetzer/Scherer/Graulich, § 88 TKG, Rn. 22.

145 *Eckhardt*, in: Geppert/Schütz, § 109 TKG, Rn. 3 und Rn. 28; *Graulich*, in: Arndt/Fetzer/Scherer/Graulich, § 109 TKG, Rn. 20.

Verhältnismäßigkeit nicht zu verletzen, ist das dortige „erforderlich“ einschränkend im Sinne des Angemessenheitsgrundsatzes zu interpretieren.[146] Inhaltlich stimmen damit beide Absätze auch bezüglich des vierten Elements des Handlungskonzeptes der IT-Sicherheit überein.

ee) Zielrichtung der Pflicht

Zur Befolgung des auf den vier Elementen beruhenden Handlungskonzepts der IT-Sicherheit verpflichtet § 109 Abs. 1, 2 TKG aber nicht sämtliche Diensteanbieter, die im hier untersuchten Sektor tätig sind. Der persönliche Anwendungsbereich ist von vornherein auf bestimmte Akteure beschränkt, die aufgrund der differenziert behandelten Schutzgüter und Schutzziele einen unterschiedlichen Schwerpunkt bei der IT-Sicherheit legen müssen.

So fordert § 109 Abs. 1 TKG das zur Gewährleistung von IT-Sicherheit vorgesehene Verhalten in dem dort beschriebenen Umfang von „jedem Diensteanbieter“. Damit ist jedoch nicht jeder Anbieter eines IT-spezifischen Dienstes gemeint, sondern verpflichtet sind nur solche, die die Anforderungen aus § 3 Nr. 6 TKG erfüllen. Nur Unternehmen, die ganz oder teilweise geschäftsmäßig Telekommunikationsdienste erbringen oder an der Erbringung solcher Dienste mitwirken, sind also über diese Norm zur Gewährleistung der IT-Sicherheit mit Blick auf die erfassten Informationen angehalten. Die Pflicht aus § 109 Abs. 2 TKG richtet sich demgegenüber nur an Unternehmen, die im Sinne von § 3 Nr. 16a TKG öffentliche Telekommunikationsnetze betreiben oder im Sinne des § 3 Nr. 17a TKG öffentlich zugängliche Telekommunikationsdienste erbringen. Der Kreis der Verpflichteten, die zu diesen zusätzlichen Sicherheitsmaßnahmen bezüglich der Systeme verpflichtet sind, ist deutlich kleiner als der Kreis der nach Abs. 1 Verpflichteten.

ff) Zwischenergebnis

Festzuhalten ist somit, dass sich in § 109 Abs. 1, 2 TKG sämtliche Elemente der IT-Sicherheit zumindest in Teilen widerspiegeln. Die schuldhafte Missachtung der dort enthaltenen Handlungsgebote kann im Verbund mit § 44 Abs. 1 S. 1, 4 TKG als Anknüpfungspunkt für die Begründung eines Anspruchs auf Schadensersatz dienen. Eine spezialgesetzliche Einstandspflicht für Schäden aufgrund mangelhafter IT-Sicherheit ist damit vorhanden. Folglich ist prinzipiell von einer verhaltenslenkenden Wirkung zumindest in dem aufgezeigten beschränkten

146 *Eckhardt*, in: Geppert/Schütz, § 109 TKG, Rn. 30 mwN; *Graulich*, in: Arndt/Fetzer/Scherer/Graulich, § 109 TKG, Rn. 13.

Rahmen des § 109 Abs. 1, 2 TKG auszugehen. Denn da bestimmte Schutzgüter mit Blick auf einige Schutzziele zu sichern sind, besteht ein grundsätzlicher Anreiz, sich zumindest in Teilen so zu verhalten, wie es der in Kapitel 2 umschriebene Zustand der IT-Sicherheit vorsieht. Geschieht dies nicht, droht eine Einstandspflicht für Schäden Dritter, die aus einem schuldhaften Verstoß gegen die Verhaltensvorgaben resultieren.

Allerdings trifft diese verhaltenslenkende Wirkung nicht jedes Unternehmen, das im Sektor Informationstechnik und Telekommunikation tätig ist. Vielmehr unterliegen nur die in § 109 Abs. 1, 2 benannten Unternehmen dem Haftungsrisiko. Ein Cloud-Anbieter, der wegen mangelhafter Maßnahmen zum Schutz von dort gespeicherten Informationen Schäden hervorruft, kann beispielsweise mangels Betroffenheit von den Pflichten aus dem TKG nicht über diese Norm in Anspruch genommen werden. Das eingangs angeführte Beispiel des gestörten Mobilfunkanschlusses würde hingegen grundsätzlich von dieser Einstandspflicht erfasst werden. Insofern kommt es über § 44 Abs. 1 S. 1, 4 TKG iVm § 109 Abs. 1, 2 TKG zu einer partiellen präventiven Verhaltenslenkung in Richtung IT-Sicherheit.

b) Einstandspflicht aus dem Sicherheitskatalog der BNetzA

Als weitere zu IT-Sicherheit verleitende Regelung, an die im Rahmen von § 44 Abs. 1 S. 1, 4 TKG angeknüpft werden kann, kommt daneben der bereits angesprochene Katalog von Sicherheitsanforderungen der BNetzA in Betracht.[147] Dafür müsste dieser eine Verfügung i. S. d. § 44 TKG darstellen. Eine solche ist gegeben bei einem Verwaltungsakt in Form der Einzelverfügung oder der Allgemeinverfügung i. S. d. § 35 VwVfG.[148] Der Sicherheitskatalog ist mangels Setzung einer verbindlichen Rechtsfolge jedoch nicht als eine solche Verfügung anzusehen. Da seine Intention nur darin besteht, grundsätzliche Hinweise bzw. Empfehlungen zu geben,[149] kommt ihm keine verbindliche Wirkung zu. Von daher scheidet eine Haftungsbegründung auf Grundlage eines Verstoßes gegen den unverbindlichen Sicherheitskatalog aus.

---

147 *BNetzA*, Katalog von Sicherheitsanforderungen nach § 109 TKG. Dazu bereits Kap. 3, Teil I, Abschn. 1a) lit. aa).

148 *Scholz*, in: Arndt/Fetzer/Scherer/Graulich, § 44 TKG, Rn. 16.

149 *BNetzA*, Katalog von Sicherheitsanforderungen nach § 109 TKG, S. 5.

c) *Zwischenergebnis*

Eine verschuldensabhängige Einstandspflicht für Schäden, die aus mangelhafter IT-Sicherheit resultieren, folgt aus § 44 Abs. 1 S. 1, 4 TKG iVm § 109 Abs. 1, 2 TKG. Die Verhaltenspflichten, die Grundlage für die Überwälzung des Schadens sind, sind zwar enger gefasst als die im Handlungskonzept der IT-Sicherheit vorgesehenen Verhaltensanforderungen. Denn es müssen lediglich bestimmte Schutzgüter bei der Bestimmung der Sicherheitsstandards beachtet werden. Zudem sind nicht sämtliche Schutzziele im Rahmen der Risikoanalyse relevant. Auch ist der Adressatenkreis innerhalb dieses Spezialgebiets eingegrenzt. Dies ändert aber nichts daran, dass für den Telekommunikationsbereich eine sektorspezifische Norm existiert, die mangelhaftes Verhalten hinsichtlich der IT-Sicherheit zumindest in begrenztem Umfang erfasst. Innerhalb dieser Grenzen steuert das geltende Recht folglich das Verhalten in Richtung IT-Sicherheit. Insoweit ist grundsätzlich eine partielle präventive Wirkung des geltenden außervertraglichen Haftungsrechts feststellbar.

2. Sektor Energie

Zum Sektor Energie gehören Unternehmen, die im Zusammenhang mit der Strom-, Gas-, Kraftstoff-, Heizöl- und Fernwärmeversorgung tätig sind.[150] In diesem Sektor sind zwar keine Anbieter IT-spezifischer Produkte, wohl aber Anbieter IT-spezifischer Dienste zu verorten.[151] Schwächen in Bezug auf ihre zur Leistungserbringung eingesetzte IT können erhebliche Schäden nach sich ziehen. Beispielhaft kann auf eine Unterbrechung der Stromversorgung zulasten Dritter verwiesen werden, zu der es kommt, weil beim Netzbetreiber Maßnahmen zur Gewährleistung der Verfügbarkeit und Integrität eines Steuerungssystems fehlen.[152] Zu klären ist vor diesem Hintergrund, ob die diesen Sektor regulierenden Gesetze Vorschriften enthalten, die die Haftung an ein Verhalten knüpfen, das dem im vorherigen Kapitel dargestellten Handlungskonzept der IT-Sicherheit ganz oder zumindest teilweise entspricht. Besondere Relevanz in diesem Sektor haben insbesondere das EnWG sowie das HaftPflG.

150 Siehe § 2 Abs. 1 bis 4 BSI-KritisVO.

151 Näher zu diesen Begriffen, siehe Kap. 1, Teil III, Abschn. 2.

152 Vgl. *Krempl*, auf: Heise.de, Stromausfall in der Ukraine augenscheinlich durch Hacker ausgelöst.

a) Einstandspflicht aus dem EnWG

Als Einstandspflicht für fehlerhaftes Verhalten bezüglich der IT-Sicherheit kommt § 32 Abs. 1, 3 EnWG in Betracht. Diese Norm ist ähnlich strukturiert wie § 44 TKG. Es handelt sich um einen verschuldensabhängigen Anspruch, der einen Verstoß gegen bestimmte Handlungsgebote voraussetzt. Diese müssen in den Abschnitten über den Netzanschluss oder den Netzzugang integriert sein oder sich aus Rechtsverordnungen oder Entscheidungen der Bundesnetzagentur ergeben.

In dem genannten Rahmen sind jedoch keine Handlungsgebote niedergelegt, die die vier Elemente des Handlungskonzepts der IT-Sicherheit enthalten und darüber zu einem entsprechenden Verhalten verleiten. Auf IT-Sicherheit zielende Verhaltensvorgaben könnte zwar der durch das IT-Sicherheitsgesetz modifizierte § 11 Abs. 1a, 1b EnWG auferlegen. Diese Norm befindet sich jedoch außerhalb des in § 32 EnWG genannten Rahmens. Damit erweist sich die haftungsbegründende Norm in § 32 EnWG als untauglich, um präventiv zugunsten der IT-Sicherheit zu wirken.

b) Einstandspflicht aus dem HaftPflG

Für im Energiesektor tätige Anbieter IT-spezifischer Dienste könnte allerdings aus § 2 HaftPflG eine verhaltenslenkende Wirkung in Richtung IT-Sicherheit folgen. Inhaber von Stromleitungs- oder Rohrleitungsanlagen oder von Anlagen zur Abgabe von Elektrizität, Gasen, Dämpfen oder Flüssigkeiten sind danach zum Schadensersatz verpflichtet, wenn durch die Wirkungen der von diesen Anlagen ausgehenden Stoffe bestimmte Rechtsgüter verletzt werden. Unabhängig von diesen negativen Wirkungen kommt eine Einstandspflicht gem. Abs. 1 S. 2 in Betracht, wenn die dort genannten Schäden auf das Vorhandensein einer solchen Anlage zurückzuführen sind.

Für die im Fokus dieser Arbeit stehende Thematik ist die Wirkungshaftung nach § 2 Abs. 1 S. 1 HaftPflG bedeutsamer. Dass mangelhafte IT-Sicherheit zu den mechanischen Wirkungen führt, die von der sog. „Zustandshaftung“[153] nach Abs. 1 S. 2 umfasst sind, erscheint unwahrscheinlich. Hingegen ist nicht auszuschließen, dass die schädigenden Wirkungen gem. Abs. 1 S. 1 auftreten, weil es Mängel bezüglich der IT-Sicherheit in den genannten Anlagen gab. Denn sie werden heutzutage regelmäßig mittels Informationstechnik gesteuert. Dabei besteht das Risiko, dass es durch technisches Versagen oder durch Hacker, die

---

153 *Filthaut*, § 2 HaftPflG, Rn. 31.

mangelhafte IT-Sicherheit ausnutzen, zur Entfaltung der schädigenden Wirkungsweise kommt.[154]

Bei der Wirkungshaftung nach § 2 Abs. 1 S. 1 HaftPflG handelt es sich um eine Gefährdungshaftung.[155] Bei dieser Art der Haftung knüpft der Gesetzgeber an eine von ihm als gefährlich eingestufte Tätigkeit an.[156] Im Regelungsbereich des HaftPflG ist die als gefährlich eingestufte Tätigkeit der Betrieb einer der genannten Anlagen. Kommt es im Rahmen des Betriebs zur Realisierung der Gefahr, greift die Einstandspflicht ein. Im Gegensatz zur verschuldensabhängigen Haftung ist dafür das Vorliegen einer schuldhaften Handlung irrelevant.[157]

Es ist also unerheblich, aus welchem Grund die schädigende Wirkung sich nachteilig auf die genannten Rechtsgüter entfalten konnte. Der Vorwurf, dass es zu einem Schaden kam, weil Fehlverhalten bzgl. der IT-Sicherheit vorlag, muss nicht erhoben und bewiesen werden. Der Eintritt der Gefahr genügt insofern als haftungsauslösendes Moment. Angesichts dessen ist es aus Betreibersicht erforderlich, alle notwendigen Maßnahmen zu treffen, um den Eintritt von Gefahren zu verhindern.

Dazu gehört auch die Sicherung der zur ordnungsgemäßen Leistungserbringung eingesetzten Informationstechnik unter Berücksichtigung der vier Elemente, die das Handlungskonzept der IT-Sicherheit ausmachen. Zwar garantiert die Befolgung dieser Handlungsvorgaben nicht, dass der Diensteanbieter bei einem trotzdem eintretenden Schaden aufgrund der Verwirklichung einer Gefahr nicht in Anspruch genommen werden kann. Allerdings mindert sie das Risiko erheblich, dass sich überhaupt eine Gefahr aufgrund mangelhafter IT-Sicherheit realisiert.

Insofern lässt sich festhalten, dass es durch die Gefährdungshaftung aus § 2 Abs. 1 S. 1 HaftPflG im Sektor Energie grundsätzlich zu einer präventiven Wirkung in Richtung IT-Sicherheit kommt. Denn sie verleitet dazu, IT-Sicherheit bezüglich der Anlage so umfassend zu gewährleisten, dass es nicht zum Eintritt der tatbestandlich umschriebenen Gefahr kommt. Eine Einstandspflicht für Schäden aufgrund der Verwirklichung der Gefahr droht allerdings nur Inhabern der dort genannten Anlagen. Dabei handelt es sich um diejenigen, die die tatsächliche Herrschaft über eine Anlage eigenverantwortlich ausüben.[158] Vor dem

---

154 Vgl. *Krempl*, auf: Heise.de, Bericht: Hacker haben Teile des US-Stromnetzes infiltriert; *Schirrmacher*, auf: Heise.de, Gas- und Öl-Industrie: Leichte Ziele für Hacker.

155 *Filthaut*, § 2 HaftPflG, Rn. 34.

156 *Dietz*, S. 182; *Jansen*, S. 41.

157 *Dietz*, S. 245.

158 Ausführlich: *Filthaut*, § 2 HaftPflG, Rn. 45f.

Hintergrund beschränkt sich die präventive Wirkung der identifizierten sektorbezogenen Haftungsgrundlage wiederum von vornherein auf einen beschränkten Kreis von Anbietern IT-spezifischer Dienste.

c) *Zwischenergebnis*

Im Sektor Energie liegt mit dem Gefährdungshaftungstatbestand in § 2 Abs. 1 HaftPflG eine Haftungsgrundlage vor, die prinzipiell zur Gewährleistung von IT-Sicherheit verleitet. Betroffen sind davon allerdings nur die Anbieter IT-spezifischer Dienste, die vom persönlichen Anwendungsbereich dieser Norm erfasst werden. Wie im Sektor Informationstechnik und Kommunikation ist damit lediglich eine partielle präventive Wirkung mittels einer sektorspezifischen Haftungsgrundlage feststellbar.

3. Sektor Transport und Verkehr

Zum Sektor Transport und Verkehr gehören Unternehmen, die Güter und Personen zu Lande, zu Wasser oder in der Luft transportieren bzw. die infrastrukturellen Voraussetzungen dafür schaffen.[159] Haftungskonstellationen sind einerseits denkbar, wenn Informationstechnik in den Transportmitteln mangelhaft gesichert ist und es deshalb zu Schäden kommt.[160] Andererseits sind Konstellationen realistisch, in denen mangelhaft gesicherte IT bei der Verkehrsleitung Schäden auslöst.[161] Reguliert ist dieser Sektor durch eine Vielzahl von Gesetzen und Verordnungen mit verschiedenen Haftungsregeln. Davon können zwar einige auch bei mangelhafter IT-Sicherheit eingreifen. Sie betreffen jedoch nur in Ausnahmekonstellationen Hersteller oder Anbieter IT-spezifischer Produkte und Dienste.

a) *Einstandspflichten für den Betrieb von Fahrzeugen*

Kommt es zu einem Schaden beim Betrieb verschiedener Transportmittel, so sind diese Fälle in der Regel durch spezifische Haftungsregelungen abgedeckt. § 1 HaftPflG legt beispielsweise dem Betriebsunternehmer einer Schienen- oder Schwebebahn die Pflicht zum Ersatz bestimmter Schäden auf. Der Halter von

---

159 Gesetzesbegründung zum IT-Sicherheitsgesetz, BT-Drucksache 18/4096, S. 31.

160 Vgl. *Greenberg*, auf: Wired.com, Hackers Remotely Kill a Jeep on the Highway – With Me in It.

161 Vgl. *Agenturmeldung*, auf: Faz.net, Hackerangriff legt polnische Fluglinie lahm, Art. v. 22.6.2015.

Luftfahrzeugen ist nach § 33 LuftVG, der Halter eines Kraftfahrzeuges gem. § 7 StVG zur Tragung bestimmter Schäden verpflichtet. Bei all diesen Vorschriften handelt es sich um Gefährdungshaftungstatbestände, die auch von Unternehmen verwirklicht werden können.[162]

Wegen ihrer Abhängigkeit vom Eintritt einer näher bestimmten Gefahr, die gerade nicht auf schuldhaftem Verhalten beruhen muss, sind sie grundsätzlich auch anwendbar, wenn die Gefahr sich aufgrund mangelhafter IT-Sicherheit verwirklicht hat. Dass solche Szenarien – insbesondere bei steigendem Einsatz von IT zur Unterstützung des Fahrerzeugführers bis hin zu seiner Ablösung, z. B. im Rahmen des autonomen Fahrens – nicht unrealistisch sind, zeigen Untersuchungen von IT-Sicherheitsexperten. So führte etwa der mangelhafte Schutz der Integrität und Verfügbarkeit von Steuerungssystemen vernetzter Fahrzeuge dazu, dass aus der Ferne in den Fahrvorgang eingegriffen werden konnte.[163] In derartigen Szenarien bestünde grundsätzlich eine Einstandspflicht für durch mangelhafte IT-Sicherheit ausgelöste Schäden.

Die genannten Einstandspflichten sind allerdings regelmäßig an den Halter des Fahrzeugs und damit nicht an Adressaten gerichtet, die zum Kreis der Anbieter IT-spezifischer Produkte oder Dienste gehören.[164] Sie sind vielmehr Nutzer von IT-spezifischen Produkten, die normalerweise keinen direkten Einfluss auf die IT-Sicherheit in den Transportmitteln haben. Am Beispiel des Kraftfahrzeugs lässt sich dies veranschaulichen. Die informationsverarbeitende Technologie in den Fahrzeugen wird von den Herstellern konzipiert und unterhalten. Die Nutzer haben keinen Einblick in die Art der Informationsverarbeitung, die eingesetzten Systeme und Komponenten und die ablaufenden Prozesse.[165] Sie können also keine individuellen Sicherheitsstandards bestimmen und darauf abgestimmte Maßnahmen umsetzen.[166]

Obwohl sie diesbezüglich keinen Einfluss haben, ist eine Pflicht zum Ausgleich von Schäden aufgrund mangelhafter IT-Sicherheit allerdings gesetzlich vorgesehen. Es besteht kein Unterschied zu Situationen, in denen ein mit einem Konstruktionsmangel behaftetes Teil eines Kfz die Schadensursache darstellt.[167]

---

162 *Larenz/Canaris*, S. 611.

163 Vgl. *Kleinz*, auf: Heise.de, Konferenz zur Sicherheit von Autos: Vom Crashtest zum Pentest; *Greenberg*, auf: Wired.com, The Jeep Hackers Are Back to Prove Car Hacking Can Get Much Worse; *Greis*, auf: Zeit.de, Auto in voller Fahrt aus der Ferne gehackt.

164 Näher zu IT-spezifischen Produkten bzw. Diensten bereits Kap. 1, Teil III, Abschn. 2.

165 *Kütük-Markendorf/Essers* MMR 2016, 22, 25; *Schrader*, NJW 2015, 3537, 3538.

166 So auch hinsichtlich autonomer Systeme: *Schulz*, S. 360.

167 *Horner/Kaulartz*, InTeR 2016, 22, 24; *Solmecke/Jockisch*, MMR 2016, 359, 362.

Auch in den Fällen haftet der Halter, ohne dass er sich fehlerhaft verhalten hat.[168] Dies macht gerade die strenge Gefährdungshaftung aus. Ob diese strenge Halterhaftung insbesondere mit Blick auf vollständig autonome Transportmittel und den geringen Einfluss der Halter auf die Systeme reformbedürftig ist, ist ein anderes Thema und soll in dieser Arbeit nicht vertieft werden.[169]

Die an die Halter gerichteten Einstandspflichten können also zulasten der Hersteller und Diensteanbieter in der Regel nicht eingreifen. Dennoch ist nicht ausgeschlossen, dass sie zumindest indirekt Wirkung hinsichtlich der Gewährleistung von IT-Sicherheit entfalten.[170] Denn der Halter (bzw. eine den Schaden regulierende Versicherung) kann sich unter Umständen über den gesamtschuldnerischen Innenausgleich beim Hersteller des IT-spezifischen Produkts schadlos halten. Dafür muss eine den Hersteller erfassende Einstandspflicht vorliegen und der Nachweis gelingen, dass der schadenauslösende Fehler bei der Gewährleistung der IT-Sicherheit aus dessen Sphäre stammt.[171] Eine solche Haftungsnorm gegenüber dem Hersteller des Fahrzeugs lässt sich jedoch zumindest nicht in den sektorbezogenen Regeln finden. Eine Inanspruchnahme von Herstellern bzw. Anbietern IT-spezifischer Produkte oder Dienste auf spezialgesetzlicher Haftungsgrundlage scheidet somit im Regelfall aus. Folge ist, dass es insofern an einer präventiven Wirkung des Haftungsrechts mangelt.

Eine Ausnahme stellt nur der § 1 Abs. 1 HaftPflG dar, der eine Gefährdungshaftung an den Betrieb von Schienen- oder Schwebebahnen knüpft. Das Angebot einer Transportleistung mit einer solchen Bahn ist als IT-spezifischer Dienst zu qualifizieren, sofern für dessen Leistungserbringung der Einsatz von IT zwingend erforderlich ist.[172] Wie die Gefährdungshaftung im Energiesektor verleitet diese Norm derartige Diensteanbieter zur Umsetzung von IT-Sicherheitsmaßnahmen. Denn um das Risiko der Inanspruchnahme für Schäden zu verringern, sind alle erforderlichen Sicherungsvorkehrungen zu treffen, damit es nicht zur Verwirklichung der Gefahr kommt. Das schließt ein Verhalten ein, das das Handlungskonzept der IT-Sicherheit vorsieht. Vor dem Hintergrund ist ein präventiver Effekt des Haftungsrechts feststellbar.

---

168 *Gless/Janal*, JR 2016, 561, 571; *Jänich/Schrader/Reck*, NZV 2015, 313, 315.

169 Vgl. dazu etwa: *Gomille*, JZ 2016, 76, 81; *Solmecke/Jockisch*, MMR 2016, 359, 364; *Spindler*, CR 2015, 766, 774; *Wagner/Ruttloff/Freytag*, CB 2017, 386, 388f.

170 *Hartmann*, PHi 2017, 2, 3.

171 *Walter*, in: BeckOGK, § 16 StVG, Rn. 42; *Gomille*, JZ 2016, 76, 81; *Kütük-Markendorf/Essers*, MMR 2016, 22, 24.

172 Vgl. dazu die Erläuterung in Kap. 1, Teil III, Abschn. 2.

b) Einstandspflichten für unterstützende Tätigkeiten

Nicht nur beim Betrieb von Fahrzeugen als Transportmittel können Schäden auftreten, die ihre Ursache in mangelhafter IT-Sicherheit haben. Im Transportsektor erbringen Intermediäre wichtige Leistungen, die ebenfalls Schäden aufgrund mangelhafter IT-Sicherheit herbeiführen können. Zu denken ist an Verkehrsleit- oder Flugsicherungssysteme, die ohne den Einsatz von IT nicht vorstellbar sind. Fehlt es an der Umsetzung technischer oder organisatorischer Maßnahmen, die nach dem individuellen Sicherheitsstandard angezeigt sind, kann das in diesem Bereich ebenfalls erhebliche schädigende Auswirkungen auf Dritte haben.[173] Die Tätigkeit der Unternehmen, die solche IT-spezifischen Dienste erbringen, ist zum Teil mit detaillierten präventiven Sicherungspflichten belegt.[174] Haftungsregeln ähnlich derer zulasten der Halter der Transportmittel existieren jedoch nicht, sodass von einer präventiven Verhaltenslenkung in Richtung IT-Sicherheit durch spezialgesetzliche Einstandspflichten nicht ausgegangen werden kann.

c) Zwischenergebnis

Im Sektor Verkehr und Transport erfassen spezifische Gefährdungshaftungstatbestände im LuftVG, StVG oder HaftPflG mangelhafte IT-Sicherheit als Auslöser von Schäden. Diese Einstandspflichten richten sich allerdings in der Regel an die Halter der Transportmittel und knüpfen an den Betrieb der Fahrzeuge an. Sie werden höchstens mittelbar für Hersteller IT-spezifischer Produkte in diesem Sektor relevant, da ein Gesamtschuldnerausgleich zwischen diesen Akteuren und den Haltern in Betracht kommt. Dafür sind jedoch die Hersteller treffende Einstandspflichten erforderlich, die jedenfalls nicht innerhalb dieser sektorspezifischen Regelungen verankert sind. Dementsprechend sind die spezialgesetzlichen Haftungsregeln im Sektor Verkehr und Transport prinzipiell nicht geeignet, das Verhalten von Herstellern und Anbietern IT-spezifischer Produkte und Dienste in Richtung der Gewährleistung von IT-Sicherheit zu lenken. Einzige Ausnahme ist insoweit die Gefährdungshaftung zulasten Anbieter IT-spezifischer Dienste im Zusammenhang mit dem Betrieb von Bahnen. Über § 1 Abs. 1 HaftPflG kommt ein Vorgehen gegen derartige Anbieter in Betracht, falls sich Gefahren aus dem Bahnbetrieb infolge mangelhafter IT-Sicherheit verwirklicht

173 Vgl. *Agenturmeldung*, auf: Faz.net, Hackerangriff legt polnische Fluglinie lahm; *Holland*, auf: Heise.de, Nach Hackerangriff auf LOT: Piloten fordern mehr Sicherheit.

174 Vgl. für den Flugbereich: §§ 7ff. LuftSiG; für den Schienenverkehr: § 4 AEG; § 2 EBO.

haben. Nur in diesem Bereich kann es also zur Verwirklichung der Präventionsfunktion des Haftungsrechts kommen.

4. Sektor Gesundheit

Der Sektor Gesundheit ist das Tätigkeitsfeld für Akteure, die die medizinische Versorgung der Bevölkerung sicherstellen. Dazu gehört neben der Behandlung der Menschen und der Bereitstellung der dazu notwendigen Infrastruktur auch die Entwicklung und der Vertrieb von Arzneimitteln und Medizinprodukten.[175] Informationstechnik unterstützt nicht nur bei der individuellen Behandlung des einzelnen Patienten, sondern ist mittlerweile auch elementarer Bestandteil in vielen Medizinprodukten. Zudem werden die digitalen Möglichkeiten immer stärker in Anspruch genommen, um behandlungsrelevante Informationen zu verarbeiten und zu übermitteln.[176] Vor dem Hintergrund ist eine ordnungsgemäß gesicherte IT unabdingbar, um folgenschwere Schäden, etwa durch Manipulationen von Behandlungsgeräten über das Internet, zu verhindern.[177]

Auch in diesem Sektor gibt es eine Vielzahl von Vorschriften, die den Rechtsrahmen vorgeben. Die wenigen dort verankerten haftungsrechtlichen Normen richten sich jedoch nicht an die im Fokus der Untersuchung stehenden Akteure. Beispielhaft lässt sich dies an § 84 ArzneimittelG aufzeigen. Die dort niedergelegte Gefährdungshaftung für pharmazeutische Unternehmen bezieht sich nicht auf die Tätigkeit eines Anbieters eines IT-spezifischen Produkts oder Dienstes im Sinne dieser Arbeit.[178]

Die bestehenden Vorschriften zur Haftung in diesem Sektor erweisen sich damit als nicht ergiebig, um Einstandspflichten für Hersteller bzw. Anbieter IT-spezifischer Produkte und Dienste zu begründen, sofern ihre Produkte bzw. Dienste Schäden aufgrund mangelhafter IT-Sicherheit ausgelöst haben. Eine präventive Wirkung hinsichtlich der IT-Sicherheit geht somit nicht von ihnen aus.

5. Sektor Wasser und Ernährung

Zum Sektor Wasser und Ernährung gehören die Unternehmen, die zur Trinkwasserversorgung und Abwasserbeseitigung beitragen, sowie diejenigen, die

---

175 Gesetzesbegründung zum IT-Sicherheitsgesetz, BT-Drucksache 18/4096, S. 31.

176 Beispiele dafür sind die Einführung der elektronischen Gesundheitskarte und der Aufbau der Telematikinfrastruktur, vgl. §§ 291ff. SGB V.

177 Vgl. *Wendt*, auf: Zeit.de, Auch Medizintechnik lässt sich hacken; *Schirrmacher*, auf: Heise.de, Tausende medizinische Geräte aus dem Internet angreifbar.

178 Vertiefend dazu Kap. 1, Teil III, Abschn. 2.

im Bereich Lebensmittelproduktion, -verarbeitung und -handel tätig sind.[179] Die Lebensmittelproduktion und der -handel sind insofern anfällig für mangelhafte IT-Sicherheit, als dass die Unternehmen im Produktionsprozess verstärkt Informationstechnik einsetzen. Eine unsichere IT würde in einem fehlerhaften Produkt fortwirken, etwa wenn Sicherheitslücken genutzt wurden, um Zutaten im Zubereitungsprozess eines Lebensmittels zu ändern. Derartige Konstellationen stehen jedoch gerade nicht im Fokus dieser Arbeit. Das fehlerhafte Produkt ist kein IT-spezifisches, sondern ein gewöhnliches Produkt, das lediglich unter Rückgriff auf Informationsverarbeitung hergestellt wurde.[180]

Im Rahmen der Wasserversorgung sind hingegen für den behandelten Forschungsgegenstand relevante Haftungsszenarien denkbar. Dies liegt daran, dass Steuerungsprozesse für die Wasserversorgung IT-gestützt erfolgen und Unsicherheiten dort schädigende Auswirkungen auf angeschlossene Nutzer haben können.[181] Haftungsrechtlich können diese Konstellationen zum Teil von der Gefährdungshaftung für Inhaber der genannten Anlagen in § 2 Abs. 1 HaftPflG erfasst werden. Begründen lässt sich die Anwendbarkeit dieser Einstandspflicht wie bei den ebenfalls von dieser Norm erfassten Unternehmen im Energiesektor durch den Charakter als Gefährdungshaftung.[182] Im Übrigen lassen sich jedoch keine speziellen Einstandspflichten für Anbieter identifizieren, die in diesem Sektor IT-gestützte Dienste erbringen und die durch mangelhafte IT-Sicherheit Dritte schädigen. Vielmehr beschränkt sich die sektorspezifische Regulierung auf die Vorgabe präventiver Sicherungspflichten wie in § 60 WHG oder § 17 TrinkwVO, ohne sie jedoch in ein spezielles Haftungssystem einzubeziehen. Zu einer Verwirklichung der haftungsrechtlichen Präventionsfunktion tragen die sektorspezifischen Regeln folglich nichts bei.

6. Sektor Finanz- und Versicherungswesen

Dem Sektor Finanz- und Versicherungswesen gehören Banken, Finanzdienstleister, Zahlungsdienstleister, Börsen und Versicherungen an.[183] Ihre Tätigkeiten

179 §§ 3, 4 BSI-KritisVO.

180 Näher dazu Kap. 1, Teil III, Abschn. 2.

181 Vgl. *Schirrmacher,* auf: Heise.de, Nicht abgesichert: Steuerungen deutscher Wasserwerke über das Internet manipulierbar.

182 Dazu Kap. 3, Teil I, Abschn. 2b.

183 Gesetzesbegründung zum IT-Sicherheitsgesetz, BT-Drucksache 18/4096, S. 31.

sind ohne IT-Unterstützung heutzutage kaum mehr durchführbar. Mangelhafte IT-Sicherheit kann deshalb zu erheblichen Schäden in diesem Sektor führen.[184]

Der Sektor ist durch zahlreiche Gesetze reguliert. Die in diesem Sektor zentralen Regelungswerke wie das VVG, das VAG, das KWG, das WpHG oder das BörsG verpflichten die jeweiligen Normadressaten zwar in bestimmten Situationen zum Ersatz eines von ihnen verursachten Schadens.[185] Diese Normen bezwecken jedoch die Lösung anderer Konstellationen als solcher, in denen mangelhafte IT-Sicherheit IT-spezifischer Produkte oder Dienste einen Schaden verursacht. Über sie lässt sich nicht an den Vorwurf anknüpfen, dass das Handlungskonzept der IT-Sicherheit missachtet wurde. Eine präventive Verhaltenssteuerung in Richtung IT-Sicherheit durch sektorbezogene Einstandspflichten wird demnach von den geltenden spezialgesetzlichen Haftungsnormen nicht bewirkt.

7. Zwischenergebnis

Trotz weitreichender Regulierung der untersuchten, gesellschaftlich bedeutsamen Sektoren enthält das geltende Recht in diesem Rahmen nur wenige spezialgesetzliche Einstandspflichten, die Hersteller und Anbieter IT-spezifischer Produkte und Dienste zur Gewährleistung von IT-Sicherheit verleiten.

Zu diesen wenigen Normen gehören zum einen die Einstandspflichten aus § 1 Abs. 1 und § 2 Abs. 1 HaftPflG. Bei mangelhafter IT-Sicherheit können sie Anwendung finden, weil sie als Gefährdungshaftungstatbestände ausgestaltet sind. Sie knüpfen an die Verwirklichung von Gefahren an, die auch bei Fehlverhalten bezüglich der IT-Sicherheit eintreten können. Demnach besteht ein Anreiz, durch die Umsetzung von IT-Sicherheitsmaßnahmen gemäß den vier Elementen des Handlungskonzepts der Realisierung der Gefahren entgegenzuwirken. Diese Anreizwirkung betrifft allerdings nur einen beschränkten Kreis von Anbietern IT-spezifischer Dienste, nämlich solche im Anwendungsbereich der §§ 1, 2 HaftPflG.

Zum anderen findet sich im Telekommunikationssektor eine Einstandspflicht, die zu einem Verhalten verleitet, das dem Handlungskonzept der IT-Sicherheit entspricht. Grund dafür ist die verschuldensabhängige Schadensersatzpflicht in § 44 Abs. 1 S. 1, 4 TKG. Über diese Haftungsgrundlage führt ein schuldhafter

---

184 Vgl. *Schulte am Hülse/Kraus*, MMR 2016, 435, 437; Weitere Beispiele: *Wilkens*, auf: Heise.de, Sipgate und Fidor Bank sollten mit DDoS-Angriffen erpresst werden; *Bernau*, auf: Süddeutsche.de, Banken müssen gegen Cybergangster aufrüsten.

185 Z. B. über § 63 VVG; § 17 KWG; §§ 37b, c WpHG.

Verstoß gegen die Handlungsgebote aus § 109 Abs. 1, 2 TKG zu einer gesetzlichen Einstandspflicht. Weil die dort verankerten Handlungsvorgaben den vier Elementen der IT-Sicherheit zumindest zum Teil entsprechen, tritt ein verhaltenslenkender Effekt in Richtung IT-Sicherheit ein. Die Handlungsgebote aus § 109 Abs. 1, 2 TKG richten sich aber ebenfalls nur an bestimmte im Sektor tätige Anbieter IT-spezifischer Dienste.

Insgesamt lässt damit das Fazit ziehen, dass das geltende außervertragliche Haftungsrecht über spezialgesetzliche Schadensersatzpflichten nur eine beschränkte präventive Wirkung in Bezug auf die IT-Sicherheit entfaltet. Denn bis auf §§ 1, 2 HaftPflG und § 44 Abs. 1 TKG iVm § 109 Abs. 1, 2 TKG können keine spezialgesetzlichen Haftungsgrundlagen identifiziert werden, die ein Haftungsrisiko bei mangelhafter IT-Sicherheit mit sich bringen. Vor dem Hintergrund besteht für Anbieter IT-spezifischer Dienste außerhalb des Anwendungsbereichs der drei Normen und insbesondere für Hersteller IT-spezifischer Produkte aus haftungsrechtlicher Sicht keinerlei Veranlassung, ein Verhalten an den Tag zu legen, das zu einem hohen IT-Sicherheitsniveau beiträgt.

III. Präventive Wirkung allgemeiner Einstandspflichten

Angesichts der lediglich beschränkten präventiven Wirkung spezialgesetzlicher Einstandspflichten ist nunmehr zu prüfen, ob die allgemeinen Haftungsnormen grundsätzlich geeignet sind, das Verhalten der im Fokus dieser Arbeit stehenden Hersteller und Diensteanbieter in Richtung IT-Sicherheit zu lenken. Wie bei den speziellen Einstandspflichten ist zu diesem Zweck zu analysieren, ob sie dazu verleiten, das in Kapitel 2 vorgestellte Handlungskonzept umzusetzen. Dazu werden im Folgenden die deliktsrechtlichen, datenschutzrechtlichen und produkthaftungsrechtlichen Haftungsgrundlagen näher betrachtet. Sie sind hinsichtlich der Normadressaten offen gefasst und müssen deshalb von sämtlichen Herstellern bzw. Anbietern IT-spezifischer Produkte und Dienste bei der Bewertung individueller Haftungsrisiken stets berücksichtigt werden.

1. § 823 Abs. 1 BGB: Gewährleistung von IT-Sicherheit als Verkehrssicherungspflicht

Die allgemeine deliktsrechtliche Einstandsplicht aus § 823 Abs. 1 BGB findet Anwendung, wenn durch eine vorsätzliche oder fahrlässige widerrechtliche Handlung Leben, Körper, Gesundheit, Freiheit, Eigentum oder ein sonstiges Recht eines anderen verletzt werden. Diese Norm weist eine generelle verhaltenslenkende Wirkung auf, da sie schuldhaftes widerrechtliches Verhalten mit

Haftungsfolgen belegt und im Umkehrschluss zu rechtmäßigem Verhalten verleitet. Ob dieser Effekt prinzipiell auch bezüglich der IT-Sicherheit auftritt, ist zu klären.

a) Widerrechtliches Verhalten bei Verletzung von Verkehrssicherungspflichten

Voraussetzung dafür wäre, dass Fehlverhalten hinsichtlich der IT-Sicherheit als schuldhaftes widerrechtliches Verhalten qualifiziert werden kann. Ein schuldhaftes widerrechtliches Verhalten liegt jedenfalls dann vor, wenn eine Verkehrssicherungspflicht verletzt wird. Dies ergibt sich aus der gefestigten Rechtsprechung zu § 823 Abs. 1 BGB, welcher Teil eines Systems von drei kleinen deliktischen Generalklauseln ist.[186] Die Norm ist wegen des Tatbestandsmerkmals der schuldhaften rechtswidrigen Verletzung ebenso wie die Tatbestände in § 823 Abs. 2 und § 826 BGB in hohem Maße konkretisierungsbedürftig.[187] Den Vorgaben der Rechtsprechung zur Auslegung der Norm kommt folglich eine besondere Bedeutung zu.

Die Notwendigkeit der Konkretisierung hat bereits kurz nach In-Kraft-Treten des BGB zur Entwicklung der Verkehrssicherungspflichten durch die Rechtsprechung geführt. So hat das *Reichsgericht* (RG) in einer grundlegenden Entscheidung aus dem Jahr 1902 eine Konkretisierung der schuldhaften widerrechtlichen Handlung dahingehend vorgenommen, dass „ein jeder auch für [eine] Beschädigung durch seine Sachen insoweit aufkommen solle, als er dieselbe bei billiger Rücksichtnahme auf die Interessen des anderen hätte verhüten müssen."[188] Während es bei dieser Entscheidung zunächst um Maßnahmen zur Verhinderung von Schäden im öffentlichen Verkehrsbereich ging, wurde der Anwendungsbereich bereits nach kurzer Zeit auf sonstige Gefahrenquellen wie gefährliche Produkte oder Tätigkeiten ausgedehnt.[189]

Diese Interpretation hat den Weg zur etablierten höchstrichterlichen Rechtsprechung der heutigen Zeit bereitet. Denn auch der *BGH* greift zur Konkretisierung der schuldhaften und rechtswidrigen Verletzungshandlung auf die „Verkehrs- bzw. Verkehrssicherungspflichten"[190] zurück und knüpft dabei an

186 *Hager*, in: Staudinger, Vor § 823 BGB, Rn. 5.
187 *Larenz/Canaris*, S. 355.
188 *RG*, RGZ 52, 373, 379.
189 *RG*, RGZ 102, 372, 373; DR 1940, 1293, 1294; Siehe auch *Raab*, JuS 2002, 1041, 1043.
190 Zum Verhältnis der Begriffe: *Larenz/Canaris*, S. 401.

Gefahrenlagen „gleich welcher Art“[191] an. Wer eine Gefahrenlage schafft, ist grundsätzlich verpflichtet, die notwendigen und zumutbaren Vorkehrungen zu treffen, um eine Schädigung anderer möglichst zu verhindern. Gleiches gilt für denjenigen, der eine in seinem Verantwortungsbereich eingetretene Gefahrenlage andauern lässt.[192]

b) *Verkehrssicherungspflicht in Bezug auf IT-Sicherheit*

Angesichts der Anknüpfung an Gefahren „gleich welcher Art“ ist davon auszugehen, dass auch eine Verkehrssicherungspflicht für IT-spezifische Produkte und Dienste in Bezug auf die IT-Sicherheit besteht. Denn durch ihre funktionelle Abhängigkeit von unbeeinträchtigter Informationstechnik sind IT-spezifische Produkte oder Dienste potenzielle Gefahrenquellen. Dies gilt in jedem Anwendungs- bzw. Einsatzbereich, wie anhand der folgenden Beispiele verdeutlicht werden soll.

Ist etwa die Integrität von Systemen, die Ampelschaltungen steuern, nicht gewährleistet, besteht unzweifelhaft eine Gefahrenlage für Verkehrsteilnehmer.[193] Ebenso werden Gefahrenquellen geschaffen bzw. unterhalten, wenn beispielsweise die Koordinierung einer Fluglinie[194], die Verwaltung von vertraulichen Geschäftsdaten[195] oder die Bereitstellung von Paketfächern[196] vom Funktionieren der eingesetzten Informationstechnik abhängen. Die Anbieter dieser und ähnlicher IT-spezifischer Dienste sind für diese durch ihre Tätigkeiten geschaffenen Gefahrenquellen in gleicher Weise verkehrssicherungspflichtig wie Verantwortliche für Gefahrenquellen in der analogen Welt.[197]

---

191 *BGH*, Urt. v. 1.10.2013 – VI ZR 369/12, Rn. 13 = NZV 2014, 167, 168; BGHZ 195, 30, 32f., Rn. 6 = NJW 2013, 48, 48; Urt. v. 2.3.2010 – VI ZR 223/09, Rn. 5 = NJW 2010, 1967, 1967 mwN.

192 *BGH*, Urt. v. 1.10.2013 – VI ZR 369/12, Rn. 13 = NZV 2014, 167, 168; BGHZ 195, 30, 32f., Rn. 6 = NJW 2013, 48, 48 mwN.

193 Vgl. *Schwan*, auf: Heise.de, Hackangriff auf Ampeln; *Schirrmacher*, auf: Heise.de, Smarte Verkehrsleitsysteme leicht zu manipulieren.

194 Vgl. *Agenturmeldung*, auf: Faz.net, Hackerangriff legt polnische Fluglinie lahm.

195 Vgl. *Sokolov*, auf: Heise.de, US-Anklage: Hacking für Insiderhandel.

196 Vgl. *Eikenberg*, auf: Heise.de, DHL Packstation: Sicherheitslücke begünstigt Missbrauch der fast 3000 Paketautomaten.

197 Ebenso am Beispiel eines mit Viren infizierten Computers: *Barton*, K&R 2004, 305, 307; *Koch*, CR 2009, 485, 486f.; Am Beispiel von schädigenden Daten: *Bartsch*, in: Festschrift Schneider, S. 939, 940.

Auch Produkte, die von ordnungsgemäß funktionierender Informationstechnik abhängen, sind potenzielle Gefahrenquellen. Ein eindringliches Beispiel dafür ist das moderne Fahrzeug, das immer stärker mit Informationstechnik angereichert wird. Sollte etwa ein informationstechnisches System, das den Bremsvorgang beeinflusst, nicht verfügbar oder integer sein, drohen den Nutzern erhebliche Schäden.[198] Die Konstellation ist ähnlich gefährlich wie Konstellationen, in denen eine Fehlkonstruktion mechanischer Bestandteile die Gefährdungslage herbeiführt.[199] Auch deshalb ist es nur konsequent, mit Blick auf IT-spezifische Produkte eine Verkehrssicherungspflicht anzunehmen.

In diesem Zusammenhang ist zu berücksichtigen, dass die abweichende Terminologie der deliktsrechtlichen Produkthaftung gem. § 823 Abs. 1 BGB nichts an der Verkehrssicherungspflicht des Herstellers IT-spezifischer Produkte ändert. So wird zwar nicht ausdrücklich an eine irgendwie geartete Gefahrenlage angeknüpft, von der ausgehend die Verkehrssicherungspflichten in Bezug auf Produkte begründet werden. Stattdessen sind die Fehlerkategorien Konstruktions-, Fabrikations-, Instruktions- und Produktbeobachtungsfehler der Ausgangspunkt, um das rechtswidrige und schuldhafte Verhalten des Herstellers zu begründen.[200]

Inhaltlich handelt es sich dabei aber um nichts anderes als das Ergebnis eines Verstoßes gegen die Pflicht, in den Bereichen Konstruktion, Fabrikation, Instruktion und Produktbeobachtung sorgfältiges Verhalten an den Tag zu legen.[201] Da die Verkehrssicherungspflichten ihrerseits aus den allgemeinen Sorgfaltsgeboten hervorgehen, bedeutet dies, dass trotz unterschiedlicher Begrifflichkeiten keine inhaltlichen Differenzen bestehen.[202]

c) Inhalt der Verkehrssicherungspflicht in Bezug auf IT-Sicherheit

Wenn also angesichts der potenziellen Gefährlichkeit von IT-spezifischen Produkten und Diensten prinzipiell von einer Verkehrssicherungspflicht in Bezug auf deren IT-Sicherheit auszugehen ist, dann hängt die präventive Wirkung von § 823 Abs. 1 BGB davon ab, was diese Pflicht inhaltlich verlangt.

---

198 Vgl. *Harloff*, auf: Süddeutsche.de, Der Fahrer ist machtlos; *Wilkens*, auf: Heise.de, BSI-Chef befürchtet Todesfälle durch Hackerangriffe auf Autos.

199 Dazu: *BGH*, Urt. v. 28.9.1970 – VIII ZR 166/68 = VersR 1971, 80.

200 *Spindler*, in: BeckOGK, § 823 BGB, Rn. 630; *Wagner*, in: MüKo, § 823 BGB, Rn. 806.

201 *Wagner*, in: MüKo, § 823 BGB, Rn. 806; *Lehmann*, NJW 1992, 1721, 1725.

202 *Kötz/Wagner*, Rn. 129; *Borges*, CR 2016, 272, 277.

Grundsätzlich wird die Verkehrssicherungspflicht so verstanden, dass die notwendigen und zumutbaren Vorkehrungen zu treffen sind, um eine Schädigung anderer möglichst zu verhindern.[203] Welche die notwendigen Vorkehrungen sind, lässt sich zwangsläufig erst im Anschluss an eine individuelle Risikoanalyse festlegen. Speziell mit Blick auf die Gewährleistung von IT-Sicherheit ist es zweckmäßig, diese Risikoanalyse unter Anknüpfung an die anerkannten Schutzgüter und Schutzziele der IT-Sicherheit durchzuführen. Denn es geht um die Abwehr von Gefahren, die aus der Abhängigkeit des Dienstes bzw. Produkts von der Informationstechnik resultieren. Sie bilden in dieser Hinsicht den einzig sinnvollen Maßstab. Ist auf dieser Basis identifiziert, was zur Verhinderung von Schädigungen anderer notwendig ist, verlangt die Verkehrssicherungspflicht, die dazu erforderlichen, zumutbaren Maßnahmen umzusetzen. Mangels genaueren Vorgaben ist davon auszugehen, dass die auszuwählenden Sicherungsmaßnahmen sowohl technischer als auch organisatorischer Natur sein können,[204] solange die Grenzen der Zumutbarkeit nicht überschritten werden.

Bei genauer Betrachtung dieser Vorgehensweise zur Erfüllung der Verkehrssicherungspflicht, wird die Parallelität zum in Kapitel 2 erarbeiteten Handlungskonzept der IT-Sicherheit deutlich. Die spezielle Verkehrssicherungspflicht in Bezug auf IT-Sicherheit verlangt strukturell genau das Verhalten, was auch aus dem Begriff der IT-Sicherheit hervorgeht. Da die Verkehrssicherungspflicht in ihrer Ausprägung als spezielle IT-Sicherheitspflicht für IT-spezifische Produkte und Dienste also rechtlich vorschreibt, was das Handlungskonzept idealisiert vorsieht, kommt es auf diesem Wege zu einer präventiven Verhaltenslenkung in Richtung IT-Sicherheit. Denn um ein Haftungsrisiko auszuschließen, ist die Verkehrssicherungspflicht zu befolgen, d.h. das aus den vier Elementen der IT-Sicherheit bestehende Handlungskonzept umzusetzen. Ansonsten droht wegen einer rechtswidrigen schuldhaften Handlung aufgrund der Verletzung der speziellen Verkehrssicherungspflicht bezüglich der IT-Sicherheit eine Einstandspflicht für daraus resultierende Schäden.

---

203 *BGH*, Urt. v. 1.10.2013 - VI ZR 369/12, Rn. 13 = NZV 2014, 167, 168; BGHZ 195, 30, 32f., Rn. 6 = NJW 2013, 48, 48 mwN.

204 In diesem Sinne etwa auch *BGH*, Urt. v. 4.7.2013 - III ZR 250/12, Rn. 9 = NJW-RR 2013, 1490, 1490: Mäharbeiten zu anderer Uhrzeit oder hinter Schutzplane; Urt. v. 3.2.2004 - VI ZR 95/03, Rn. 11 = NJW 2004, 1449, 1450f.: Warnhinweise und sensorgesteuerte Ampelanlage am Eingang einer Wasserrutsche.

d) Verkehrssicherungspflicht in proaktiver und reaktiver Hinsicht

Mit der Verkehrssicherungspflicht ist eine erste rechtliche Grundlage identifiziert, die auch Hersteller von IT-spezifischen Produkten prinzipiell zur Gewährleistung von IT-Sicherheit verleitet. An ihrem Beispiel kann veranschaulicht werden, wie genau sich die verhaltenslenkende Wirkung entfaltet. Denn die Verkehrssicherungspflichten unterliegen angesichts der Dynamik von IT-Sicherheit einem stetigen Wandel. Sie haben zudem unterschiedliche Bezugspunkte, sodass das Verhalten, zu dem sie verleiten, verschiedene Dimensionen aufweisen muss. Um den präventiven Effekt zu verdeutlichen, sollen diese Dimensionen kurz erläutert werden.

aa) Proaktive IT-Sicherheit

Wie eingangs ausgeführt, handelt es sich bei dem Vorgehen zur Herbeiführung von IT-Sicherheit um ein dynamisches Konzept, das der idealen Begriffsumschreibung nach kontinuierlicher Aktivität verlangt.[205] Denn die Informationstechnik entwickelt sich ständig weiter, wodurch neue Risiken entstehen oder entdeckt werden. Zu dieser kontinuierlichen Gewährleistung der IT-Sicherheit kommt es primär dadurch, dass Hersteller von IT-spezifischen Produkten über die Verkehrssicherungspflicht zu proaktiver IT-Sicherheit verleitet werden. Gemeint ist damit, dass die Maßnahmen zur Gewährleistung von IT-Sicherheit einer stetigen Überprüfung und Anpassung unterliegen, indem bei neuartigen bzw. neu entdeckten Risiken das Handlungskonzept der IT-Sicherheit hinsichtlich der noch im Herstellungsprozess befindlichen sowie der künftigen Produkte zu überarbeiten ist. Diese Pflicht zu proaktivem Handeln wird, wie im Folgenden erläutert wird, inhaltlich von der Verkehrssicherungspflicht vorausgesetzt.

Die Verkehrssicherungspflicht bezüglich Produkte zielt, wie gezeigt,[206] in erster Linie darauf, Konstruktionsfehler, Fabrikationsfehler und Instruktionsfehler zu vermeiden. Diese drei Fehler können ohne weiteres auch bei IT-spezifischen Produkten auftreten. Gegen die Pflicht zur fehlerfreien Konstruktion verstößt ein Hersteller, wenn sein Produkt der Konzeption nach den gebotenen Sicherheitsstandard unterschreitet.[207] Ein solcher Konstruktionsfehler ist bei IT-spezifischen Produkten anzunehmen, wenn eine Produktserie nicht die angemessenen technischen oder organisatorischen Maßnahmen enthält, die nach

205 Dazu Kap. 2, Teil II, Abschn. 5.

206 Kap. 3, Teil III, Abschn. 1b).

207 *BGH*, Urt. v. 16.6.2009 – VI ZR 107/08, Rn. 15 = NJW 2009, 2952, 2953.

den individuellen Umständen zur Gewährleistung der Verfügbarkeit, Vertraulichkeit, Integrität und Authentizität der Schutzgüter angezeigt sind.

Ein Verstoß gegen die Pflicht zur fehlerfreien Fabrikation liegt vor, wenn zwar die Konzeption des Produkts das gebotene Maß an Sicherheit bietet, es im Fabrikationsprozess jedoch hinsichtlich eines konkreten Produkts zur Abweichung von den festgelegten Sicherheitserfordernissen kommt.[208] In Bezug auf die IT-Sicherheit wäre davon auszugehen, wenn bei einem IT-spezifischen Produkt einer Serie die technischen und organisatorischen Maßnahmen zur Erfüllung des individuellen Sicherheitsstandards von denen der übrigen Produktserie abweichen.

Sind weder Konstruktion noch Fabrikation des Produkts zu beanstanden, kann gleichwohl ein Verstoß gegen die im Rahmen der Produktion zu erfüllenden Sorgfaltspflichten vorliegen, soweit der Hersteller dem Produkt erforderliche Informationen zur Minimierung von hinzunehmenden, ihm erkennbaren Gefahren nicht beigefügt hat.[209] Ein solcher Instruktionsfehler liegt etwa vor, wenn bei einem IT-spezifischen Produkt ein Hinweis unterbleibt, dass ein Standardpasswort zu ändern ist.[210]

Für alle drei Kategorien ist der maßgebliche Zeitpunkt für die Bewertung der Fehlerhaftigkeit die Inverkehrgabe des Produkts.[211] Waren Risiken für die Schutzgüter der IT-Sicherheit bis dahin nicht erkennbar, kommt eine Einstandspflicht auf Grundlage der drei Fehlerkategorien nicht in Betracht, da es insofern an einer objektiven Pflichtwidrigkeit fehlt.[212] Für die künftige Produktion verschärft sich hingegen mit der Erkennbarkeit der Bewertungsmaßstab. Bei Kenntnis neuer relevanter Risiken muss mit Sicherheitsmaßnahmen reagiert werden, sofern dies zur Vermeidung einer Rechtsgüterverletzung Dritter notwendig und zumutbar ist.[213]

---

208 *BGH*, Urt. v. 21.4.1956 – VI ZR 35/55 = VersR 1956, 410, 411; *OLG München*, Urt. v. 21.7.2009 – 18 U 1549/09 = BeckRS 2010, 18785; *OLG Düsseldorf*, Urt. v. 22.4.2009 – 19 U 23/08, Rn. 23 = ZfS 2010, 433; Vgl. auch: *Wagner*, in: MüKo, § 823 BGB, Rn. 822f mwN.

209 *BGH*, Urt. v. 18.5.1999 – VI ZR 192/98, Rn. 12 = NJW 1999, 2815, 2815 mwN; Vgl. auch: *Spindler*, in: BeckOGK, § 823 BGB, Rn. 647f. mwN.

210 Vgl. *Jurran*, auf: Heise.de, Sicherheitslücke: Hintertür im Smart Home von Loxone.

211 *BGH*, BGHZ 103, 323, 330f. = NJW 1988, 2611, 2612; BGHZ 80, 199, 202 = NJW 1981, 1606, 1607; Vgl. auch: *Wagner*, in: MüKo, § 823 BGB, Rn. 837 mwN.

212 *BGH*, Urt. v. 16.6.2009 – VI ZR 107/08, Rn. 28 = NJW 2009, 2952, 2955.

213 *Wagner*, in: MüKo, § 823 BGB, Rn. 845. So auch in Bezug auf Software: *Raue*, NJW 2017, 1841, 1844.

Der fixe Beurteilungsmaßstab für die Fehlerhaftigkeit von Produkten unterliegt demnach einer natürlichen Evolution. Vor dem Hintergrund kommt es zu proaktiver IT-Sicherheit. Die Hersteller müssen ihren Herstellungsprozess stets dem aktuellen Kenntnisstand über Risiken der IT-Sicherheit anpassen. Gleiches gilt im Übrigen im Rahmen der Verkehrssicherungspflicht auch für Anbieter IT-spezifischer Dienste hinsichtlich ihrer zur Erbringung der Leistung eingesetzten Informationstechnik.

bb) Reaktive IT-Sicherheit

Für Hersteller IT-spezifischer Produkte reicht die Befolgung der Pflicht zu proaktiver IT-Sicherheit allerdings nicht aus. Denn zu beachten ist, dass die Anpassung des Produktionsprozesses nichts daran ändert, dass ein nach neuem Kenntnisstand unsicheres Produkt im Umlauf ist. Dieses stellt eine vom Produzenten geschaffene Gefahrenquelle dar, für die weiterhin eine Verantwortlichkeit besteht. Worauf diese Verantwortlichkeit gestützt wird und in welchem Umfang sie zu reaktiver IT-Sicherheit verpflichtet, soll im Folgenden kurz dargestellt werden. Denn von der Reichweite dieser vergangenheitsbezogenen Pflicht wird der sich aus § 823 Abs. 1 BGB ergebende verhaltenslenkende Effekt erheblich beeinflusst.

(1) Produktbeobachtungspflicht als Grundlage reaktiver IT-Sicherheit

Eine Reaktion in Bezug auf bereits in den Verkehr gebrachte Produkte sehen die drei bislang erläuterten Fehlerkategorien nicht vor. Darin unterscheiden sie sich von der vierten Ausprägung der Verkehrssicherungspflicht, der Produktbeobachtungspflicht. Sie nimmt eine Sonderstellung innerhalb der deliktischen Produkthaftung ein, da sie vom fixen Zeitpunkt der Inverkehrgabe losgelöst ist. Sie wird damit gerechtfertigt, dass die Pflichten des Herstellers zu diesem Zeitpunkt nicht enden sollen, da er in der Regel besser als der Produktnutzer später offenbar werdende Mängel erkennen und abstellen kann.[214]

(2) Verpflichtung zu organisatorischen Maßnahmen

Inhaltlich verpflichtet die Produktbeobachtungspflicht dazu, sich über die Auswirkungen des Produkts zu informieren und abhängig von der Größe der Gefahrlage im Einzelfall vor Gefahren des Produkts zu warnen, seine Stilllegung zu empfehlen oder das Produkt zurückzurufen.[215] Stellt sich also nach

---

214 *Hager*, in: Staudinger, § 823 BGB, Rn. F 20.

215 *Hager*, in: Staudinger, § 823 BGB, Rn. F 24; *Spindler*, in: BeckOGK, § 823 BGB, Rn. 655; *Wagner*, in: MüKo, § 823 BGB, Rn. 836.

Inverkehrbringen eines Produkts heraus, dass es eine Gefahrenquelle darstellt, so muss in Anbetracht der Bedrohungslage mit einer der eben genannten, als organisatorisch einzustufenden Maßnahmen reagiert werden.

(3) Verpflichtung zu weitergehenden Maßnahmen

Zu weitergehenden als den genannten Maßnahmen, wie etwa zur nachträglichen kostenfreien Beseitigung des Fehlers oder zur Übernahme der Kosten für dessen Beseitigung durch einen Dritten, verpflichtet die Produktbeobachtungspflicht dagegen grundsätzlich nicht.[216] Denn das Deliktsrecht soll nur Sorge dafür tragen, dass ex-post erkannte Gefahren für die geschützten Rechtsgüter Dritter möglichst effektiv beseitigt werden.[217] Zur Erreichung dieses Ziels genügen aber in der Regel Maßnahmen wie eine Warnung vor bzw. Handlungsempfehlungen zur Vermeidung der Gefahr, eine Ermöglichung der Gefahrbeseitigung oder eine Eindämmung der Gefahr durch Aufforderung zur Nichtnutzung des Produkts bzw. durch dessen Stilllegung.[218] Dass das Produkt durch die getroffene Maßnahme in der Folge an Nutzen einbüßt, ist für die Ausgestaltung der Produktbeobachtungspflicht hingegen unbeachtlich. Denn eine Pflicht zur Bereitstellung eines mangelfreien, benutzbaren Produkts würde nicht dem Integritätsinteresse dienen, sondern das deliktsrechtlich nicht erfasste Äquivalenzinteresse schützen.[219]

Nur in Ausnahmefällen, wenn eine Warnung oder Stilllegung nicht ausreicht, um Gefahren für die geschützten Rechtsgüter möglichst effektiv zu beseitigen, ist eine Fehlerbeseitigung erforderlich. Als eindrückliches Beispiel für diese extensive Ausprägung der Produktbeobachtungspflicht dient der Fall eines fehlerhaften Herzschrittmachers. Um die durch ihn drohende Gefahr für das Leben des Patienten effektiv zu beseitigen, ist der Hersteller zum Rückruf verpflichtet, dessen Effektivität zugleich die Übernahme der Kosten für Ex- und Implantation eines Ersatzgeräts erfordert.[220] Da dem Patienten ein Abwarten des Eintritts

---

216 Zur Diskussion vgl. *BGH*, BGHZ 179, 157, 161ff., Rn. 13, 19 mwN = NJW 2009, 1080, 1081f.; *Hager*, in: Staudinger, Buch 2, § 823 BGB, Rn. F 25f.

217 *BGH*, BGHZ 179, 157, 163f., Rn. 17 = NJW 2009, 1080, 1082; *Hartmann*, PHi 2017, 42, 45.

218 *BGH*, BGHZ 179, 157, 161f., Rn. 13 = NJW 2009, 1080, 1081.

219 *BGH*, BGHZ 179, 157, 164f., Rn. 19 = NJW 2009, 1080, 1082.

220 Vgl. *BGH*, BGHZ 179, 157, 166f., Rn. 24 = NJW 2009, 1080, 1083. Ebenso im Ergebnis der *EuGH*, Urt. v. 5.3.2015 – C-503/13, C-504/13, Rn. 44ff. = NJW 2015, 1163, 1164. Der EuGH begründete diese Pflicht aber mit einer weiten Interpretation des Schadensbegriffs infolge einer Körperverletzung, um so angesichts der betroffenen hochwertigen Rechtsgüter einen effektiven Verbraucherschutz zu gewährleisten. Umgesetzt

der Gefahr nicht zumutbar wäre, kann er bei konkreter Anhaltspunkten für die Gefahr den Schrittmacher auch auf eigene Kosten ersetzen lassen und im Anschluss die Erstattung der Rechnung verlangen.[221]

Auch wenn sich die Verkehrssicherungspflicht in diesem Fall wie eine nachträgliche Pflicht zur kostenfreien Fehlerbeseitigung darstellt, ändert das Ergebnis jedoch nichts an dem Grundsatz, dass eine so extensive Pflicht regelmäßig nicht zu begründen ist.[222] Denn im Normalfall ist zu einer effektiven Beseitigung der Produktgefahr keine Reparatur des Produkts erforderlich, sondern es genügt der Rückgriff auf die eingangs genannten, für den Hersteller milderen organisatorischen Maßnahmen.[223] Zudem würde ansonsten die Verkehrssicherungspflicht entgegen ihrer eigentlichen auf den Integritätsschutz gerichteten Bestimmung in eine Gewährleistungspflicht umfunktioniert.[224]

(4) Reichweite der Pflicht bei IT-spezifischen Produkten

Übertragen auf IT-spezifische Produkte, deren mangelhaft gesicherte IT erst im Laufe der Zeit zutage tritt, ergeben sich daraus bedeutsame praktische Folgen. Denn mangelhafte Sicherheitsvorkehrungen lassen sich nicht selten durch eine Überarbeitung der genutzten Software oder durch konstruktive Änderungen im technischen Konzept beseitigen.[225] Zur kostenfreien Bereitstellung von Updates bzw. zur Vornahme der konzeptionellen Änderungen oder zur Tragung der Kosten dafür verpflichtet die Produktbeobachtungspflicht jedoch gerade nicht,

---

wurde diese Entscheidung durch *BGH*, Urt. v. 9.6.2015 – VI ZR 327/12 = NJW 2015, 2507; Urt. v. 9.6.2015 – VI ZR 284/12 = NJW 2015, 3096.

221 *Foerste*, in: Foerste/Graf von Westphalen, § 39, Rn. 25f; *Spindler*, CR 2015, 766, 770.

222 *Moelle/Dockhorn*, Anmerkung zu *EuGH*, Urt. v. 5.3.2015 – C-503/13, C-504/13, NJW 2015, 1163, 1165.

223 Davon geht auch weiterhin der *EuGH* aus, wie sich daran zeigt, dass die Kosten nicht ersetzt werden sollen, wenn die aus dem fehlerhaften Defibrillator folgende Gefahr für das Leben des Patienten durch Abstellung der schadensauslösenden Funktion effektiv hätte beseitigt werden können, vgl. *EuGH*, Urt. v. 5.3.2015 – C-503/13, C-504/13, Rn. 54f. = NJW 2015, 1163, 1165.

224 In diesem Sinne schon *Pieper*, BB 1991, 985, 988.

225 Vgl. zur Behebung der Sicherheitslücke für über das Internet angreifbare Kfz: *Schesswendter*, auf: Heise.de, Nach Fernsteuerungs-Hack ruft Fiat Chrysler 1,4 Millionen Autos zurück; Ähnlich im Falle eines smarten Scharfschützengewehrs: *Bergert*, auf: Heise.de, Sicherheit: Hacker übernehmen smartes Scharfschützengewehr.

da ansonsten die Grenze zum Äquivalenzinteresse überschritten würde.[226] Stattdessen genügt im Regelfall eine Warnung, eine Stilllegung oder ein Rückruf des Produkts, um dem Schutz des Integritätsinteresses gerecht zu werden.

Umgekehrt steht damit allerdings auch fest, dass ein IT-spezifisches Produkt nach seiner Inverkehrgabe nicht einfach seinem Schicksal bezüglich der IT-Sicherheit überlassen werden darf. Um nicht für Schäden einstandspflichtig zu werden, müssen Hersteller IT-spezifischer Produkte bei nachträglicher Erkennbarkeit mangelhafter IT-Sicherheit dem Einzelfall angepasste, im Regelfall organisatorische Sicherheitsmaßnahmen hinsichtlich bereits in Verkehr gegebener Produkte umsetzen. Insofern entfaltet die Verkehrssicherungspflicht in Form der Produktbeobachtungspflicht auch einen vergangenheitsbezogenen Verhaltensanreiz.

cc) Zwischenergebnis

Der präventive Effekt, der über die Verkehrssicherungspflicht in § 823 Abs. 1 BGB vermittelt wird, weist alles in allem zwei Dimensionen auf. Primär verleitet diese Pflicht zu einer proaktiven Schaffung von IT-Sicherheit. Im Zeitpunkt der Inverkehrgabe eines Produkts müssen ebenso wie zur Zeit der Erbringung eines IT-spezifischen Dienstes die Sicherheitsmaßnahmen einen Stand aufweisen, der die neuesten Erkenntnisse über Risiken für die IT-Sicherheit berücksichtigt. Dies macht es erforderlich, sich ständig über Risiken auf dem Laufenden zu halten und die Sicherheitsmaßnahmen bei Neuerungen daran anzupassen.

Die Verkehrssicherungspflicht erschöpft sich jedoch nicht in proaktiver IT-Sicherheit, sondern weist auch ein reaktives Element auf. Dieses betrifft allerdings allein die Hersteller von IT-spezifischen Produkten, da die Anpassung des Herstellungsprozesses nicht die Gefahrenquellen beseitigt, die durch Inverkehrgabe unsicherer Produkte entstanden sind. Die Schaffung der Gefahrenquelle erfordert eine Reaktion wie etwa eine Warnung, eine Nutzungsuntersagung oder einen Rückruf.

Rechtstechnisch folgt die reaktive Vorgehensweise aus der Produktbeobachtungspflicht. Sie entfaltet für Hersteller IT-spezifischer Produkte hohe praktischer Relevanz.[227] Sie ist Auslöser dafür, dass bereits im Verkehr befindliche

---

226 *von Bodungen/Hoffmann*, NZV 2016, 503, 506; *Spindler*, CR 2015, 766, 770; *Rockstroh/Kunkel*, MMR 2017, 77, 79. Andere Ansicht: *Gomille*, JZ 2016, 76, 81; *Hartmann*, PHi 2017, 42, 45; *Raue*, NJW 2017, 1841, 1844.

227 Ebenso mit Blick auf autonome Systeme: *Horner/Kaulartz*, CR 2016, 7, 12; *Schulz*, S. 175; *Spindler*, in: Hilgendorf, S. 63, 73; *Klindt/Wende et al.*, in: Bräutigam/Klindt, auf: Bdi.eu, Digitalisierte Wirtschaft/Industrie 4.0, S. 85.

Produkte mit Blick auf die IT-Sicherheit nicht vernachlässigt werden dürfen. Da eine Untätigkeit haftungsrechtliche Folgen auslöst, bewirkt sie einen zusätzlichen, auf die Vergangenheit bezogenen Handlungsimpuls, der zumindest zu den dargestellten organisatorischen Sicherheitsmaßnahmen verleitet.

e) Beschränkung der Verkehrssicherungspflicht

Die Anknüpfung an eine irgendwie geartete Gefahrenlage zur Begründung von Verkehrssicherungspflichten ist die Ursache dafür, dass die soeben dargestellte verhaltenslenkende Wirkung in Richtung IT-Sicherheit durch § 823 Abs. 1 BGB prinzipiell stattfindet. Bewusst außer Acht gelassen wurde bislang jedoch die Wechselwirkung der Verkehrssicherungspflicht mit den in § 823 Abs. 1 BGB genannten Rechtsgütern. Die Einstandspflicht greift nur ein, wenn durch eine vorsätzliche oder fahrlässige widerrechtliche Handlung Leben, Körper, Gesundheit, Freiheit, Eigentum oder ein sonstiges Recht eines anderen verletzt werden.

Dadurch werden die Verkehrssicherungspflichten, also auch die spezielle Verkehrssicherungspflicht in Bezug auf die IT-Sicherheit, beschränkt. Sie bestehen von vornherein nur hinsichtlich der Gefahren, für die sich eine nach sachkundigem Urteil naheliegende Möglichkeit ergibt, dass Rechtsgüter anderer verletzt werden.[228] Daraus folgen zwei spürbare Einschränkungen, die die präventive Wirkung der Norm betreffen. So besteht zum ersten keine Pflicht zur Umsetzung von Sicherungsvorkehrungen für Gefahren, die nicht in einer Beeinträchtigung der von § 823 Abs. 1 BGB geschützten Güter münden können. Zum zweiten besteht ebenso keine Pflicht zu Sicherungsmaßnahmen vor Gefahren, die nach sachkundiger Ansicht nur unter besonders eigenartigen und entfernter liegenden Umständen zu einer Verletzung eines Rechtsguts führen können.[229] Es muss also gerade nicht für alle denkbaren Möglichkeiten eines Schadenseintritts Vorsorge getroffen werden.[230]

Die Verkehrssicherungspflicht in Bezug auf die IT-Sicherheit, die die präventive Wirkung für Hersteller IT-spezifischer Produkte bzw. Anbieter

228 *BGH*, Urt. v. 1.10.2013 – VI ZR 369/12, Rn. 14 = VersR 2014, 78, 79; BGHZ 195, 30, 33, Rn. 7 = NJW 2013, 48, 49 mwN.

229 *BGH*, Urt. v. 15.2.2011 – VI ZR 176/10, Rn. 10 = VersR 2011, 546, 546; Urt. v. 6.2.2007 – VI ZR 274/05, Rn. 16 = NJW 2007, 1683, 1684 mwN. Dazu auch *Rockstroh/Kunkel*, MMR 2017, 77, 79: Ansprüche entstehen erst, wenn die Schwachstelle zur Gefahr wird.

230 *BGH*, Urt. v. 8.11.2005 – VI ZR 332/05, Rn. 10 = NJW 2006, 610, 611; Urt. v. 15.7.2003 – VI ZR 155/02, Rn. 8 = NJW-RR 2003, 1459, 1460 mwN.

IT-spezifischer Dienste auslöst, ist somit einerseits von der jeweiligen Gefahr für die geschützten Rechtsgüter und andererseits von wertenden Annahmen über die Verwirklichung der Gefahr abhängig. Der präventive Effekt von § 823 Abs. 1 BGB wird dadurch sowohl in seiner Reichweite als auch in seiner Effektivität beeinflusst. Auf diese beiden Punkte wird an späterer Stelle der Arbeit noch gesondert eingegangen.[231] Sie ändern jedoch nichts an dem prinzipiell feststellbaren Anreiz zur Gewährleistung der IT-Sicherheit, den § 823 Abs. 1 BGB über die Verkehrssicherungspflicht vermittelt.

f) Zielrichtung der Verkehrssicherungspflicht

Durch die Verwendung des nicht näher eingegrenzten Pronomens „Wer" in § 823 Abs. 1 BGB ist die Zielrichtung der Verkehrssicherungspflicht in personeller Hinsicht umfassend. Der Kreis der Einstandspflichtigen ist im Ausgangspunkt unbegrenzt. Jeder im Fokus dieser Arbeit stehende Hersteller oder Diensteanbieter, der durch seine Tätigkeit eine Gefahrenlage für die geschützten Rechtsgüter schafft oder unterhält, muss im Rahmen seiner Verantwortung alle notwendigen und zumutbaren Vorkehrungen treffen, um eine Schädigung anderer möglichst zu verhindern.

Gerade der wegen der immer stärkeren Vernetzung von Alltagsgegenständen sich stetig vergrößernde Geschäftsbereich der Herstellung IT-spezifischer Produkte ist mit Blick auf die betroffenen Adressaten folglich unbegrenzt. Anders als im ProdHaftG kommt es nicht darauf an, dass es sich bei dem hergestellten Produkt um eine bewegliche Sache handelt.[232] Dementsprechend bestehen bzgl. Gefahrenlagen, die von unbeweglichen Sachen herrühren, etwa von smarten Heizungsanlagen als wesentliche Bestandteile eines Gebäudes, keinerlei Zweifel an einer prinzipiellen Pflicht zur Gewährleistung von IT-Sicherheit.[233]

Aufgrund der Unabhängigkeit von der Qualifikation als bewegliche Sache sind ebenso Gefahrenlagen erfasst, die durch Produkte entstehen, deren Sachqualität zweifelhaft ist. Dies betrifft speziell Software. Deren Hersteller sind folglich auch zur Gewährleistung der IT-Sicherheit verpflichtet.[234] Für ein hohes IT-Sicherheitsniveau ist diese Tatsache von besonderer Bedeutung. Denn Software ist nicht nur existentieller Bestandteil eines jeden IT-spezifischen Produkts oder Dienstes. Sie kann auch isoliert vertrieben werden und auf diesem Wege zu

231 Ausführlich dazu Kap. 4 und Kap. 5.

232 *Spindler*, CR 2005, 741, 742; Vgl. dazu sogleich Kap. 3, Teil III, Abschn. 4b).

233 *Hager*, in: Staudinger, § 823 BGB, Rn. F 6.

234 *Spindler*, NJW 2004, 3145, 3145.

Schäden bei den Nutzern führen. Ihre Qualität hat entscheidenden Einfluss auf das erzielte Niveau der IT-Sicherheit.[235] Nicht umsonst wird Software als eine Achillesferse der IT-Sicherheit angesehen.[236] Einen Beitrag dazu, dass Entwickler eine hohe Qualität ihrer Software anstreben müssen, leisten demnach prinzipiell auch die Verkehrssicherungspflichten.

g) Fazit zur präventiven Wirkung von § 823 Abs. 1 BGB

§ 823 Abs. 1 BGB weist eine präventive Wirkung in Richtung IT-Sicherheit auf. Ursächlich dafür sind die zur Konkretisierung der schuldhaften, rechtswidrigen Handlung richterrechtlich entwickelten Verkehrssicherungspflichten. Sie sind prinzipiell auch als Pflicht zur Gewährleistung von IT-Sicherheit zu interpretieren. Zu den notwendigen und zumutbaren Vorkehrungen, um eine Schädigung anderer durch eine geschaffene oder fortdauernde Gefahrenlage möglichst zu verhindern, gehört auch die am Handlungskonzept der IT-Sicherheit orientierte Absicherung der Informationstechnik, auf die das Produkt bzw. der Dienst zwingend angewiesen ist. Diese Pflicht trifft jedes Unternehmen, das IT-spezifische Produkte herstellt bzw. IT-spezifische Dienste anbietet. Sie verlangt nicht nur proaktive IT-Sicherheit, sondern erfordert von Produktherstellern zusätzlich in gewissem Umfang reaktive IT-Sicherheitsmaßnahmen.

Wegen dieser Verkehrssicherungspflicht ist § 823 Abs. 1 BGB grundsätzlich als eine personell und inhaltlich umfassende Einstandspflicht für Fälle mangelhafter IT-Sicherheit zu qualifizieren. Eine Beschränkung erfährt sie allerdings durch die Wechselbeziehung der Verkehrssicherungspflicht mit den genannten Rechtsgütern, auf die an späterer Stelle näher eingegangen wird.[237] Unabhängig davon stellt sie einen Kontrapunkt zu den beschränkten spezialgesetzlichen Haftungsregelungen dar. Weil sie einen schuldhaften Verstoß gegen die Anforderungen an die IT-Sicherheit mit Haftungsfolgen verknüpft, verleitet sie grundsätzlich zu einem Verhalten, das zu einem hohen IT-Sicherheitsniveau beiträgt. Aufgrund ihres personell unbegrenzten Anwendungsbereichs ist sie für die Erreichung dieses Ziels von besonderer Wichtigkeit.

---

235 *Spindler*, CR 2016, 297, 304.

236 *Gehrmann/Voigt*; CR 2017, 93, 98; *Paulus*, DuD 2012, 413, 413.

237 Dazu ausführlich Kap. 4.

2. § 823 Abs. 2 BGB: Schutzgesetze zur Gewährleistung von IT-Sicherheit

Gem. § 823 Abs. 2 BGB ist derjenige zum Schadensersatz verpflichtet, der schuldhaft gegen ein Gesetz verstößt, das den Schutz eines anderen bezweckt. Schutzgesetze vermitteln eine verhaltenslenkende Wirkung, da ihre Missachtung haftungsrechtliche Konsequenzen mit sich bringt. Um diese zu vermeiden, ist eine Einhaltung der Vorgaben der Schutzgesetze erforderlich. In Bezug auf die IT-Sicherheit von IT-spezifischen Produkten und Diensten käme es zu einem verhaltenslenkenden Effekt, sofern Gesetze identifizierbar sind, die Hersteller und Anbieter inhaltlich zu IT-Sicherheit verpflichten (im Folgenden: gesetzliche IT-Sicherheitspflichten) und die zudem als Schutzgesetze zu qualifizieren sind. Ob es aufgrund der Existenz von zu IT-Sicherheit verpflichtenden Schutzgesetzen zu diesem Effekt kommt, soll erarbeitet werden.

a) Eigenständige Bedeutung von § 823 Abs. 2 BGB

Neben der prinzipiell umfassenden Haftungsregelung in § 823 Abs. 1 BGB hat § 823 Abs. 2 BGB in Verbindung mit einem Schutzgesetz eigenständige Bedeutung, da diese Norm mit Blick auf die von ihr umfassten Schäden weiter formuliert ist. Der Wortlaut sieht anders als § 823 Abs. 1 BGB keine Beschränkung auf Schäden vor, die aus der Verletzung absolut geschützter Rechtsgüter folgen. Insbesondere wird der Ersatz reiner Vermögensschäden ermöglicht.[238] Die präventive Wirkung der Haftungsnorm entfaltet vor diesem Hintergrund eine größere Wirkung, da für alle schuldhaft verursachten Schäden potentiell Ersatz zu leisten ist. Inwieweit dieser Effekt im Hinblick auf die IT-Sicherheit auftritt, soll untersucht werden.

b) Gesetzliche IT-Sicherheitspflichten

Zwingende Voraussetzung für einen präventiven Effekt über § 823 Abs. 2 BGB ist, dass Schutzgesetze vorhanden sind, die zu IT-Sicherheit verpflichten. Sie sind Grundlage dafür, dass es zur Präventionswirkung kommt, weil bei Verstößen gegen sie Haftungsfolgen drohen. Als Schutzgesetze kommen grundsätzlich alle Rechtsnormen im Sinne des Art. 2 EGBGB in Frage.[239] Umfasst sind nicht nur formelle Gesetze, sondern auch Rechtsverordnungen und Satzungen.[240]

---

238 *Wagner*, in: MüKo, § 823 BGB, Rn. 476. Ausführlich dazu sogleich Kap. 4.

239 *Canaris*, in: Festschrift Larenz, S. 27, 45; *Hager*, in: Staudinger, § 823 BGB, Rn. G 9.

240 *Sprau*, in: Palandt, § 823 BGB, Rn. 57; *Larenz/Canaris*, S. 433.

Vorbedingung für eine Analyse der Präventionswirkung wäre also, dass das gesamte Bundes- und Landesrecht sowie Rechtsquellen von Kammern und Gebietskörperschaften inhaltlich dahingehend analysiert werden, ob sie Verhaltenspflichten hinsichtlich der IT-Sicherheit auferlegen. Diese Vorgehensweise ist jedoch angesichts der Masse der potenziellen Rechtsquellen nicht sinnvoll. Zudem erweist sie sich auch nicht als erforderlich. Vielmehr kann die Präventionswirkung mittels verschiedener beispielhafter gesetzlicher IT-Sicherheitspflichten untersucht werden. Anhand der Beispiele lassen sich generelle Einschätzungen über die verhaltenslenkende Wirkung gesetzlicher IT-Sicherheitspflichten treffen.

Beispiele für gesetzliche IT-Sicherheitspflichten können unter Anknüpfung an die in Kapitel 2 ausgearbeiteten inhaltlichen Anforderungen der IT-Sicherheit identifiziert werden. Denn nur Normen, die zumindest teilweise zur Umsetzung des dort erarbeiteten idealisierten Handlungskonzepts verpflichten, sind aufgrund ihres Inhalts als gesetzliche IT-Sicherheitspflichten zu qualifizieren. Vor diesem Hintergrund ist § 109 Abs. 1, 2 TKG ein erstes Beispiel für eine Norm, die inhaltlich zu IT-Sicherheit verpflichtet. Denn wie bereits erläutert, spiegelt sich in beiden Absätzen das aus dem materiellen Gehalt von IT-Sicherheit folgende Handlungskonzept wider.[241]

Weitere Beispiele sind die durch das IT-Sicherheitsgesetz eingefügten bzw. geänderten § 8a Abs. 1 BSIG, § 13 Abs. 7 TMG oder § 11 Abs. 1a, 1b EnWG. Sie weisen wörtliche und strukturelle Übereinstimmungen mit der telekommunikationsrechtlichen Vorschrift auf. Gleiches gilt für den kürzlich im Zuge der Umsetzung der NIS-Richtlinie hinzugefügten § 8c Abs. 1 BSIG.[242] Angesichts der Übereinstimmungen würden bei einer detaillierten Überprüfung dieser Normen auf ihre inhaltliche Pflicht zur Gewährleistung der IT-Sicherheit die bereits in Bezug auf § 109 Abs. 1, 2 TKG angeführten Argumente eingreifen.[243] Im Ergebnis verpflichten sie demnach gleichermaßen zu einer Vorgehensweise, die mit den vier Elementen der IT-Sicherheit zumindest zum Teil übereinstimmt.[244]

---

241 Dazu bereits Kap. 3, Teil II, Abschn. 1a).

242 Neu eingefügt durch das Gesetz zur Umsetzung der Richtlinie (EU) 2016/1148 des Europäischen Parlaments und des Rates vom 6. Juli 2016 über Maßnahmen zur Gewährleistung eines hohen gemeinsamen Sicherheitsniveaus von Netz- und Informationssystemen in der Union vom 23.6.2017: BGBl. 2017 I Nr. 40, S. 1885ff.

243 Zur detaillierten Analyse von § 109 TKG: Kap. 3, Teil II, Abschn. 1a) lit. aa) bis dd).

244 Ebenso speziell zu § 13 Abs. 7 TMG: *Bartels/Backer*, DuD 2016, 22, 24f. Entgegen ihrer Ansicht fordert das Gesetz aber keinen „pauschalen, erfolgsbestimmten Schutz". Wie aus der Gesetzesbegründung hervorgeht, sind solche Schutzvorkehrungen zu treffen,

Gesetzliche IT-Sicherheitspflichten sind allerdings nicht nur in Normen wie den soeben Aufgeführten enthalten, die dem Wortlaut zufolge technische und organisatorische Vorkehrungen zum Schutz näher bestimmter Schutzgüter verlangen. Neben diesen als explizite IT-Sicherheitspflichten zu charakterisierenden Normen finden sich auch offener formulierte Regelungen, die Pflichten statuieren, welche ebenfalls inhaltlich auf die Gewährleistung von IT-Sicherheit zielen. Beispiele dafür sind § 3 Abs. 1 ProdSG oder § 30 StVZO. Sie verlangen im Kern Maßnahmen, um den Eintritt bestimmter Gefahren zu verhindern. Ihr Wortlaut ist dabei so allgemein gehalten, dass sie sich dahingehend auslegen lassen, dass auch Gefahren erfasst werden, die bei Fehlverhalten hinsichtlich der IT-Sicherheit drohen. Um deren Eintritt zu vermeiden, ist das Vorgehen, das aus dem Handlungskonzept der IT-Sicherheit folgt, das einzig zielführende. Insoweit kann auf die identische Argumentation zurückgegriffen werden wie bei den Verkehrssicherungspflichten.[245] Folge ist, dass auch diese Normen als gesetzliche IT-Sicherheitspflichten zu qualifizieren sind und im Weiteren als stellvertretende Beispiele heranzuziehen sind.

Mit den beispielhaft genannten Normen, die entweder explizit technische und organisatorische Sicherheitsmaßnahmen verlangen (im Folgenden: explizite gesetzliche IT-Sicherheitspflichten) oder in denen sie implizit vorausgesetzt werden (implizite gesetzliche IT-Sicherheitspflichten), besteht eine ausreichende Grundlage, um den präventiven Effekt, den § 823 Abs. 2 BGB im Hinblick auf die IT-Sicherheit ausübt, zu analysieren. Die Auswahl der Beispiele berücksichtigt insbesondere auch die Entwicklungen bezüglich der IT-Sicherheit, die durch jüngste gesetzliche Modifikationen angestoßen wurden.

c) Schutzgesetzqualität gesetzlicher IT-Sicherheitspflichten

Entscheidend für eine präventive Wirkung über § 823 Abs. 2 BGB ist, dass den bestehenden gesetzlichen IT-Sicherheitspflichten Schutzgesetzqualität zugemessen werden kann. Inwieweit sie diese Qualität aufweisen, ist bislang weitgehend ungeklärt.[246] Für den potentiell großen Kreis an Vorschriften, der soeben beispielhaft umrissen wurde, kann zwar nicht generell bestimmt werden, ob ihnen stets die für § 823 Abs. 2 BGB erforderliche Schutzgesetzqualität zukommt. Denn dafür müsste jeder Einzeltatbestand untersucht werden.[247] Allerdings lassen sich

---

die den „jeweiligen Anforderungen im Einzelfall" entsprechen, vgl. BT-Drucksache 18/4096, S. 34.

245 Kap. 3, Teil III, Abschn. 1c).

246 *Ortner/Daubenbüchel*, NJW 2016, 2918, 2922.

247 *Wagner*, in: MüKo, § 823 BGB, Rn. 498.

anhand der beispielhaft genannten gesetzlichen IT-Sicherheitspflichten grundlegende Einschätzungen über ihre Schutzgesetzqualität treffen.

aa) Grundsätzliche Anforderungen an Schutzgesetze

Den generellen Einschätzungen ist ein kurzer Überblick darüber voranzustellen, welche Anforderungen erfüllt sein müssen, damit überhaupt von einem Schutzgesetz ausgegangen werden kann. Dem Wortlaut nach ist lediglich ein Gesetz Voraussetzung, das den Schutz eines anderen bezweckt. Das entscheidende Kriterium ist dabei in dem Relativsatz enthalten: Nur wenn es Individualschutz aufweist, ist ein Gesetz ein Schutzgesetz.

Die Voraussetzung des individualschützenden Zweckes wird grundsätzlich weit verstanden. Es genügt, dass die Norm zumindest auch dem Schutz einzelner Personen bzw. Personenkreise dienen soll.[248] Eine Norm, die in erster Linie die Allgemeinheit im Blick hat, daneben aber auch auf Individuen zielt, kann also ebenfalls als Schutznorm zu qualifizieren sein. Der Individualschutz darf allerdings kein bloßer Reflex der verletzten Verhaltensnorm sein, sondern muss bestimmungsgemäß in ihrem Aufgabenbereich liegen.[249] Für die Einordnung in diesem Spannungsfeld kommt es auf Inhalt, Zweck und Entstehungsgeschichte des Gesetzes an.[250] Über diese im Wortlaut des § 823 Abs. 2 BGB niedergelegte Voraussetzung besteht Einigkeit in Rechtsprechung und Lehre.[251]

Übereinstimmung herrscht aber auch dahingehend, dass zur Eingrenzung des Anwendungsbereichs von § 823 Abs. 2 BGB ein weiteres Kriterium vorausgesetzt werden muss. Denn die Anforderung, dass die Norm auch den Schutz Einzelner bezweckt, lässt mangels aussagekräftigen Inhalts erheblichen Interpretationsspielraum.[252] Nahezu jede Norm kann so verstanden werden, dass sie zumindest auch einzelne schützen soll.[253] Damit würde die Gefahr eines allgemeinen Einfallstores für eine deliktische Generalhaftung einhergehen, die eine allgemeine Haftung für reine Vermögensschäden ermöglichen würde.[254] Diese

---

248 *BGH*, Urt. v. 11.6.2013 – II ZR 80/12, Rn. 35 = WM 2013, 1511, 1514; BGHZ 192, 90, 98f., Rn. 21 = NJW 2012, 1800, 1802 mwN.

249 *BGH*, Beschl. v. 9.4.2015 – VII ZR 36/14, Rn. 20 = NJW 2015, 2737, 2738; BGHZ, 176, 281, 297, Rn. 51 = NJW 2008, 2245, 2249 mwN.

250 *BGH*, BGHZ 186, 58, 66, Rn. 26 = NJW 2010, 3651, 3652 mwN.

251 *Hager*, in: Staudinger, § 823 BGB, Rn. G 19; *Wagner*, in: MüKo, § 823 BGB, Rn. 498 mwN.

252 *Maier-Reimer*, NJW 2007, 3157, 3157.

253 *Larenz/Canaris*, S. 434.

254 *Maier-Reimer*, NJW 2007, 3157, 3157.

Möglichkeit wollte der historische Gesetzgeber jedoch nur in engen Grenzen eröffnen.[255] Um dieses systemwidrige Ergebnis zu verhindern, wird deshalb über den Wortlaut hinaus gefordert, dass die Schaffung eines individuellen Schadensersatzanspruchs sinnvoll und im Lichte des haftungsrechtlichen Gesamtsystems tragbar erscheint.[256]

Diese beiden Kriterien müssen auch von den gesetzlichen IT-Sicherheitspflichten erfüllt werden. Nur dann kommt eine Einstandspflicht über § 823 Abs. 2 BGB in Betracht, die im Umkehrschluss dazu verleitet, gemäß der gesetzlichen IT-Sicherheitspflicht das Handlungskonzept der IT-Sicherheit umzusetzen.

bb) Individualschutz gesetzlicher IT-Sicherheitspflichten

Schutzgesetzqualität können gesetzliche IT-Sicherheitspflichten nur aufweisen, wenn sie einen individualschützenden Zweck verfolgen. Dies ist insbesondere anhand von Wortlaut und Telos jeder einzelnen Norm zu ermitteln.[257] Mit Hilfe dieser Kriterien werden im Folgenden die beispielhaft angeführten, explizit oder implizit zu IT-Sicherheit verpflichtenden Normen § 8a Abs. 1 BSIG, § 8c Abs. 1 BSIG, § 13 Abs. 7 TMG, § 109 Abs. 1, 2 TKG, § 11 Abs. 1a, 1b EnWG, § 3 Abs. 1 ProdSG und § 30 StVZO untersucht. Aus der Analyse können generelle Erkenntnisse über den Individualschutz gesetzlicher IT-Sicherheitspflichten abgeleitet werden.

(1) Individualschutz aufgrund des Wortlauts

Ausgangspunkt für den individualschützenden Zweck eines Gesetzes ist stets der Wortlaut der konkreten Norm. Dieser muss das geschützte Individualinteresse nicht nennen, sondern kann es auch umschreiben.[258] Vor diesem Hintergrund lässt sich jedenfalls der Individualschutz der beispielhaft genannten gesetzlichen IT-Sicherheitspflichten annehmen, die implizit die Gewährleistung von IT-Sicherheit verlangen, also § 3 Abs. 1 ProdSG und § 30 StVZO. Denn die verkehrsrechtliche Vorschrift verpflichtet zu Vorkehrungen, die verhindern, dass

---

255 *Canaris*, in: Festschrift Larenz, S. 27, 45; *Wagner*, in: MüKo, § 823 BGB, Rn. 504.

256 *BGH*, BGHZ 175, 276, 281, Rn. 18 = NJW 2008, 1734, 1736; BGHZ 125, 366, 373f. = NJW 1994, 1801, 1803 mwN; *Sprau*, in: Palandt, § 823 BGB, Rn. 58; *Wagner*, in: MüKo, § 823 BGB, Rn. 503.

257 *BGH*, BGHZ 186, 58, 66, Rn. 26 = NJW 2010, 3651, 3652 mwN; *Hager*, in: Staudinger, § 823 BGB, Rn. G 19.

258 *Wagner*, in: MüKo, § 823 BGB, Rn. 498.

bei verkehrsüblichem Betrieb „niemand" geschädigt wird. Die produktsicherheitsrechtliche Vorschrift verlangt ebenfalls Maßnahmen, die zum Schutz der „Sicherheit und Gesundheit von Personen" beitragen. Beide Normen umschreiben damit das Interesse, Leib, Leben und Gesundheit von Personen zu schützen.[259] Dieser Schutz soll erkennbar denjenigen zuteilwerden, die mit dem Fahrzeug bzw. dem Produkt in Kontakt kommen und dementsprechend den Gefahren ausgesetzt sind. Insoweit ist das geschützte Individualinteresse ausreichend umschrieben. Der Wortlaut lässt folglich auf den Individualschutz dieser beiden gesetzlichen IT-Sicherheitspflichten schließen.[260]

Ein differenzierteres Bild ergibt sich demgegenüber bei Betrachtung des Wortlauts der expliziten gesetzlichen IT-Sicherheitspflichten, also § 8a Abs. 1 BSIG, § 8c Abs. 1 BSIG, § 13 Abs. 7 TMG, § 109 Abs. 1, 2 TKG und § 11 Abs. 1a, 1b EnWG. Diesbezüglich umschreibt der Wortlaut nur insoweit individuelle Schutzinteressen, als er Sicherheitsvorkehrungen für personenbezogene Daten verlangt. Eine solche datenschutzrechtlich geprägte Pflicht enthalten § 109 Abs. 1 TKG sowie § 13 Abs. 7 S. 1 Nr. 2 lit. a TMG.[261] Ihr Wortlaut lässt erkennen, dass diejenigen, deren personenbezogene Daten verarbeitet werden, in ihrem Interesse am selbstbestimmten Umgang mit diesen Daten geschützt werden sollen. Diesen gesetzlichen IT-Sicherheitspflichten ist demnach ebenfalls ein individualschützender Zweck zuzuerkennen.[262]

Hinsichtlich des Individualschutzes der weiteren Pflichten, die die beispielhaft genannten expliziten Normen aufstellen, ist der Wortlaut hingegen unergiebig. Auch die Gesetzesbegründung ist diesbezüglich wenig hilfreich. Es ist anerkannt, dass Äußerungen in der Gesetzesbegründung für einen Individualschutz sprechen können. Neuere Gesetze stellen sogar teilweise ausdrücklich klar, ob sie auf Allgemeininteressen beschränkt sind oder einen Individualschutz gewähren sollen.[263]

Solch eine Klarstellung findet sich im Zusammenhang mit den hier im Fokus stehenden Normen allerdings nicht. Dies ergibt sich insbesondere bei näherer

---

259 Zu § 3 ProdSG: *Wagner*, in: MüKo, § 823 BGB, Rn. 870.

260 Zum Individualschutz von § 3 ProdSG, siehe auch: *Günther*, Roboter und rechtliche Verantwortung, S. 165; Vgl. zur Vorgängernorm in § 3 GSG: *BGH*, Urt. v. 11.12.1979 – VI ZR 141/78, Rn. 19 = NJW 1980, 1219, 1220.

261 *Eckhardt*, in: Geppert/Schütz, § 109 TKG, Rn. 9; *Bartels/Backer*, DuD 2016, 22, 23.

262 So auch bzgl. § 13 Abs. 7 Nr. 2 lit. a TMG: *Gerlach*, CR 2015, 581, 589; *Roos*, MMR 2015, 636, 643; *Spindler*, CR 2016, 297, 307.

263 *Wagner*, in: MüKo, § 823 BGB, Rn. 499. Vgl. etwa die Begründung zum Vierten Finanzmarktförderungsgesetz, BT-Drucksache 14/8017, S. 87.

Betrachtung des IT-Sicherheitsgesetzes. Die Gesetzesbegründung spricht zwar im Rahmen der generellen Zielverkündung davon, dass der Schutz der Bürgerinnen und Bürger im Cyberraum verbessert werden solle.[264] Bei der Erläuterung der neu eingefügten expliziten IT-Sicherheitspflichten bzw. der Erklärung der Änderungen bereits vorhandener IT-Sicherheitspflichten findet sich die Ausrichtung auf diesen individuellen Schutz dann jedoch nicht wieder.[265] Insofern sind für einen individualschützenden Zweck anderweitige Anhaltspunkte zu ermitteln.

(2) Individualschutz aufgrund des Telos

Für diejenigen gesetzlichen IT-Sicherheitspflichten, für die weder der Wortlaut noch die Gesetzesbegründungen einen individuellen Schutzzweck begründen, ist eine Entscheidung darüber anhand des Telos der Norm vorzunehmen. Maßgeblich ist, dass individueller Schutz im bestimmungsgemäßen Aufgabenbereich der Normen liegt, während es hingegen nicht genügt, wenn sich individueller Schutz lediglich als Reflex darstellt.[266] Vor diesem Hintergrund ist die beabsichtigte Wirkung der Normen genauer zu betrachten.

(a) Funktionsschutz als Ziel aller Normen

Offen ist nach dem bisher Ausgeführten die Schutzqualität der expliziten gesetzlichen IT-Sicherheitspflichten in § 8a Abs. 1 BSIG, § 8c Abs. 1 BSIG, § 13 Abs. 7 Nr. 1, Nr. 2 lit. b) TMG, § 109 Abs. 2 TKG und § 11 Abs. 1a, 1b EnWG. Sie stimmen darin überein, dass technische und organisatorische Sicherungsmaßnahmen bezüglich jeweils näher bestimmter Systeme zu treffen sind. Ihnen allen liegt dabei der Gedanke zugrunde, auf diesem Wege die ordnungsgemäße Funktionalität von Systemen zum Betrieb davon abhängiger Einrichtungen und Anlagen zu gewährleisten. Besonders deutlich wird dies etwa im Rahmen von § 8a Abs. 1 BSIG sowie §§ 11 Abs. 1a, 1b EnWG. Diese Normen stellen ausdrücklich den Zusammenhang zwischen der Sicherung der Funktionsfähigkeit von Systemen und dem Betrieb von Anlagen her.[267] Ziel dieser gesetzlichen IT-Sicherheitspflichten ist also zuvorderst ein Funktionsschutz.

---

264 Gesetzesbegründung zum IT-Sicherheitsgesetz, BT-Drucksache 18/4096, S. 2.

265 Vgl. Begründung zum IT-Sicherheitsgesetz, BT-Drucksache 18/4096, S. 26, 32, 35.

266 *BGH*, Beschl. v. 9.4.2015 – VII ZR 36/14, Rn. 20 = NJW 2015, 2737, 2738; BGHZ, 176, 281, 297, Rn. 51 = NJW 2008, 2245, 2249 mwN.

267 Siehe § 8a Abs. 1 S. 1 a.E BSIG; § 11 Abs. 1a S. 1, Abs. 2 S. 1 a.E. EnWG.

(b) Allgemeinbezug des Funktionsschutzes

Von diesem Funktionsschutz profitieren unzweifelhaft zahlreiche Personen. Wie sogleich näher ausgeführt wird, handelt es sich dabei jedoch nur um einen Reflex. Es ist nicht davon auszugehen, dass die Normen beabsichtigen, bestimmten Personen als Individuen Schutz zukommen zu lassen. Vielmehr liegt die bestimmungsgemäße Aufgabe der zum Funktionsschutz verpflichtenden Normen in der Schaffung von Sicherheit zugunsten der Allgemeinheit.

Indizien für dieses Verständnis finden sich bereits im Wortlaut von verschiedenen auf ihren Individualschutz zu prüfenden Normen. So ist die explizite gesetzliche IT-Sicherheitspflicht in § 109 Abs. 2 TKG etwa auf öffentliche Netze bzw. öffentlich zugängliche Dienste bezogen. Auch die Pflichten aus § 8a BSIG und § 11 Abs. 1b EnWG sind durch die Bezugnahme auf kritische Infrastrukturen im Sinne des § 2 Abs. 10 BSIG auf Einrichtungen und Anlagen gerichtet, die von hoher Bedeutung für das Funktionieren des Gemeinwesens sind. Insofern zeigt sich, dass der Fokus des Gesetzgebers auf die Öffentlichkeit bzw. Allgemeinheit gerichtet war. Es ging ihm nicht darum, dass ein näher bestimmbarer Personenkreis von den Pflichten profitieren sollte.[268]

Dieses Verständnis bestätigt sich, wenn zur Gegenprobe die Absicht individueller Schutzwirkung unterstellt würde. Zur Verdeutlichung soll folgendes Beispiel dienen: Vernachlässigt ein Betreiber eines Energieversorgungsnetzes entgegen § 11 Abs. 1a EnWG die Umsetzung von IT-Sicherheitsmaßnahmen und wird deshalb die Verfügbarkeit der die Funktion gewährleistenden Systeme beeinträchtigt, sind Störungen wahrscheinlich, die sich weit entfernt bei Personen negativ auswirken, die keinerlei Bezugspunkte zu dem Auslöser aufweisen.[269] Wenn – so wie unterstellt – deren individueller Schutz beabsichtigt sein sollte, stellt sich die Frage, wie sich diese Absicht begründen lässt. Denn unabdingbar für einen beabsichtigten Schutz ist ein Wissenselement. Anders aber als etwa bei den individualschützenden Pflichten in § 3 ProdSG oder § 30 StVZO ist es nicht möglich, im Vorfeld eines Schadenseintritts zumindest in Grundzügen zu wissen, wem der Schutz zugutekommen soll.

Der Schutz von § 3 ProdSG und § 30 StVZO ist von Beginn an auf einen zumindest individualisierbaren Kreis von Personen gerichtet. In erster Linie

268 So generell in Bezug auf sämtliche durch das IT-Sicherheitsgesetz eingefügten und modifizierten Normen: *Spindler*, JZ 2016, 805, 814.

269 Ein eindrucksvolles Beispiel, das zwar nicht im Zusammenhang mit mangelhafter IT-Sicherheit stand, aber die potenziellen Auswirkungen mangelhaft gesicherter vernetzter Anlagen verdeutlicht, ist Folgendes: *Agenturmeldung*, auf: Süddeutsche.de, Aufwachen nach dem Blackout.

sollen die Produkt- bzw. Fahrzeugnutzer geschützt werden, in zweiter Linie auch die unmittelbar damit in den Kontakt kommenden Personen. Spätestens eine juristische Sekunde vor Eintritt der zu verhindernden Gefahr könnte also durch Anknüpfung an das zu sichernde Produkt bzw. Fahrzeug objektiv eingegrenzt werden, wessen Schutz beabsichtigt ist.

Im Gegensatz dazu enthalten die auf den Funktionsschutz von Anlagen gerichteten gesetzlichen IT-Sicherheitspflichten keinen vergleichbaren Anhaltspunkt, um eine von der Allgemeinheit abgrenzbare Person bzw. Personengruppe zu identifizieren, die in ihren Individualinteressen geschützt werden soll. Selbst eine juristische Sekunde vor Verwirklichung einer durch die IT-Sicherheitsmaßnahmen zu begegnenden Gefahr ist es in der Regel nicht möglich, den Kreis der Personen einzugrenzen, deren Schutz beabsichtigt ist.

Stattdessen nimmt der Wirkbereich erst nach Realisierung der Gefahr, die durch die IT-Sicherheitsmaßnahmen zu verhindern war, Gestalt an. Unter den Umständen ist es aber denklogisch nicht möglich, davon auszugehen, dass die tatsächlich Betroffenen durch die Auferlegung der Pflicht als individuelle Gruppe Schutz erhalten sollten. Vielmehr ist von der Absicht eines allgemeinen Schutzes aller Personen auszugehen. Mit Blick auf einzelne Betroffene kommt es hingegen nur reflexhaft zur Schutzwirkung. Diese reicht für einen Individualschutz der expliziten gesetzlichen IT-Sicherheitspflichten jedoch nicht aus.[270]

Der Allgemeinbezug der auf den Funktionsschutz zielenden gesetzlichen IT-Sicherheitspflichten wird schließlich auch anhand des gesamten Regelungsgegenstandes deutlich. Es handelt sich um Sicherungspflichten für Tätigkeiten, bei deren Beeinträchtigung aufgrund fehlender Sicherheitsmaßnahmen eine große Menge an Menschen auf verschiedene Art und Weise geschädigt werden können. Fallen Stromversorgungsnetze oder andere kritische Infrastrukturen aus, ist dies aus gesetzgeberischer Sicht nicht in erster Linie aufgrund der individuellen Beeinträchtigungen von Personen problematisch. Vielmehr sind die gesamtgesellschaftlichen Implikationen aufgrund der potenziellen Reichweite der Schadensfälle sowie angesichts wahrscheinlicher Kettenreaktionen der Grund für das gesetzgeberische Tätigwerden. Diese Herausforderungen sollten mittels der expliziten gesetzlichen IT-Sicherheitspflichten angegangen werden.[271] Ihnen liegt also kraft Natur der Sache ein allgemeinbezogener Fokus zugrunde.

270 So auch speziell mit Blick auf § 8a Abs. 1 BSIG: *Spindler*, CR 2016, 297, 306.

271 Gesetzesbegründung zum IT-Sicherheitsgesetz, BT-Drucksache 18/4096, S. 2; Richtlinie (EU) 2016/1148, EwG 48.

(c) Individualbezug des Funktionsschutzes

Eine andere Bewertung ist allerdings mit Blick auf die expliziten gesetzlichen IT-Sicherheitspflichten in § 13 Abs. 7 S. 1 Nr. 1, Nr. 2 lit. b TMG angezeigt. Dieser Norm liegt die Absicht zugrunde, bestimmten Personen Schutz zu gewähren.

Ein erstes Argument für eine abweichende Einordnung der Pflicht im TMG ergibt sich aus dem Regelungszusammenhang. Im Unterschied zu den übrigen expliziten gesetzlichen IT-Sicherheitspflichten steht diese Norm in einem Kontext, der weniger gesamtgesellschaftliche Implikationen aufweist. Sie verpflichtet geschäftsmäßig agierende Telemediendiensteanbieter zu technischen und organisatorischen Sicherheitsvorkehrungen im Hinblick auf ihre Systeme. Aufgrund der Weite der Definition des geschäftsmäßigen Telemediendienstes sind auch sämtliche auf Gewinnerzielung gerichteten Webseitenbetreiber erfasst.[272] Beeinträchtigungen dieser Angebote aufgrund mangelhafter IT-Sicherheit stellen jedoch aus gesamtgesellschaftlicher Sicht ein deutlich weniger gravierendes Problem dar als dies bei den übrigen von expliziten gesetzlichen IT-Sicherheitspflichten Betroffenen der Fall ist.[273]

Zudem besteht bei § 13 Abs. 7 S. 1 Nr. 1, Nr. 2 lit. b TMG, anders als bei den zuvor untersuchten expliziten gesetzlichen IT-Sicherheitspflichten, die Möglichkeit, einzugrenzen, wessen Schutz beabsichtigt ist. Diejenigen, die einen Telemediendienst in Anspruch nehmen, sollen geschützt werden. Spätestens eine juristische Sekunde vor Realisierung der Gefahr können sie als individuelle Personengruppe eingegrenzt werden. Grund dafür ist die funktionale Verbindung zwischen Verpflichtetem und den geschützten Personen. Der Telemediendienst kann nur genutzt werden, wenn der Nutzer bewusst das Angebot des Verpflichteten aufruft und damit auf die technischen Einrichtungen zugreift, die der Diensteanbieter seinem Angebot zugrunde legt. Auf diesem Wege gelangt er in den Gefahrenbereich, für den eine ausdrückliche Sicherungspflicht besteht.

Die Absicht, diesem abgrenzbaren Personenkreis Schutz zuteilwerden zu lassen, ergibt sich schließlich auch aus der Gesetzesbegründung. Das wesentliche Ziel der Regelung liegt darin, einen Hauptverbreitungsweg von Schadsoftware über Telemediendienste einzudämmen. Als ein solcher Verbreitungsweg wurde das Aufrufen einer von Angreifern präparierten Webseite ausgemacht.[274] Der Nutzer eines Telemediendienstes wurde also bewusst in das Zentrum der Regelung gestellt. Dessen Schutz erweist sich demnach nicht nur als Reflex, sondern

272 Gesetzesbegründung zum IT-Sicherheitsgesetz, BT-Drs. 18/4096, S. 34.

273 *Spindler*, CR 2016, 297, 307.

274 Gesetzesbegründung zum IT-Sicherheitsgesetz, BT-Drucksache 18/4096, S. 34.

als die Hauptaufgabe der Norm. § 13 Abs. 7 TMG ist somit in seiner Gesamtheit als individualschützende Norm einzustufen.[275]

(d) Regel-Ausnahme-Verhältnis zugunsten des Allgemeinbezugs

Allerdings ändert die Feststellung des individualschützenden Zwecks von § 13 Abs. 7 TMG nichts daran, dass die expliziten gesetzlichen IT-Sicherheitspflichten im Regelfall einen auf die Allgemeinheit gerichteten Bezug aufweisen. Individuelle Schutzwirkung ist von ihnen nicht bezweckt, sondern wird lediglich reflexhaft vermittelt. Dieser Grundsatz wurde durch die jüngste Ergänzung des Rechts um eine weitere explizite gesetzliche IT-Sicherheitspflicht in § 8c BSIG bestätigt.

Die Norm wurde zur Umsetzung von Art. 16 der NIS-Richtlinie eingefügt und weist eine große Schnittmenge mit § 13 Abs. 7 TMG auf. Sie verpflichtet Anbieter digitaler Dienste dazu, geeignete und verhältnismäßige technische und organisatorische Maßnahmen zu treffen, um Risiken für die Sicherheit der Netz- und Informationssysteme, die sie zur Bereitstellung der digitalen Dienste innerhalb der EU nutzen, zu bewältigen. Unter Einbeziehung der Begriffsbestimmung in § 2 Abs. 11 BSIG wird deutlich, dass diese IT-Sicherungspflicht auf Anbieter von Online-Marktplätzen, Suchmaschinen und Cloud-Computing-Diensten zielt. Diese sind stets auch Telemediendiensteanbieter, während umgekehrt nicht jeder Telemediendiensteanbieter ein Anbieter eines digitalen Dienstes ist.[276]

Trotz dieser Schnittmenge differiert die Bewertung des Individualschutzes. Grund dafür ist der Kontext, in dem Art. 16 der NIS-Richtlinie als umzusetzende Regelung steht. Das gesamte Regelungswerk etabliert Maßnahmen mit dem Ziel der Gewährleistung eines hohen gemeinsamen Sicherheitsniveaus von Netz- und Informationssystemen in der EU. Netze, Systeme und die zugehörigen Dienste sind angesichts ihrer „zentrale[n] Rolle in der Gesellschaft“[277] reguliert worden. Gerade die digitalen Dienste sollen vor Störungen abgesichert werden, damit es nicht zur Beeinträchtigung „wesentliche[r] wirtschaftliche[r] und gesellschaftliche[r] Tätigkeiten in der Union“[278] kommt.

Der Fokus dieser expliziten gesetzlichen IT-Sicherheitspflicht liegt also eindeutig auf einem gesamtgesellschaftlichen Schutz. Der Schutz einer von der

---

275 Ebenso: *Bartels/Backer*, DuD 2016, 22, 23; *Djeffal*, MMR 2015, 716, 719; *Gerlach*, CR 2015, 581, 589; *Spindler*, CR 2016, 297, 307.

276 Dies meinen trotz missverständlicher Formulierung wohl auch *Gehrmann/Klett*, K&R 2017, 372, 376.

277 Richtlinie (EU) 2016/1148, EwG 1.

278 Richtlinie (EU) 2016/1148, EwG 48.

Allgemeinheit abgrenzbaren Gruppe individueller Personen ist hingegen nicht beabsichtigt. Vor dem Hintergrund erklärt sich auch, warum die deutsche Umsetzungsnorm im Anschluss an die Vorschriften für Betreiber kritischer Infrastrukturen im BSIG eingefügt wurde. Es handelt sich wie bei den ebenfalls dort geregelten anderen expliziten gesetzlichen IT-Sicherheitspflichten um eine Norm, die keinen Individualschutz gewähren soll.

(e) Zwischenergebnis

Die Betrachtung des Telos der expliziten gesetzlichen IT-Sicherheitspflichten hat ergeben, dass sie, soweit sie nicht auf personenbezogene Informationen abzielen, im Regelfall keinen Individualschutz bezwecken.[279] Einzige Ausnahme ist § 13 Abs. 7 TMG, der in seiner Gesamtheit als individualschützend zu bewerten ist. Folglich weist nur diese explizite gesetzliche IT-Sicherheitspflicht die erste Voraussetzung für ein verhaltenslenkendes Schutzgesetz i. S. d. § 823 Abs. 2 BGB auf.

(3) Generelle Einschätzung zum Individualschutz

Anhand der beispielhaft betrachteten gesetzlichen IT-Sicherheitspflichten wird deutlich, dass Individualschutz keine zwingende Eigenschaft von inhaltlich zu IT-Sicherheit verpflichtenden Normen ist. Es muss stets für jede einzelne Regelung anhand von Wortlaut und Telos überprüft werden, ob sie IT-Sicherheit zum Schutz individualisierbarer Personen beabsichtigt oder die Allgemeinheit schützen will. Die soeben anhand der Beispiele gewonnenen Erkenntnisse erlauben allerdings vier generelle Einschätzungen über den Individualschutz von möglichen weiteren gesetzlichen IT-Sicherheitspflichten, die aufgrund der Masse der Rechtsquellen in dieser Arbeit nicht im Einzelnen identifiziert und analysiert werden konnten.

(1.) Normen, die zu Sicherheit vor Gefahren für Personen verpflichten und dabei implizit IT-Sicherheitsmaßnahmen einschließen, dürften regelmäßig als individualschützende Regelungen zu qualifizieren sein. Dies ist jedenfalls anzunehmen, wenn sie so gestaltet sind wie die beispielhaft analysierten § 3 ProdSG oder § 30 StVZO. Sie erfüllen dann die erste Voraussetzung, um in Verbindung mit § 823 Abs. 2 BGB einen präventiven Effekt in Richtung IT-Sicherheit zu vermitteln.

---

279 Im Ergebnis ebenso, ohne allerdings den Individualschutz ausführlich zu erörtern: *Rockstroh/Kunkel*, MMR 2017, 77, 82 (zum BSIG insgesamt); *Roos*, MMR 2015, 636, 641 (zu § 8a BSIG); *Theobald*, in: Danner/Theobald, § 11 EnWG, Rn. 40 (zu § 11 EnWG).

(2.) Normen, die explizit zu IT-Sicherheitsmaßnahmen verpflichten, dürften jedenfalls insoweit als individualschützende Regelungen zu qualifizieren sein, wie sie eine Pflicht zur Sicherung personenbezogener Daten statuieren. Sofern sie wie die beispielhaft untersuchten § 109 Abs. 1 TKG sowie § 13 Abs. 7 S. 1 Nr. 2 lit. a TMG gestaltet sind, erfüllen auch sie die erste Voraussetzung, um in Verbindung mit § 823 Abs. 2 BGB einen präventiven Effekt in Richtung IT-Sicherheit zu vermitteln.

(3.) Abgesehen von der Pflicht zur Sicherung personenbezogener Daten entfalten explizite gesetzliche IT-Sicherheitspflichten im Übrigen regelmäßig keinen Individualschutz. Denn sie verpflichten normalerweise zur Gewährleistung der IT-Sicherheit im Allgemeininteresse. Beispiele dafür sind §§ 8a, 8c BSIG, § 109 Abs. 2 TKG oder § 11 Abs. 1a, 1b EnWG. Diese Normen eignen sich damit nicht, um in Verbindung mit § 823 Abs. 2 BGB eine verhaltenslenkende Wirkung hinsichtlich der IT-Sicherheit zu entfalten.

(4.) Eine Abweichung von der Grundregel stellt § 13 Abs. 7 TMG dar. Diese explizite gesetzliche IT-Sicherheitspflicht ist anhand ihres Telos sowie der Gesetzesbegründung als individualschützend zu qualifizieren. Ihr kann folglich auch eine präventive Wirkung in Richtung IT-Sicherheit zukommen. Nach aktuellem Rechtsstand handelt es sich bei ihr allerdings um eine singuläre Erscheinung. Denn sämtliche sonstige explizite gesetzliche IT-Sicherheitspflichten, die im Rahmen des IT-Sicherheitsgesetzes oder in dessen Nachklang erlassen wurden, weisen eine allgemeinbezogene Schutzrichtung auf.

cc) Einfügung in das haftungsrechtliche Gesamtsystem

Weisen die gesetzlichen IT-Sicherheitspflichten Individualschutz auf, müsste zusätzlich für eine Qualifikation als Schutznorm sichergestellt sein, dass die Gewährung eines Schadensersatzanspruchs über § 823 Abs. 2 BGB sinnvoll und im Lichte des haftungsrechtlichen Gesamtsystems tragbar ist.[280] Über dieses zusätzliche Kriterium soll verhindert werden, dass durch die Einbeziehung insbesondere öffentlich-rechtlicher Verhaltensstandards zentrale haftungsrechtliche Wertungen des BGB ausgehöhlt werden.[281] Hauptsächlich geht es um die Verhinderung einer allgemeinen deliktischen Fahrlässigkeitshaftung für reine Vermögensschäden.[282]

---

280 *BGH*, BGHZ 192, 90, 98f., Rn. 21 = NJW 2012, 1800, 1802 mwN.

281 *Wagner*, in: MüKo, § 823 BGB, Rn. 504.

282 *Canaris*, in: Festschrift Larenz, S. 27, 45; Vgl. auch *BGH*, BGHZ 192, 90, 101, Rn. 26 = NJW 2012, 1800, 1802; BGHZ 175, 276, 281f., Rn. 20 = NJW 2008, 1734, 1736.

Reine Vermögensschäden sind dadurch gekennzeichnet, dass nur das Vermögen, nicht aber die in § 823 Abs. 1 BGB genannten bzw. anerkannten absolut geschützten Rechtsgüter des Geschädigten verletzt sind.[283] Ob eine systemwidrige Ausweitung der Haftung für reine Vermögensschäden droht, erscheint bezüglich der als Schutzgesetze in Betracht kommenden Normen zweifelhaft. Zwar ist diese Gefahr für jede Regelung konkret im Einzelfall zu prüfen. In Anbetracht der soeben erarbeiteten generellen Einschätzungen erscheint sie jedoch nicht begründet.

(1) Praktische Irrelevanz reiner Vermögensschäden

Die impliziten gesetzlichen IT-Sicherheitspflichten, die gemäß der ersten generellen Einschätzung regelmäßig als individualschützend zu qualifizieren sind, erfassen nur Konstellationen, in denen mangelhafte IT-Sicherheit zu Verletzungen an absolut geschützten Rechtsgütern führt. Ursache dafür ist, dass die Sicherheitsanforderungen auf solche Güter bezogen sind. Beispielhaft dafür steht der soeben der ersten Fallgruppe zugeordnete § 3 ProdSG. Er verlangt Vorkehrungen vor Gefahren für Sicherheit und Gesundheit der geschützten Personen, wobei dieses Begriffspaar im Sinne des Schutzes der körperlichen Unversehrtheit zu verstehen ist.[284] Es besteht also nur eine Verpflichtung zu Sicherungsmaßnahmen in Anbetracht absolut geschützter Rechtsgüter. Da die Gefahrabwendungspflicht nicht auf den Schutz des reinen Vermögens zielt, droht folglich über Normen wie § 3 ProdSG, die implizit die Gewährleistung von IT-Sicherheit verlangen, keine systemwidrige Ausdehnung der Haftung.

Gleiches ist hinsichtlich der Normen feststellbar, die gemäß der zweiten generellen Einschätzung als individualschützend zu qualifizieren sind, da es um die Sicherung personenbezogener Informationen geht. Auch dann steht die Pflicht im Bezug zu einem absolut geschützten Rechtsgut. Denn als datenschutzrechtlich geprägte Vorschrift will diese Norm das Selbstbestimmungsrecht der Person über ihre Informationen absichern.[285] Dieses Selbstbestimmungsrecht ist Ausfluss des allgemeinen Persönlichkeitsrechts und gilt auch im Privatrechtsverkehr.[286] Das allgemeine Persönlichkeitsrecht in all seinen Ausprägungen ist als sonstiges Recht im Sinne des § 823 Abs. 1 BGB und damit als absolut

283 *Förster*, in: Bamberger/Roth, § 823 BGB, Rn. 3.

284 *Klindt*, in: Klindt, § 3 ProdSG, Rn. 8; *Spindler*, CR 2015, 766, 772.

285 Den datenschutzrechtlichen Schwerpunkt betont auch *Gerlach*, CR 2015, 581, 581.

286 *Hager*, in: Staudinger, § 823 BGB, Rn. C 240; *Specht*, in: BeckOGK, § 823 BGB, Rn. 1076.

geschütztes Recht anerkannt.[287] Wird gegen zur Sicherheit personenbezogener Informationen verpflichtende Normen verstoßen, folgt daraus also kein reiner Vermögensschaden, sondern die Verletzung eines absoluten Rechts. Eine Haftungsausdehnung über absolut geschützte Rechtsgüter droht demnach auch in dieser Hinsicht nicht.

Anders wäre dies bei den expliziten gesetzlichen IT-Sicherheitspflichten wie etwa §§ 8a, 8c BSIG oder § 11 Abs. 1a, 1b EnWG, die technische und organisatorische Sicherheitsmaßnahmen für Systeme vorschreiben. Typischerweise resultieren aus einer Verletzung derartiger IT-Sicherheitspflichten reine Vermögensschäden – sei es, weil z. B. mangels Versorgung mit Elektrizität die Produktion stillsteht oder weil mangels Verfügbarkeit von Datenbanken Geschäftsabschlüsse ausbleiben. Da diese Normen jedoch nicht individualschützend sind, ändert das Auftreten von Vermögensschäden bei Verstößen gegen diese Pflichten nichts an der fehlenden Gefahr einer systemwidrigen Haftungsausdehnung. Denn für diese Schäden haften die pflichtwidrig handelnden Unternehmen mangels Individualschutz der Pflichten nicht nach § 823 Abs. 2 BGB.

Insgesamt ist folglich die Gefahr, der durch das zweite Kriterium begegnet werden soll, zu vernachlässigen. Die gesetzlichen IT-Sicherheitspflichten, die als individualschützend bewertet werden können, scheitern regelmäßig nicht an dem für Schutznormen aufgestellten zusätzlichen Ausschlusskriterium. Denn sie erfassen im Normalfall nur Konstellationen, bei denen eine tatbestandliche Pflichtverletzung Schäden infolge der Verletzung absolut geschützter Güter herbeiführt. Eine systemwidrige Haftungsausdehnung für Vermögensschäden droht vor diesem Hintergrund nicht.

(2) Systemkonformität bei reinen Vermögensschäden

Relevanz entfaltet das einschränkende zweite Kriterium der Einfügung in das haftungsrechtliche Gesamtsystem hingegen mit Blick auf die als Ausnahmefall anzusehenden Regelungen in § 13 Abs. 7 TMG. Anhand eines praxisrelevanten Beispiels kann jedoch verdeutlicht werden, dass ihre Anerkennung als Schutzgesetz nicht zu einer systemwidrigen Haftungsausuferung führt.

Anders als die sonstigen individualschützenden gesetzlichen IT-Sicherheitspflichten sind bei Vernachlässigung der Pflichten in § 13 Abs. 7 TMG reine Vermögensschäden nicht ausgeschlossen. Dies verdeutlicht folgendes Szenario: Ein Online-Banking-Anbieter vergisst aus Fahrlässigkeit die Umsetzung von Sicherungsmaßnahmen, die die Verfügbarkeit seiner Systeme garantieren sollen. Es

287 *Wagner*, in: MüKo, § 823 BGB, Rn. 363 mwN.

kommt zu einer technischen Störung, wodurch sein Banking-System über längere Zeit nicht erreichbar ist.[288] Ein Nutzer des Online-Banking-Systems kann deshalb eine Zahlung nicht rechtzeitig leisten und muss daraufhin Zinsen für die Überschreitung der Zahlungsfrist zahlen. Dabei handelt es sich für ihn um einen reinen Vermögensschaden. Für diesen könnte er über § 823 Abs. 2 BGB iVm § 13 Abs. 7 S. 1 Nr. 2 lit. b TMG von der Bank als Anbieterin eines IT-spezifischen Dienstes Ersatz anstreben. Möglich wäre dies allerdings nur, falls die Schutzgesetzqualität von § 13 Abs. 7 TMG nicht mit Verweis auf entgegenstehende haftungsrechtliche Wertungen abgelehnt würde.

Tatsächlich ist festzustellen, dass mit dem Ersatz eines fahrlässig verursachten Vermögensschadens ein der grundlegenden deliktsrechtlichen Systematik widersprechendes Ergebnis eintreten würde. Gute Gründe sprechen trotzdem dafür, diese individualschützende Norm als systemkonform zu bewerten. Denn zum ersten sind die Konstellationen, die von § 13 Abs. 7 S. 1 Nr. 2 lit. b TMG umfasst werden, keinesfalls eindeutig. Eine Vernachlässigung der dortigen IT-Sicherungspflicht kann nicht nur zu dem eben aufgeführten Vermögensschaden führen, sondern gleichermaßen ein absolutes Recht verletzen. Dies wird mit Blick auf den vom Gesetzgeber verfolgten Regelungsgrund deutlich. Es geht unter anderem um die Verhinderung von schädigenden Drive-by-Downloads.[289] Ein solcher kann auch dazu führen, dass sich ein Virus auf dem Rechner des Nutzers einnistet und dort Daten löscht. In dem Fall handelt es sich um einen Schaden an einem absolut geschützten Recht, dem Eigentum des Nutzers.[290] Für solche Fälle wäre der Weg über § 823 Abs. 2 BGB verschlossen, wenn der Norm aus Gründen mangelnder Systemkonformität generell die Eigenschaft als Schutznorm aberkannt würde.

Die Versagung der Schutzgesetzqualität ist zum zweiten auch deshalb nicht angezeigt, weil der Anspruch trotz Erfassung reiner Vermögensschäden nicht zwangsläufig zu einer unangemessenen Haftungsausdehnung führen würde. Denn zu bedenken ist in dem Zusammenhang, dass der Geschädigte hinsichtlich des Schadens nach den allgemeinen Grundsätzen darlegungs- und beweisbelastet ist.[291] Die Darlegung eines ersatzfähigen Vermögensschadens dürfte

---

288 Vgl. dazu: *Labs*, auf: Heise.de, ING-Bank: Serverausfall durch Probealarm.
289 Gesetzesbegründung zum IT-Sicherheitsgesetz, BT-Drucksache 18/4096, S. 34.
290 *OLG Oldenburg*, Beschl. v. 24.11.2011 – 2 U 98/11, Rn. 2 = ZD 2012, 177; *OLG Karlsruhe*, Urt. v. 7.11.1995 – 3 U 15/95, Rn. 8 = NJW 1996, 200, 201.
291 *BGH*, Urt. v. 11.10.1994 – X ZR 30/93, Rn. 14 mwN = NJW 1995, 49, 50.

jedoch regelmäßig Schwierigkeiten bereiten.[292] Reine Unannehmlichkeiten ohne finanziell messbaren Nachteil reichen jedenfalls nicht aus. Bereits vor dem Hintergrund ist nicht davon auszugehen, dass nicht abschätzbare Haftungsrisiken entstehen.[293]

Wenn aber tatsächlich ein Vermögensschaden dargelegt werden kann, der auf einem Verstoß gegen eine IT-Sicherheitspflicht beruht, ist es gerechtfertigt, für diese Schadensposition im Grunde einen Ersatzanspruch zu gewähren, obwohl sie nicht aus der Verletzung eines absoluten Rechtsguts resultiert. Denn die wichtigste Funktion des § 823 Abs. 2 BGB liegt darin, eine Anspruchsgrundlage für außerhalb von § 823 Abs. 1 BGB einzuordnende Schadenspositionen, also insbesondere für reine Vermögensschäden zu gewährleisten.[294] Diese „Öffnungsfunktion"[295] würde unterlaufen, wenn die Schutzgesetzqualität schematisch abgelehnt wird, weil Vermögensschäden aus der Verletzung einer individualschützenden Norm resultieren können.

Zudem steht mit der Anerkennung der Schutznormqualität nicht fest, dass etwaige Vermögensschäden tatsächlich ersetzt werden. Auf der Ebene des konkreten Einzelfalls bestehen verschiedene Absicherungen, die einer systemwidrigen Ausweitung der Haftung entgegenwirken. Dazu gehört eine strenge Prüfung von persönlichem und sachlichem Schutzbereich der Schutznorm.[296] Ebenso können systemwidrige Ergebnisse mittels der im Wortlaut angelegten Restriktionen verhindert werden. So erlauben beispielsweise die in § 13 Abs. 7 TMG verankerten Beschränkungen auf den eigenen Verantwortlichkeitsbereich sowie auf das technisch Mögliche und wirtschaftlich Zumutbare differenzierte, interessengerechte Bewertungen.[297]

Gerade das eingangs beschriebene Szenario ist ein geeignetes Beispiel, um zu belegen, dass unter diesen Voraussetzungen eine systemwidrige Haftungsausdehnung nicht droht. Denn für diesen konkreten Einzelfall ist kein Schadensersatzanspruch auf Grundlage von § 823 Abs. 2 iVm. § 13 Abs. 7 S. 1 Nr. 2 lit. b TMG begründbar. Dies folgt aus einem systematischen Vergleich mit dem vom Gesetzgeber intendierten Regelungsgegenstand. Wie bereits ausgeführt,

---

292 Näher zu den Schwierigkeiten der Darlegung und Beweisbarkeit am Beispiel von Schäden bei Datenverlusten: *AG Brandenburg*, Urt. v. 23.5.2011 – 34 C 124/10 = BeckRS 2011, 13907.

293 Anderer Ansicht: *Spindler*, CR 2016, 297, 307.

294 *Hager*, in: Staudinger, § 823 BGB, Rn. G 4.

295 *Klein*, WM 2016, 862, 863.

296 *Klein*, WM 2016, 862, 862.

297 So auch *Spindler*, CR 2016, 297, 307.

liegt das wesentliche Ziel darin, einen „Hauptverbreitungsweg [...] von Schadsoftware einzudämmen."[298] Dazu kann es nur kommen, sofern ein nicht ausreichend gesicherter Telemediendienst in Anspruch genommen wird. Diese vom Gesetzgeber in den Fokus genommene Konstellation unterscheidet sich wesentlich von dem hier beispielhaft angeführten Szenario. Im Beispiel gelangt der Nutzer nämlich schon gar nicht in den durch die Sicherheitspflicht zu minimierenden Gefahrenbereich. Er ist stattdessen bereits im zeitlichen Vorfeld an der Inanspruchnahme des Telemediendienstes gehindert. Eine solche Konstellation weicht wesentlich vom Grundgedanken der gesetzlichen Regelung ab. Ihr Schutzzweck steht einer Ersatzpflicht für diesen konkreten Fall entgegen. Gleiches gilt etwa für kommerzielle von Anbieter Web-Shops, die ihre Produkte auf Online-Marktplätzen vertreiben. Wenn die Shops aufgrund pflichtwidrig nicht ausreichend abgesicherter Server über eine längere Zeitspanne nicht verfügbar sind,[299] handelt es sich bei den nachweisbaren finanziellen Einbußen um reine Vermögensschäden. Diese können jedoch ebenfalls nicht über § 823 Abs. 2 BGB iVm § 13 Abs. 7 TMG vom Betreiber des Online-Marktplatzes, der ein Telemediendiensteanbieter ist,[300] ersetzt verlangt werden. Für eine Vergleichbarkeit mit der vom Gesetzgeber vorgesehenen Situation fehlt es an einer Einwirkung in der Sphäre des Geschädigten. Anders als beim Drive-by-Download bleiben dessen informationstechnischen Systeme, Komponenten oder Prozesse sowie die damit verarbeiteten Informationen unbeeinträchtigt. Der Schaden ist demnach nicht vom Schutzzweck der an sich individualschützenden Norm erfasst.

(3) Zwischenergebnis

Aufgrund der praktischen Irrelevanz von gesetzlichen IT-Sicherheitspflichten, die Vermögensschäden erfassen, steht das zweite, einschränkende Kriterium einer Anerkennung ihrer Schutzgesetzqualität regelmäßig nicht im Wege. Die Gewährung von Schadensersatzansprüchen mittels dieser Normen ist sinnvoll und im Lichte des haftungsrechtlichen Gesamtsystems tragbar, da sie nicht zu einer allgemeinen Einstandspflicht für fahrlässig verursachte Vermögensschäden führen.

Aber auch mit Blick auf die individualschützenden gesetzlichen IT-Sicherheitspflichten in § 13 Abs. 7 TMG, die ausnahmsweise reine Vermögensschäden

---

298 Gesetzesbegründung zum IT-Sicherheitsgesetz, BT-Drucksache 18/4096, S. 34.

299 Angelehnt an: *Tanriverdi*, auf: Süddeutsche.de, Massiver DDos-Angriff zwingt populäre Webseiten in die Knie.

300 *Martini*, in: Gersdorf/Paal, § 1 TMG, Rn. 7.

erfassen, ist davon auszugehen, dass sie sich in die Gesamtsystematik des Haftungsrechts einfügen. Die Norm fügt dem bestehenden Haftungssystem eine sinnvolle Facette hinzu, indem sie losgelöst von den in § 823 Abs. 1 BGB geschützten Rechtsgütern zusätzlichen Schutz bei Fehlverhalten in Bezug auf die IT-Sicherheit gewährt. Eine uferlose Haftungsausweitung droht schon deshalb nicht, weil neben § 13 Abs. 7 TMG nach aktuellem Rechtsstand keine vergleichbare Vorschrift ersichtlich ist. Überdies kann dem unerwünschten Resultat der systemwidrigen Haftungsausweitung im Einzelfall entgegengesteuert werden, indem sie restriktiv angewendet wird. Insoweit ist eine Auslegung unter Berücksichtigung der gesetzgeberischen Regelungsintention durchzuführen.

d) Zielrichtung der Verpflichtung

Die Adressaten der IT-Sicherheitspflichten ergeben sich aus dem Regelungszusammenhang, in dem das jeweilige Schutzgesetz steht. § 3 ProdSG richtet sich etwa auch an die vom ProdSG erfassten Hersteller IT-spezifischer Produkte, § 13 Abs. 7 TMG hingegen an Anbieter bestimmter IT-spezifischer Dienste. Der Kreis der Verpflichteten lässt sich vor diesem Hintergrund weder verallgemeinern noch gruppieren. Er ist allerdings nicht allumfassend, sondern führt nur zu punktuellen Verpflichtungen.

e) Fazit zur präventiven Wirkung von § 823 Abs. 2 BGB

Das geltende Recht beinhaltet potenziell eine Vielzahl unterschiedlicher gesetzlicher IT-Sicherheitspflichten. In Verbindung mit § 823 Abs. 2 BGB führen sie allerdings nur zu einer Haftung für Schäden aufgrund mangelhafter IT-Sicherheit, wenn die jeweilige IT-Sicherheitspflicht Individualschutz aufweist. Längst nicht jede gesetzliche IT-Sicherheitspflicht beabsichtigt jedoch Individualschutz. Gerade die erst kürzlich durch das IT-Sicherheitsgesetz im Recht neu verankerten bzw. modifizierten expliziten gesetzlichen IT-Sicherheitspflichten sind in der Regel nicht als individualschützend einzustufen. Damit fehlt es ihnen an der Grundvoraussetzung, um über § 823 Abs. 2 BGB ein Haftungsrisiko für Hersteller und Anbieter IT-spezifischer Produkte und Dienste zu schaffen. Folglich scheidet insoweit ein präventiver Effekt in Richtung IT-Sicherheit, der über § 823 Abs. 2 BGB vermittelt wird, von vornherein aus.

Gegenteiliges gilt für die gesetzlichen IT-Sicherheitspflichten, für die Individualschutz festgestellt werden kann. Sie fügen sich auch in das haftungsrechtliche Gesamtsystem ein und erfüllen damit das zweite, einschränkende Kriterium für ein Schutzgesetz. Hinsichtlich der impliziten gesetzlichen IT-Sicherheitspflichten besteht nämlich schon gar nicht die Gefahr einer systemwidrigen

Haftungsausdehnung, da sie keine Konstellationen erfassen, die zu reinen Vermögensschäden führen. Gleiches ist bezüglich der expliziten gesetzlichen IT-Sicherheitspflichten festzustellen, die den Schutz personenbezogener Daten anordnen und deshalb individualschützend sind. Ihre Verletzung führt ebenfalls zu einer Beeinträchtigung eines absolut geschützten Rechtsguts. Insoweit kann es ebenso nicht zur Gefahr von Vermögensschäden kommen, die systemwidrig ersetzt verlangt werden könnten.

Anders ist die Situation allerdings im Hinblick auf die expliziten gesetzlichen IT-Sicherheitspflichten in § 13 Abs. 7 TMG, die über den Schutz personenbezogener Daten hinausgehen. Sie sind ausnahmsweise als individualschützend einzustufen. Da sie nicht auf die Sicherung absolut geschützter Rechtspositionen beschränkt sind, kommt der Ersatz reiner Vermögensschäden in Betracht. Dennoch ist der Norm nicht die Schutzgesetzqualität abzuerkennen. Eine systemwidrige Ausuferung der Haftung droht nicht, weil es sich um eine Ausnahmevorschrift handelt, die bei gebotener restriktiver Anwendung das Haftungssystem sinnvoll ergänzt.

Konsequenz der Existenz der Schutzgesetze, die zu IT-Sicherheit verpflichten, ist ein Haftungsrisiko für Schäden aufgrund Fehlverhalten bzgl. der IT-Sicherheit gem. § 823 Abs. 2 BGB. Vor dem Hintergrund verleitet diese Haftungsgrundlage zu IT-sicherheitskonformem Verhalten. Der präventive Effekt deckt sich aufgrund der regelmäßigen Beschränkung der Schutzgesetze auf absolute Rechtsgüter zwar weitestgehend mit der von § 823 Abs. 1 BGB vermittelten verhaltenslenkenden Wirkung. Allerdings besteht aufgrund der Anerkennung von § 13 Abs. 7 TMG als Schutzgesetz eine bedeutende Ausnahme. Beim Verstoß gegen diese Norm können grundsätzlich auch reine Vermögensschäden ersetzt verlangt werden. Für die davon betroffenen Normadressaten folgt ein Anreiz, diese Norm so zu befolgen, dass keine reinen Vermögensschäden bei Dritten verursacht werden. Insoweit geht von § 823 Abs. 2 BGB ein eigenständiger Impuls zur Umsetzung von IT-Sicherheitsmaßnahmen aus.

3. § 82 DSGVO: Datenschutzrechtliche Pflicht zur Gewährleistung von IT-Sicherheit

Gemäß des ab dem 25. Mai 2018 geltenden Art. 82 Abs. 1 DSGVO hat jede Person, der wegen eines Verstoßes gegen die Verordnung ein materieller oder immaterieller Schaden entstanden ist, einen datenschutzrechtlichen Anspruch auf Schadenersatz gegen den Verantwortlichen oder Auftragsverarbeiter. Einschränkend gilt, dass die Ersatzpflicht gem. Art. 82 Abs. 3 DSGVO entfällt, wenn der Anspruchsgegner nachweist, dass er in keinerlei Hinsicht für den Umstand, durch den der Schaden eingetreten ist, verantwortlich ist. Das wäre beispielsweise der Fall, sofern nachgewiesen werden kann, dass der Schaden auf höherer Gewalt beruht.[301] Inwiefern der Ausschluss für höhere Gewalt die präventive Wirkung beeinflusst, wird an späterer Stelle geklärt.[302]

Damit diese Norm eine präventive Wirkung entfaltet, müsste in der DSGVO eine Verpflichtung zur Gewährleistung von IT-Sicherheit enthalten sein. Einen Individualschutz müsste die Vorschrift im Gegensatz zu § 823 Abs. 2 BGB nicht aufweisen, da über Art. 82 DSGVO eine umfassende Haftung bei jedem noch so kleinen Verstoß intendiert ist.[303] Ob die DSGVO über eine solche Vorschrift einen Anreiz zu IT-sicherheitskonformem Verhalten vermittelt, soll im Folgenden geklärt werden. Dafür ist es wiederum nötig, eine Norm innerhalb der DSGVO zu identifizieren, in der sich die inhaltlichen Anforderungen der IT-Sicherheit, die in Kapitel 2 erarbeitet wurden, zumindest teilweise widerspiegeln.

a) Sicherheit als Grundsatz der Datenverarbeitung

Sicherheit hat als Bedingung für eine rechtmäßige Datenverarbeitung durch die DSGVO an Bedeutung gewonnen. Denn durch die ausdrückliche Nennung von Sicherheit im Katalog der Grundsätze der Datenverarbeitung in Art. 5 Abs. 1 lit. f DSGVO wird deren Gewährleistung zu einer zentralen Aufgabe. Der Norm zufolge müssen personenbezogene Daten in einer Weise verarbeitet werden, die eine angemessene Sicherheit der personenbezogenen Daten gewährleistet, einschließlich Schutz vor unbefugter oder unrechtmäßiger Verarbeitung und vor unbeabsichtigtem Verlust, unbeabsichtigter Zerstörung oder unbeabsichtigter Schädigung durch geeignete technische und organisatorische Maßnahmen. Seine Konkretisierung findet dieser Grundsatz in Art. 32 DSGVO.[304] Diese

---

301 So ausdrücklich im Vorschlag der Kommission zur DSGVO, vgl. Com 2012, 11 final, EwG 118. Ebenso findet sich der Verweis auf höhere Gewalt im Änderungsantrag 80 des EU-Parlaments. Der ausdrückliche Verweis auf höhere Gewalt wurde im Rahmen des Trilogs gestrichen. Dass dadurch aber keine inhaltliche Änderung eintreten sollte, wird dadurch deutlich, dass der Text stattdessen in „in keiner Weise verantwortlich" geändert wurde, vgl. EwG 146 der DSGVO. Bei höherer Gewalt ist davon auszugehen, dass der Verantwortliche „in keiner Weise verantwortlich" ist. Ausführlich dazu: *Gola/Piltz*, RDV 2015, 279, 284.

302 Siehe Kap. 5, Teil I, Abschn. 4.

303 *Bergt*, in: Kühling/Buchner, Art. 82 DSGVO, Rn. 23; *Frenzel*, in: Paal/Pauly, Art. 82 DSGVO, Rn. 7.

304 *Herbst*, in: Kühling/Buchner, Art. 5 DSGVO, Rn. 76; *Jandt*, in: Kühling/Buchner, Art. 32 DSGVO, Rn. 5; *Martini*, in: Paal/Pauly, Art. 32 DSGVO, Rn. 2.

beiden Normen verpflichten in ihrem Zusammenspiel auch zur Gewährleistung von IT-Sicherheit, wie folgender Abgleich mit dem in Kapitel 2 erarbeiteten Handlungskonzept zeigt.

b) *Sicherheit der Datenverarbeitung beinhaltet IT-Sicherheit*

Da personenbezogene Daten Informationen darstellen,[305] zielen Art. 5 Abs. 1 lit. f, 32 DSGVO auf den Schutz eines der umfassten Schutzgüter. Das erste der vier Elemente ist damit ausdrücklich in der Verpflichtung enthalten. Auch die übrigen drei Elemente des Handlungskonzepts, die individuellen Sicherheitsstandards, die Schutzziele und die Umsetzung, spiegeln sich in den beiden Normen zumindest teilweise wider.

So sind als Schutzziele in Art. 5 Abs. 1 lit. f DSGVO ausdrücklich die Vertraulichkeit und Integrität genannt. Die Erforderlichkeit der Ausarbeitung eines individuellen Sicherheitsstandards ergibt sich demgegenüber aus Art. 32 Abs. 1, 2 DSGVO. Er fordert eine Risikoanalyse, die den Maßstab für die umzusetzenden Maßnahmen liefern soll.[306] Letztere stimmen ebenfalls mit den Vorgaben des Leitbildes überein. Denn unter Berücksichtigung der im Gesetz genannten Bewertungsfaktoren sind geeignete technische und organisatorische Maßnahmen umzusetzen, die zu einer angemessenen Sicherheit führen sollen.

Die Pflicht zur Gewährleistung von Sicherheit bei der Verarbeitung personenbezogener Daten verlangt folglich eine Vorgehensweise, die dem Handlungskonzept der IT-Sicherheit entspricht. Das weite Verständnis von Sicherheit, das der DSGVO zugrunde liegt, bezieht IT-Sicherheit mit ein.[307] Damit ist eine für Art. 82 DSGVO taugliche Vorgabe vorhanden, die bewirkt, dass für Schäden aufgrund mangelhafter IT-Sicherheit eine weitere Haftungsgrundlage besteht.

c) *Ausdehnung des Haftungsrisikos durch DSGVO*

Die Bedeutung dieser Haftungsgrundlage wird deutlich, wenn sie in Bezug zu ihrer Vorgängernorm gesetzt wird. Dabei handelt es sich um § 7 BDSG, der mit Geltungsbeginn der DSGVO seine Relevanz verliert.[308] Auch wenn der Wortlaut von § 7 BDSG nicht direkt darauf hindeutet, begründet diese Norm bis dahin die Grundlage für eine Haftung für mangelhafte IT-Sicherheit im Zusammenhang mit der Verarbeitung personenbezogener Daten. Denn die vom Tatbestand

---

305 Dazu Kap. 2, Teil II, Abschn. 2c).
306 *Martini*, in: Paal/Pauly, Art. 32 DSGVO, Rn. 3.
307 *Jandt*, in: Kühling/Buchner, Art. 32 DSGVO, Rn. 3.
308 *Frenzel*, in: Paal/Pauly, Art. 82 DSGVO, Rn. 19.

geforderte unzulässige Verarbeitung wird extensiv verstanden. Bei jedem Verstoß gegen eine Schutzvorschrift aus dem BDSG ist von Unzulässigkeit i. S. d. § 7 BDSG auszugehen.[309]

§ 9 BDSG ist eine Schutzvorschrift im Zusammenhang mit der Verarbeitung personenbezogener Daten, die auf die Gewährleistung der IT-Sicherheit zielt.[310] Denn sie enthält durch die Bezugnahme auf personenbezogene Daten nicht nur ein Schutzgut der IT-Sicherheit, sondern auch sämtliche weiteren Elemente. Dies lässt sich aus der weitgehenden Übereinstimmung mit Art. 32 DSGVO ableiten,[311] der wie soeben gezeigt alle vier Elemente der IT-Sicherheit widerspiegelt. Bei einem Verstoß gegen die in § 9 BDSG niedergelegte Pflicht zur Gewährleistung von IT-Sicherheit im Rahmen der Verarbeitung personenbezogener Daten kann demnach bis zum Geltungsbeginn der DSGVO über § 7 BDSG ein Schadensersatzanspruch begründet werden.

Bei Art. 82 DSGVO handelt es sich allerdings nicht um eine einfache Fortführung des bestehenden rechtlichen Rahmens. Denn zum Ersten wirkt § 7 BDSG, anders als sein Nachfolger, nicht zulasten eines Auftragsverarbeiters, sondern nur zulasten des datenschutzrechtlich Verantwortlichen. Sofern einer der im Kontext dieser Arbeit behandelten Akteure als solcher einzustufen ist, kommt es folglich für diesen durch Art. 82 DSGVO zu einer Ausdehnung des Haftungsrisikos.[312]

Zum Zweiten handelt es sich bei Art. 82 DSGVO um eine strenge Form der Haftung, da eine Enthaftung nur beim Nachweis des Schädigers eintritt, in „keinerlei Hinsicht“ für den Schaden verantwortlich zu sein. Es ist zwar umstritten, ob die Norm als Gefährdungshaftung mit Exkulpationsmöglichkeit oder als verschuldensabhängige Haftung für vermutetes Verschulden konzipiert ist.[313] Der Geschädigte soll aber jedenfalls davon entlastet sein,

---

309 *Gola/Klug/Körffer*, in: Gola/Schomerus, § 7 BDSG, Rn. 3; *Simitis*, in: Simitis, § 7 BDSG, Rn. 16.

310 So bereits *Schultze-Melling*, CR 2005, 73, 76. Den Zusammenhang zwischen Art. 32 DSGVO und § 9 BDSG stellen auch *Klein-Hennig/Schmidt* her, vgl. DuD 2017, 605, 610.

311 So auch *Taeger*, NJW 2016, 3764, 3766. Dass § 9 BDSG eine Pflicht zur Gewährleistung der IT-Sicherheit von Daten enthält, zeigt auch § 64 DSAnpUG-EU. Diese Vorschrift, die außerhalb des unmittelbar anwendbaren Art. 32 DSGVO gilt, aber den inhaltlich weitestgehend parallelen Art. 29 RL 2016/680 umsetzt, orientiert sich an § 9 BDSG, vgl. Begründung zum DSAnpUG-EU, BT-Drucksache 18/11325, S. 116.

312 *Gola/Piltz*, RDV 2015, 279, 282.

313 *Bergt*, in: Kühling/Buchner, Art. 82 DSGVO, Rn. 51 mwN.

Verantwortungszusammenhänge nachzuweisen, die sich in diffusen Verhältnissen der Verantwortlichen verlieren.[314] § 7 S. 2 BDSG lässt demgegenüber die Schadensersatzpflicht bereits entfallen, sofern der Anspruchsgegner nachweist, die gebotene Sorgfalt eingehalten zu haben. Diese Entlastungsmöglichkeit ist einfacher zu erfüllen. Im Ergebnis sorgt diese Änderung also ebenfalls für ein höheres Haftungsrisiko der von der Norm betroffenen Unternehmen.

Zum Dritten besteht schließlich ein Unterschied des Art. 82 DSGVO gegenüber der Vorgängerregelung darin, dass immaterielle Schäden ausdrücklich von der Norm umfasst werden. Die Erweiterung der erfassten Schäden dehnt das Haftungsrisiko also im Vergleich zum Rechtszustand des BDSG noch weiter aus. Sie ist zugleich ein entscheidender Grund dafür, warum Art. 82 DSGVO neben den bisher untersuchten allgemeinen Einstandspflichten eine eigenständige Bedeutung hat. Auf diesen Unterschied wird an späterer Stelle noch vertieft eingegangen.[315]

d) Zielrichtung der Pflicht

Wie soeben ausgeführt, können ab Geltungsbeginn der DSGVO nicht nur Verantwortliche, sondern auch Auftragsverarbeiter in Anspruch genommen werden. Dies ändert jedoch nichts an der Tatsache, dass diese Haftungsnorm auf Hersteller eines IT-spezifischen Produkts nur geringen Einfluss hat.[316] Denn es erschient praktisch kaum möglich, dass ein Hersteller als Verantwortlicher für die Datenverarbeitung durch das von ihm lediglich in Verkehr gebrachte IT-spezifische Produkt anzusehen ist. Gleiches gilt hinsichtlich einer Stellung als Auftragsverarbeiter. Demgegenüber können Anbieter eines IT-spezifischen Dienstes regelmäßig einer dieser Positionen zugeordnet werden. Die Einstandspflicht betrifft also im Kern Anbieter IT-spezifischer Dienste.

e) Fazit zur präventiven Wirkung von Art. 82 DSGVO

Aufgrund einer inhaltlich auf IT-Sicherheit gerichteten Verpflichtung in Art. 5 Abs. 1 lit. f iVm Art. 32 DSGVO (bzw. in § 9 BDSG) folgt aus Art. 82 DSGVO (bzw. § 7 BDSG) eine weitere Einstandspflicht, die mangelhafte IT-Sicherheit als Auslöser für Schäden erfasst.[317] Eigenständige Bedeutung im Vergleich mit den deliktsrechtlichen Haftungsgrundlagen erlangt sie durch die

314 *Frenzel*, in: Paal/Pauly, Art. 82 DSGVO, Rn. 15.
315 Dazu Kap. 4, Teil IV.
316 Ebenso: *Bieker/Hansen*, DuD 2017, 285, 286.
317 Ein Fallbeispiel findet sich bei *Bergt*, in: Kühling/Buchner, Art. 82 DSGVO, Rn. 43.

Offenheit bezüglich der erfassten Schäden, die sich insbesondere in dem ausdrücklichen Einschluss immaterieller Schäden zeigt. Verstoßen Anbieter IT-spezifischer Dienste, die entweder als datenschutzrechtlich Verantwortliche oder als Auftragsverarbeiter einzustufen sind, gegen die Pflicht zur Gewährleistung der IT-Sicherheit bei der Verarbeitung personenbezogener Daten, können sie darüber für die erfassten Schäden in Anspruch genommen werden. Um dies zu vermeiden, ist ein IT-sicherheitskonformes Verhalten angezeigt. Insofern resultiert aus dieser Haftungsgrundlage ein weiterer Anreiz, der sich positiv auf das Niveau der IT-Sicherheit auswirkt.

4. § 1 ProdHaftG: Produkthaftungsrechtliche Pflicht zur Gewährleistung von IT-Sicherheit

Eine weitere Einstandspflicht, speziell für Hersteller IT-spezifischer Produkte, könnte schließlich im ProdHaftG verankert sein. Bringt ein Unternehmen ein Produkt in den Verkehr, muss es frei von Fehlern sein. Ist dies nicht der Fall und der Produktfehler führt zu einem Todesfall, einer Körper- oder Gesundheitsverletzung oder einer Sachbeschädigung, hat der verantwortliche Produzent gem. § 1 Abs. 1 ProdHaftG dafür einzustehen. Sollte diese Einstandspflicht so konzipiert sein, dass sie auch eingreift, wenn Fehlverhalten bzgl. der IT-Sicherheit einen Schaden ausgelöst hat, wäre eine weitere Einstandspflicht identifiziert.

a) Mangelhafte IT-Sicherheit als Produktfehler

Zentrale Voraussetzung für die Haftung aus dem ProdHaftG ist das Inverkehrbringen eines fehlerhaften Produkts. Aus dem Wortlaut der Vorschrift, der Gesetzeshistorie, sowie deren Systematik lässt sich ableiten, dass ein Produktfehler auch in der Schaffung eines Zustands mangelhafter IT-Sicherheit gesehen werden kann.

aa) Extensiver Fehlerbegriff aufgrund des Wortlauts

Der Fehlerbegriff in § 3 ProdHaftG verlangt ganz allgemein die Gewährleistung der Sicherheit, die berechtigterweise zum Zeitpunkt des In-Verkehr-Bringens unter Berücksichtigung aller Umstände, insbesondere der in der Vorschrift genannten Faktoren, erwartet werden kann. Diese offene Formulierung ermöglicht ohne Weiteres eine Einbeziehung der Vorgehensweise, die anhand des IT-Sicherheitsbegriffes im Rahmen des 2. Kapitels erarbeitet wurde. Denn auch bei einem Produkt, das sich auf Informationstechnik stützt, kann berechtigterweise erwartet werden, dass angemessene technische und organisatorische Maßnahmen entsprechend dem individuellen Sicherheitsstandard umgesetzt werden, die zur Sicherung der Schutzgüter erforderlich sind, damit deren Beeinträchtigung keine Schäden an Gesundheit oder Eigentum der Nutzer hervorruft.[318]

bb) Extensiver Fehlerbegriff aufgrund der Historie

Auch aus den Gesetzesmaterialien lässt sich ableiten, dass der Fehlerbegriff des ProdHaftG in dieser weiten Form zu verstehen ist. Angesichts der Vielzahl von denkbaren Produktfehlern wurde eine Präzisierung des Fehlerbegriffs im Rahmen des Gesetzgebungsprozesses abgelehnt.[319] Stattdessen wurde der Begriff bewusst offen formuliert, da für Fehler aller Art gehaftet werden soll.[320] Ein relevanter Produktfehler kann demnach auch aus Fehlern hinsichtlich der IT-Sicherheit resultieren.

cc) Extensiver Fehlerbegriff aufgrund der Systematik

Schließlich spricht auch ein systematisches Argument dafür, mangelhafte IT-Sicherheit als Produktfehler einzustufen. Denn bei der Prüfung der berechtigten Sicherheitserwartungen gem. § 3 ProdHaftG stellt die Rechtsprechung nicht auf die Ansprüche des subjektiven Benutzers ab, sondern auf die Einhaltung der Sicherheit, die die in dem entsprechenden Bereich herrschende Verkehrsauffassung für erforderlich hält.[321] Der Maßstab entspricht damit demjenigen, der bei der Bestimmung der Verkehrspflichten des Herstellers eines Produkts im Rahmen der deliktischen Haftung gem. § 823 Abs. 1 BGB gilt.[322] Im Rahmen von § 3 ProdHaftG ist deshalb ebenfalls die Unterscheidung in Fabrikations-, Konstruktions- und Instruktionsfehler anerkannt.[323] Wie bereits dargestellt, erfassen die Fehlertypen auch ein Verhalten, das den Anforderungen der IT-Sicherheit widerspricht.[324]

Die Produktbeobachtungspflicht findet wegen des fixen Zeitpunktes des Inverkehrbringens im ProdHaftG hingegen keinen direkten Niederschlag.[325] Sie

---

318 So auch mit Blick auf das automatisierte Fahrzeug *Gomille*, JZ 2016, 76, 78.

319 Beschlussempfehlung des Rechtsausschusses zum ProdHaftG, BT-Drucksache 11/5520, S. 15.

320 Gesetzesbegründung zum ProdHaftG, BT-Drucksache 11/2447, S. 9.

321 *BGH*, BGHZ 181, 253, 256f., Rn. 12 = NJW 2009, 2952, 2953; Urt. v. 17.3.2009 – VI ZR 176/08, Rn. 6 = NJW 2009, 1669, 1670.

322 *Wagner*, in: MüKo, § 3 ProdHaftG, Rn. 5: *Günther*, Roboter und rechtliche Verantwortung, S. 146.

323 *BGH*, BGHZ 181, 253, 256f., Rn. 12 = NJW 2009, 2952, 2953.

324 Dazu Kap. 3, Teil II, Abschn. 1b) und 1d).

325 *Oechsler*, in: Staudinger, § 3 ProdHaftG, Rn. 112; *Sosnitza*, CR 2016, 764, 770.

wirkt sich aber indirekt aus, da der Herstellungsprozess an geänderte Sicherheitserwartungen anzupassen ist. Bei fortentwickelten Sicherheitskenntnissen und -methoden wird zwar ein zuvor produziertes Produkt nicht nachträglich fehlerhaft. Hingegen sind Produkte, die nach Verfügbarkeit der neuen Kenntnisse in den Verkehr gebracht werden, fehlerhaft, wenn sie auf dem ursprünglichen Sicherheitsstandard verharren.[326] Die Anknüpfung des Fehlerbegriffs an die berechtigten Erwartungen sorgt somit dafür, dass Produkte an dynamische Entwicklungen bzgl. der Sicherheit anzupassen sind. Steigen die Möglichkeiten zur Herbeiführung von IT-Sicherheit und setzen sich bestimmte technische und organisatorische Maßnahmen immer stärker durch, schlägt sich dies in den Sicherheitserwartungen nieder, an denen das Produkt zu messen ist.[327]

dd) Zwischenergebnis

Ein Produktfehler i. S. d. § 3 ProdHaftG liegt auch dann vor, wenn die Sicherheitserwartungen an das Produkt bzgl. der IT-Sicherheit unterschritten werden. Erwartet werden kann, dass das IT-spezifische Produkt so konstruiert, fabriziert und mit Instruktionen versehen wird, dass es nicht zu Gefährdungen der geschützten Rechtsgüter damit in Kontakt tretender Personen kommt. Dabei sind Art und Umfang der Sicherungsmaßnahmen von der Größe der Gefahr im Einzelfall abhängig.[328] Eine vollkommene Sicherheit kann jedoch nie, und damit auch in Bezug auf IT-Sicherheit nicht erwartet werden.[329]

b) Inhaltliche Reichweite des Produktbegriffs

Die Haftung nach dem ProdHaftG greift nur bei Fehlerhaftigkeit eines Produkts ein. Wer reine Dienstleistungen erbringt, unterfällt demgegenüber nicht der Einstandspflicht aus § 1 ProdHaftG.[330] Der Produktbegriff ist in § 2 ProdHaftG definiert. Diese Vorschrift wird trotz ihrer europarechtlichen Wurzeln

---

326 *Wagner*, in: MüKo, § 1 ProdHaftG, Rn. 59; *Graf von Westphalen*, in: Foerste/Graf von Westphalen, § 48, Rn. 37.

327 Die Situation ist mit dem Beispiel von Sicherheitsgurten im Auto vergleichbar: *Taschner*, NJW 1986, 611, 615.

328 *BGH*, Urt. v. 17.3.2009 – VI ZR 176/08, Rn. 8 = NJW 2009, 1669, 1670 mwN.

329 Vgl. *BGH*, Urt. v. 17.3.2009 – VI ZR 176/08, Rn. 12 = NJW 2009, 1669, 1670; *Wagner*, in: MüKo, § 1 ProdHaftG, Rn. 7; *Hartmann*, PHi 2017, 2, 3.

330 *Graf von Westphalen*, in: Foerste/Graf von Westphalen, § 47, Rn. 14.

unter Rückgriff auf § 90 BGB interpretiert.[331] Körperliche IT-spezifische Produkte, etwa vernetzte Alltagsgegenstände, erfüllen unzweifelhaft die Anforderungen des § 2 ProdHaftG. Dies muss gleichermaßen für Software gelten.[332] Denn der *BGH* bewertet Software seit vielen Jahren als körperliches Produkt i. S. d. § 90 BGB, indem er auf ihre notwendige Verkörperung auf einem Datenträger verweist.[333] Trotz anhaltender Kritik an seinen Entscheidungen,[334] ist kein Anhaltspunkt dafür ersichtlich, dass der *BGH* seine gefestigte Rechtsprechung ändern wird.

Auch wenn die Entscheidungen nicht in Bezug auf das ProdHaftG ergingen, erfordert die Einheitlichkeit des Rechts, dass die Konsequenzen daraus überall gezogen werden, wo es auf die Körperlichkeit eines Objekts i. S. d. § 90 BGB ankommt. Damit ist der Weg für eine Anwendung des § 2 ProdHaftG bei fehlerhafter Software geebnet. Folglich kann nicht nur gegen den Hersteller eines mangelhaft gesicherten IT-spezifischen Produkts, sondern auch gegen den Entwickler fehlerhafter Software als Teilprodukt über § 1 Abs. 1 ProdHaftG vorgegangen werden. Softwarehersteller, denen beim Streben nach einer Verbesserung der IT-Sicherheitslage ein großer Einfluss zuzumessen ist,[335] sind folglich mit einer zusätzlichen Einstandspflicht neben § 823 Abs. 1 BGB belegt.

c) *Zielrichtung der Pflicht*

Die zahlreichen unter § 2 ProdHaftG fallenden IT-spezifischen Produkte müssen so konstruiert, fabriziert und mit Instruktionen versehen werden, dass sie die Sicherheit bieten, die berechtigterweise erwartet wird. Bei einem Verstoß gegen diese Pflicht sind potenziell verschiedene Akteure für daraus resultierende Schäden ersatzpflichtig. § 4 ProdHaftG bestimmt den Kreis der Verpflichteten näher.

---

331 *Wagner*, in: MüKo, § 2 ProdHaftG, Rn. 2; *Oechsler*, in: Staudinger, § 2 ProdHaftG, Rn. 11. Auch der deutsche Gesetzgeber orientiert sich an § 90 BGB, vgl. Gesetzesbegründung zum ProdHaftG, BT-Drucksache 11/2447, S. 16.

332 Ausführlich zur Anwendbarkeit des ProdHaftG auf Software: *Taeger*, S. 89ff.; *Sodtalbers*. S. 101ff.

333 *BGH*, Urt. v. 15.11.2006 – XII ZR 120/04, Rn. 15 = MMR 2007, 243, 244; Urt. v. 14.7.1993 – VIII ZR 147/92, Rn. 23 = NJW 1993, 2436, 2438; BGHZ 109, 97, 99f. = NJW 1990, 320, 321; BGHZ, 102, 135, Rn. 19 = NJW 1988, 406, 408.

334 Vgl. stellvertretend für die vielfältige und andauernde Kritik: *Haberstumpf*, NJOZ 2015, 793, 794ff.; *Müller-Hengstenberg*, NJW 1994, 3128, 3129ff.; *Redeker*, NJOZ 2008, 2917ff.

335 Dazu Kap. 3, Teil III, Abschn. 1f).

An vorderster Stelle stehen dabei die Unternehmen, die den Produktionsprozess durchführen und kontrollieren. Die weitgehendste Verantwortlichkeit trifft den Endproduktehersteller.[336] Er muss gegenüber dem Geschädigten auch für Fehler einstehen, die im arbeitsteiligen Herstellungsprozess auf vorheriger Stufe gemacht wurden. Integrierte Bestandteile wirken sich stets auf das haftungsrechtliche Schicksal des Endproduktestellers aus.[337] Das trifft insbesondere Hersteller, die sich Software von einem externen Unternehmen anfertigen lassen und diese in das Produkt integrieren.[338] Da aber nicht immer davon ausgegangen werden kann, dass der Endhersteller der finanzstärkste Akteur im Herstellungsprozess ist, hat der Gesetzgeber von einer Kanalisierung der Haftung auf diesen abgesehen und stattdessen auch Zulieferer von Teilprodukten und Grundstoffen in die Haftung einbezogen.[339] Sofern deren Teile in sich fehlerhaft sind, können sie ebenfalls in Anspruch genommen werden.[340]

Um das gesetzgeberische Ziel zu erreichen, einen möglichst lückenlosen Schutz des Geschädigten sicherzustellen, ist der Kreis der Einstandspflichtigen schließlich noch weiter ausgedehnt worden.[341] Unter bestimmten Umständen können sowohl der Importeur des Produkts als auch der sog. „Quasi-Hersteller" für Schäden durch fehlerhafte Produkte in Anspruch genommen werden.[342] Subsidiär kann sich der Geschädigte sogar gem. § 4 Abs. 3 ProdHaftG an den Lieferanten des Produkts wenden. Diese zusätzlichen Anspruchsgegner sorgen grundsätzlich für eine eigenständige Bedeutung der Einstandspflicht aus § 1 Abs. 1 ProdHaftG neben § 823 Abs. 1 BGB. All diese Akteure sind jedoch nicht Hersteller IT-spezifischer Produkte im Sinne dieser Arbeit.[343]

d) Fazit zur präventiven Wirkung von § 1 Abs. 1 ProdHaftG

Die Offenheit des produkthaftungsrechtlichen Fehlerbegriffs sorgt dafür, dass Fehlverhalten bezüglich der IT-Sicherheit bei IT-spezifischen Produkten auch von der Einstandspflicht in § 1 Abs. 1 ProdHaftG erfasst wird. Insofern besteht

336 *Oechsler*, in: Staudinger, Buch 2, § 4 ProdHaftG, Rn. 4.
337 *Meyer/Harland*, CR 2007, 689, 692; *Rempe*, InTeR 2016, 17, 19.
338 *Günther*, Produkthaftung, S. 189; *Solmecke/Jockisch*, MMR 2016, 359, 363; *Taeger*, S. 109.
339 *Oechsler*, in: Staudinger, § 4 ProdHaftG, Rn. 4.
340 *Taschner*, NJW 1986, 611, 613.
341 Gesetzesbegründung zum ProdHaftG, BT-Drucksache 11/2447, S. 19.
342 § 4 Abs. 1 S. 2 ProdHaftG; § 4 Abs. 2 ProdHaftG.
343 Zur personellen Reichweite des Begriffs Hersteller IT-spezifischer Produkte, siehe Kap. 1, Teil III, Abschn. 2.

für Hersteller ein Anreiz, durch IT-sicherheitskonformes Verhalten ihr Haftungsrisiko zu minimieren. Inhaltlich wird der Fehlerbegriff unter Rückgriff auf die deliktsrechtlichen Fehlerkategorien mit Ausnahme der Pflicht zur Produktbeobachtung interpretiert. Es besteht aus diesem Grund zwar keine vollständige Übereinstimmung, aber ein weitgehender Gleichklang mit der deliktischen Produzentenhaftung. Insofern weist diese zusätzliche Einstandspflicht zulasten der Hersteller IT-spezifischer Produkte keine weitergehende eigenständige Bedeutung gegenüber der Haftungsgrundlage aus § 823 Abs. 1 BGB auf. Der präventive Effekt in Richtung IT-Sicherheit geht nicht über das hinaus, was bereits durch die deliktsrechtliche Grundlage bewirkt wird.

5. Zwischenergebnis

Die allgemeinen Einstandspflichten sind alle so formuliert, dass sie Fehlverhalten bzgl. der IT-Sicherheit bei der Herstellung oder beim Anbieten von IT-spezifischen Produkten und Diensten erfassen können. Während sich die spezialgesetzlichen Einstandspflichten in diesem persönlich-sachlichen Kontext als rudimentär erwiesen haben, sind im Gegensatz dazu die allgemeinen Einstandspflichten mit Blick auf mangelhafte IT-Sicherheit als Auslöser von Schäden umfassend. Für jedes Unternehmen, das IT-spezifische Produkte oder Dienste herstellt bzw. anbietet, besteht damit prinzipiell ein Anreiz, die IT-Sicherheit der Produkte bzw. Dienste zu gewährleisten.

Grund dafür ist in erster Linie die personell unbeschränkte Einstandspflicht aus § 823 Abs. 1 BGB. Um nicht Gefahr zu laufen, über diese Norm schadensersatzpflichtig zu werden, sind die zur Konkretisierung des rechtswidrigen, schuldhaften Verhaltens entwickelten Verkehrssicherungspflichten von sämtlichen Herstellern und Anbietern IT-spezifischer Produkte bzw. Dienste einzuhalten. Diese enthalten prinzipiell auch eine Pflicht zur Gewährleistung von IT-Sicherheit. Daneben finden sich in verschiedenen Schutzgesetzen, in Art. 5 lit. f, 32 DSGVO sowie in § 1 ProdHaftG Verhaltensvorgaben, die ebenfalls zur Gewährleistung von IT-Sicherheit verpflichten. Sie richten sich an gesetzlich näher bestimmte Gruppen von Herstellern bzw. Diensteanbietern. Verstoßen sie gegen diese Pflichten, droht ihnen über § 823 Abs. 2 BGB, Art. 82 DSGVO oder § 1 Abs. 1 ProdHaftG eine zusätzliche haftungsrechtliche Inanspruchnahme für die daraus resultierenden Schäden. Da die Schutzgesetze und die datenschutzrechtliche Einstandspflicht andere Arten von Schäden erfassen können, haben sie eigenständige Bedeutung neben § 823 Abs. 1 BGB. Sie vermitteln dadurch einen Verhaltensanreiz, den § 823 Abs. 1 BGB nicht setzt. Auf diese unterschiedliche Reichweite des präventiven Effekts wird im nächsten Kapitel vertieft eingegangen.

IV. Fazit

In diesem Kapitel wurde ermittelt, ob das außervertragliche Haftungsrecht prinzipiell eine präventive Wirkung in Richtung IT-Sicherheit entfaltet. Zu diesem Zweck erfolgte eine Bestandsanalyse der geltenden Normen unter besonderer Berücksichtigung der Änderungen, die durch das IT-Sicherheitsgesetz, die NIS-Richtlinie und die DSGVO angestoßen wurden. Da ein präventiver Effekt nur eintritt, sofern ein Fehlverhalten mit Haftungsfolgen belegt ist, wurde das außervertragliche Haftungsrecht dahingehend untersucht, ob es derartige haftungsrelevante Verhaltenspflichten zur Gewährleistung von IT-Sicherheit beinhaltet. Die dabei gewonnenen Ergebnisse lassen sich folgendermaßen zusammenfassen:

1. Punktuelle IT-Sicherheitspflichten in Spezialgesetzen

Unter Rückgriff auf die im Kapitel 2 herausgearbeiteten inhaltlichen Anforderungen der IT-Sicherheit konnten verschiedene Normen identifiziert werden, die zur Gewährleistung von IT-Sicherheit verpflichten und deren Verletzung mit Haftungsfolgen bedroht ist. Im Bereich spezialgesetzlicher Regulierung erweisen sich derartige Einstandspflichten allerdings eher als Ausnahme denn als Regel.

Eine solche Ausnahme findet sich in § 44 Abs. 1 S. 1, 4 i. V. m. § 109 Abs. 1, 2 TKG. Denn § 109 Abs. 1, 2 TKG enthält Verhaltensvorgaben, die zumindest teilweise auf die Umsetzung des Handlungskonzeptes der IT-Sicherheit zielen. Ein schuldhafter Verstoß gegen diese explizite IT-Sicherheitspflicht führt im Schadensfalle zur Haftung über die Grundnorm in § 44 Abs. 1 S. 1, 4 TKG. Neben dieser verschuldensabhängigen Einstandspflicht stellen die Gefährdungshaftungstatbestände in §§ 1 Abs. 1, 2 Abs. 1 HaftPflG zwei weitere relevante Ausnahmen dar. Sie verpflichten zum Schadensersatz, sofern sich Gefahren beim Betrieb dort geregelter Tätigkeiten verwirklichen und dadurch bestimmte Rechtsgüter verletzt werden. Da die Gefahren auch bei Fehlverhalten bzgl. der IT-Sicherheit eintreten können, besteht insofern jedenfalls eine mittelbare Pflicht, sich ordnungsgemäß bezüglich der IT-Sicherheit zu verhalten.

Die drei identifizierten Haftungsgrundlagen können allerdings nur bei Pflichtverstößen einiger weniger Anbieter von IT-spezifischen Diensten Anwendung finden. Weitere Normen, die inhaltlich zu IT-Sicherheit verpflichten und deren Nichteinhaltung zugleich mit einem Haftungsrisiko belegt ist, lassen sich in den sektorspezifischen Regelungen nicht finden. Im Ergebnis enthalten die spezialgesetzlich geregelten Sektoren somit nur punktuelle Verhaltensvorgaben bezüglich der IT-Sicherheit, die unmittelbar haftungsrechtliche Folgen haben können.

2. Generelle IT-Sicherheitspflichten in allgemeinen Gesetzen

Gegensätzlich stellt sich die Situation mit Blick auf die allgemeinen Haftungsregeln dar. Über § 823 Abs. 1 BGB ist jeder Produzent und Diensteanbieter von Verkehrssicherungspflichten betroffen. Diese beinhalten auch eine prinzipielle Pflicht zur Gewährleistung von IT-Sicherheit im Hinblick auf IT-spezifische Produkte oder Dienste. Kommt es durch einen Verstoß gegen diese Pflicht zur Verletzung eines geschützten Rechtsguts, droht eine Inanspruchnahme für die daraus folgenden Schäden. Gleiches folgt speziell für Hersteller IT-spezifischer Produkte zusätzlich aus § 1 Abs. 1 ProdHaftG. Die Pflicht, fehlerfreie Produkte in den Verkehr zu bringen, beinhaltet auch die Verpflichtung zur Gewährleistung von IT-Sicherheit. Inhaltlich deckt sie sich allerdings mit der auf IT-Sicherheit zielenden Verkehrssicherungspflicht aus § 823 Abs. 1 BGB.

Bestimmte Hersteller IT-spezifischer Produkte und Anbieter IT-spezifischer Dienste sind daneben von inhaltlich zu IT-Sicherheit verpflichtenden Schutzgesetzen betroffen. Bei Verletzung eines an sie gerichteten Schutzgesetzes droht eine zusätzliche Inanspruchnahme für daraus resultierende Schäden über § 823 Abs. 2 BGB. Die in den Schutzgesetzen aufgestellten IT-Sicherheitspflichten verlaufen in der Regel parallel zur Verkehrssicherungspflicht in § 823 Abs. 1 BGB. Einzige Ausnahme sind die IT-Sicherheitspflichten in § 13 Abs. 7 TMG. Sie sind Bestandteil der im Zuge des IT-Sicherheitsgesetzes vorgenommenen Reformen. Als einzige der hinzugefügten expliziten gesetzlichen IT-Sicherheitspflichten bezwecken sie einen Individualschutz, sodass sie sich im Rahmen von § 823 Abs. 2 BGB auswirken. Sie verpflichten zu IT-Sicherheitsmaßnahmen, die auch der Vermeidung von reinen Vermögensschäden dienen. Auf diese Besonderheit wird im nächsten Kapitel noch näher eingegangen.

Für Anbieter IT-spezifischer Dienste ist schließlich auch die zusätzliche IT-Sicherheitspflicht in Art. 5 lit. f, 32 DSGVO relevant. Sofern sie als datenschutzrechtlich Verantwortliche oder als Auftragsverarbeiter zu qualifizieren sind, sind sie gemäß jenen Normen zu IT-Sicherheitsmaßnahmen beim Umgang mit personenbezogenen Daten verpflichtet. Art. 82 DSGVO belegt einen Verstoß gegen diese Pflicht mit haftungsrechtlichen Folgen. Dabei weist diese durch den europäischen Gesetzgeber neu geschaffene Haftungsgrundlage die Besonderheit auf, dass nicht nur materielle, sondern auch immaterielle Schäden ersetzt verlangt werden können. Im Vergleich mit den übrigen Haftungsnormen stellt diese Folge einen Sonderfall dar, der sogleich ebenfalls näher betrachtet wird.

3. Prinzipiell umfassende präventive Wirkung des Haftungsrechts

Konsequenz der identifizierten IT-Sicherheitspflichten im geltenden außervertraglichen Haftungsrecht ist, dass eine umfassende präventive Wirkung in Richtung IT-Sicherheit vermittelt wird. Denn jeder Hersteller von IT-spezifischen Produkten und jeder Anbieter von IT-spezifischen Diensten ist prinzipiell von zumindest einer IT-Sicherheitspflicht betroffen, bei deren Verletzung eine haftungsrechtliche Inanspruchnahme für daraus resultierende Schäden droht. Um das Haftungsrisiko zu minimieren, ist also rechtskonformes Verhalten bezüglich der IT-Sicherheit erforderlich. Das außervertragliche Haftungsrecht verleitet vor diesem Hintergrund zu einem Verhalten, das in die angestrebte Richtung eines hohen IT-Sicherheitsniveaus weist.

4. Kapitel: Zur Reichweite der präventiven Wirkung des Haftungsrechts

Im Rahmen der im vorherigen Kapitel durchgeführten Bestandsanalyse des geltenden Rechts wurde ausgeführt, dass umfassende IT-Sicherheitspflichten existieren, die prinzipiell jedes Unternehmen über das Haftungsrecht zu IT-sicherheitskonformem Verhalten verleiten. Diese Verhaltensvorgaben sind notwendige Voraussetzung für einen verhaltenslenkenden Effekt in Richtung IT-Sicherheit. Sie allein sorgen jedoch nicht für die präventive Wirkung des außervertraglichen Haftungsrechts. Ein Anreiz, diese Pflichten einzuhalten und IT-Sicherheit zu gewährleisten, besteht erst, wenn aus ihrer Missachtung negative Konsequenzen folgen. Dazu kommt es nur, sofern Schäden eintreten können, deren Ersatz von den identifizierten Haftungsgrundlagen angeordnet wird. Drohende Schäden sind somit das für die Präventivwirkung notwendige Gegenstück zu den Pflichten.

Schäden liegen vor, wenn Dritte unfreiwillige Einbußen in ihrem Vermögen oder ihren sonstigen rechtlich geschützten Gütern erleiden, wobei auch immaterielle Güter umfasst sein können.[344] Bereits im vorigen Kapitel wurde bei der Analyse der Haftungsgrundlagen angemerkt, dass hinsichtlich der erfassten Schäden Unterschiede zwischen den Einstandspflichten bestehen. Daran wird im Folgenden angeknüpft. Nach einem kurzen Überblick über die Unterschiede soll ermittelt werden, inwieweit diese die präventive Wirkung des außervertraglichen Haftungsrechts beeinflussen. In Kenntnis der Reichweite der Präventivwirkung können sodann Vorschläge zur Fortentwicklung des außervertraglichen Haftungsrechts unterbreitet werden, die einen sinnvollen Beitrag zur Verbesserung des IT-Sicherheitsniveaus leisten.

I. Differenzierter Rechtsgüterschutz der Einstandspflichten

Die in Kapitel 3 identifizierten Einstandspflichten, über die es prinzipiell zur verhaltenslenkenden Wirkung in Richtung IT-Sicherheit kommt, erfassen Schäden in unterschiedlichem Umfang. So ist in § 823 Abs. 1 BGB, §§ 1, 2 HaftPflG und § 1 Abs. 1 ProdHaftG angeordnet, dass nur die Schäden zu ersetzen sind, die aus der Verletzung näher benannter Rechtsgüter folgen. Alle vier Normen stimmen darin überein, dass als Rechtsgüter das Leben, der Körper und die Gesundheit

344 *Grüneberg*, in: Palandt, Vor § 249, Rn. 9.

geschützt sind. Dies spiegelt die grundlegende Wertung der Rechtsordnung wider, in der diese Güter als die höchsten anerkannt sind.[345]

Daneben verpflichten die Normen im HaftPflG sowie im ProdHaftG zum Ersatz von Schäden, die mit der Beschädigung einer Sache einhergehen. Obwohl der Wortlaut sich unterscheidet, bezieht auch § 823 Abs. 1 BGB Sachen über das Rechtsgut Eigentum mit in den Schutzbereich ein. Denn Eigentum meint das Herrschaftsrecht über eine Sache, das jedenfalls bei deren Beschädigung verletzt ist.[346] Darüber hinaus sind über § 823 Abs. 1 BGB auch Schäden infolge der Verletzung der Freiheit sowie sonstiger Rechte zu ersetzen.

Mit diesen Rechtsgütern ist der Schutzbereich der genannten Rechtsnormen erschöpfend dargestellt. Keine dieser Normen, insbesondere nicht der personell unbeschränkte § 823 Abs. 1 BGB, schützt das Vermögen an sich.[347] Das unterscheidet sie von § 44 TKG, § 823 Abs. 2 BGB und Art. 82 DSGVO. Diese Haftungsgrundlagen sind mit Blick auf die erfassten Schäden unbeschränkt. So gilt die Einstandspflicht des TKG unabhängig davon, ob nur reine Vermögensschäden oder aber Sach- bzw. Personenschäden vorliegen.[348] Die von § 823 Abs. 2 BGB erfassten Schadenspositionen ergeben sich demgegenüber aus dem jeweiligen Schutzgesetz. Regelmäßig ist der Schutz von Leben, Körper und Gesundheit bezweckt, sodass jedenfalls Schäden aus deren Verletzung ersetzt werden.[349] Zudem kann weiterer Schutz, etwa von bestimmten Gütern anvisiert sein,[350] weshalb auch für die Beschädigung von Sachen Ersatz zu leisten sein kann. Wie bereits im Zusammenhang mit § 13 Abs 7 TMG dargestellt wurde, kann aber auch der Schutz des Vermögens bezweckt sein.[351] Art. 82 DSGVO ist hingegen durch seinen inhaltlichen Bezug auf personenbezogene Daten kraft Natur der Sache in der Schadenstypizität beschränkt. Verletzungen an Leben, Körper, Gesundheit oder Sachen sind in diesem Regelungszusammenhang ausgeschlossen. Allerdings weist diese Norm als einzige die Besonderheit auf, dass sie neben materiellen Schäden ausdrücklich immaterielle Schäden erfasst Es handelt sich

345 *Deutsch*, Rn. 211.

346 *Wagner*, in: MüKo, § 823 BGB, Rn. 213.

347 *Förster*, in: Bamberger/Roth, § 823 BGB, Rn. 3.

348 Dies ergibt sich aus § 44a TKG, der nur bei reinen Vermögensschäden eingreift, nicht jedoch bei Folgeschäden aus Sach- oder Personenschäden, vgl. dazu: BT-Drucksache 16/2581, S. 24.

349 Vgl. beispielhaft § 3 Abs. 1 Nr. 2, Abs. 2 ProdSG; § 30 Abs. 1 StVZO.

350 Vgl. zu den in Verbindung mit § 3 Abs. 1 ProdSG durch Rechtsverordnung einbezogenen weiteren Rechtsgütern: *Klindt*, ProdSG, § 3, Rn. 10.

351 Dazu ausführlich: Kap. 3, Teil III, Abschn. 2c) lit. cc) Unterpunkt (2).

damit um eine mit Blick auf die Schadensfolgen besonders weitreichende Haftungsnorm.

Die Unterscheidung der zu ersetzenden Schäden in den identifizierten Einstandspflichten stellt sich damit als unmittelbare Folge eines differenzierten Rechtsgüterschutzes dar. Der Formulierung der Normen nach lässt sich diesbezüglich eine Dreiteilung erkennen. Neben den höchsten Rechtsgütern Leben, Körper und Gesundheit sind Sachen ein weiteres allgemeines Schutzgut. Darüber hinaus wird für sonstige Interessen wie das reine Vermögen nur Schutz über vereinzelte Haftungsnormen gewährt. An diese Differenzierung der geschützten Güter wird im Folgenden angeknüpft, um die Reichweite des präventiven Effekts zu bestimmen. Unter Berücksichtigung praxisrelevanter Szenarien wird detailliert ausgearbeitet, inwieweit eine verhaltenslenkende Wirkung in Anbetracht drohender Verletzungen der unterschiedlichen Rechtsgüter feststellbar ist.

II. Präventive Wirkung hinsichtlich des Schutzes von Leben, Körper und Gesundheit

IT-spezifische Produkte und Dienste, welche Leben, Körper und Gesundheit verletzen können, sind nicht nur eine theoretische Gefahr. Ganz im Gegenteil, steigt die Gefährdungslage für diese Rechtsgüter an, weil Informationstechnik in immer größerem Umfang zur Steuerung und Überwachung von Produkten und Diensten eingesetzt wird.[352] Wird etwa eine Insulinpumpe so konstruiert, dass sie aus der Ferne gesteuert werden kann, ergibt sich daraus bei fehlerhafter Absicherung der Informationstechnik eine unmittelbare Gefahr für Leben, Körper und Gesundheit des Nutzers.[353]

Das außervertragliche Haftungsrecht verleitet über die identifizierten außervertraglichen Einstandspflichten in umfassendem Umfang dazu, durch Einhaltung der IT-Sicherheitspflichten diese Gefahren zu minimieren. Grund für die umfassende präventive Wirkung in dieser Hinsicht ist, dass jede der identifizierten Einstandspflichten offen für Schäden ist, die aus einer Beeinträchtigung dieser Rechtsgüter resultieren. Da Leben, Körper und Gesundheit in jeder Haftungsgrundlage als geschützte Rechtspositionen enthalten sind, ist somit stets das erforderliche Gegenstück zur jeweiligen IT-Sicherheitspflicht vorhanden.

352 *Spindler*, in: Festschrift Coester-Waltjen, S. 1183, 1185.

353 Vgl.: *Holland*, auf: Heise.de, Medizintechnik: US-Hersteller warnt vor Hackerangriffen auf Insulinpumpen.

Sofern ein Hersteller bzw. Anbieter also absehen kann, dass es im Falle ungenügender IT-Sicherheit seines Produkts bzw. seines Dienstes zur Verletzung dieser Rechtsgüter kommen kann, ergibt sich für ihn angesichts des Haftungsrisikos ein Anreiz, sich pflichtgemäß im Hinblick auf die IT-Sicherheit zu verhalten. Dies gilt unabhängig davon, ob er in den Anwendungsbereich des TKG, ProdHaftG, HaftPflG fällt. Denn zumindest der personell unbeschränkte § 823 Abs. 1 BGB fordert von jedem Hersteller bzw. Anbieter eine ordnungsgemäße Gewährleistung der IT-Sicherheit bzgl. seiner Produkte oder Dienste zum Schutz von Leben, Körper und Gesundheit. Es ist damit eine umfassende präventive Wirkung in Bezug auf diese Rechtsgüter feststellbar.

III. Präventive Wirkung hinsichtlich des Schutzes von Sachen

Eine höhere Relevanz für die Praxis dürfte die Reichweite des präventiven Effekts im Hinblick auf das Rechtsgut Sachen haben. Denn für viele IT-spezifische Produkte oder Dienste ist es angesichts ihres Einsatzzweckes nahezu ausgeschlossen, dass ihnen das Risiko innewohnt, Leben, Körper, oder Gesundheit zu verletzen. Die Praxis zeigt hingegen, dass mangelhafte IT-Sicherheit häufig negative Folgen in Bezug auf Sachen hat.

Im Grunde könnte bezüglich der Reichweite der präventiven Wirkung unter dem Gesichtspunkt des Sachschutzes dasselbe ausgeführt werden wie bei den drei zuvor behandelten Rechtsgütern. Denn wie gezeigt, ist jede identifizierte Einstandspflicht für die Erfassung von Sachschäden offen. Wenn also ein Hersteller oder Anbieter eines IT-spezifischen Produkts bzw. Dienstes absehen kann, dass ungenügende IT-Sicherheit seines IT-spezifischen Produkts bzw. seines Dienstes eine Sache eines Dritten beschädigen kann, ergibt sich für ihn angesichts des Haftungsrisikos ein Anreiz, sich pflichtgemäß im Hinblick auf die IT-Sicherheit zu verhalten. Diese Pflicht folgt unabhängig von der Anwendbarkeit der anderen Normen zumindest aus § 823 Abs. 1 BGB.

Im Unterschied zu den Rechtsgütern Leben, Körper, Gesundheit ist die Beurteilung der Gefahr einer Sachbeschädigung allerdings komplexer. Mangelhafte IT-Sicherheit von Produkten oder Diensten kann sich in vielfältiger Form negativ auf Sachen auswirken. Zu klären ist daher, welche negativen Auswirkungen mangelhafter IT-Sicherheit konkret vom Sachschutz erfasst werden. Je nach Reichweite des Sachschutzes steigt oder sinkt die präventive Wirkung in Richtung IT-Sicherheit, die vom außervertraglichen Haftungsrecht ausgeht. Im Folgenden wird deshalb der Umfang des Sachschutzes erarbeitet. Den Ausgangspunkt dafür bildet § 90 BGB. Gegenstand der Beschädigung können nur körperliche Gegenstände sein.[354] Inwieweit sie bei typischen, in der Praxis relevanten Folgen mangelhafter IT-Sicherheit als verletzt zu betrachten sind, wird aufgezeigt.

1. Physische Beschädigung einer anderen Sache

Eine erste praxisrelevante Situation besteht darin, dass mangelhafte IT-Sicherheit eines IT-spezifischen Produkts oder Dienstes zu einer physischen Beschädigung anderer Sachen i. S. d. § 90 BGB führt. Die Gefahr einer physischen Beschädigung anderer körperlicher Gegenstände aufgrund mangelhafter IT-Sicherheit ist angesichts der Einsatzmöglichkeiten IT-spezifischer Produkte und Dienste real. Wenn etwa ein in ein Netzwerk integrierter Brandmelder aufgrund mangelhafter IT-Sicherheit manipuliert wird und deshalb einen Brand nicht meldet,[355] kommt es unzweifelhaft zu einer Sachbeschädigung an den Gegenständen, die in der Nähe lagern. Diese Situation kann vom Sachschutz erfasst werden. Grundlage dafür ist, dass das IT-spezifische Produkt die Gebrauchs- und Sicherheitserwartungen des Verkehrs in Bezug auf den Integritätsschutz der ihm ausgesetzten Schutzgüter verletzt.[356] Diese Argumentation greift nicht nur bei IT-spezifischen Produkten wie dem genannten Brandmelder. Wenn beispielsweise mangelhafte IT-Sicherheit eines IT-spezifischen Dienstes zur Verkehrssteuerung Auslöser eines Zusammenstoßes zwischen verschiedenen Fahrzeugen ist, kann ebenfalls auf den verletzten Integritätsschutz der dem Dienst ausgesetzten Schutzgüter verwiesen werden.

Immer dann also, wenn mangelhafte IT-Sicherheit eines IT-spezifischen Dienstes zur physischen Beschädigung eines damit in Kontakt kommenden körperlichen Gegenstands führt oder ein solcher durch ein mangelhaft gesichertes IT-spezifisches Produkt in seiner Substanz beeinträchtigt wird, ist das Rechtsgut Sache verletzt. Da diese typischen Folgen unter den Sachschutz fallen, besteht für jeden Hersteller bzw. Diensteanbieter ein Anreiz, IT-Sicherheit zu gewähren, um nicht für ansonsten drohende Schäden einstandspflichtig zu werden. Insoweit kommt es zu einer umfassenden präventiven Wirkung durch das außervertragliche Haftungsrecht.

---

354 *Filthaut*, § 1 HaftPflG, Rn. 131; *Förster*, in: Bamberger/Roth, § 823 BGB, Rn. 120.

355 Zur beschriebenen Fallkonstellation: *Cahn*, NJW 1996, 2899, 2899; *Günther*, Roboter und rechtliche Verantwortung, S. 150.

356 Vgl. *BGH*, BGHZ 80, 199, 201 = NJW 1981, 1606, 1607; BGHZ 80, 186, 189 = NJW 1981, 1603, 1604.

2. Physische Beschädigung des IT-spezifischen Produkts selbst

Bedenken bezüglich des Vorliegens einer Sachbeschädigung bestehen hingegen für Konstellationen, in denen mangelhafte IT-Sicherheit eines IT-spezifischen Produkts sich nur auf dessen eigene Substanz auswirkt. Beispielhaft kann dafür auf das vernetzte Auto verwiesen werden. Anzunehmen ist, dass eine fehlerhafte Software im Entertainment-System es Hackern ermöglicht, Zugriff auf die Boardelektronik des Fahrzeugs zu erhalten. Dadurch können die Bremsen des Autos aus der Ferne betätigt werden, weshalb es von der Straße abkommt und dabei einen erheblichen Blechschaden erleidet. Der unbefugte Zugriff auf die Boardelektronik hätte durch eine im Rahmen der Produktherstellung umsetzbare, angemessene Sicherheitsmaßnahme innerhalb der Software verhindert werden können.[357]

In diesem Szenario, das sich grundsätzlich auf viele ähnliche IT-spezifische Produkte übertragen ließe, stellt sich die Frage, ob der Eigentümer (bzw. wegen § 86 Abs. 1 VVG die Versicherung) vom Hersteller Ersatz für den Schaden am IT-spezifischen Produkt verlangen kann.[358] Qua ihres Regelungsgehalts kommen die deliktische Produzentenhaftung sowie die Einstandspflicht aus dem ProdHaftG als erfolgversprechende Haftungsgrundlagen in Betracht. Sofern sie diese Situationen über den Schutz des Rechtsguts Sache erfassen, besteht ein Anreiz für jeden Hersteller, IT-Sicherheit zur Verhinderung dieser Folge zu gewährleisten.

a) Deliktische Produzentenhaftung des Herstellers

Dem Hersteller eines IT-spezifischen Endprodukts, im Beispiel also dem Fahrzeughersteller, könnte in erster Linie über die deliktische Produzentenhaftung aus § 823 Abs. 1 BGB eine haftungsrechtliche Inanspruchnahme drohen. Dafür müsste diese negative Folge mangelhafter IT-Sicherheit eine Eigentumsverletzung im Sinne der Vorschrift darstellen. Eine Verletzung dieses Rechtsguts ließe sich dann anzweifeln, wenn das gesamte Produkt aufgrund der mangelhaften Software als von Anfang an fehlerhaft zu bewerten wäre. Der Geschädigte würde dann niemals mangelfreies Eigentum an dem Kfz erwerben. Denn die Lieferung einer mangelhaften Sache allein beinhaltet keine Verletzung der

---

357 Angelehnt an: *Greenberg*, auf: Wired.com, Hackers Remotely Kill a Jeep on the Highway – With Me in It; *Harloff*, auf: Süddeutsche.de, Der Fahrer ist machtlos.

358 Die Problematik, dass ein Dritter in den Handlungsverlauf involviert ist, wird an dieser Stelle zunächst ausgeklammert. Dazu ausführlich Kap. 5, Teil 1.

deliktisch geschützten Rechtsgüter.[359] Diese Zweifel werden in der Rechtsprechung allerdings durch die sog. „Weiterfresser"-Rechtsprechung überwunden. Ob diese Entscheidung auch dafür sorgt, dass der Hersteller eines mangelhaft gesicherten IT-spezifischen Endprodukts auf Schadensersatz wegen Beschädigung oder Zerstörung allein dieses Produkts in Anspruch genommen werden kann, ist zu klären.

aa) Eigentumsverletzung bei weiterfressendem Mangel

In der grundlegenden „Schwimmschalter"-Entscheidung zum sog. „weiterfressenden Mangel" hat der *BGH* entschieden, dass bei einem lediglich funktionell begrenzten schadhaften Bestandteil einer Anlage, dessen Versagen nach Eigentumsübergang den Schaden an der Gesamtsache hervorruft, eine Eigentumsverletzung angenommen werden könne.[360] Insofern lehnten die Richter eine formale Betrachtungsweise der geschädigten Sache ab und unterschieden zwischen dem mangelhaften Teil sowie dem übrigen mangelfreien Eigentum. Eine nicht unerhebliche Rolle spielte dabei die Tatsache, dass das damalige Kaufrecht eine andere Struktur aufwies und der Käufer als Geschädigter ohne deliktischen Anspruch weitgehend rechtlos gewesen wäre.[361]

bb) Kriterien für einen weiterfressenden Mangel

Während zunächst Kriterien zur Abgrenzung fehlten, wann ein begrenzter Mangel bei einer im Übrigen mangelfreien Sache vorliegt, ist diese Lücke kurz darauf im „Gaszug-Fall"[362] geschlossen worden. Statt wie zuvor auf das Vorliegen eines funktional begrenzten Einzelteils abzustellen, wurde die Bedeutung der „Stoffgleichheit" hervorgehoben: Sofern der Schaden mit der von Anfang an im Mangel verkörperten Entwertung der Sache stoffgleich sei, betreffe er das Äquivalenzinteresse, weshalb keine Eigentumsverletzung vorliege. Soweit hingegen der geltend gemachte Schaden über den Unwert hinausgehe, der der Sache wegen ihrer Mangelhaftigkeit von Beginn an anhafte, sei das Integritätsinteresse betroffen. In einem solchen Fall greife der deliktsrechtliche Schutz unabhängig von vertraglichen Ansprüchen ein.[363]

---

359 So die Vorinstanz im „Schwimmschalter-Fall", zitiert in: *BGH*, NJW 1977, 379, 379; *Hager*, in: Staudinger, § 823 BGB, Rn. B 108.

360 Dazu grundsätzlich: *BGH*, BGHZ 67, 359 = NJW 1977, 379.

361 *BGH*, BGHZ 67, 359, 364f. = NJW 1977, 379, 380f.

362 *BGH*, BGHZ 86, 256 = NJW 1983, 810.

363 *BGH*, BGHZ 86, 256, 259 = NJW 1983, 810, 811.

cc) Anerkennung der Weiterfresser-Rechtsprechung trotz Kritik

Diese Grundsatz-Entscheidung wird seit jeher wegen ihrer unklaren Abgrenzungskriterien sowie der Aushöhlung der gewährleistungsrechtlichen Vorschriften kritisiert.[364] Als mit der Schuldrechtsmodernisierung die vertragsrechtlichen Defizite, die ein wesentliches Motiv für die Entscheidungen waren, gemindert wurden, flammte die Auseinandersetzung darüber erneut auf, ob die Argumentation aufrechtzuerhalten sei.[365]

Die seit Jahrzehnten etablierten, gegenläufigen Positionen zur Frage, ob diese Konstellationen in der vom *BGH* entschiedenen Weise dem Eigentumsschutz des § 823 Abs. 1 BGB zu unterstellen sind, werden an dieser Stelle weder ausführlich dargestellt noch bewertet. Stattdessen werden die Weiterfresser-Kriterien als gefestigte Rechtsprechung im Rahmen dieser Arbeit akzeptiert. Denn es bestehen keinerlei Anzeichen dafür, dass die Gerichte künftig von dieser höchstinstanzlich vorgegebenen Linie abweichen werden.[366] Zu prüfen ist demnach, welche Schlüsse sich daraus für die hier behandelten Konstellationen mangelhafter IT-Sicherheit ergeben.

dd) Übertragung der Weiterfresser-Rechtsprechung

Konkret stellt sich die Frage, ob die Rechtsprechung zum „weiterfressenden Mangel" auf Situationen wie den eingangs angeführten Blechschaden eines vernetzten Kfz übertragen werden kann. Je nachdem, ob eine Übertragung möglich ist, wirkt sich dies erheblich auf die präventive Wirkung des außervertraglichen Haftungsrechts aus. Kann diese Konstellation nicht als Eigentumsverletzung eingestuft werden, wäre die Verletzung eines Rechtsguts ausgeschlossen, für die jeder Hersteller zumindest über § 823 Abs. 1 BGB in Anspruch genommen werden könnte. Es würde ein umfassender Anreiz fehlen, mit der Gewährleistung von IT-Sicherheit in dieser Hinsicht zu einem hohen Sicherheitsniveau beizutragen.

---

364 Vgl. stellvertretend zur Kritik: *Reinicke/Tiedtke*, NJW 1986, 10, 12f. mwN; *Gsell*, NJW 2004, 1913 mwN. Siehe dazu auch die Verteidigung der Entscheidungen durch ehemalige BGH-Richter: *Kullmann*, BB 1985, 409, 413; *Steffen*, VersR 1988, 977.

365 Gegen die Weitergeltung: *Wagner*, in: MüKo, § 823 BGB, Rn. 253 mwN.; für die Weitergeltung: *Hager*, in: Staudinger, § 823 BGB, Rn. B 116ff. mwN.

366 Vgl. *BGH*, Urt. v. 11.2.2004 - VIII ZR 386/02, Rn. 12 = NJW 2004, 1032, 1033. Dort wurde es nicht einmal für nötig gehalten, die Problematik des Weiterfresser-Schadens vertieft zu diskutieren.

Eine entgegengesetzte Einstufung hätte für den Hersteller hingegen spürbare Folgen. Die Annahme einer Eigentumsverletzung würde eine Einstandspflicht ermöglichen. Lägen die übrigen Tatbestandsmerkmale von § 823 Abs. 1 BGB vor, wäre der entstandene Schaden voll zu ersetzen. Inhalt und Umfang der Schadensersatzpflicht richteten sich dann nach den §§ 249ff. BGB.[367] Zu den Kosten für die Reparatur der beschädigten Sache käme u.U. zusätzlich die Pflicht zum Ersatz eines Nutzungsausfallschadens, wodurch sich gerade im Hinblick auf Produkte der Industrie 4.0 der Umfang der Haftung noch einmal deutlich erhöhen könnte.[368] Vor diesem Hintergrund erfolgt also über die Einstufung als Eigentumsverletzung eine entscheidende Weichenstellung im Hinblick auf die präventive Wirkung des Haftungsrechts.

(1) Unterscheidung zwischen Äquivalenz- und Integritätsinteresse anhand der Stoffgleichheit

Wie erwähnt, dient seit dem „Gaszug"-Fall die Unterscheidung zwischen Integritätsinteresse und Äquivalenzinteresse als das entscheidende Abgrenzungskriterium für die Reichweite des Eigentumsschutzes. Das Deliktsrecht hat nicht die Aufgabe, die auf den Erwerb einer mangelfreien Kaufsache gerichteten Vertragserwartungen, insbesondere die Nutzungs- und Werteerwartungen, zu schützen.[369] Stattdessen geht es um das Integritätsinteresse, also das Interesse daran, durch die vom Hersteller in Verkehr gegebene Sache nicht im Eigentum oder Besitz verletzt zu werden.[370]

Entscheidend für die Zuordnung zu einem der beiden Interessen ist die Stoffgleichheit zwischen dem geltend gemachten Schaden und dem von Anfang an der Sache anhaftenden Mangelunwert. Mit dem Mangelunwert ist gemeint, dass die Sache von Beginn an nicht voll den Vertragserwartungen an Gegenwert und Gebrauchstauglichkeit entsprach.[371] Drückt sich im Schaden dieser Mangelunwert aus, besteht eine Stoffgleichheit, die zur Ablehnung einer

367 *Wagner*, in: MüKo, § 823 BGB, Rn. 83.

368 Die Frage nach der Ersatzfähigkeit des erlittenen Nutzungsausfalls betrifft die Frage der Haftungsausfüllung. Es wäre zu klären, ob Schutzzweck der verletzten Verhaltensnorm diese Schadensposition betrifft. Vgl. dazu bspw. *BGH*, BGHZ 55, 329 = NJW 1971, 836; *Larenz/Canaris*, S. 389. Da diese Arbeit sich auf die Haftungsbegründung beschränkt, bleibt die Frage offen.

369 *BGH*, BGHZ 146, 144, 148f. = NJW 2001, 1346, 1347; BGHZ 138, 230, 234 = NJW 1998, 1942, 1942; BGHZ 86, 256, 258 = NJW 1983, 810, 811.

370 *BGH*, BGHZ 86, 256, 258 = NJW 1983, 810, 811.

371 *Steffen*, VersR 1988, 977, 979.

Eigentumsverletzung führt, weil das Äquivalenzinteresse betroffen ist. Ob Stoffgleichheit vorliegt, muss durch eine natürliche bzw. wirtschaftliche Betrachtungsweise festgestellt werden.[372]

(2) Konkretisierung der Formel von der Stoffgleichheit

Im „Gaszug-Fall" führte die anhand dieser Kriterien durchgeführte Betrachtung zum Ergebnis, dass der geltend gemachte, aus einer Kollision des Fahrzeugs folgende Schaden nicht als stoffgleich mit dem anfänglichen Mangel zu bewerten war. Grund dafür war in erster Linie, dass das trotz Mangels betriebsfähige Fahrzeug nicht von Anfang an wertlos war. Zudem hätten die vom Mangel ausgehenden Gefahren vermieden werden können, wenn der auf lediglich ein Bestandteil begrenzte Defekt rechtzeitig entdeckt und behoben worden wäre. Letzteres wäre ohne großen wirtschaftlichen Aufwand und ohne Beschädigung anderer Teile des Fahrzeugs möglich gewesen.[373] Bei der grundsätzlichen Betriebsfähigkeit und der tatsächlich und wirtschaftlich einfachen Beseitigungsmöglichkeit des begrenzten Defekts handelt es sich um die entscheidenden Argumente für die Konkretisierung der Stoffgleichheit, wie sich an ihrer Bestätigung in einem späteren vergleichbaren Fall zeigte.[374]

(3) Übertragung auf mangelhafte IT-Sicherheit von Produkten

Für das exemplarisch angeführte vernetzte Kfz sowie für vergleichbare Situationen, in denen mangelhafte IT-Sicherheit zur Beschädigung bzw. Zerstörung des IT-spezifischen Produkts selbst führt, lässt sich unter Berücksichtigung der soeben genannten Kriterien der Schluss ziehen, dass regelmäßig von einer Eigentumsverletzung auszugehen ist.

Grund dafür ist zunächst, dass trotz Fehlerhaftigkeit der vom Gesamtprodukt abgrenzbaren Software das geschädigte Kfz nicht von Anfang an wertlos ist. Vielmehr kann es im Sinne seiner Zweckbestimmung genutzt werden. Auch bestehen im Normallfall wirtschaftliche Möglichkeiten zur Fehlerbehebung, die bei rechtzeitiger Entdeckung die Gefahr verhindert hätten. Die praktische Erfahrung zeigt, dass in der Regel Sicherheitsupdates ausreichen, um einen Zustand ordnungsgemäßer IT-Sicherheit herzustellen,[375] der den Eintritt des Schadens

---

372 *BGH*, BGHZ 86, 256, 262 = NJW 1983, 810, 812.

373 *BGH*, BGHZ 86, 256, 262f. = NJW 1983, 810, 812.

374 *BGH*, Urt. v. 14.5.1985 – VI ZR 168/83, Rn. 12f. = NJW 1985, 2420, 2421.

375 Vgl. zur Behebung der Sicherheitslücke für über das Internet angreifbare Kfz: *Schesswendter*, auf: Heise.de, Nach Fernsteuerungs-Hack ruft Fiat Chrysler 1,4 Millionen

verhindert hätte. Durch die Behebung der mangelhaften IT-Sicherheit würden auch keine anderen Teile der Gesamtsache beschädigt. Der mögliche Einwand, dass das begrenzte mangelhafte Teil, im Beispiel also die unsichere Software, an sich passend für das Produkt war, kann dagegen keine Wirkung entfalten. Es genügt, dass lediglich eine zusätzliche, unterstützende Sicherungsmaßnahme fehlte, die den Schadenseintritt verhindert hätte.[376]

Vor diesem Hintergrund ist in der Regel nicht von Stoffgleichheit zwischen bei Erwerb vorliegendem Mangelunwert und geltend gemachter Schadensposition auszugehen, sofern es zu einer Zerstörung oder Beschädigung des von Beginn an mangelhaft gesicherten IT-spezifischen Produkts kommt.[377] Eine Verletzung des ansonsten mangelfreien Resteigentums lässt sich damit grundsätzlich begründen.[378]

Dieses Ergebnis ist angemessen, wie eine wertende Überprüfung bestätigt. Denn das Integritätsinteresse des Erwerbers an der Bewahrung des erworbenen IT-spezifischen Produkts ist nicht weniger schutzwürdig als an anderen, nicht vom Hersteller stammenden Sachen.[379] Diese Annahme rechtfertigt sich schon deshalb, weil das geschädigte Produkt – sei es ein vernetztes Kfz oder seien es IT-gestützte Arbeitsgeräte – in der Regel zu den wertvollsten Gegenständen im Bestand des Geschädigten gehört.[380] Zudem wäre es widersprüchlich, den Hersteller für durch seine Pflichtwidrigkeit hervorgerufene Schäden an fremden Sachen einstehen zu lassen, eine Einstandspflicht für die dadurch zugleich auftretenden Schäden an der fehlerhaften Sache aber abzulehnen. So erscheint es z. B. als inkonsequent, bei der per Fernzugriff ausgelösten Vollbremsung eines vernetzten Kfz einem Auffahrenden einen Anspruch auch gegen den Hersteller zu gewähren (bzw. dem in Anspruch genommenen Kfz-Halter im gesamtschuldnerischen Innenausgleich einen Regressanspruch für diesen Schadensposten zu gewähren[381]), dem geschädigten Eigentümer des Kfz jedoch die Möglichkeit zu

---

Autos zurück; Ähnlich im Falle eines smarten Scharfschützengewehrs: *Bergert*, auf: Heise.de, Sicherheit: Hacker übernehmen smartes Scharfschützengewehr.

376 Vgl. *BGH*, Urt. v. 14.5.1985 – VI ZR 168/83, Rn. 13 = NJW 1985, 2420, 2421.

377 Ebenso: *Gless/Janal*, JR 2016, 561, 569; *Spindler*, CR 2015, 766, 768; Zurückhaltend: *Solmecke/Jockisch*, MMR 2016, 359, 363.

378 So generell für fehlerhafte Software: *Sodtalbers*, Rn. 518; *Spindler*, Festschrift Coester-Waltjen, S. 1183, 1185; *Taeger*, S. 193ff. Zu einem fehlerhaften Fahrassistenzsystem: *Meyer/Harland*, CR 2007, 689, 692.

379 *Kullmann*, BB 1985, 409, 414.

380 *Steffen*, VersR 1988, 977, 978.

381 Dazu: *Gomille*, JZ 2016, 76, 81.

verwehren, den Hersteller für den Schaden an dem mangelhaften IT-spezifischen Produkt selbst in Regress zu nehmen.

In Ausnahmefällen ist allerdings ein entgegengesetztes Resultat denkbar, etwa wenn die Behebung der mangelhaften IT-Sicherheit wirtschaftlich extrem aufwändig wäre oder dadurch andere Teile des IT-spezifischen Produkts beschädigt würden. Denkbar wäre dies, sofern das gesamte IT-Sicherheitskonzept eines Produkts konzeptionell umgestaltet werden müsste oder bestimmte Funktionen abgeschaltet werden müssten, weil Soft- und Hardware sich nicht voneinander trennen lassen.[382] Ob eine solche Ausnahme vorliegt, ist letztlich eine Tatsachenfrage.[383]

(4) Irrelevanz bei nachträglich erkennbaren Mängeln

Unerheblich ist die „Weiterfresser"-Rechtsprechung demgegenüber, wenn der unsichere Zustand nicht von Beginn an vorwerfbar war. Sollte sich herausstellen, dass zum Zeitpunkt der Inverkehrgabe die dem erkennbaren Risiko entsprechenden, damals vorhandenen angemessenen Maßnahmen zur Erreichung des Mindestmaßes an Sicherheit umgesetzt wurden, so wurde ein fehlerfreies und damit sicheres Fahrzeug in den Verkehr gebracht.

Kommt es später aber zur Schädigung über eine mittlerweile erkennbare Sicherheitslücke, kann eine Eigentumsverletzung schon nicht mit dem Argument bezweifelt werden, dass der Geschädigte nie mangelfreies Eigentum hatte. Vielmehr ist das Eigentum an dieser von Anfang an fehlerfreien Sache nun unzweifelhaft verletzt. Lediglich der Vorwurf für die Verursachung dieser Rechtsgutsverletzung ändert sich. Es geht nicht um eine fehlerhafte Konzeption oder Fabrikation des Produkts, sondern darum, ob der Hersteller eine Produktbeobachtungspflicht schuldhaft vernachlässigt hat.[384] Zu einer Sachbeschädigung am IT-spezifischen Produkt, für die der Hersteller im Falle einer Verletzung der Produktbeobachtungspflicht Schadensersatz leisten muss, kann es folglich auch bei später erkennbarer mangelhafter IT-Sicherheit kommen.

382 *Sosnitza*, CR 2016, 764, 770; *Spindler*, CR 2015, 766, 768.

383 *Taeger*, S. 195.

384 Dazu bereits Kap. 3, Teil III, Abschn. 1d) lit. bb). Wie dort bereits ausgeführt, kann für eine Haftung aus § 823 Abs. 1 BGB allerdings grundsätzlich nicht daran angeknüpft werden, dass der Hersteller den Fehler nicht durch ein Update beseitigt hat.

ee) Zwischenergebnis

Unter Rückgriff auf die Rechtsprechung zum „Weiterfresser"-Schaden kann im angeführten Beispiel des vernetzten Kfz und mit identischer Argumentation in ähnlichen Situationen, in denen IT-spezifische Produkte aufgrund pflichtwidriger mangelhafter IT-Sicherheit selbst beschädigt werden, eine Eigentumsverletzung begründet werden, die die Inanspruchnahme des Endprodukteherstellers aus § 823 Abs. 1 BGB ermöglicht.

Dessen Verantwortlichkeit resultiert dabei aus eigenem fehlerhaften Verhalten, unabhängig davon, ob der mangelhaft gesicherte Bestandteil im eigenen Verantwortungsbereich entwickelt oder zugeliefert wurde. Im letzteren Fall wird nicht das fehlerhafte Verhalten des Zulieferers zugerechnet, sondern es ist an eigenes Fehlverhalten im Rahmen der Durchführung und Überwachung des Fertigungsprozesses anzuknüpfen.[385] Ein solches Fehlverhalten wird bei Nachweis eines Konstruktions- bzw. Fabrikationsmangels unterstellt. Der Endhersteller muss sich in der Folge von dem Vorwurf schuldhaften Verhaltens hinsichtlich der Kontrolle und Überwachung des Fertigungsprozesses entlasten.[386] Bei einem Fabrikationsfehler, also bspw. nur einem mit unsicherer Software ausgestattetem Produkt in der gesamten Serie, würde dies durch Nachweis eines Ausreißers gelingen.[387]

Da die deliktische Produzentenhaftung also grundsätzlich ein Vorgehen des Geschädigten gegen den Endproduktehersteller ermöglicht, wenn ein mangelhaft gesichertes IT-spezifisches Produkt selbst beschädigt wird, besteht ein Anreiz, ordnungsgemäße IT-Sicherheitsmaßnahmen gemäß der Verkehrssicherungspflicht umzusetzen. Folglich entfaltet das außervertragliche Haftungsrecht in dieser Hinsicht seine präventive Wirkung.

b) Deliktische Produzentenhaftung des Zulieferers

Neben dem Endproduktehersteller ist in gleicher Weise die Inanspruchnahme eines Zulieferers möglich, der etwa durch fehlerhafte Software die Schädigung ausgelöst hat. Er wird nicht durch die Einstandspflicht des Endherstellers entlastet, sondern haftet ohne Weiteres für Fehler des eigenen Produkts.[388] Bezüglich

---

385 Näher dazu: *Spindler*, in: BeckOGK, § 823 BGB, Rn. 680ff.

386 Ein Rückgriff auf einen Anscheinsbeweis dürfte regelmäßig nicht möglich sein, da es keine Erkenntnisse über typische Geschehensabläufen gibt, vgl.: *Meyer/Harland*, CR 2007, 689, 691.

387 *Wagner*, in: MüKo, § 823 BGB, Rn. 824.

388 Vgl. *BGH*, Urt. v. 17.10.1967 – VI ZR 70/66, NJW 1968, 247.

der Rechtsgutsverletzung am restlichen Endprodukt handelt es sich aus seiner Sicht um eine andere Sache.[389] Für deren Verletzung muss er dann eintreten, wenn auch der Hersteller, falls er das schadhafte Teil selbst hergestellt hätte, nach den Weiterfresser-Kriterien haften müsste. Insofern verlaufen die Ergebnisse parallel.[390] Diese Situation unterfällt also ebenfalls dem Schutz des Eigentumsrechts. Da ein Vorgehen gegen einen schuldhaft handelnden Zulieferer grundsätzlich möglich ist, entfaltet das Haftungsrecht auch insofern einen präventiven Effekt.

c) *Haftung aus dem Produkthaftungsgesetz*

Ob zusätzlich eine Inanspruchnahme von Hersteller und Zulieferer über § 1 ProdHaftG möglich ist, hängt davon ab, wie der vom § 823 Abs. 1 BGB abweichende Wortlaut zu interpretieren ist. Denn § 1 Abs. 1 S. 2 ProdHaftG beschränkt den zu ersetzenden Sachschaden auf andere Sachen als das fehlerhafte Produkt.

Anzumerken ist, dass eine Haftung aus dem Produkthaftungsgesetz von vornherein ausscheidet, wenn das IT-spezifische Produkt zum Zeitpunkt seiner Inverkehrgabe keinen Zustand mangelhafter IT-Sicherheit aufwies und deshalb kein Fehler i. S. d. § 3 ProdHaftG vorlag. Anders als bei der deliktischen Haftung kann der Vorwurf, ein zunächst fehlerfreies Produkt nicht auf später feststellbare Unsicherheiten beobachtet und auf diese reagiert zu haben, im Rahmen dieser Einstandspflicht nicht gemacht werden.[391] Ob hingegen bei anfänglicher Fehlerhaftigkeit wegen mangelhafter IT-Sicherheit ein Haftungsrisiko droht, hängt vom Verständnis der Begrenzung des Schadens auf „andere Sachen" gem. § 1 Abs. 1 S. 2 ProdHaftG ab.

aa) *Absoluter Haftungsausschluss durch § 1 Abs. 1 S. 2 ProdHaftG*

Die Einschränkung wird aufgrund ihres Wortlauts zum Teil so verstanden, dass sie der Übernahme der „Weiterfresser"-Rechtsprechung im Rahmen von § 1 ProdHaftG absolut entgegensteht.[392] Der Hersteller könne mangels Andersartigkeit der Sache nicht aus dem ProdHaftG für den Schaden am zerstörten oder beschädigten Produkt selbst in Anspruch genommen werden.[393] Genauso

389 *Foerste,* in: Foerste/Graf von Westphalen, § 21, Rn. 44.

390 *Tiedtke*, NJW 1990, 2961, 2965 mwN.

391 Dazu bereits Kap. 3, Teil III, Abschn. 4b).

392 *Wagner*, in: MüKo, § 1 ProdHaftG, Rn. 9 mwN; *Günther,* Roboter und rechtliche Verantwortung, S. 176.

393 Auf den klaren Wortlaut verweisen *Meyer/Harland*, CR 2007, 689, 692.

wenig dürfte der Zulieferer für Ersatz von Schäden an der Gesamtsache herangezogen werden, weil er sonst einer weitergehenden Haftung unterworfen würde als der Endhersteller, wenn letzterer das Produkt komplett selbstständig hergestellt hätte.[394] Das ProdHaftG wolle bei Arbeitsteilung einem Geschädigten zwar mehrere Schuldner zur Verfügung stellen, weshalb z. B. ein Zulieferer gesamtschuldnerisch mit einem Hersteller hafte (vgl. § 5 ProdHaftG). Allerdings dürfe dadurch nicht der Kreis ersatzfähiger Schäden, der durch § 1 Abs. 1 S. 2 ProdHaftG bewusst eingeschränkt wurde, wieder erweitert werden.[395]

bb) Haftung bei Eigenständigkeit des fehlerhaften Teilprodukts

Dem wird entgegengehalten, dass für das Verständnis der Beschränkung in § 1 Abs. 1 S. 2 ProdHaftG der Zusammenhang mit § 2 ProdHaftG entscheidend sei.[396] Auch Teile einer anderen beweglichen oder unbeweglichen Sache seien Produkte. Sofern diese Teilprodukte einen Fehler i. S. d. § 3 ProdHaftG aufweisen, der die übrigen Produkte beschädigt, würden andere Sachen betroffen, sodass die Beschränkung nicht eingreifen könne.[397] Sowohl der Endproduktehersteller als auch der Zulieferer müssten dann dem Eigentümer voll haften und ihre Verantwortlichkeit im Innenverhältnis regeln.[398]

Nach dieser Auffassung erlangt die Bewertung der fehlerhaften Komponente erhebliche Bedeutung. In jedem Einzelfall müsste anhand der Verkehrsauffassung entschieden werden, ob sie als eigenständiges Produkt anzusehen ist. Indiz dafür ist, ob sie aus Sicht der Betroffenen als eigenständige Ware auf den Märkten gehandelt wird.[399] Für individuell gestaltete, auf ein vernetztes Produkt angepasste Software, die Schwächen hinsichtlich der IT-Sicherheit aufweist, erscheint eine solche Eigenständigkeit eher zweifelhaft.[400] Ist sie Auslöser der Beschädigung eines IT-spezifischen Produkts, würde folglich die Haftungsbeschränkung eingreifen, sodass insofern eine Übereinstimmung der beiden Ansichten besteht.

---

394 *Tiedtke*, NJW 1990, 2961, 2964 mwN.
395 *Wagner*, in MüKo, § 1 ProdHaftG, Rn. 12.
396 *Schulz*, S. 161f.
397 *Vogt*, NZV 2003, 153, 158.
398 *Graf von Westphalen*, in: Foerste/Graf von Westphalen, § 46, Rn. 9; *von Bodungen/Hoffmann*, NZV 2016, 503, 507.
399 *Oechsler*, in: Staudinger, § 1 ProdHaftG, Rn. 20; *Meyer/Harland*, CR 2007, 689, 694.
400 *Sosnitza*, CR 2016, 764, 770.

cc) Sinn der Beschränkung

Auch wenn beide Ansichten im Regelfall dazu kommen dürften, dass die Haftungsbeschränkung aus § 1 Abs. 1 S. 2 ProdHaftG der Anwendung der Weiterfresser-Kriterien entgegensteht, und somit ein Streitentscheid entbehrlich ist, ist die erstgenannte Einstufung als absoluter Haftungsausschluss vorzugswürdig. Die zweite, den § 2 ProdHaftG betonende Auffassung überzeugt hingegen nicht. Denn zusätzlich zu dem eindeutigen Wortlaut ist der Sinn der Ausschlussklausel als Gegenargument anzuführen. Die Beschränkung des § 1 Abs. 1 S. 2 ProdHaftG würde in ihrem Sinn entstellt, wenn zwischen fehlerhaftem Zuliefererprodukt und mangelfreien Restteilen differenziert wird.

Die Beschränkung fordert nämlich zusätzlich, dass die beschädigte andere Sache ihrer Art nach gewöhnlich für den privaten Ge- oder Verbrauch bestimmt ist. Zieht man aber das zu differenzierende mangelhafte Teil gedanklich von der Gesamtsache ab, so bleibt ein Rest als andere Sache übrig, für den eine bestimmungsgemäße Brauchbarkeit nicht feststellbar ist. Es wäre eine Fiktion, zu behaupten, dass bspw. ein Kfz ohne Gaszug oder ohne sicherheitsrelevante Software zum privaten Ge- oder Verbrauch bestimmt sein könnte. Die bestimmungsgemäße Brauchbarkeit ergibt sich nur mit Blick auf die Gesamtsache, die sich aus allen Einzelteilen zusammensetzt.[401] Da die differenzierte Betrachtung sich also vom Sinn her nicht mit den weiteren Voraussetzungen in § 1 Abs. 1 S. 2 ProdHaftG verträgt, kann ihr nicht gefolgt werden. Die besseren Gründe sprechen demnach dafür, die gesetzlich angeordnet Einschränkung des Schutzes auf eine „andere Sache“ in absoluter Form zu verstehen.

Somit scheidet eine Einstandspflicht aus dem ProdHaftG also aus, wenn mangelhafte IT-Sicherheit eine Beschädigung oder Zerstörung des IT-spezifischen Produkts selbst auslöst. Weder der Endproduktehersteller noch der Zulieferer eines mangelhaft gesicherten Teilprodukts können in dieser Situation über diese Einstandspflicht in Anspruch genommen werden. Aus dem ProdHaftG folgt damit kein Anreiz, IT-Sicherheit zur Verhinderung derartiger Schäden zu gewährleisten.

d) Zwischenergebnis

Am Beispiel des mangelhaft gesicherten vernetzten Fahrzeugs wird deutlich, dass der Schutz vor Sachbeschädigungen in der Regel auch Situationen erfasst, in denen eine Pflichtverletzung bzgl. der Gewährleistung der IT-Sicherheit zur

---

401 *Vogt*, NZV 2003, 153, 158.

Zerstörung oder Beschädigung des IT-spezifischen Produkts selbst führt. Zwar liegt die Rechtsgutsverletzung im Rahmen des deliktischen Anspruchs gegen den Endproduktehersteller bei von Beginn an bestehenden Sicherheitsmängeln nicht ohne Weiteres auf der Hand. Unter Rückgriff auf die „Weiterfresser"-Rechtsprechung des *BGH* kann eine Sachbeschädigung jedoch regelmäßig begründet werden. Sie greift allerdings nur im Rahmen des § 823 Abs. 1 BGB, während sie aufgrund der Einschränkung in § 1 Abs. 1 ProdHaftG nicht für den dortigen Anspruch herangezogen werden kann. Über die deliktische Einstandspflicht kann demnach jeder pflichtwidrig handelnde Endprodukthersteller oder Zulieferer für kausal verursachten Schäden in Anspruch genommen werden. Ebenso wie den praktisch relevanten Fall einer Beschädigung anderer körperlicher Sachen aufgrund mangelhafter IT-Sicherheit erfasst der Schutz des Rechtsguts Sache also auch Konstellationen, in denen es zur Substanzverletzung des IT-spezifischen Produkts selbst kommt. Zumindest über § 823 Abs. 1 BGB besteht folglich für jeden Hersteller ein Anreiz, IT-Sicherheit zu gewährleisten, um nicht für ansonsten drohende Schäden einstandspflichtig zu werden. Das außervertragliche Haftungsrecht wirkt demnach auch in dieser Hinsicht umfassend präventiv in Richtung IT-Sicherheit.

3. Löschung und Manipulation von Informationen

Die soeben näher behandelten Situationen sind nicht die einzigen praxisrelevanten Fälle, in denen mangelhafte IT-Sicherheit von IT-spezifischen Produkten oder Diensten sich auf körperliche Gegenstände negativ auswirkt. So kann es infolge mangelhafter IT-Sicherheit etwa auch zu negativen Folgen in Bezug auf Sachen kommen, sofern Informationen in ihrer Gestalt als Daten nicht pflichtgemäß gesichert wurden. Folgendes Beispiel verdeutlicht dies:

Ein Unternehmen setzt zur Herstellung seiner Güter Maschinen ein, die durch Computersoftware gesteuert werden. Die für die Herstellung nötigen Daten werden durch Mitarbeiter des Unternehmens erstellt und auf Servern eines Anbieters IT-spezifischer Dienste gespeichert. Von dort werden sie im Rahmen des Fertigungsprozesses „just in time" heruntergeladen und verarbeitet. Nach einem fehlgeschlagenen Verarbeitungsprozess wird festgestellt, dass die Server des Dienstleisters nicht ausreichend gegen unberechtigten Zugriff abgesichert waren. So konnten Hacker die Informationen derart manipulieren, dass sie nach ihrem Download die Computersysteme infizierten, wodurch es zum Verlust sämtlicher lokal gespeicherter Daten kam. Angemessene technische und organisatorische Sicherheitsmaßnahmen seitens des Dienstleisters hätten den Eintritt dieses vorhersehbaren Risikos verhindert.[402]

In diesen und ähnlichen Fällen stellt sich erneut die Frage, ob eine Verletzung des Rechtsguts Sache vorliegt. Sollte eine Sachbeschädigung begründet werden können, würde angesichts des Haftungsrisikos ein Anreiz bestehen, solche Szenarien durch IT-Sicherheitsmaßnahmen zu minimieren.

a) Informationen als beschädigte Sache

Eine Sachbeschädigung kann jedenfalls nicht damit begründet werden, dass Informationen beeinträchtigt sind. Dies mag zwar zu Schäden führen, weil sie beispielsweise vollständig rekonstruiert werden müssen, was erhebliche Kosten mit sich bringen kann. Der Schaden muss aber aus der Beschädigung des Rechtsguts Sache resultieren. Informationen selbst sind jedoch keine Sachen gem. § 90 BGB, da ihnen die für den Sachbegriff erforderliche abgrenzbare Körperlichkeit fehlt.[403]

b) Datenträger als beschädigte Sache

Daraus folgt jedoch nicht, dass eine Sachbeschädigung per se ausgeschlossen ist, wenn Informationen aufgrund mangelhafter IT-Sicherheit eines IT-spezifischen Produkts oder Dienstes beeinträchtigt werden. Denn dadurch, dass sie sich auf einem Datenträger materialisieren müssen, damit es überhaupt zu informationstechnischen Verarbeitungsprozessen kommt, gibt es einen Anknüpfungspunkt für eine Sachbeschädigung. Ein Datenträger erfüllt unzweifelhaft den Sachbegriff i. S. d. § 90 BGB.[404] Dessen Beschädigung bei der Löschung oder Manipulation gespeicherter Daten lässt sich auf zwei unterschiedlichen Wegen begründen.

aa) Substanzbeeinträchtigung

Zum ersten kann auf den Speichervorgang abgestellt werden. Eine elektromagnetische Speicherung von Informationen auf einem Speichermedium führt zu dessen physischer Veränderung. Die molekulare Struktur des Datenträgers wird

---

402 Szenario angelehnt an: *OLG Oldenburg*, Beschl. v. 24.11.2011 – 2 U 98/11 = ZD 2012, 177; *Beuth/Strathmann*, auf: Zeit.de, Locky und die Liga der außergewöhnlichen Schadprogramme.

403 *BGH*, BGHZ 207, 163, 168, Rn. 20 = NJW 2016, 1094, 1095; *OLG Nürnberg*, Beschl. v. 23.01.2013 – 1 Ws 445/12, Rn. 13 = ZD 2013, 282, 283; *Dorner*, CR 2014, 617, 618; *Hoeren/Völkel*, in: Festschrift Krawietz, S. 603, 609.

404 *Stieper*, in: Staudinger, § 90 BGB, Rn. 12 mwN.

dadurch nachhaltig verändert.[405] Es handelt sich um eine für das bloße Auge nicht sichtbare, mit technischen Hilfsmitteln jedoch wahrnehmbare Veränderung seiner Substanz.[406] Diese Substanz wird wiederum verändert, wenn Daten gelöscht oder geändert werden.[407] Denn es kommt zwangsläufig zu einer erneuten Modifizierung der molekularen Struktur des Datenträgers.[408]

Dies erfüllt nach klassischem Verständnis die Anforderungen an eine Sachbeschädigung. Von einer Beschädigung einer Sache ist stets auszugehen, wenn nachteilig auf den körperlichen Gegenstand eingewirkt wird und insbesondere, wenn dessen Substanz Änderungen erfährt.[409] Auf diesen „mittelbaren Schutz"[410] von Daten über den Schutz der Sachsubstanz des Datenträgers greift die Rechtsprechung regelmäßig zurück.[411] An dessen Wirksamkeit bestehen auch keine Zweifel.[412] Zwar lässt sich dieser Schutz als Hilfskonstruktion kritisieren, um Schadensersatzansprüche bei Datenverlusten bzw. -beeinträchtigungen zu gewähren.[413] Tatsächlich ist daran aber nichts auszusetzen, da es sich bei diesem Ergebnis um die logische Konsequenz aus der Befolgung des Schutzbereichs handelt, der durch den Eigentumsbegriff vorgegeben ist.[414]

bb) Nutzungsbeeinträchtigung

Zum zweiten bietet die Anknüpfung an den Datenträger eine alternative Möglichkeit zur Begründung einer Sachbeschädigung. Ausgangspunkt dieses Ansatzes ist, dass die Nutzung des Datenträgers eine systematische Ordnung von Daten voraussetzt. Eine ungewollte Veränderung bzw. Löschung der Daten beeinträchtigt die systematische Ordnung. Dadurch kann das Medium nicht

---

405 *Spindler*, in: Festschrift Coester-Waltjen, S. 1183, 1184; *Faustmann*, VuR 2006, 260, 260.

406 *Meier/Wehlau*, NJW 1998, 1585, 1588.

407 *Faust*, in: Verhandlungen des 71. Deutschen Juristentages, S. 47.

408 *Spickhoff*, in: Leible/Lehmann/Zech, S. 233, 236; *Spindler*, JZ 2016, 805, 812.

409 *Wagner*, in: MüKo, § 823 BGB, Rn. 213.

410 *Faust*, NJW-Beil. 2016, 29, 32; *Grützmacher*, CR 2016, 485, 489.

411 *OLG Oldenburg*, Beschl. v. 24.11.2011 - 2 U 98/11 = ZD 2012, 177, 28832; *LG Kaiserslautern*, Urt. v. 18.3.1999 - 2 O 966/97 = DAR 2001, 225; *AG Brandenburg*, Urt. v. 23.5.2011 - 34 C 124/10, Rn. 24; Vgl. auch *BGH*, Urt. v. 9.12.2008 - VI ZR 173/07, Rn. 8 = NJW 2009, 1066, 1067; *BAG*, BAGE 129, 145, Rn. 17 = NJW 2009, 1990, 1991.

412 *Hager*, in: Staudinger, § 823 BGB, Rn. B 60 mwN; *Spickhoff*, in: Leible/Lehmann/Zech, S. 233, 236 mwN; *Spindler*, in: Festschrift Coester-Waltjen, S. 1183, 1184 mwN.

413 *Bartsch*, in: Festschrift Schneider, S. 297, 299; *Meier/Wehlau*, NJW 1998, 1585, 1588; *Wehlau*, OLGR 20014, K27, K28.

414 *Wagner*, in: MüKo, § 823 BGB, Rn. 221; *Berberich*, WRP 2011, 543, 546.

mehr wie vorgesehen genutzt werden.[415] Der Nutzungszweck, der in der Sicherung und Bereitstellung von Daten liegt, wäre vereitelt,[416] sodass das Eigentum am Datenträger verletzt wäre.

Diese alternative Begründung einer Eigentumsverletzung erscheint allerdings weniger überzeugend als der Rückgriff auf die Verletzung der Sachsubstanz. Denn zum einen besteht im Gegensatz zur alternativen Anknüpfung an die Sachsubstanz Unklarheit darüber, ob sie überhaupt im Rahmen jeder Einstandspflicht Anwendung finden kann. Während eine Nutzungsbeeinträchtigung zumindest im Rahmen von § 823 Abs. 1 BGB als Verletzung des dort geschützten Eigentumsrechts anerkannt ist,[417] ist umstritten, ob die in den sonstigen Einstandspflichten geforderte Sachbeschädigung über Substanzverletzungen hinaus auch Beeinträchtigungen der Nutzung umfasst.[418] Aber selbst wenn der Begriff der Sachbeschädigung, orientiert an § 303 StGB,[419] auch im Zivilrecht weit verstanden wird und Nutzungsbeeinträchtigungen mit einbezogen werden,[420] bleiben Zweifel bezüglich der Überzeugungskraft dieses Arguments.

Der grundlegende Gedanke, dass bei einer Beeinträchtigung der Daten eine innere Ordnung des Speichermediums gestört und deshalb dessen Nutzung beeinträchtigt wird, entstammt einer Entscheidung des *BGH*. Darin wurde eine Eigentumsverletzung nicht nur bezogen auf den Diebstahl einer Vielzahl von archivierten Büchern angenommen, sondern auch die daraus resultierende Beeinträchtigung der Nutzung des Archivs als umfasste Rechtsgutsverletzung bewertet. Begründet wurde dies damit, dass es sich um eine organisatorische Sachgesamtheit handele, die durch Vollständigkeit und Ordnung einen Wert habe, der die Summe der darin zusammengefassten Einzelsachen übersteige.[421]

Dieser Gedanke lässt sich jedoch nicht für sämtliche Datenverluste verabsolutieren. Ein über die Summe der einzelnen Bestandteile hinausgehender Wert,

---

415 *Faust*, in: Verhandlungen des 71. Deutschen Juristentages, S. 47; *Spindler*, JZ 2016, 805, 812.

416 *Spickhoff*, in: Leible/Lehmann/Zech, S. 233, 236; *Spindler*, in: Festschrift Coester-Waltjen, S. 1183, 1184; *Taeger*, S. 261.

417 *OLG Karlsruhe*, Urt. v. 7.11.1995 – 3 U 15/95, Rn. 8 = NJW 1996, 200, 201.

418 Ablehnend: *Greger*, in: Greger/Zwickel, § 3, Rn. 46; *Graf von Westphalen*, in: Foerste/Graf von Westphalen, § 45, Rn. 26; befürwortend: *Wagner*, in: MüKo, § 1 ProdHaftG, Rn. 6.

419 *Stree/Hecker*, in: Schönke/Schröder, § 303 StGB, Rn. 11 mwN.

420 *BGH*, Urt. v. 9.12.2014 – VI ZR 155/14, Rn. 8 = NJW 2015, 1174, 1174; Urt. v. 6.12.1994 – VI ZR 229/93, Rn. 11 = NJW-RR 1995, 342, 343.

421 *BGH*, BGHZ 76, 216, 219f. = NJW 1980, 1518, 1519.

der gemindert wird, mag bei einem Datenbestand angenommen werden können, der für die Funktionalität eines Systems verantwortlich ist. Die Löschung von Systemsoftware, die ihrerseits nichts anderes ist als eine Menge an verkörperten Informationen, könnte demnach im Sinne der *BGH*-Entscheidung bewertet werden.[422] Hingegen lässt sich nur schwer annehmen, dass bei der Löschung oder Manipulation einzelner Daten einer auf einer Festplatte gespeicherten Datensammlung ein Wertverlust auftritt, der über die einzelne beeinträchtigte Datei hinausgeht.[423]

Nicht jede Beeinträchtigung von Daten kann vor diesem Hintergrund zwangsläufig als Nutzungsbeeinträchtigung des Speichermediums qualifiziert werden. Stattdessen muss eine nicht unerhebliche Beeinträchtigung der bestimmungsgemäßen Verwendung der Sache festzustellen sein.[424] Zudem ist eine Abgrenzung zu einer lediglich vorübergehenden Nutzungseinengung oder einem bloßen Ausschluss einer bestimmten Verwendungsmodalität vorzunehmen.[425] Gerade letzteres bereitet Schwierigkeiten angesichts der Tatsache, dass das Speichermedium zur Speicherung und Bereitstellung anderer als der beeinträchtigten Daten verwendet werden kann. Wann die Grenze zur Erheblichkeit überschritten ist und wo die Grenze zur Nutzungseinengung liegt, ist auch nur schwer vorhersehbar. Diese Rechtsunsicherheit ist der entscheidende Nachteil dieses Begründungsansatzes gegenüber dem Rückgriff auf die Substanzverletzung. Bei Berufung auf letzterer ist eindeutig, dass bei jeder Löschung oder Manipulation eines gespeicherten Datums eine Rechtsgutverletzung vorliegt. Sie ist deshalb vorzuziehen.

cc) Zwischenergebnis

Unabhängig davon, ob man sich auf die vorzugswürdige These der Substanzverletzung stützt oder die Voraussetzungen einer erheblichen Nutzungsbeeinträchtigung des Speichermediums annimmt, ist davon auszugehen, dass Löschungen oder Veränderungen von Daten eine Sachbeschädigung darstellen können. Auf dieser Grundlage ist von einem Anreiz auszugehen, IT-spezifische Produkte

---

422 *Förster*, in: Bamberger/Roth, § 823 BGB, Rn. 141.

423 So auch *Faustmann*, VuR 2006, 260, 261.

424 *BGH*, Urt. v. 9.12.2014 – VI ZR 155/14, Rn. 18 = NJW 2015, 1174, 1175; Urt. v. 11.1.2005 – VI ZR 34/04, Rn. 12 = VersR 2005, 515, 516 mwN.

425 *BGH*, Urt. v. 21.6.2016 – VI ZR 403/14, Rn. 18 = NZV 2017, 25, 27; Urt. v. 18.11.2003 – VI ZR 385/02, Rn. 25 = VersR 2004, 255, 257 mwN.

oder Dienste so hinsichtlich der IT-Sicherheit zu konstruieren, dass es nicht zu diesen negativen Folgen kommen kann.

c) Nachteil des Substanzschutzes von Daten über den Datenträger

Allerdings wurde bislang nicht berücksichtigt, dass die Nutzung eines eigenen Datenträgers heutzutage nicht mehr die Regel ist. Statt in eigene kostspielige IT-Infrastruktur zu investieren, greifen viele IT-Anwender auf Speicherkapazitäten fremder Unternehmen zurück oder machen von sonstigen flexiblen und wirtschaftlich lohnenden Angeboten im Rahmen des Cloud Computing Gebrauch.[426] Daraus resultiert eine Situation, in der derjenige, der durch die Beeinträchtigung von Informationen negativ betroffen ist, nicht zugleich der Eigentümer der Sache ist, auf der sich die Information materialisiert hat. Vor diesem Hintergrund versagt die Anknüpfung an das Speichermedium zur Begründung der Sachbeschädigung.[427]

d) Untauglichkeit des Besitzschutzes bei fremdem Speichermedium

Dieses je nach Speicherort divergierende Resultat kann nicht durch einen Rückgriff auf ein etwaiges Besitzrecht des Geschädigten an dem Speichermedium aufgelöst werden. Zwar schützen sämtliche Einstandspflichten, die tatbestandlich auf eine Sachbeschädigung abstellen, auch den berechtigten Besitz an der Sache.[428] Ebenfalls erfasst der § 823 Abs. 1 BGB, trotz seiner andersartigen Konstruktion, den Besitz im Rahmen der sonstigen Rechte,[429] sodass insofern ein Gleichlauf besteht.

aa) Unmittelbarer Besitz

Eine Auslagerung von Daten auf fremde Speichermedien hat jedoch keine besitzrechtlichen Änderungen am Speicher zur Folge.[430] Der Anbieter des Speicherdienstes ist der unmittelbare Besitzer kraft tatsächlicher Sachherrschaft über die in seinem Herrschaftsbereich befindlichen Speichermedien mit den darauf materialisierten Daten. Die Speicherung von Daten von Kunden ändert daran

426 *Bartsch*, in: Festschrift Schneider, S. 297, 298.

427 *Wagner*, in: MüKo, § 823 BGB, Rn. 220; *Faust*, NJW-Beil. 2016, 29, 32. *Hörl*, ITRB 2014, 111, 112.

428 *Filthaut*, § 1 HPflG, Rn. 150; *Seibl*, in: BeckOGK, § 1 ProdHaftG, Rn. 30.

429 *Wagner*, in: MüKo, § 823 BGB, Rn. 288.

430 Anders *Heymann*, CR 2016, 650, 651: Speichernder als „rechtmäßiger – ggf. mittelbarer Besitzer.“

nichts. Sie führt nicht zu einer Änderung der Herrschaftsbeziehungen zur Sache, sodass der Anbieter dadurch seinen unmittelbaren Besitz am Speichermedium verliert.

bb) Mittelbarer Besitz

Ebenso wenig lässt sich vertreten, dass der Eigentümer des Speichermediums in einem Besitzmittlungsverhältnis i. S. d. § 868 BGB mit dem Kunden steht, der ihn als Oberbesitzer anerkennt und den Besitz mitteln will.[431] Letzteres wäre überhaupt nur möglich, wenn differenziert würde zwischen dem einem Kunden zur Speicherung zugewiesenen Teil des Mediums, auf dem sich dessen Daten materialisieren, und dem Rest des Speichermediums, der wiederum von einer Vielzahl weiterer Kunden belegt sein kann. Abgesehen davon, dass eine solche Unterscheidung praktisch nicht möglich ist, handelt es sich dabei um eine künstliche Aufspaltung einer einheitlichen Sache, die nicht nur dem sachenrechtlichen Bestimmtheitsgrundsatz, sondern auch der Verkehrsauffassung widerspricht.[432] Zudem wäre es eine mit der Realität nicht zu vereinbarende Unterstellung, dass der Eigentümer des Speichers damit einverstanden ist, dass die Kunden, jeweils bezogen auf den durch ihre Daten tatsächlich körperlich beanspruchten Teil des Speichermediums, ihm Besitz daran vermitteln.

cc) Mitbesitz

Auch von Mitbesitz des Kunden i. S. d. § 866 BGB an dem Speichermedium kann nicht ausgegangen werden.[433] Dafür wäre ein Mindestmaß an Einwirkungsmöglichkeiten ähnlich der Sachherrschaft notwendig.[434] Zur Begründung einer solchen könnte man zwar mit dem *BGH* eine „Funktionsherrschaft“[435] bezüglich der auf dem Speichermedium befindlichen Daten annehmen. Weil der Kunde das „ob“ der Datenspeicherung beeinflussen kann,[436] besteht eine Möglichkeit zur Einwirkung.

Allerdings kann dies nicht darüber hinwegtäuschen, dass die Einwirkungsmöglichkeit begrenzt ist.[437] Mitbesitz kommt aber nur bezüglich einer ganzen

---

431 Zur Erforderlichkeit der Anerkennung eines Oberbesitzers: *Gutzeit*, in: Staudinger, § 868 BGB, Rn. 15.

432 Zur Bedeutung der Verkehrsauffassung: *Gutzeit*, in: Staudinger, § 854 BGB, Rn. 6.

433 Ebenso *Bartsch*, in: Festschrift Schneider, S. 297, 298.

434 *Berberich*, WRP 2011, 543, 546.

435 *BGH*, BGHZ 207, 163, 168, Rn. 20 = NJW 2016, 1094, 1095.

436 *Spindler*, in: BeckOGK, § 823 BGB, Rn. 136.

437 Anderer Ansicht ist *Spindler*, demzufolge eine „gewisse Herrschaft“ über die Daten ausreichen soll, vgl. *Spindler*, in: Leible/Lehmann/Zech, S. 261, 279.

Sache in Betracht.[438] Die Sache ist hier nach der Verkehrsauffassung das gesamte Speichermedium. Gegenüber der tatsächlichen Sachherrschaft des unmittelbaren Besitzers verblasst die Einwirkungsmöglichkeit des Kunden.[439] Er kann beispielsweise nicht beeinflussen, ob die Daten auf ein anderes, dem Anbieter gehörendes Speichermedium übertragen werden oder in einem anderen Format gespeichert werden. In Relation zu dieser Sachherrschaft hat er keine ähnlichen Einwirkungsmöglichkeiten, sondern nutzt die Sache lediglich mit. Das allein reicht für die Annahme von Mitbesitz jedoch nicht aus.[440]

dd) Unvereinbarkeit von Besitzschutz und moderner Speichertechnik

Losgelöst vom bisher Gesagten ist ein über ein fremdes Speichermedium besitzrechtlich vermittelter Schutz angesichts der modernen technischen Speichermethoden schließlich auch generell zum Scheitern verurteilt. Da sich die Speicherung von Daten beim Cloud Computing immer weiter von statischen Speicherorten löst und sie zudem in kleinteiligen Fragmenten verstreut über verschiedene Server stattfindet,[441] wäre es eine reine rechtliche Konstruktion, den die Daten Auslagernden als Besitzer einzuordnen. Sie wäre nicht mit den realen Begebenheiten in Einklang zu bringen. Denn für diesen ist es in einer derartigen technischen Umgebung nicht mehr steuer- und kontrollierbar, wo und wie die Daten überhaupt gespeichert und verarbeitet werden.[442] Unter diesen Umständen passt ein Rückgriff auf das gesetzliche Konstrukt des Besitzes nicht.[443]

e) Zwischenergebnis

Werden aufgrund mangelhafter IT-Sicherheit eines IT-spezifischen Produkts oder Dienstes Informationen in Gestalt als Daten durch Löschung oder Manipulation beeinträchtigt, kann dies als Sachbeschädigung des Datenträgers qualifiziert werden. Ein daraus folgender Schaden wäre jedenfalls über § 823 Abs. 1

438 *Joost*, in: MüKo, § 866 BGB, Rn. 1.

439 *Berberich*, WRP 2011, 543, 546.

440 *Gutzeit*, in: Staudinger, § 866 BGB, Rn. 3.

441 *Spindler*, in: BeckGroßkommentar, § 823 BGB, Rn. 137.

442 *Hoppen*, CR 2015, 802, 804. Dieser Steuerungs- und Kontrollverlust besteht laut Google sogar in erheblichem Maße für den Anbieter selbst, vgl. *US District Court for the Eastern District of Pennsylvania*, Urt. v. 3.2.2017, Misc. No. 16-960-M-01; 16-1061-M, S. 7.

443 So trotz des Ansatzes der funktionalen Sachherrschaft auch *Spindler*, JZ 2016, 805, 812.

BGB grundsätzlich zu ersetzen,[444] sodass für jeden Hersteller oder Diensteanbieter ein Anreiz besteht, IT-Sicherheitsmaßnahmen zur Verhinderung dieser Gefahr umzusetzen. Ein Schaden liegt allerdings nur vor, sofern die Informationen auf einem Datenträger gespeichert waren, der im Eigentum des durch die Datenbeeinträchtigung Geschädigten steht. Bei einer Auslagerung der Daten auf Speichermedien, die im Eigentum eines Dritten stehen, scheitert die Begründung eines Schadens unter Anknüpfung an eine Sachbeschädigung. In dem Fall kann sich der Geschädigte auch nicht auf den Besitzschutz berufen.

Dieses unterschiedliche Ergebnis, je nachdem, ob Daten auf einem eigenen oder einem fremden Medium materialisiert sind, lässt sich als unsachgemäßer Wertungswiderspruch kritisieren.[445] An der Feststellung, dass bei Löschung oder Manipulation extern gespeicherter Daten keine den Geschädigten treffende Sachbeschädigung vorliegt, vermag der Vorwurf jedoch nichts zu ändern. Derartige Situationen können also vom geltenden Haftungsrecht nicht als Beeinträchtigung einer Sache erfasst und geregelt werden. Insoweit löst das außervertragliche Haftungsrecht für Hersteller und Anbieter IT-spezifischer Produkte bzw. Dienste jedenfalls in Anbetracht des Sachschutzes keinen Anreiz aus, IT-Sicherheitsmaßnahmen zum Schutz extern gespeicherter Daten umzusetzen.

4. Beeinträchtigung der Nutzung eines Gegenstandes

Die bislang untersuchten Situationen, in denen mangelhafte IT-Sicherheit von IT-spezifischen Produkten oder Diensten negative Folgen im Zusammenhang mit Sachen auslöst, zeichnen sich dadurch aus, dass stets an Veränderungen der Sachsubstanz angeknüpft werden kann, um eine Verletzung des Rechtsguts Sache zu begründen. Praktisch mindestens genauso relevant sind allerdings Situationen, die ihrem Erscheinungsbild nach nicht als Sachbeschädigung in diesem klassischen Sinne einzustufen sind. Gemeint sind damit Situationen, in denen mangelhafte IT-Sicherheit sich ohne Beeinträchtigung der Sachsubstanz auf die Verwendungsmöglichkeit einer im Eigentum des Geschädigten stehenden Sache auswirkt.

Ausgelöst werden solche Situationen dadurch, dass die Verfügbarkeit, Authentizität oder Integrität der für die Sachnutzung erforderlichen Informationen, Systeme, Komponenten oder Prozesse nicht gewährleistet sind. Dieses Fehlverhalten kann entweder bei einem IT-spezifischen Dienst vorliegen, der

---

444 Zur Schadensbemessung: *BGH*, Urt. v. 9.12.2008 – VI ZR 173/07 = NJW 2009, 1066; BGHZ 133, 155 = NJW 1996, 2924.

445 *Redeker*, CR 2011, 634, 636.

für die Nutzung einer Sache des Geschädigten notwendig ist. Alternativ kann es auch bezogen auf ein IT-spezifisches Produkt vorkommen und dessen eigene Nutzung betreffen. Inwiefern diese spürbaren Beeinträchtigungen von Sachen durch den Schutz dieses Rechtsguts erfasst werden, ist im Folgenden zu analysieren.

a) Sachschutz bei Nutzungsbeeinträchtigungen

Nutzungsbeeinträchtigungen ohne Einwirkung auf die Sachsubstanz können seit der *BGH*-Entscheidung zum „Fleet"-Fall als Eigentumsverletzung i. S. d. § 823 Abs. 1 BGB anerkannt werden.[446] Da eine Sachbeschädigung in den übrigen Einstandspflichten vermehrt so interpretiert wird, dass sie auch Nutzungsbeeinträchtigungen umfasst,[447] besteht insofern ein Gleichlauf zwischen den einzelnen Einstandspflichten. Wird die Nutzungsmöglichkeit einer Sache also beeinträchtigt, könnte dies grundsätzlich ausreichen, um von einer Rechtsgutsverletzung auszugehen, die von sämtlichen Haftungsgrundlagen erfasst ist. Dementsprechend käme es zu einem umfassenden Anreiz, IT-Sicherheit zur Vermeidung dieser Beeinträchtigungen zu gewährleisten.

Allerdings sind laut *BGH* zwei Einschränkungen im Hinblick auf Nutzungsbeeinträchtigungen zu berücksichtigen. Weder darf die bestimmungsgemäße Verwendungsmöglichkeit der Sache nur unerheblich beeinträchtigt werden, noch darf die Beeinträchtigung ihren Grund in einer nur mittelbaren Einwirkung auf die Sache haben.[448] Diese Beschränkungen lassen sich zwar aufgrund ihrer Unschärfe kritisieren. Insbesondere die Grenze zwischen einer mittelbaren und einer unmittelbaren Einwirkung ist kaum trennscharf zu ziehen und kann zu diskussionswürdigen Unterscheidungen führen. Beispielhaft zeigt sich dies etwa bei einer Entscheidung über einen Schadensersatzanspruch wegen der Nutzungsbeeinträchtigung eines Grundstücks. Im Urteil wurde hinsichtlich der Unmittelbarkeit danach differenziert, dass für einen Zeitabschnitt ein polizeiliches Betretungsverbot vorlag, für einen anderen Zeitabschnitt hingegen nur noch die Zufahrtsstraßen blockiert waren.[449]

---

446 *BGH*, BGHZ 55, 153, 159 = NJW 1971, 886, 888.

447 *BGH*, Urt. v. 9.12.2014 – VI ZR 155/14, Rn. 8 = NJW 2015, 1174, 1174; Urt. v. 6.12.1994 – VI ZR 229/93, Rn. 11 = NJW-RR 1995, 342, 343.

448 So zuletzt: *BGH*, Urt. v. 9.12.2014 – VI ZR 155/14, Rn. 18 = NJW 2015, 1174, 1176 mwN.

449 *BGH*, Urt. v. 21.6.1977 – VI ZR 58/76, Rn. 8ff. = NJW 1977, 2264ff.

Allerdings ist trotz dieser Unschärfe anzuerkennen, dass diese einschränkenden Kriterien unumgänglich sind, um eine uferlose Einstandspflicht für fahrlässig herbeigeführte, mittelbare Folgeschäden zu verhindern, die sich nur im Vermögen des Geschädigten niederschlagen.[450] Die Notwendigkeit der Einschränkung wird auch von Kritikern der Rechtsprechung nicht bestritten. Da sich eine vorzugswürdige Alternative zu den beiden Kriterien bislang nicht etabliert hat, werden sie trotz der berechtigten Kritikpunkte der weiteren Darstellung zugrunde gelegt.[451]

b) Nutzungsbeeinträchtigungen infolge mangelhaft gesicherter IT-spezifischer Dienste

In Anbetracht dieser einschränkenden Kriterien ist im Regelfall nicht von einer für eine Sachbeschädigung ausreichenden Nutzungsbeeinträchtigung auszugehen, wenn eine Sache aufgrund mangelhafter IT-Sicherheit eines IT-spezifischen Dienstes nicht genutzt werden kann. Beispielhaft lässt sich dies mit einer Maschine belegen, die ohne Internetzugriff auf den Server eines Zulieferers nicht die geplanten Arbeitsprozesse durchführen kann. Scheitert die Herstellung der Verbindung, weil ein Telekommunikationsnetzbetreiber keine angemessenen Maßnahmen zur Sicherung der Verfügbarkeit seines Netzes getroffen hat, könnte der Geschädigte bestrebt sein, die deshalb erlittenen Vermögenseinbußen aus dem Nutzungsausfall der Maschine von diesem Anbieter des IT-spezifischen Dienstes ersetzt zu verlangen. Diesbezüglich kann er sich jedoch nicht auf einen Schaden infolge einer Sachbeschädigung an der Maschine berufen.

Zwar steht der Einstufung einer Sachbeschädigung in Form der Nutzungsbeeinträchtigung in dieser Situation nicht das erstgenannte Kriterium der Unerheblichkeit entgegen. Dieses wurde erst kürzlich durch den *BGH* näher konkretisiert. Ihm zufolge darf eine zeitlich definierte Schwelle nicht zur Begründung der Unerheblichkeit in Betracht gezogen werden.[452] Selbst bei kurzfristigen Nutzungsbeeinträchtigungen infolge mangelhafter IT-Sicherheit bei IT-spezifischen Diensten könnte demnach eine Sachbeschädigung begründet werden.

Allerdings muss dafür zusätzlich eine unmittelbare Einwirkung auf die Sache nachweisbar sein, von der im stellvertretend angeführten Szenario nicht auszugehen ist. Dass die Maschine stillsteht, ist nur eine entfernte, reflexhafte Folge der mangelhaften Sicherungsvorkehrungen des Anbieters des IT-spezifischen

---

450 *BGH*, Urt. v. 11.1.2005 – VI ZR 34/04, Rn. 11 = NJW-RR 2005, 673, 674.
451 Vgl. näher zur Diskussion: *Wagner*, in: MüKo, § 823 BGB, Rn. 241f. mwN.
452 *BGH*, Urt. v. 21.6.2016 – VI ZR 403/14, Rn. 19 = NZV 2017, 25, 27.

Dienstes. Deren Fehlerhaftigkeit steht weder tatsächlich noch rechtlich im Bezug zur Sache, auf die sie sich negativ auswirkt.[453] Die Konstellation unterscheidet sich damit von den anerkannten Fällen einer Nutzungsbeeinträchtigung wie etwa dem Einsperren eines Schiffs oder der Blockade einer Grundstücksausfahrt.[454]

Die Ablehnung einer Nutzungsbeeinträchtigung in diesen Fällen hält auch einer wertenden Überprüfung stand. Die Situation ist vergleichbar mit Schädigungen in sonstigen Zulieferfällen, in denen eine Abhängigkeit besteht: wenn z. B. eine Holzlieferung für einen Brennofen aufgrund einer Straßensperrung nach einem Unfall nicht ausgeliefert werden kann, ist es ebenso fernliegend, dass der Empfänger der Lieferung einen entstandenen Ausfallschaden unter Verweis auf eine Nutzungsbeeinträchtigung des Ofens geltend machen kann.[455]

Allerdings erscheint in Ausnahmefällen eine Begründung eines unmittelbaren Eingriffs möglich. Veranschaulichen lässt sich dies an einem Service-Dienst für ein vernetztes Fahrzeug. Anzunehmen ist, dass es erst dann zu starten ist, wenn nach einem Abgleich mit Informationen im System des Diensteanbieters der ordnungsgemäße Fahrzeugzustand bestätigt wurde.[456] Sollte der Service-Dienst mangelhaft gesichert sein, sodass ein Zugriff auf die Log-In-Datenbank scheitert und sich der Nutzer des vernetzten Kfz deshalb nicht mit dem System verbinden kann,[457] wäre eine Nutzung des Fahrzeugs praktisch unmöglich. In diesem Fall wäre von einer unmittelbaren Einwirkung auf die Sache auszugehen. So würde auch eine vergleichbare Beurteilung wie beim Einsperren des Fahrzeugs durch ein physisches Hindernis gewährleistet. Würde hingegen die Verbindung mit dem System aufgrund eines mangelhaft gesicherten Telekommunikationsnetzes scheitern, bliebe es bei der Grundregel, dass die Unmittelbarkeit des Eingriffs fehlt.

---

453 Dass die Einwirkung tatsächlicher oder rechtlicher Natur sein kann, ist ständige Rechtsprechung, vgl. *BGH*, Urt. v. 9.12.2014 – VI ZR 155/14, Rn. 18 = NJW 2015, 1174, 1176 mwN.

454 Vgl. *BGH*, Urt. v. 21.6.2016 – VI ZR 403/14 = NZV 2017, 25; Urt. v. 21.6.1977 – VI ZR 58/76 = NJW 1977, 2264; BGHZ 55, 153 = NJW 1971, 886.

455 Ausführlich dazu *Picker*, JZ 2010, 541, 545.

456 Beispiel angelehnt an: *Krempl*, auf: Heise.de, EU-Polizeinetzwerk will Autos ferngesteuert stoppen.

457 Angelehnt an: *Schmitz*, auf: Heise.de, SIM-Karten-Prüfdatenbank hat Telekom-Mobilfunknetz lahmgelegt.

c) *Nutzungsbeeinträchtigungen infolge mangelhaft gesicherter IT-spezifischer Produkte*

Ohne Ausnahme ist demgegenüber die Begründung einer vom Sachschutz erfassten Nutzungsbeeinträchtigung ausgeschlossen, sofern mangelhafte IT-Sicherheit eines IT-spezifischen Produkts dessen Nutzung beeinträchtigt. Grund dafür sind nicht nur die oben angeführten Beschränkungen durch die Rechtsprechung, sondern darüber hinaus der Schutzzweck der außervertraglichen Haftungsnormen. Verdeutlicht werden kann der Ausschluss dieser Konstellationen aus dem Sachschutz am Beispiel einer mangelhaft gesicherten smarten Heizung.

Für das Beispielszenario ist davon auszugehen, dass diese vom Hersteller nicht mit ausreichenden Sicherungsmaßnahmen versehen wurde, um sie vor unbefugtem Zugriff zu schützen. Regelt infolge dessen ein Hacker die Heizung wiederholt entgegen dem Willen des Eigentümers hoch, könnte der Eigentümer bestrebt sein, die aus den erhöhten Heizkosten resultierenden Vermögenseinbußen vom Hersteller ersetzt zu verlangen. Zu diesem Zweck kann er sich jedoch keinesfalls auf eine Nutzungsbeeinträchtigung der Heizung und damit auf den von sämtlichen Einstandspflichten gewährten Sachschutz berufen.

Die Anerkennung einer Nutzungsbeeinträchtigung wird in dieser Situation bereits durch das Kriterium der erheblichen Beeinträchtigung der Sache verhindert. Es ist nur ausnahmsweise dann erfüllt, wenn die Verwendungsmöglichkeit der Sache „vorübergehend praktisch aufgehoben“[458] ist. Dies ist in der exemplarisch angeführten Situation jedoch nicht der Fall. Die Verwendungsmöglichkeit der Sache besteht durchgehend. Dass sie entgegen dem Willen des Eigentümers genutzt wurde, sorgt nicht für einen Ausschluss der Verwendungsmöglichkeit, der einem zumindest vorübergehenden Entzug einer Sache gleichzusetzen wäre.[459]

Anders wäre dies, wenn das Ausgangsbeispiel so abgewandelt wird, dass ein Hacker den Anmeldeprozess so manipuliert, dass der Eigentümer nicht mehr auf das Steuerungssystem der Heizung zugreifen kann. In der Situation wäre davon auszugehen, dass die Verwendungsmöglichkeit der Sache vorübergehend praktisch aufgehoben wäre. Dennoch bleibt eine Inanspruchnahme des Herstellers unter Verweis auf eine Sachbeschädigung ausgeschlossen. Denn der mit Blick auf das Rechtsgut Sache gewährte Schutz zielt nicht darauf, dem Erwerber oder Nutzer ein „fehlerfreies, in jeder Hinsicht gebrauchstaugliches

---

458 *BGH*, Urt. v. 21.6.2016 – VI ZR 403/14, Rn. 17 = NZV 2017, 25, 26f. mwN.

459 *Larenz/Canaris*, S. 389.

Produkt zur Verfügung zu stellen und so sein Interesse an dessen ungestörter Nutzung und dessen Wert oder die darauf gerichtete Erwartung des Erwerbers (Nutzungs- und Äquivalenzinteresse) zu schützen."[460] Da die exemplarisch aufgeführte und ähnliche Situationen die Grenze zum nur vertraglich geschützten Äquivalenzinteresse überschreiten, sind sie trotz erheblicher Beeinträchtigung der Verwendungsmöglichkeit nicht als Sachbeschädigungen im Sinne der Einstandspflichten zu bewerten.

d) Zwischenergebnis

Festzuhalten ist folglich, dass Nutzungsbeeinträchtigungen einer Sache, die auf mangelhaft gesicherten IT-spezifischen Produkten oder Diensten beruhen, im Regelfall nicht als Sachbeschädigungen qualifiziert werden können. Denn entweder fehlt es an einer erheblichen Beeinträchtigung der Sache oder an der dafür erforderlichen unmittelbaren Einwirkung auf die Sache. Scheitern kann die Einordnung dieser Konstellationen unter den Sachschutz auch daran, dass nur das rein vertragsrechtlich geschützte Äquivalenzinteresse davon betroffen ist.[461]

Konsequenz des weitgehenden Ausschlusses dieser praktisch relevanten Konstellationen aus dem Sachschutz ist, dass insoweit für Hersteller und Anbieter kein Haftungsrisiko droht. Selbst wenn mangelhafte IT-Sicherheit ihres Produkts bzw. Dienstes die zur Beeinträchtigung der Nutzungsmöglichkeit der Sache eines Dritten führt, liegt kein von ihnen zu ersetzender Schaden an diesem umfassend geschützten Rechtsgut vor. Vor diesem Hintergrund ist der Anreiz gering, IT-Sicherheitsmaßnahmen zur Verhinderung dieser negativen Folgen für Dritte umzusetzen.

5. Reichweite der präventiven Wirkung in Bezug auf Sachen

Der an sich umfassende Schutz des Rechtsguts Sache erfasst viele, aber nicht alle praxisrelevanten negativen Folgen mangelhafter IT-Sicherheit, die im Zusammenhang mit körperlichen Gegenständen auftreten. Wie soeben gezeigt, sind Situationen vom Sachschutz ausgeschlossen, in denen es aufgrund mangelhafter IT-Sicherheit zu folgenden Resultaten kommt:

(1.) zu Nutzungsbeeinträchtigungen von Sachen, die entweder mittelbar durch mangelhaft gesicherte IT-spezifische Dienste ausgelöst werden oder die aus mangelhafter IT-Sicherheit der beeinträchtigten Sache selbst folgen oder

460 *BGH*, BGHZ 179, 157, 164f., Rn. 19 = NJW 2009, 1080, 1082 mwN.
461 So auch für mangelhafte Software: *Spindler*, NJW 2004, 3145, 3146.

(2.) zu Beeinträchtigungen des unversehrten Bestands von Informationen, die unter mangelhaften IT-Sicherheitsvorkehrungen auf Datenträgern eines anderen als des Geschädigten gespeichert sind.

Die diesen Fallgruppen zuzuordnenden Situationen haben mit Fokus auf das Rechtsgut Sache keinerlei haftungsrechtliche Folgen, selbst wenn praktische Fehler bezüglich der IT-Sicherheit vorgeworfen werden könnten. In dieser Hinsicht mangelt es also an einem präventiven Effekt, den das außervertragliche Haftungsrecht auf Hersteller und Anbieter ausübt. Ob deshalb Gesetzesänderungen angezeigt sind, wird sogleich geklärt.[462]

Hingegen umfasst der Sachschutz alle sonstigen relevanten Situationen, in denen infolge mangelhafter IT-Sicherheit eines IT-spezifischen Produkts oder Dienstes negative Folgen in Bezug auf Sachen auftreten. Wenn es zu Substanzbeeinträchtigungen kommt, kann zumindest auf Grundlage des § 823 Abs. 1 BGB eine Einstandspflicht eines jeden Herstellers oder Anbieters begründet werden. Dies gilt ohne Ausnahme für Substanzbeeinträchtigungen von anderen Sachen, die mit einem mangelhaft gesicherten IT-spezifischen Dienst oder Produkt in Kontakt kommen. Aber auch wenn ein mangelhaft gesichertes IT-spezifisches Produkt aufgrund mangelhafter IT-Sicherheit selbst physisch beeinträchtigt wird, greift in aller Regel der Sachschutz. Darüber hinaus ist auch der Bestand von Daten vom Sachschutz erfasst, sofern diese auf eigenen Speichermedien abgelegt sind. Schließlich liegt eine Sachbeschädigung ausnahmsweise ohne Substanzbeeinträchtigung vor, wenn aufgrund mangelhafter IT-Sicherheit eines IT-spezifischen Dienstes die Nutzungsmöglichkeit einer Sache unmittelbar und nicht nur unerheblich beeinträchtigt wird.

Innerhalb dieses Schutzbereichs entfaltet sich der präventive Effekt des außervertraglichen Haftungsrechts somit in umfassender Form. Jeder Hersteller bzw. Anbieter, der absehen kann, dass durch die von ihm hergestellten Produkte bzw. angebotenen Dienste eine solche Folge eintreten kann, ist zur Vermeidung eines Haftungsrisikos gehalten, IT-Sicherheitsmaßnahmen in dieser Hinsicht umzusetzen. Auf diesem Wege kommt es zu einem Verhalten, das einen positiven Beitrag zu einem hohen IT-Sicherheitsniveau leistet.

462 Dazu Kap. 4, Teil V.

IV. Präventive Wirkung bezüglich des Schutzes sonstiger Interessen

Wie im ersten Abschnitt dieses Kapitels dargestellt, sind nur die Einstandspflichten aus § 44 TKG, § 823 Abs. 2 BGB sowie Art. 82 DSGVO offen für die Erfassung des Vermögens als sonstigem schützenswerten rechtlichen Interesse. Immaterielle Interessen werden schließlich einzig in Art. 82 DSGVO ausdrücklich berücksichtigt. Inwieweit dadurch die präventive Wirkung des außervertraglichen Haftungsrechts beeinflusst wird, soll unter Bezugnahme auf praxisrelevante Fälle erläutert werden.

1. Präventive Wirkung hinsichtlich des Schutzes des Vermögens

Dort, wo mangelhafte IT-Sicherheit beim Betroffenen für finanzielle Einbußen sorgt, ohne dass diese aus einer Verletzung von Leben, Körper, Gesundheit oder Sachen folgen, ist nur von einem reinen Vermögensschaden auszugehen.[463] Ein solcher kann insbesondere in den Situationen auftreten, die nicht vom Sachschutz umfasst werden und deshalb den zwei soeben herausgearbeiteten Fallgruppen zuzuordnen sind.[464] Zur erstgenannten Gruppe gehören etwa auch die bereits zuvor angesprochenen Konstellationen, in denen Eigentümer die mangelhafte IT-Sicherheit ihrer IT-spezifischen Produkte kostenpflichtig beseitigen lassen, ohne dass eine Rückrufpflicht des Herstellers besteht.[465] Für die den beiden Gruppen zuzuordnenden Schadensfällen kommt eine Ersatzpflicht nur auf Grundlage der § 44 Abs. 1 S. 1, 4 iVm § 109 Abs. 1, 2 TKG, Art. 82 DSGVO sowie § 823 Abs. 2 BGB iVm einer Schutznorm in Betracht.

Wie bereits bei der Identifikation dieser drei Einstandspflichten erläutert, zielen sie allerdings nur auf einen jeweils näher bestimmten, eingegrenzten Adressatenkreis.[466] Dadurch ist der präventive Effekt der außervertraglichen Regelungen in Bezug auf die IT-Sicherheit von vornherein beschränkt. Hersteller und Anbieter, die sich nicht im Regelungsbereich dieser Haftungsgrundlagen befinden, werden nicht dazu verleitet, IT-Sicherheitsmaßnahmen zur Verhinderung dieser negativen Folgen umzusetzen. Die daraus folgenden Konsequenzen

---

463 *Förster*, in: Bamberger/Roth, § 823 BGB, Rn. 3.

464 Siehe dazu die beiden Fallgruppen in Kap. 4, Teil III, Abschn. 5.

465 Dazu ausführlich: Kap. 3, Teil III, Abschn. 1d) lit. bb).

466 Siehe dazu Kap. 3, Teil II, Abschn. 1a) lit. ee); Kap. 3, Teil III, Abschn. 2d); Kap. 3, Teil III, Abschn. 3d).

für die präventive Wirkung lassen sich anhand einer Gegenüberstellung verdeutlichen.

Zunächst ist davon auszugehen, dass bei einem Anbieter eines öffentlich zugänglichen Telekommunikationsdienstes Maßnahmen zur Gewährleistung der Verfügbarkeit und Integrität des Dienstes fehlen. Es kommt deshalb zu einem Hackerangriff, der im Ergebnis dazu führt, dass bei einem Unternehmen Schäden auftreten, weil eine auf den Dienst angewiesene Maschine stillsteht. Dieses Szenario stellt einen Fall dar, in dem die Nutzung einer Sache mittelbar beeinträchtigt wird, weshalb der Sachschutz nicht eingreift.[467] Der daraus folgende reine Vermögensschaden könnte aber über § 44 TKG in Verbindung mit § 109 Abs. 2 Nr. 1 TKG ersetzt verlangt werden, sofern ein schuldhafter Verstoß gegen die IT-Sicherheitspflicht nachweisbar ist. Zu berücksichtigen sind allerdings die Haftungshöchstgrenzen für fahrlässige Verstöße gem. § 44a TKG.

Wandelt man das Beispiel nun aber dahingehend ab, dass von einem mangelhaft gesicherten System eines Stromnetzbetreibers auszugehen ist, das dazu führt, dass Hacker die durchgeleitete Strommenge drosseln,[468] kommt es trotz Vergleichbarkeit des Fehlverhaltens zu einem anderen Ergebnis. Zwar hat der dadurch herbeigeführte Stromausfall auch den gleichen Effekt, nämlich einen reinen Vermögensschaden infolge des Stillstands von Maschinen. Diese Situation fällt jedoch nicht in den Regelungsbereich des TKG, sodass der Vermögensschaden nicht über § 44 TKG zu ersetzen ist. Da keine Schutznorm für diesen Fall besteht,[469] kann diese Situation auch nicht über § 823 Abs. 2 BGB geregelt werden. Weil auch der Regelungsgehalt der DSGVO derartige Situationen nicht erfasst, besteht letztlich für den Stromnetzbetreiber kein Haftungsrisiko. Im Gegensatz zum Anbieter des Telekommunikationsdienstes wird er also nicht zu einem Verhalten veranlasst, das zu einem höheren IT-Sicherheitsniveau beiträgt. Ein präventiver Effekt zum Schutz des Vermögens tritt demnach nur punktuell auf, wodurch vergleichbare Sachverhalte unterschiedlich behandelt werden.

Zwar haben jüngere legislative Änderungen dazu geführt, dass die beschränkte Reichweite des Vermögensschutzes ausgedehnt wurde. Denn wie gezeigt, handelt es sich bei dem neu eingefügten § 13 Abs. 7 TMG um eine individualschützende gesetzliche IT-Sicherheitspflicht, die Ersatz von Vermögensschäden ermöglicht.[470]

---

467 Dazu ausführlich: Kap. 4, Teil III, Abschn. 4b).

468 Angelehnt an: *Krempl*, auf: Heise.de, Bericht: Hacker haben Teile des US-Stromnetzes infiltriert.

469 Dazu am Beispiel des § 11 EnWG: Kap. 3, Teil III, Abschn. 2c) lit. bb).

470 Kap. 3, Teil III, Abschn. 2c) lit. bb) und cc).

Daneben zielt die ebenfalls neu in das Recht eingefügte Kombination von Art. 82 DSGVO iVm Art. 5 lit. f, 32 DSGVO auf Vermögensschäden, die bei Verstößen gegen die Pflicht zur Gewährleistung von IT-Sicherheit im Umgang mit personenbezogenen Daten entstehen. Diese gesetzlichen Modifikationen stellen sich jedoch lediglich als punktuelle Erweiterungen der beschränkten Reichweite der präventiven Wirkung dar. Sie betreffen nur Anbieter IT-spezifischer Dienste, die in den restriktiv zu handhabenden Anwendungsbereich des TMG fallen oder personenbezogene Daten verarbeiten.

Wer hingegen, wie der Stromnetzbetreiber, keine personenbezogenen Daten verarbeitet oder als Telemediendiensteanbieter von den Pflichten des § 13 Abs. 7 TMG betroffen ist, ist trotz gesetzlicher Änderungen nicht von einem Haftungsrisiko für etwaig durch mangelhafte IT-Sicherheit verursachte Vermögensschäden bedroht. Insbesondere für Anbieter von Leistungen, die zu vergleichbaren Maßnahmen wie in § 109 TKG verpflichtet sind, aber auch für Hersteller IT-spezifischer Produkte entfaltet das außervertragliche Haftungsrecht folglich keinen Anreiz zur Umsetzung von IT-Sicherheitsmaßnahmen, die den Eintritt reiner Vermögensschäden verhindern. Die im Rahmen des Sachschutzes ermittelten zwei Fallgruppen von praxisrelevanten Situationen werden also durch den Vermögensschutz nur in geringem Umfang reduziert. Inwiefern vor diesem Hintergrund gesetzliche Änderungen angebracht sind, um das IT-Sicherheitsniveau zu verbessern, ist im Anschluss an die Analyse der präventiven Wirkung zum Schutz sonstiger Interessen zu klären.[471]

2. Präventive Wirkung hinsichtlich des Schutzes immaterieller Interessen

Der im Rahmen der DSGVO eingeführte Art. 82 stellt eine Besonderheit dar, weil er als einzige der identifizierten Einstandspflichten auch immaterielle Schäden ersetzen kann, ohne dass eine Verletzung von Leben, Körper oder Gesundheit dafür vorausgesetzt wird. Aus § 253 BGB ergibt sich, dass Beeinträchtigungen, die sich nicht direkt negativ im Vermögen auswirken zwar aus Billigkeitsgründen dennoch durch eine Geldzahlung zu entschädigen sein können. Solche immateriellen Schäden können allerdings nur bei Verletzung der in § 253 Abs. 2 BGB genannten Rechtsgüter oder in gesetzlich ausdrücklich geregelten Fällen ersetzt verlangt werden. Mit Art. 82 DSGVO besteht seit kurzem eine solche Ausnahmeregelung. Ihr präventiver Effekt ist im Folgenden zu analysieren.

471 Dazu Kap. 4, Teil V.

a) *Haftungsrechtliche Besserstellung des Geschädigten*

Durch Art. 82 DSGVO kommt es zu erheblichen Änderungen in der haftungsrechtlichen Bewertung mangelhafter IT-Sicherheit beim Umgang mit personenbezogenen Daten.[472] Für einen potenziell Geschädigten ergibt sich eine Verbesserung, da die Vorgängernorm aus § 7 BDSG solche Positionen nicht umfasst hat.[473] Stattdessen konnte nur bei einer schwerwiegenden Verletzung des allgemeinen Persönlichkeitsrechts über § 823 Abs. 1 BGB iVm Art. 1 Abs. 1, Art. 2 Abs. 1 GG eine billige Entschädigung in Geld verlangt werden.[474] Mit Geltung des Art. 82 DSGVO verliert die Schwelle einer schwerwiegenden Verletzung an Bedeutung. Denn der Schadensbegriff ist laut Erwägungsgrund 146 der DSGVO weit auszulegen.[475] Im Verhältnis zur Vorgängernorm bewirkt Art. 82 DSGVO also eine deutliche Haftungserweiterung.[476]

b) *Erhöhung der präventiven Wirkung*

Sofern die aus Art. 5 Abs. 1 lit. f, Art. 32 DSGVO folgende Pflicht zur Gewährleistung der IT-Sicherheit bei der Verarbeitung personenbezogener Informationen verletzt wird, kann der Geschädigte also ohne finanziell nachweisbare Einbußen einen Anspruch auf Ersatz eines immateriellen Schadens geltend machen. Dies dürfte sich insbesondere auf praxisrelevante Situationen auswirken, in denen die Vertraulichkeit personenbezogener Daten aufgrund mangelhafter IT-Sicherheit beeinträchtigt wird. In diesen fehlt es regelmäßig an einem materiellen Schaden.[477]

Beispielhaft kann dafür auf die mangelhafte Sicherung eines IT-spezifischen Dienstes für externe Datenspeicherungen gegen sog. Brute-Force-Angriffe verwiesen werden.[478] Sofern ein konkreter Pflichtverstoß nachweisbar ist, ist ein

---

472 So auch *Frenzel*, in: Paal/Pauly, Art. 82 DSGVO, Rn. 10: „wesentliche Neuerung im Vergleich zu Art. 7 BDSG."

473 *BGH*, Urt. v. 29.11.2016 – VI ZR 530/15, Rn. 11ff. = NJW 2017, 800, 801f.; *Gola*, in: Gola/Schomerus, § 7 BDSG, Rn. 12; *Simitis*, in: Simitis, § 7 BDSG, Rn. 32; *Gola/Piltz*, RDV 2015, 279, 282.

474 *BVerfG*, Beschl. v. 8.3.2000 – 1 BvR 1127/96, Rn. 9 = NJW 2000, 2187, 2187; *BGH*, BGHZ 183, 227, 231 = NJW 2010, 763, 763; BGHZ 128, 1, 12 = NJW 1995, 861, 864 mwN.

475 *Bergt*, in: Kühling/Buchner, Art. 82 DSGVO, Rn. 17.

476 *Bergt*, in: Kühling/Buchner, Art. 82 DSGVO, Rn. 18; *Wybitul*, ZD 2016, 253, 253.

477 Die Schwierigkeit, einen materiellen Schaden zu bestimmen, belegt *Simitis*, in: Simitis, § 7 BDSG, Rn. 31.

478 Angelehnt an: *Becker*, auf: Heise.de, Brute-Force-Angriff auf iCloud-Konten: Apple wusste angeblich um Schwachstelle. Vgl. näher zu einer Brute-Force-Attacke: *Bundesamt*

Vorgehen gegen den für die Datenverarbeitung verantwortlichen Anbieter des IT-spezifischen Dienstes möglich. Gleiches gilt etwa, wenn die Zugriffssicherung eines Online-Banking-Angebots versagt, und Dritte Einblicke in die Kontoumsätze des Geschädigten erhalten.[479]

Es zeigt sich also, dass dem außervertraglichen Haftungsrecht durch Art. 82 DSGVO eine neue Facette hinzugefügt wurde, die einen spürbaren Beitrag zur Erhöhung des IT-Sicherheitsniveaus leistet. Denn für Anbieter IT-spezifischer Dienste, die als datenschutzrechtlich Verantwortliche oder Auftragsverarbeiter zu qualifizieren sind, steigt das Haftungsrisiko. Für sie besteht ein Anreiz, IT-Sicherheitsmaßnahmen umzusetzen, die den Eintritt immaterieller Schäden verhindern.

c) Grenzen der präventiven Wirkung

Die Gewährung von Schadensersatz für immaterielle Schäden in Art. 82 DSGVO ändert jedoch nichts daran, dass weiterhin eine Vielzahl an praktisch relevanten Situationen offensichtlich ist, in denen negative Folgen mangelhafter IT-Sicherheit nicht von dieser Einstandspflicht erfasst werden. Grund dafür ist der spezifische Anwendungsbereich der haftungsbegründenden Regeln in der DSGVO. Sie knüpfen an mangelhafte IT-Sicherheit im Zusammenhang mit der Verarbeitung personenbezogener Daten an. Wird hingegen etwa die Vertraulichkeit anderer Daten beeinträchtigt oder kommt es gar nicht zu einer Beeinträchtigung von Daten, scheidet diese Einstandspflicht von vornherein aus. Zudem richtet sich die Einstandspflicht an einen Adressatenkreis, der nur teilweise die im Fokus dieser Arbeit stehenden Unternehmen trifft. Gerade Hersteller IT-spezifischer Produkte werden von der Einstandspflicht aus Art. 82 DSGVO nicht erfasst.[480] Denn sie sind weder Verantwortliche für einen Umgang mit personenbezogenen Daten noch handelt es sich bei ihnen um Auftragsverarbeiter. Dementsprechend besteht für sie kein haftungsrechtlicher Anreiz, Produkte wie z. B. IP-Überwachungskameras oder smarte Fernsehgeräte so abzusichern, dass es nicht zu

für Sicherheit in der Informationstechnik, auf: BSI.bund.de, IT-Grundschutzkataloge, G 5.18.

479 *Freiberger/Schmidbauer*, auf: Süddeutsche.de, Comdirect-Kunden hatten Zugriff auf fremde Konten.

480 Ebenso unter Bezug auf die Pflicht zu Privacy-by-design: *Klein-Hennig/Schmidt*, DuD 2017, 605, 608.

Beeinträchtigungen immaterieller Interessen etwa durch den Zugriff aus dem Internet kommt.[481]

Insoweit stößt die präventive Wirkung des außervertraglichen Haftungsrechts an eine natürliche Grenze. Alle Konstellationen, in denen mangelhafte IT-Sicherheit sich außerhalb der DSGVO und ohne Beeinträchtigung der in § 253 Abs. 2 BGB genannten Güter negativ auswirkt, beispielsweise durch ein Gefühl der Unsicherheit infolge eines unbefugten Zugriffs auf ein IT-spezifisches Produkt, werden vom außervertraglichen Haftungsrecht nicht erfasst.

3. Reichweite der präventiven Wirkung bezüglich sonstiger Interessen

Das geltende außervertragliche Haftungsrecht weist insgesamt nur einen punktuellen präventiven Effekt hinsichtlich des Schutzes sonstiger Interessen auf. Denn lediglich im Anwendungsbereich der Pflichten aus dem TKG, TMG und der DSGVO ist IT-Sicherheit so zu gewährleisten, dass es nicht zu Vermögensschäden bei Dritten kommt. Zusätzlich ist es zur Vermeidung eines Haftungsrisikos aus der DSGVO geboten, IT-Sicherheitsmaßnahmen umzusetzen, damit keine immateriellen Schäden bei Dritten auftreten. In diesem Rahmen weist das außervertragliche Haftungsrecht also einen verhaltenslenkenden Effekt in Richtung IT-Sicherheit auf, der durch den umfassenden Schutz von Leben, Körper und Gesundheit sowie Sachen nicht vermittelt wird. Auf das gesamtgesellschaftliche Niveau der IT-Sicherheit wirkt sich dies positiv aus.

Aufgrund des Regelungsgebietes, in dem sich diese Pflichten befinden, betrifft der Verhaltensanreiz in Richtung IT-Sicherheit jedoch nur Anbieter bestimmter IT-spezifischer Dienste. Der präventive Effekt hat sich zwar durch gesetzliche Änderungen in jüngerer Zeit vergrößert. Anbieter, deren IT-spezifische Dienste nicht diesen drei Regelungswerken unterfallen, und insbesondere Hersteller IT-spezifischer Produkte werden jedoch weiterhin aus haftungsrechtlicher Perspektive nicht dazu verleitet, IT-Sicherheit derart zu gewährleisten, dass sonstige Interessen neben dem Schutz von Leben, Körper, Gesundheit und Sachen im Zusammenhang mit ihren Angeboten umfassend geschützt werden. Inwiefern deshalb weitere gesetzliche Änderungen angebracht sind, um das Niveau der IT-Sicherheit zu verbessern, ist im folgenden Abschnitt zu klären.

---

481 *Agenturmeldung*, auf: Spiegel.de, Aldi-Kameras lassen sich von Fremden fernsteuern; *Zaboji*, auf: Faz.net, Unheimliche Bilder.

V. Gesetzesänderungen zur Ausweitung der präventiven Wirkung

Anknüpfend an die soeben erarbeitete Reichweite der vom außervertraglichen Haftungsrecht ausgehenden präventiven Wirkung soll im Folgenden ermittelt werden, inwiefern durch gesetzgeberische Modifikationen ein sinnvoller Beitrag zur Verbesserung des IT-Sicherheitsniveaus geleistet werden kann. Wie gezeigt, ist ein präventiver Effekt mit Blick auf Situationen ausgeschlossen, in denen es aufgrund mangelhafter IT-Sicherheit zu folgenden Resultaten kommen kann:

(1.) zu vermögensrelevanten Beeinträchtigungen des unversehrten Bestands von werthaltigen Informationen, die unter mangelhaften IT-Sicherheitsvorkehrungen auf Datenträgern eines anderen als des Geschädigten gespeichert sind oder

(2.) zu vermögensrelevanten Nutzungsbeeinträchtigungen von Sachen, die aus mangelhafter IT-Sicherheit des beeinträchtigten IT-spezifischen Produkts selbst folgen oder die mittelbar durch mangelhaft gesicherte IT-spezifische Dienste ausgelöst werden, es sei denn diese Dienste unterfallen den IT-Sicherheitspflichten des TKG, TMG oder der DSGVO, oder

(3.) zu immateriellen Beeinträchtigungen infolge mangelhaft gesicherter IT-spezifischer Produkte und Dienste, es sei denn sie folgen aus der Verletzung eines in § 253 Abs. 2 BGB genannten Rechtsguts oder der Verletzung der IT-Sicherheitspflicht aus der DSGVO.

Für jede dieser drei Fallgruppen wäre es denkbar, durch gesetzliche Modifikationen die Reichweite der präventiven Wirkung des Haftungsrechts auszudehnen. Im Folgenden soll dargelegt werden, inwiefern derartige gesetzliche Maßnahmen zur Verbesserung des IT-Sicherheitsniveaus notwendig und sinnvoll sind.

1. Verbesserung des IT-Sicherheitsniveaus im Hinblick auf extern gespeicherte Daten

Ein erster Ansatzpunkt, um über die Modifikation außervertraglicher Haftungsnormen einen sinnvollen Beitrag zu einer Verbesserung des IT-Sicherheitsniveaus zu leisten, ergibt sich in Anbetracht der unterschiedlichen Behandlung von intern und extern gespeicherten Daten. Sie ist Resultat des umfassenden Sachschutzes innerhalb der haftungsrechtlichen Einstandspflichten, der allerdings nur intern gespeicherte Daten erfasst.

Zur Erhöhung des IT-Sicherheitsniveaus würde es kommen, wenn nicht nur Pflichtverletzungen in Bezug auf beim Geschädigten gespeicherte Daten haftungsrechtliche Folgen hätten, sondern wenn auch eine Einstandspflicht für

Schäden infolge der Beeinträchtigung von Daten außerhalb der Speichermedien des Geschädigten bestehen würde. Diese Verbesserung könnte beispielsweise durch eine ausdrücklich auf diese Konstellation zugeschnittenes Schutzgesetz erzielt werden.[482]

Eine Gesetzesänderung erweist sich allerdings nur als notwendig, sofern nicht durch den Rechtsanwender ein ausreichender Schutz herbeigeführt werden kann. Vor diesem Hintergrund ist zu prüfen, ob das Ziel der Verbesserung des IT-Sicherheitsniveaus nicht auch durch richterliche Rechtsfortbildung erreicht werden kann. Wäre dies möglich, würde sich eine gesetzliche Änderung erübrigen.

a) Verbesserung durch Recht am eigenen Datenbestand

Ein Anlass für die Auseinandersetzung mit gerichtlichen Handlungsmöglichkeiten, um das angestrebte Ziel zu erreichen, folgt aus der Diskussion um die Anerkennung eines Rechts am eigenen Datenbestand als sonstiges Recht iSd § 823 Abs. 1 BGB. Dieses könnte die Wertungswidersprüche zwischen intern und extern gespeicherten Daten auflösen.[483] Beeinträchtigungen von Daten könnten einheitlich über dasselbe betroffene Rechtsgut geregelt werden, ohne auf den reflexhaften Schutz über das Sacheigentum am Datenträger angewiesen zu sein.[484]

Aufgrund des unbeschränkten Adressatenkreises der Einstandspflicht würde darüber eine Schutzreichweite entstehen, die mit dem umfassenden haftungsrechtlichen Schutz für Leben, Körper, Gesundheit und Sachen vergleichbar wäre. Es käme damit zu einem umfassenden präventiven Effekt in Richtung IT-Sicherheit, unabhängig vom Ort der Speicherung von Daten. Denn jeder Hersteller und Anbieter IT-spezifischer Produkte bzw. Dienste, der Schäden an Datenbeständen verursachen könnte, müsste prinzipiell IT-Sicherheitsmaßnahmen umsetzen, um einer Verletzung des Rechts am eigenen Datenbestand entgegenzuwirken.

---

482 Für diesen Vorschlag: *Faust*, in: Verhandlungen des 71. Deutschen Juristentages, S. 56ff.

483 *Bartsch*, in: Festschrift Schneider, S. 297, 300; *Grützmacher*, CR 2016, 485, 489; *Spindler*, JZ 2016, 805, 813.

484 *Wagner*, in: MüKo, § 823, Rn. 294. Der reflexartige Schutz über das Sacheigentum solle aber weiterhin bestehen bleiben, vgl. *Spindler*, in: Festschrift Coester-Waltjen, S. 1183, 1188.

Das „sonstige Recht" i. S. d. § 823 Abs. 1 BGB diente bereits als Einfallstor für bedeutende Fortbildungen des Rechts, indem Rahmenrechte wie das Allgemeine Persönlichkeitsrecht oder das Recht am eingerichteten und ausgeübten Gewerbebetrieb durch die Rechtsprechung entwickelt wurden.[485] Ob darüber hinaus mit dem Recht am eigenen Datenbestand ein weiteres derartiges Recht besteht, wird in Wissenschaft und Praxis kontrovers diskutiert. An diese Kontroverse wird im Folgenden angeknüpft und analysiert, ob und in welcher Form dieses sonstige Recht durch die Gerichte anzuerkennen ist. Dafür wird die dogmatische Ausgestaltung des konkret zur Debatte stehenden Rechts genauer untersucht.[486]

aa) Motive für ein Recht am eigenen Datenbestand

Der Vorschlag für ein Recht am eigenen Datenbestand wurde bereits zur Debatte gestellt, als das Schlagwort IT-Sicherheit noch wenig verbreitet war.[487] Die Motivation für diesen Vorschlag war aber schon damals grundsätzlich vergleichbar mit der heutigen: Daten wurde im Kontext der industriellen Wertschöpfung ein enormer wirtschaftlicher Wert zugemessen, der sogar gegenüber dem Anlagevermögen in Maschinen überwiegende Bedeutung haben könne. Dieser Wert dürfe nicht nur als Annex zum Datenträger geschützt werden, sondern müsse im Rahmen des deliktischen Schutzes eine eigenständige Position erhalten. Dies sei auch deshalb angebracht, weil der Rückgriff auf den Datenträger angesichts der schon damals absehbaren steigenden Vernetzung der EDV zu Lücken beim Schutz führe.[488]

Diese Lückenhaftigkeit des Schutzes ist immer noch aktuell.[489] Zwar ist der Berechtigte vor Eingriffen in die Substanz seiner Daten unabhängig vom Speicherort über §§ 202a ff. und §§ 303a ff. StGB geschützt.[490] Bei vorsätzlichen Verletzungen der Integrität von Daten kommt deshalb auch ohne Recht am eigenen Datenbestand ein Schadensersatzanspruch aus § 823 Abs. 2 BGB in Betracht.[491] Dieser Anspruch richtet sich allerdings nur gegen den schwer zu ermittelnden

---

485 *Spindler*, in: BeckOGK, § 823 BGB, Rn. 158 mwN.

486 Diese Vorgehensweise ist generell für die Prüfung der Anerkennung eines sonstigen Rechts angebracht, vgl.: *Wagner*, in: MüKo, § 823 BGB, Rn. 268.

487 Grundlegend: *Meier/Wehlau*, NJW 1998, 1585ff.

488 *Meier/Wehlau*, NJW 1998, 1585, 1588f.

489 *Faust*, in: Verhandlungen des 71. Deutschen Juristentages, S. 50.

490 Ausführlich zum strafrechtlichen Schutz: *Buermeyer/Golla*, K&R 2017, 14, 15f.; *Schulz*, S. 292f.

491 *Spickhoff*, in: Leible/Lehmann/Zech, S. 233, 238; *Specht*, CR 2016, 288, 294; *Zech*, GRUR 2015, 1151, 1158.

Täter, der mangelhafte IT-Sicherheit zur Beeinträchtigung der Integrität von Daten ausnutzt. Die Aufnahme eines Rechts am eigenen Datenbestand in die Reihe der von § 823 Abs. 1 BGB geschützten Güter würde hingegen zusätzlich ein Vorgehen gegen sonstige schuldhaft handelnde Personen ermöglichen, etwa Anbieter von IT-spezifischen Diensten, die entgegen ihrer Verkehrssicherungspflicht eine Sicherheitslücke rechtswidrig und schuldhaft geschaffen bzw. aufrechterhalten haben. Für einen Anspruch auf Schadensersatz würde zudem bereits fahrlässiges Verhalten ausreichen, was einen weiteren Vorteil gegenüber dem durch die strafrechtlichen Normen vermittelten Schutz über § 823 Abs. 2 BGB darstellt.[492] Ebenso würde die Anerkennung dieses Rechtsguts die Möglichkeit schaffen, Datenbeeinträchtigungen aufgrund pflichtwidrigen Verhaltens zu erfassen, die ohne Einwirkung eines Dritten eintreten. Das Recht am eigenen Datenbestand hätte vor diesem Hintergrund große Bedeutung im Rechtsverkehr.[493]

Doch nicht nur der Wert von Informationen sowie die Wertungswidersprüche durch ihre unterschiedliche Behandlung anhand des Speicherortes dienen heutzutage als Argumente,[494] wenn auf die Notwendigkeit der Anerkennung des Rechts am eigenen Datenbestand hingewiesen wird. Vielmehr hat die Diskussion eine neue Facette hinzugewonnen. Während es ursprünglich im Kern darum ging, über das sonstige Recht absoluten Schutz vor Beeinträchtigungen des eigenen Datenbestandes in Form von Löschungen oder Manipulationen zu gewährleisten, rückt zunehmend die positive Seite eines solchen Rechts in den Fokus. In Zeiten, in denen die Bedeutung von Big Data steigt,[495] Daten als „Rohstoff"[496] eingestuft und als Zahlungsmittel anerkannt werden sollen,[497] geht es verstärkt um die Frage der Berechtigung an Daten sowie die Reichweite eines solchen Rechts.

---

492 *Wagner*, in: MüKo, § 823, Rn. 296; *Faust*, NJW-Beilage 2016, 29, 32.

493 *Wagner*, in: MüKo, § 823 BGB, Rn. 296; *Zech*, GRUR 2015, 1151, 1158.

494 Siehe etwa bei: *Boehm*, ZEuP, 358, 382; *Faustmann*, VuR 2006, 260, 262; *Grützmacher*, CR 2016, 485, 489; *Härting*, CR 2016, 646, 649; *Heymann*, CR 2016, 650, 650; *Redeker*, CR 2011, 634, 636; *Wehlau*, OLGR 2004, K27.

495 *Ehlen/Brandt*, CR 2016, 570, 571; *Zech*, CR 2015, 137, 139.

496 *Spindler*, in: Festschrift Coester-Waltjen, S. 1183, 1183; *Dorner*, CR 2014, 617, 618.

497 Zu Daten als Zahlungsmittel: *Europäische Kommission*, Vorschlag für eine Richtlinie über bestimmte vertragsrechtliche Aspekte der Bereitstellung digitaler Inhalte, Com(2015) 634 final, EwG 13; *Commission Staff Working Document*, A Digital Single Market Strategy for Europe – Analysis and Evidence, SWD (2015) 100 final, S. 57, 59.

Diese Fragen stellen sich vor allem deshalb, weil die steigende Vernetzung sowie die Anreicherung von Produkten mit Informationstechnologie zu einer drastischen Erhöhung der Quantität an Daten führen.[498] Sie entstehen nicht mehr nur in Folge von direkten menschlichen Handlungen, sondern werden im Rahmen von Computerprozessen, Anwendungen, Diensten oder Sensoren ohne unmittelbaren Eingriff durch Menschen erzeugt, weshalb insoweit von „maschinen-generierten Daten“[499] gesprochen wird. Sämtliche dieser Daten sind für eine Vielzahl von Unternehmen von Interesse, da sie durch qualitativ immer besser werdende technische Analysemöglichkeiten Einblicke liefern, die sich wirtschaftlich nutzen lassen.[500] Sollten sie einen ausschließlichen Schutz genießen, hätte der Befugte einen deutlichen Vorteil gegenüber Mitbewerbern und Konkurrenten.

Diese zusätzliche Facette der Berechtigung an Daten wird zwar regelmäßig unter dem Schlagwort „Dateneigentum“[501] diskutiert. Inhaltlich lässt sie sich jedoch nicht von der Frage nach der Anerkennung eines Rechts am eigenen Datenbestand trennen. Denn wer ein etwaiges exklusives Dateneigentum anerkennt, muss dieses automatisch als Rechtsgut in den absoluten Schutz von § 823 Abs. 1 BGB einbeziehen.[502] Umgekehrt setzt die Existenz eines Rechts am eigenen Datenbestand voraus, dass die Zuordnung dieses Rechts sowie dessen Reichweite feststehen.[503] Beide Aspekte sind dementsprechend bei der Erörterung der Anerkennung dieses sonstigen Rechts zu berücksichtigen.

bb) Ausschlussfunktion eines Rechts am eigenen Datenbestand

Das geltende Recht bietet Raum für ein sonstiges Recht, sofern dieses eine Ausschluss- sowie eine Zuweisungsfunktion aufweist.[504] Denn es ist keine schrankenlose Fortbildung des Rechts gestattet, sondern nur eine solche, die sich in dessen Rahmen einfügt.[505] Folglich ist zunächst zu erarbeiten, inwieweit dem

---

498 *Kerber*, GRUR Int. 2016, 989, 990; *Wiebe*, GRUR Int. 2016, 877, 877.

499 *Europäische Kommission*, Aufbau einer Europäischen Datenwirtschaft, EU Com(2017) 9 final, S. 10.

500 *Dorner*, CR 2014, 617, 618; *Ensthaler*, NJW 2016, 3473, 3474; *Specht*, CR 2016, 288; 289.

501 *Dorner*, CR 2014, 617, 617; *Ehlen/Brandt*, CR 2016, 570; *Härting*, CR 2016, 646, 646; *Heymann*, CR 2015, 807, 809; *Hoeren*, MMR 2013, 486, 486; *Hornung/Goebel*, CR 2015, 265, 268.

502 *Wagner*, in: MüKo, § 823 BGB, Rn. 295ff.; *Hoeren*, MMR 2013, 486, 491.

503 *Hoeren/Völkel*, in: Festschrift Krawietz, S. 603, 610.

504 *Hager*, in: Staudinger, § 823 BGB, Rn. B 124; *Larenz/Canaris*, S. 374.

505 *Faust*, in: Verhandlungen des 71. Deutschen Juristentages, S. 52.

Recht am eigenen Datenbestand eine Ausschlussfunktion zugemessen werden kann.

(1) Ausschlussfunktion erfordert Inhaltsbestimmung

Mit der Ausschlussfunktion ist ein gegenüber jedermann bestehendes Eingriffsverbot gemeint.[506] Ein solches Eingriffsverbot setzt logisch zwingend voraus, dass ein Bereich besteht, in den seitens Dritter nicht eingegriffen werden darf. Ohne klare Grenzziehung, wo die Schutzzone beginnt bzw. endet, fehlt es aber an der Grundlage, um von dem Vorliegen der Ausschlussfunktion auszugehen.

Ein Großteil der anerkannten sonstigen Rechte ist durch gesetzliche Abwehransprüche außerhalb des Deliktsrechts abgesichert.[507] Aus ihnen allein oder in Verbindung mit weiteren Normen lässt sich entnehmen, wie weit der geschützte Bereich reicht. Für ein Recht am eigenen Datenbestand existieren hingegen weder Abwehransprüche außerhalb des Deliktsrechts noch sonstige inhaltsbestimmende Normen.[508] Damit es im Rahmen von § 823 Abs. 1 BGB anerkannt werden kann, müsste es also inhaltlich konturiert werden. Dafür kommen verschiedene Möglichkeiten in Betracht.

(2) Inhaltliche Ausgestaltung parallel zum Sacheigentum

Denkbar wäre eine Ausgestaltung parallel zum Sacheigentum. Eine Anlehnung an den Inhalt des Sacheigentums ist naheliegend, weil als sonstige Rechte grundsätzlich nur solche anerkannt werden sollen, die Ähnlichkeiten mit den gesetzlich genannten Rechtsgütern aufweisen.[509] Durch eine inhaltliche Parallelität wird diese Ähnlichkeit gewährleistet. Wie der Begriff „Dateneigentum" indiziert, wird dieser Ansatz auch von dessen Befürwortern verfolgt.[510]

---

506 *Wagner*, in: MüKo, § 823 BGB, Rn. 268.

507 Z. B. für den Besitz §§ 859f. BGB; für das Urheberrecht § 97 UrhG; für das Markenrecht §§ 14 Abs. 5, 15 Abs. 4 MarkenG.

508 Die Konturenlosigkeit des Rechts am eigenen Datenbestand dient einerseits als Argument gegen die Anerkennung dieser Position und andererseits für die Forderung nach gesetzlichem Tätigwerden, vgl. *Faust*, in: Verhandlungen des 71. Deutschen Juristentages, S. 56; *Heymann*, CR 2016, 650, 652; *Zech*, GRUR 2015, 1151, 1159.

509 *Förster*, in: Bamberger/Roth, § 823 BGB, Rn. 143.

510 *Wagner*, in: MüKo, § 823 BGB, Rn. 296; *Hoeren*, MMR 2013, 486, 491.

(a) Schutz der Substanz

Die Anlehnung an den Inhalt des Sacheigentums hat zur Folge, dass jedenfalls Schutz vor Eingriffen in die Substanz gewährt würde.[511] Von Eingriffen in die Substanz ist auszugehen, wenn Daten gelöscht oder manipuliert werden. Dieser Schutz würde unabhängig vom Ort der Speicherung wirken, also auch bei Auslagerung auf externe Datenträger, beispielsweise in der Cloud.

(b) Schutz vor Nutzungsbeeinträchtigungen

Wie bereits dargestellt,[512] geht der Eigentumsschutz für Sachen über den Substanzschutz hinaus. Beeinträchtigungen, die zu einer praktischen Aufhebung der Verwendungsfähigkeit der Sache führen, werden Substanzverletzungen gleichgestellt.[513] Allerdings gilt dies nicht für jede Nutzungsbeeinträchtigung, sondern nur für unmittelbare Beeinträchtigungen der Verwendung, die nicht unerheblich sind.[514] Offen ist, ob diese Interpretation des Sachschutzes für die Ausgestaltung eines Rechts am eigenen Datenbestand zu übertragen ist.

Von Nutzungsbeeinträchtigungen ist dann auszugehen, wenn Daten nicht verfügbar sind. Denn mangelnde Verfügbarkeit schließt den Berechtigten zeitweise praktisch davon aus, das Schutzobjekt bestimmungsgemäß zu nutzen. Daraus kann ein finanzieller Nachteil beim Betroffenen resultieren, wie sich am Beispiel der Speicherung von Daten in der Cloud demonstrieren lässt, die Grundlage für Analysen von finanziellen Risikotransaktionen sind und in auf dem Markt angebotene Handlungsempfehlungen eingehen. Sind diese Daten nicht verfügbar, könnte dem Datenberechtigten ein Schaden dadurch entstehen, dass er die Rohdaten ersatzweise aus anderer Quelle beziehen muss, um sein zeitkritisches Geschäft aufrecht erhalten zu können.

Wie in Bezug auf Sachen ist es angebracht, in solchen Situationen, in denen die bestimmungsgemäße Brauchbarkeit des zu schützenden Gutes praktisch ausgeschlossen ist,[515] vergleichbaren Schutz zu gewähren. Nur so entsteht ein umfassender Schutz, der der Bedeutung von Daten als „Rohstoff“[516] der heutigen Informationsgesellschaft gerecht wird. Denn es besteht nicht nur ein

---

511 *Wagner*, in: MüKo, § 823 BGB, Rn. 296. Den Integritätsschutz eines solchen Rechts hebt auch *Härting* hervor, vgl. CR 2016, 646, 649.

512 Dazu ausführlich Kap. 4, Teil III, Abschn. 4.

513 *Spindler*, in: BeckOGK, § 823 BGB, Rn. 130.

514 *BGH*, Urt. v. 9.12.2014 – VI ZR 155/14, Rn. 18 = NJW 2015, 1174, 1176 mwN; *Förster*, in: Bamberger/Roth, § 823 BGB, Rn. 128 mwN.

515 Vgl. *BGH*, BGHZ 55, 153, 159 = NJW 1971, 886, 888.

516 *Spindler*, in: Festschrift Coester-Waltjen, S. 1183, 1183; *Dorner*, CR 2014, 617, 618.

schützenswertes Interesse daran, dass das Gut in seiner Substanz unbeeinträchtigt bleibt, sondern auch daran, dass der Berechtigte dieses wirtschaftlich eigenständige Gut jederzeit im Rahmen seiner Befugnisse verwenden kann.

Allerdings sind dann auch die gleichen einschränkenden Kriterien zur Verhinderung einer Ausuferung der Haftung zu übernehmen. Die Notwendigkeit der Einschränkung wird deutlich, wenn im oben genannten Beispiel die Ursache für die Nutzungsbeeinträchtigung genauer betrachtet wird. Kann der Unternehmer nicht auf seine in der Cloud gespeicherten Daten zugreifen, weil ein Telekommunikationsnetzanbieter aus Fahrlässigkeit keine angemessenen Maßnahmen zum Schutz der Verfügbarkeit seines Netzes implementiert hat, wirkt sich das Fehlverhalten nur mittelbar auf die Verfügbarkeit der Daten aus.

Würde ein derartig entfernt wirkendes Handeln bezüglich des anzuerkennenden Rechtsguts in den Schutz einbezogen werden, würde die Haftung aus § 823 Abs. 1 BGB erheblich ausgedehnt. In einer vernetzten Welt, in der riesige Datenmengen zirkulieren, ist nicht auszuschließen, dass fahrlässiges Fehlverhalten sich indirekt auf die Verfügbarkeit irgendeines Datenbestandes auswirkt. Für Anbieter von IT-spezifischen Diensten, auf deren Leistungen eine Vielzahl anderer Akteure aufbauen, ist dieses Risiko besonders evident. Wie beim Rechtsgut Eigentum müssen also Restriktionen implementiert werden zur Unterbindung einer Verallgemeinerung der Fahrlässigkeitshaftung zulasten derjenigen, deren Fehlverhalten in keinem unmittelbaren Zusammenhang mit der Beeinträchtigung der Verfügbarkeit der Daten steht. Dazu eignen sich die etablierten Kriterien der Unmittelbarkeit und der Erheblichkeit.

(c) Grenze des Schutzes

Konsequenz der eben dargestellten inhaltlichen Ausgestaltung ist, dass nicht alle potenziellen Beeinträchtigungen von Daten von dem so ausgestalteten Recht erfasst werden. Betroffen von der inhaltlichen Beschränkung sind insbesondere praxisrelevante Situationen wie das Auslesen sowie das Kopieren von Daten.[517] Denn diese Handlungen wirken sich nicht auf die Substanz von Daten aus und beeinträchtigen auch eine Nutzung der Daten durch den Berechtigten nicht.[518]

Zwar können aus dem mit diesen Handlungen verbundenen Verlust der Vertraulichkeit ebenfalls finanzielle Schäden bei den Berechtigten resultieren. Deutlich wird dies an einem Datum, das seinen Wert aus einem in der Öffentlichkeit nicht bekannten Inhalt bezieht und das mit seinem Bekanntwerden für

517 *Zech*, GRUR 2015, 1151, 1158.

518 In diesem Sinne auch *Spindler*, in: Festschrift Coester-Waltjen, S. 1183, 1188: Der „reine Inhalt" von Daten ist nicht geschützt.

den Berechtigten wertlos wird.[519] Allein die Existenz dieser Schäden darf jedoch nicht dazu veranlassen, den inhaltlichen Schutz dahingehend zu erweitern, dass er diese Folgen ebenso umfasst. Denn damit würde eine Loslösung vom Vorbild des Sachschutzes einhergehen. Zudem würde dadurch eine nicht gerechtfertigte Besserstellung gegenüber dem momentan gewährten Schutz gewährt.[520] Für diesen ist anerkannt, dass er beispielsweise auch nicht davor schützt, dass eine Sache fotografiert oder nachgebildet wird.[521] In solchen Fällen liegt weder ein Eingriff in die Sachsubstanz noch eine unmittelbare und erhebliche Nutzungsbeeinträchtigung vor. Das Fotografieren oder Nachahmen einer Sache ist dem Eigentümer also nicht exklusiv zugestanden, weshalb er es anderen auch nicht unter Berufung auf das Eigentumsrecht untersagen kann.[522] Gleiches muss für das am Eigentum angelehnte Recht am eigenen Datenbestand gelten.

Darüber hinaus kann ein inhaltlich so ausgestaltetes Recht auch nichts daran ändern, dass ein Schutz des Äquivalenzinteresses über § 823 Abs. 1 BGB nicht gewährt wird. Werden Daten gelöscht oder beeinträchtigt, deren Bedeutung einzig darin besteht, für die Funktionalität einer Sache zu sorgen, greift diese Grenze ein. Kommt es etwa aufgrund mangelhafter IT-Sicherheit zur Löschung der systemrelevanten Daten einer vernetzten Heizung, sind Kosten für die Rekonstruktion der Daten nicht über diese Einstandspflicht zu ersetzen. Denn dieser Schaden kann nicht als Ausdruck des Interesses am Bestand eines rechtlich geschützten Gutes eingestuft werden und ist folglich nicht dem im Deliktsrecht allein maßgeblichen Integritätsinteresse zuzuordnen.[523] Von dieser Grenze sind insbesondere Situationen betroffen, in denen mangelhafte IT-Sicherheit eines IT-spezifischen Produkts dazu führt, dass dessen Funktionalität sicherstellende Daten, die keinen eigenständigen, darüberhinausgehenden Wert haben, beeinträchtigt werden und finanzielle Einbußen auslösen. Sie gewährleistet, dass nicht über den Umweg des Schutzes von Daten Schäden ersatzfähig werden, die vom Sachschutz in § 823 Abs. 1 BGB bewusst ausgeklammert werden.[524]

---

519 Vgl. dazu den Verweis auf Millionenverluste eines Unternehmens wegen des Verlusts der Vertraulichkeit von Daten bzgl. der Erschließung und Erforschung von Ölfeldern: *Polke-Majewski*, auf: Zeit.de, Angriff auf die Infrastruktur: Gefahr für die Weltmarktführer.

520 So auch *Bartsch*, in: Festschrift Schneider, S. 297, 300.

521 *BGH*, BGHZ 44, 288, 293 = NJW 1966, 542, 543; *KG Berlin*, Beschl. v. 25.10.2010 – 10 W 127/10 Rn. 3 = MMR 2011, 414, 414.

522 *Spindler*, in: BeckOGK, § 823 BGB, Rn. 143.

523 Zur Beschränkung des Deliktsrechts auf das Integritätsinteresse: *BGH*, BGHZ 179, 157, 164f., Rn. 19 = NJW 2009, 1080, 1082 mwN.

524 So schon Kap. 4, Teil III, Abschn. 4a).

Ein inhaltlich an das Sacheigentum angelehntes Recht am eigenen Datenbestand kann damit in letzter Konsequenz nicht sämtliche denkbaren Beeinträchtigungen erfassen, die sich wirtschaftlich nachteilig für den Berechtigten auswirken. Insbesondere das Kopieren oder Auslesen von Daten wäre dem Inhaber eines derartig ausgestalteten Rechts am eigenen Datenbestand nicht exklusiv zugestanden.[525] Genauso wenig führt ein derartiges Recht zum Ersatz von Schäden, die das Nutzungsinteresse an auf die Daten angewiesene Sachen betreffen und deshalb dem Äquivalenzinteresse zuzuordnen sind.

(3) Alternative inhaltliche Ausgestaltung

Die soeben dargestellte inhaltliche Anlehnung des Rechts am eigenen Datenbestand an den Schutz des Sacheigentums ist allerdings nicht zwingend. Das allgemeine Persönlichkeitsrecht als von der Rechtsprechung entwickeltes sonstiges Recht zeigt, dass eine inhaltliche Ausgestaltung beispielsweise auch aufgrund einer Einzelfallabwägung unter Berücksichtigung gegenläufiger grundrechtlich geschützter Interessen möglich ist.[526] Auch wenn als sonstige Rechte eigentlich nur solche anerkannt werden sollen, die dem Modellcharakter der genannten Rechtsgüter entsprechen,[527] sind andere Ansätze zur inhaltlichen Ausgestaltung demnach nicht per se ausgeschlossen. Vor diesem Hintergrund ließen sich alternative inhaltliche Ausgestaltungen, etwa in Form eines Geheimnisschutzes für Daten,[528] diskutieren. Diese sowie ähnliche Alternativen stoßen jedoch an bestimmte Grenzen.

(a) Integritätsinteresse als Grenze

Eine erste Grenze folgt aus dem Zweck des § 823 Abs. 1 BGB. Dieser zielt auf den Schutz des Integritätsinteresses.[529] Alternative inhaltliche Ausgestaltungen dürfen nicht dazu führen, dass diese Zielrichtung ausgehöhlt wird. Da über eine Ausgestaltung als Geheimnisschutz ein Schutz vor unbefugtem Kopieren oder Auslesen von Daten gewährt werden soll, entsteht ein Konflikt mit dieser Grenze. Denn die genannten Handlungen, vor denen der Berechtigte geschützt werden würde, treffen ihn nur in seinen kommerziellen Interessen an der Datennutzung.

---

525 *Härting*, CR 2016, 646, 647.

526 *BGH*, BGHZ 197, 213, 220 = NJW 2013, 2348, 2349; Urt. v. 8.5.2012 – VI ZR 217/08, Rn. 35 = NJW 2012, 2197, 2199; Diesen Ansatz bevorzugt offensichtlich *Wagner* für das Recht am eigenen Datenbestand, vgl. § 823 BGB, Rn. 297.

527 *Hager*, in: Staudinger, § 823 BGB, Rn. B 124.

528 Für eine solche Ausgestaltung: *Specht*, CR 2016, 288, 294.

529 *BGH*, Urt. 15.10.2013 – VI ZR 471/12, Rn. 16 = NJOZ 2014, 976, 977.

Sie wirken sich hingegen nicht auf den Bestand seiner Rechtsgüter aus, sondern schmälern eine wirtschaftliche Verwendungsmöglichkeit. Der aus diesen Handlungen resultierende Schaden betrifft also das Interesse an ungestörter Nutzung und am Erhalt des Wertes eines Rechtsguts, was dem nicht von § 823 Abs. 1 BGB erfassten Äquivalenzinteresse zuzurechnen ist.[530]

(b) Gesellschaftliche Interessen als Grenze

Zum Zweiten ergeben sich Bedenken wegen der möglichen schädlichen Auswirkungen derartiger inhaltlicher Ausgestaltungen für das gesellschaftliche Zusammenleben. Denn eine solche Ausgestaltung hätte starke wettbewerbsrechtliche Implikationen,[531] da ein Berechtigter den lesenden Zugriff auf seine Daten unterbinden könnte. Dies wiegt umso schwerer, da Daten als Träger von Information auch Inhalte transportieren, die für die Meinungsbildung bedeutsam sind.[532] Sie spielen deshalb eine wichtige Rolle für das gesellschaftliche Zusammenleben.[533] Auch wenn sich das Recht nur auf die syntaktische Ebene der Information bezöge,[534] würde eine exklusive Position bzgl. des Transportmittels indirekt das transportierte Element beeinflussen.[535] Mit Hilfe dieses Rechtsinstituts könnte ein Berechtigter öffentliche Debatten auf Grundlage seiner Daten steuern und im äußersten Fall sogar ganz untersagen.[536] Eine mittelbare Zuordnung dieser Inhalte über ein Recht am eigenen Datenbestand zu einem exklusiv berechtigten Rechtsträger kann in einer liberalen Gesellschaft aber nicht gewollt sein.[537]

(c) Technische Funktionsfähigkeit als Grenze

Als Drittes sprechen Grundbedingungen der Informationstechnik gegen diese weite inhaltliche Ausgestaltung der Rechtsposition. Eine parallele Nutzung von Daten ist nicht nur möglich, sondern als Folge der technischen Grundlage moderner Datenverarbeitung, die stets Kopiervorgänge voraussetzt,

530 Vgl. *BGH*, BGHZ 179, 157, 164f., Rn. 19 = NJW 2009, 1080, 1082 mwN.

531 *Drexl/Hilty/Desaunettes et al.*, GRUR Int. 2016, 914, 915; *Grützmacher*, CR 2016, 485, 492; *Kerber*, IIC 2016, 759, 761.

532 *Dorner*, CR 2014, 617, 625.

533 *Härting*, CR 2016, 646, 647 und 649; *Heymann*, CR 2015, 807, 810.

534 Zu den unterschiedlichen Ebenen von Information, siehe Kap. 2, Teil II, Abschn. 2.

535 *Heymann*, CR 2016, 650, 653; *Kerber*, GRUR Int. 2016, 989, 997; *Wiebe*, CR 2017, 87, 91; *ders.*, GRUR Int. 2016, 877, 882.

536 *Härting*, CR 2016, 646, 649.

537 *Heymann*, CR 2015, 807, 810; *Hoppen*, CR 2015, 802, 804. Mahnend auch die Stellungnahme von: *Deutscher Anwaltverein*, auf: Anwaltverein.de, Frage des „Eigentums" an Daten und Informationen, S. 9.

unvermeidbar.[538] Ein Ausschließlichkeitsrecht würde im Konflikt mit dieser Funktionsweise moderner Datenverarbeitung stehen, da Informationsverarbeitung abhängig wäre von dem Zustandekommen einer Vielzahl rechtlicher Übereinkünfte zwischen den zahlreichen Beteiligten.[539]

(d) Grenzüberschreitung durch richterliche Rechtsfortbildung

Die vorgeschlagene alternative inhaltliche Ausgestaltung des Rechts am eigenen Datenbestand, die den Schutz über die Integrität von Daten ausdehnen will, stößt an verschiedene Grenzen. Angesichts der aufgezeigten Implikationen ist von einer richterlichen Rechtsfortbildung Abstand zu nehmen. Denn ein verbesserter Schutz eines Rechtsguts darf nicht zulasten anderer schützenswerter Güter und Interessen gehen, die möglicherweise mit Folgemaßnahmen korrigiert werden müssten. Stattdessen ist es geboten, bei der Rechtsfortbildung den vorgegebenen Rahmen einzuhalten. Dieser Rahmen würde durch die beschriebene inhaltliche Ausgestaltung des Schutzes des Rechts am eigenen Datenbestand überschritten.

Die Voraussetzungen für einen über den am Eigentum angelehnten Schutz müssten statt durch richterliche Rechtsfortbildung durch den Gesetzgeber unter Ausgleich der verschiedenen Interessen und unter Berücksichtigung der über das Haftungsrecht hinausgehenden Implikationen geschaffen werden.[540] Nur so bleibt gewährleistet, dass der vom historischen Gesetzgeber verankerte Filter in § 823 Abs. 1 BGB, der durch die Benennung der Rechtsgüter geschaffen wurde,[541] seine Wirkung behält. Eine Anerkennung eines nicht benannten Rechtsguts mit extensiver Schutzreichweite, die z. B. auch das Kopieren und Auslesen von Daten einbezieht, würde diese bewusste Entscheidung schwächen.[542]

(4) Zwischenergebnis

Das für die Ausschlussfunktion erforderliche inhaltliche Element des Rechts am eigenen Datenbestand können Gerichte nur durch eine Anlehnung am Vorbild des Eigentums konturieren. Daten wären darüber grundsätzlich vor Löschung und Manipulation geschützt, es sei denn diese Daten gewährleisten nur die

---

538 *Hoppen*, CR 2015, 802, 803; *Zech*, CR 2015, 137, 139.

539 Vgl. dazu die Beispiele bei *Heymann*, CR 2016, 650, 654.

540 Auf den Gesetzgeber verweisen auch: *Heymann*, CR 2015, 650, 651; *Wiebe*, CR 2017, 87, 93.

541 *Förster*, Bamberger/Roth, § 823 BGB, Rn. 143.

542 Ebenso mit Blick auf den Schutz vor Vervielfältigungen: *Grützmacher*, CR 2016, 485, 490.

Funktionsfähigkeit eines IT-spezifischen Produkts. Zudem wären Daten vor unmittelbaren Beeinträchtigungen geschützt, die ihre Nutzungsmöglichkeit beschränken. Ein so ausgestalteter Schutzbereich würde zwar nicht sämtliche Anliegen erfüllen, die mit einem Recht am eigenen Datenbestand verbunden werden. Er stellt allerdings trotz seines beschränkten Rahmens eine spürbare Verbesserung im Vergleich zur jetzigen Situation dar. Denn es käme zu einem Gleichlauf des Schutzes intern und extern gespeicherter Daten.

cc) Zuweisungsgehalt eines Rechts am eigenen Datenbestand

Neben der Ausschlussfunktion ist für die Anerkennung eines Rechts am eigenen Datenbestand erforderlich, dass es einen Zuweisungsgehalt aufweist.[543] Ebenso wie bei den benannten Rechtsgütern muss es einen ausschließlich Berechtigten geben, dem die anzuerkennende Position zugutekommt. Diese Zuweisung muss zu einem stimmigen Schutzkonzept führen. Im Folgenden soll analysiert werden, inwieweit das Recht am eigenen Datenbestand einem Berechtigten sinnvoll zugewiesen werden kann.

(1) Ursprüngliche Zuweisung

Die ersten Vorschläge für ein Recht am eigenen Datenbestand begründeten zwar ausführlich, warum ein solches notwendig sei, lieferten jedoch keinen Ansatz für dessen dogmatische Konstruktion.[544] Wie aus der Formulierung „eigener" Datenbestand sowie dem Fokus auf den Schutz vor Datenlöschung oder -manipulation anklingt, wurde die Klärung einer Zuordnung offenbar für entbehrlich gehalten. Es ging um den Schutz eigener Daten, also solcher, die von einer Person geschaffen und gewöhnlich auf einem eigenen Datenträger gespeichert wurden, die aufgrund des technischen Fortschritts jedoch vermehrt ausgelagert werden konnten.[545]

Die Quantität und Qualität von Daten, die einen eigenen wirtschaftlichen Wert aufweisen, haben sich jedoch verändert. Auch maschinen-generierte Daten, die nicht auf menschlichen Handlungen beruhen, sondern etwa mittels Einsatz von Sensoren gewonnen werden, sind aufgrund ihrer Werthaltigkeit in den Schutz einzubeziehen.[546] Dementsprechend kann der Gedanke, der dem

---

543 *Hager*, in: Staudinger, § 823 BGB, Rn. B 124 mwN.

544 Vgl. *Meier/Wehlau*, NJW 1998, 1585, 1588f.

545 Auf die ursprüngliche Gebundenheit der Daten an die datenverarbeitenden Systeme verweist auch *Hoppen*, CR 2015, 802, 803.

546 Dazu bereits Kap. 4, Teil V, Abschn. 1a) lit. aa).

Recht am eigenen Datenbestand ursprünglich zugrunde gelegen haben mag, nicht ohne Weiteres übernommen werden. Stattdessen ist zu prüfen, inwiefern sich ein anderer tragfähiger Anknüpfungspunkt für eine sinnhafte Zuweisung ermitteln lässt.

(2) Zuweisung anhand bestehender Zuweisungsentscheidungen

Das geltende Recht trifft bereits Zuweisungsentscheidungen hinsichtlich bestimmter Daten. Denkbar wäre deshalb, dass Ansätze aus dem Datenschutz- oder dem Urheberrecht den Anknüpfungspunkt für die Zuweisung liefern.[547] Dann wäre der von den Daten Betroffene oder der geistige Schöpfer der Rechtsträger. Gegen diese Art der Anknüpfung lässt sich aber anführen, dass auf diesem Wege verschiedene Rechtsebenen miteinander vermischt werden.

Das Datenschutzrecht bezweckt den Schutz des Persönlichkeitsrechts des Einzelnen, indem es den Umgang mit ihn betreffenden Daten nur unter bestimmten Voraussetzungen erlaubt.[548] Grundsätzlich soll er selbst über Preisgabe und Verwendung ihn betreffender Daten bestimmen.[549] Auch das Urheberrecht mit seiner gesetzlichen Zuweisung an den Schöpfer eines Werkes verfolgt einen inhaltlichen Zweck, indem es nur bei Erreichen der notwendigen Schöpfungshöhe eingreift.[550]

Diese inhaltlichen Ansätze sind für eine sinnvolle Zuweisungsentscheidung bezüglich des hier diskutierten Rechts nicht übertragbar. Denn das Recht am eigenen Datenbestand zielt als sonstiges Recht i. S. d. § 823 Abs. 1 BGB in eine andere Schutzrichtung.[551] Dies wird bereits durch die Festlegung des Schutzguts deutlich. Es geht um Daten, also die von der semantischen zu unterscheidende syntaktische Ebene der Information.[552] Diesen soll, wie im Rahmen der Ausschlussfunktion dargelegt, ein Integritätsschutz zuteilwerden, der dem Eigentum vergleichbar ist.

---

547 Zum Recht an eigenen Daten als Ausprägung des Persönlichkeitsrechts: *Buchner*, S. 203ff. Diese Vorgehensweise befürwortet auch Wagner hinsichtlich Daten der Privatsphäre, vgl: *Wagner*, in: MüKo, § 823 BGB, Rn. 297. Zur immaterialgüterrechtlichen Bestimmung eines Dateneigentums: *Fezer*, MMR 2017, 3, 3ff.; *Fezer*, ZD 2017, 99, 99ff.; *Schwartmann/Hentsch*, RDV 2015, 221, 221ff.

548 *Gola/Klug/Körffer*, in: Gola/Schomerus, § 1 BDSG, Rn. 2.

549 *Simitis*, in: Simitis, § 1, Rn. 25.

550 *Grützmacher*, CR 2016, 485, 491; *Schwartmann/Hentsch*, RDV 2015, 221, 223f.

551 *Bartsch*, in: Festschrift Schneider, S. 297, 301.

552 Dazu bereits Kap. 2, Teil II, Abschn. 2c).

Zu diesem Zweck kann nicht einfach eine Zuweisung übernommen werden, die einen bestimmten inhaltlichen Bezug hat und dadurch andere Ziele verfolgt, nämlich den Schutz des Persönlichkeitsrechts oder der schöpferischen Leistung. Das ausbalancierte System der inhaltlichen Schutzrechte, die nur bezüglich bestimmter Daten gewährt werden, würde dadurch seine innere Ordnung verlieren. Das Vorbild des Eigentums zeigt vielmehr, dass die Berechtigung am Rechtsgut vom inhaltlichen Schutz über das Datenschutzrecht oder Urheberrecht zu trennen ist. Verdeutlichen lässt sich dies anhand des Schutzes eines Buches. Ob der Inhalt urheberrechtlich geschützt ist oder Informationen über eine bestimmte Person enthält, ist für die Zuweisung des Eigentums irrelevant.

Bestehende Kriterien aus inhaltlichen Schutzsystemen wie dem Datenschutz- oder dem Urheberrecht können demnach nicht als Anknüpfungspunkte dienen, um das Recht einem ausschließlich Berechtigten zuzuweisen. Sie eignen sich nicht, um ein stimmiges Gesamtkonzept für das Recht am eigenen Datenbestand im Wege richterlicher Rechtsfortbildung zu begründen.[553]

(3) Zuweisung anhand der Inhaberschaft am Medium

Weil ein Datenbestand immer ein Medium benötigt, auf dem er sich materialisiert, kommt als weiterer Anknüpfungspunkt für eine Zuweisung das Recht am Medium in Betracht. Das Recht am Datenbestand würde dann den Eigentumsverhältnissen des Datenträgers folgen.[554] Dies würde zu einfach zu handhabenden Ergebnissen führen, da sich der Berechtigte leicht bestimmen lässt.[555]

Allerdings gilt dies nur für die herkömmliche Form der Speicherung von Daten, z. B. in gewöhnlichen Rechenzentren. Demgegenüber findet beispielsweise in der Cloud keine statische Speicherung statt. Je nach Verfügbarkeit von Ressourcen werden Datenpakete innerhalb von Sekundenbruchteilen von einem Standort an einen anderen verschoben.[556] Dabei ist auch nicht ausgeschlossen, dass der Datenbestand nicht in seiner Gesamtheit an einem Standort abgelegt wird, sondern auf unterschiedliche Speichermedien aufgeteilt wird, die ihrerseits verschiedenen Eigentümern zugeordnet sind.[557]

553 So auch mit Blick auf den Schutz aus §§ 87a ff. UrhG: *Hoeren/Völkel*, in: Festschrift Krawietz, S. 603, 614.

554 *Hoeren*, MMR 2013, 486, 487.

555 *Boehm*, ZEuP 2016, 358, 385.

556 *Hoppen*, CR 2015, 802, 803f. Vgl. auch: *US District Court for the Eastern District of Pennsylvania*, Urt. v. 3.2.2017, Misc. No. 16-960-M-01; 16-1061-M, S. 7.

557 *Heymann*, CR 2015, 807, 807f.; *Zech*, CR 2015, 137, 138.

Vor diesem Hintergrund relativiert sich die Einfachheit der Bestimmung des Berechtigten.[558]

Abgesehen von der praktischen Schwierigkeit der tatsächlichen Bestimmung des Speichermediums, ließe sich das aus dieser Zuordnung folgende Resultat auch nicht mit der ursprünglichen Idee des Rechts am eigenen Datenbestand vereinbaren. Wesentlicher Treiber für dessen Anerkennung ist die Überwindung des festgestellten Wertungswiderspruchs bezüglich des Schutzes von Daten, der an das Eigentum am Speichermedium gekoppelt ist.[559] Bei einer Anknüpfung an die Eigentumsverhältnisse des Datenträgers würde dieser Wertungswiderspruch aber nicht aufgelöst, sondern vertieft. Der Eigentümer eines Speichers wäre Inhaber eines Anspruchs wegen Verletzung eines absoluten Rechts an Daten, zu denen er gerade in Zeiten des Cloud Computing einen deutlich geringeren Bezug hat als derjenige, von dem die Daten stammen.[560]

Diese Art der Zuordnung wäre also weder im Sinne der Anerkennung eines Rechts am eigenen Datenbestand noch entspricht sie den Interessen der Beteiligten. Für die Anerkennung des sonstigen Rechts im Wege der richterlichen Rechtsfortbildung kommt diese Möglichkeit der Zuweisung somit ebenfalls nicht in Betracht.

(4) Zuweisung anhand des Schaffensprozesses

Anstatt auf das Speichermedium abzustellen, ist es alternativ möglich, für die Zuweisung des Rechts an die Erzeugung des Objekts anzuknüpfen. Die für Informationsverarbeitung erforderlichen Daten sind keine naturgegebenen Objekte. Dementsprechend könnte der Schaffensprozess im Sinne der technischen Erstellung, die sich in der erstmaligen Speicherung manifestiert, den Anhaltspunkt für die Zuordnung des Rechts am eigenen Datenbestand zu einem Berechtigten bieten.[561]

(a) Grundgedanke der Theorie vom Skripturakt

Dieser gedankliche Anhaltspunkt liegt der Theorie vom sog. „Skripturakt“[562] zugrunde. Sie entstammt dem Strafrecht und wird dort zur Eingrenzung des ausufernden Tatbestandes von § 303a StGB vorgeschlagen.[563] Damit dieser nicht

558 *Boehm*, ZEuP 2016, 358, 385.

559 Siehe dazu bereits Kap. 4, Teil III, Abschn. 3.

560 *Hoeren*, MMR 2013, 486, 487.

561 In diese Richtung zielt auch der Vorschlag von: *Europäische Kommission*, EU Com (2017) 9 final, S. 13: „data producer’s right“

562 *Welp*, IuR 1988, 443, 447.

563 *Hinderberger*, S. 78 mwN.

tatbestandlich auf jede Löschung, Unterdrückung oder Veränderung von Daten anwendbar ist, wird er eingeschränkt auf Daten, bezüglich derer der Täter keine eigentümerähnliche Verfügungsbefugnis hat.[564] Über das Wie der Bestimmung der Verfügungsbefugnis besteht allerdings nur insoweit Einigkeit, dass vertragliche Vereinbarungen zwischen den Parteien genauso herangezogen werden können wie die Eigentumsverhältnisse am Datenträger.[565] Zudem kann eben auch der unmittelbare technische Herstellungsvorgang, also die Skriptur, die Verfügungsbefugnis begründen.[566] Die Vereinbarkeit dieser unterschiedlichen Ansätze im Strafrecht ist im Detail jedoch ungeklärt.[567]

Unter Verweis auf die Einheitlichkeit der Rechtsordnung soll der Gedanke des Skripturaktes auf das Zivilrecht übertragen werden können.[568] Folge der Übertragung wäre, dass demjenigen das Recht am Datenbestand zuzuordnen wäre, der durch Eingabe oder Ausführung eines Programms Daten technisch erzeugt und diesen Prozess in eine Speicherung münden lässt.[569] So würden beispielsweise Daten, die unter Einsatz eines Tabellenkalkulationsprogramms entstehen, dem Ersteller zugeordnet – und zwar unabhängig davon, ob er sie auf seiner Festplatte oder auf einem fremden Datenträger speichert.

(b) Schwächen der Theorie vom Skripturakt

Eine nähere Betrachtung dieses Ansatzes zeigt allerdings, dass eine Zuordnung über den Skripturakt nicht vollständig überzeugt. So ist zunächst anzumerken, dass die Theorie vom Skripturakt in ihrem eigentlichen Anwendungsgebiet, dem Strafrecht, ebenfalls nicht die unumstrittene Lösung zur Eingrenzung des Tatbestandes des § 303a StGB bietet. So wird selbst von ihren Anhängern vertreten, dass sie nur ein erstes Indiz liefere, ohne uneingeschränkte Geltung zu beanspruchen.[570] Gerade in Mehrpersonenkonstellationen seien unter Umständen Modifikationen der Theorie erforderlich, um dem Zweck der Strafvorschrift gerecht

564 *Stree/Hecker*, in: Schönke/Schröder, StGB, § 303a, Rn. 3.

565 *Stree/Hecker*, in: Schönke/Schröder, § 303a, Rn. 3 mwN; *Grützmacher*, CR 2016, 485, 490.

566 So das *OLG Naumburg*, Urt. v. 27.8.2014 – 6 U 3/14 = VersR 2015, 1525; Ebenso entschied das *OLG Nürnberg*, Beschl. v. 23.1.2013 – 1 Ws 445/12 = CR 2013, 212, 213.

567 *Hinderberger*, S. 79.

568 *Hoeren*, MMR 2013, 486, 488. Der strafrechtliche Schutz dient auch als tragendes Argument für die Anerkennung eines Rechts am eigenen Datenbestand durch *Wagner*, in: MüKo, § 823 BGB, Rn. 296.

569 *Hoeren*, MMR 2013, 486, 487.

570 *Welp*, IuR 1988, 443, 448; Ebenso im Zivilrecht am Beispiel einer auf einen fremden Datenträger eingeschleuste schadhafte Datei, *Hoeren*, MMR 2013, 486, 488.

zu werden.[571] Vor diesem Hintergrund ist bereits die unreflektierte Übernahme dieses Ansatzes kritisch zu hinterfragen.[572]

Jedenfalls kommt es auch im Zivilrecht zu als unpassend zu bewertenden Zuordnungen, wenn der technische Herstellungsprozess im Sinne der Skriptur als maßgebliches Kriterium herangezogen würde. Verdeutlichen lässt sich dies an einem Beispiel, das die Schwierigkeiten dieses Ansatzes illustriert, die aufgrund des komplexen Personengeflechts beim modernen IT-Einsatz entstehen: In einem Flugzeug des Herstellers A werden Turbinen verbaut, die vom Lieferanten R bezogen werden. Eigentümer des Flugzeugs ist die Fluggesellschaft L, deren Personal das Flugzeug fliegt. Die Turbinen des R sind mit Sensoren ausgestattet, die in Echtzeit ihren Zustand ermitteln. Die Daten werden an ein Datenkontrollzentrum des R übermittelt und dort ausgewertet. Anhand der Daten können Vorhersagen über Unregelmäßigkeiten getroffen und die Serviceintervalle individuell angepasst werden. Die Informationen nutzt die R unter anderem, um der L passgenaue Services für die Triebwerke anzubieten.[573]

Bei strenger Anwendung der Theorie vom Skripturakt müsste bezüglich der Berechtigung an den Daten auf die letzte Person in der Handlungskette abgestellt werden. Auch wenn diese keinen Handlungsspielraum für die Erzeugung der Daten hat und diese vielmehr nebenbei maschinen-generiert anfallen, sorgt sie dennoch für deren Entstehung. Die Daten wären demnach dem Piloten zuzuordnen, der in letzter Instanz den Datenbestand technisch erstellt und zu einer Speicherung führt.[574] Er wäre Inhaber eines absoluten Rechts an dem von ihm erzeugten Datenbestand.

Dieses Ergebnis erscheint jedoch wenig interessengerecht. Mit den erzeugten Daten hat der Pilot keinerlei tatsächliche Berührungspunkte. Es ergibt sich kein sachlicher Anhaltspunkt, warum ihm ein absolutes Recht daran zuteilwerden sollte. Demgegenüber würde eine solche Zuordnung diejenigen, die – wie der Eigentümer, der Hersteller oder der Lieferant der Turbinen – berechtigte Interessen an den Daten haben könnten, unnötig einschränken. Denn sie müssten den Schutz des originär Berechtigten berücksichtigen und gegebenenfalls vertragliche Absprachen über den Datenbestand mit ihm treffen. Dies würde zusätzlich

571 *Hinderberger*, S. 98 mwN.

572 *Härting*, CR 2016, 646, 649; *Hinderberger*, S. 128.

573 Angelehnt an:. *Wocher*, auf: Handelsblatt.com, Geschäftsmodell Datenanalyse: Die Verschmelzung der Welten.

574 In diesem Sinne grundsätzlich *Hoeren*, der auch für profan-physische Akte wie das Auslösen einer Digitalkamera auf den Skribenten abstellt, vgl. Festschrift Schneider, S. 303, 310.

verkompliziert durch die Tatsache, dass es nicht den einen originär Berechtigten gäbe, sondern wechselnde Personen abhängig vom Dienstplan Rechtsträger wären.[575]

Korrigieren ließe sich dies zwar, indem wie bei der Bestimmung des Verarbeiters nach § 950 BGB auf einen Auftrag- bzw. Weisungsgeber abzustellen ist.[576] Allerdings existiert nicht immer ein solches Verhältnis. Bei einem privat genutzten, vernetzten Fahrzeug bliebe etwa stets der jeweilige Fahrer das Ziel der Zuordnung, was in dieser Absolutheit nicht überzeugen kann.

Darüber hinaus stößt diese Zuweisungsentscheidung an eine technische Grenze. In Cloud-Speichern ist es üblich, auf eine Deduplikationstechnik bzgl. der Daten zu setzen, um Speicherkapazitäten zu sparen. Statt die identischen Daten mehrmals zu speichern, werden sie einmal abgelegt und danach wird nur noch auf sie verlinkt. Dazu wird der Inhalt in Blöcke aufgeteilt und jeder Block nur einmal gespeichert. Sobald derselbe Block in der Zukunft erneut gespeichert werden soll, wird er durch einen Verweis auf die erste Version ersetzt.[577] Angesichts dieses technischen Hintergrunds wäre nur der erste Speichernde als Skribent geschützt. Alle später Handelnden können hingegen keinen technischen Prozess mehr ausführen, der in einer Speicherung mündet. In Bezug auf sie versagt der Ansatz der Zuweisung, sodass sie keinen Schutz erhielten.

(c) Zwischenergebnis

Während die Grundidee der Zuweisung anhand des Skripturaktes aufgrund ihrer Eindeutigkeit Vorteile bietet, zeigen sich die Schwächen dieser Theorie im Detail.[578] Eine durch sie begründete Zuordnung überzeugt weder in ihrer Absolutheit noch mit Blick auf die technische Realität. Sie kann deshalb nicht herangezogen werden, um einem Berechtigten ein Recht am eigenen Datenbestand zuzuweisen. Als Basis eines stimmigen Gesamtkonzepts für ein richterrechtlich anzuerkennendes sonstiges Recht eignet sich dieser Ansatz folglich nicht.

---

575 *Heun/Assion*, CR 2015, 812, 814.

576 *Zech*, GRUR 2015, 1151, 1159. Unter Anwendung dieses Ansatzes ordnete das *OLG Naumburg* Messrohdaten eines Geschwindigkeitsmessgerätes einer Polizeibehörde zu, die die Daten über die Bedienung des Geräts durch ihre Beamten erzeugt hatte, vgl: Urt. v. 27.8.2014 – 6 U 3/14 = VersR 2015, 1525, 1525.

577 *Boehm*, ZEuP 2016, 358, 385.

578 Dasselbe Fazit zieht *Grützmacher*, CR 2016, 485, 491f.

(5) Zuweisung anhand technischer Kennzeichnung

Alternativ ließe sich der Zuweisungsgehalt der richterrechtlich zu entwickelnden Position durch eine Anknüpfung an technische Kennzeichnungsverfahren begründen. Dieser Ansatz klingt in einem Strategiepapier der *EU Kommission* zur Schaffung einer europäischen Datenwirtschaft an.[579] Analog zur elektronischen Signatur von Dokumenten erscheint es nicht ausgeschlossen, Daten etwa mittels asymmetrischer Verschlüsselungsverfahren einer Person zuzuordnen. Das Bitcoin-System, das zu Nachweiszwecken auf asymmetrische Kryptografie setzt,[580] beweist, dass auf diesem Wege die Nachvollziehbarkeit einzelner Transaktionen bis zurück zu ihrem Ursprung zu gewährleisten ist. Da ein Bitcoin im Kern nur eine Datenmenge ist, die in verschlüsselter Form für den jeweiligen User bereitsteht,[581] spricht in der Theorie nichts dagegen, einen derartigen technischen Ansatz seiner Grundidee nach auch für sonstige Daten nutzbar zu machen.

Diese Form der Zuweisung hätte den Vorteil einer unzweifelhaften Zuordnung. Berechtigt wäre derjenige, der das konkrete Datum mit einem technischen Kennzeichen versehen hat. Allerdings bringt sie eine Gefahr mit sich, die sich außerhalb des Haftungsrechts negativ auswirken würde. Denn die technische Zuweisung würde denjenigen Akteuren, die Einfluss auf die Gestaltung des technischen Verarbeitungsprozesses haben, eine erhebliche Machtposition einräumen. Sie könnten sich durch die Gestaltung der Systeme, Komponenten oder Prozesse die Inhaberschaft des Rechts an den damit geschaffenen Daten sichern. Verdeutlichen lässt sich dies am Beispiel der durch ein vernetztes Kfz generierten Fahrzeugdaten.

Würde der Hersteller die Systeme, Komponenten und Prozesse für den Fahrbetrieb technisch so ausgestalten, dass alle erzeugten Daten auf ihn zurückzuführen sind, müsste ihm konsequenterweise die Rechtsposition an diesen Daten zugewiesen werden. Auf dieser Basis könnte er dann beispielsweise die Reparaturmöglichkeiten in seinem Sinne beeinflussen. Während er seinen Vertragshändlern die Daten unter günstigen Konditionen zur Verfügung stellen könnte, wäre es gleichzeitig legitim, Werkstätten von Konkurrenten durch die Preisgestaltung für die Bereitstellung der ihm exklusiv zugewiesenen Daten zu benachteiligen.

---

579 Vgl. *Europäische Kommission*, Aufbau einer Europäischen Datenwirtschaft, EU Com(2017) 9 final, S. 13.

580 Näher dazu: *Böhme/Pesch*, DuD 2017, 93, 94.

581 *Engelhardt/Klein*, MMR 2014, 355, 355.

Diese Gefahr der Monopolisierung von Daten stellt zwar eine reale Herausforderung dar,[582] ist allerdings kein Spezifikum einer Zuordnung aufgrund eines technischen Zuweisungsansatzes. Denn bereits ohne Zuweisung besteht nach geltendem Recht ein faktischer Trend zur Abschottung von Systemen und Daten, um letztere zu eigenen Zwecken zu kommerzialisieren.[583] Darüber kommt es zu einem ähnlichen Effekt, weshalb flankierende gesetzliche Maßnahmen verabschiedet werden, die verhindern sollen, dass aufgrund der technischen Hoheit über Systeme nachgelagerte Märkte diskriminiert werden, in denen die Akteure auf Daten angewiesen sind.[584]

Derartige Korrektive könnten je nach Bedarf auch im Nachgang der Anerkennung eines Rechts am eigenen Datenbestand geschaffen werden. Hinzu kommt, dass die Gefahr einer Monopolisierung angesichts des vorgestellten Inhalts, den das richterrechtlich entwickelte Recht am eigenen Datenbestand aufweisen würde, gering ist. Die Nutzung von Daten oder das Kopieren könnte der Berechtigte nicht verhindern, da es sich um einen Integritätsschutz für die Daten handeln würde.[585]

Obwohl die Anknüpfung an eine technische Kennzeichnung demnach theoretisch für eine sinnvolle Zuweisung geeignet erscheint, hindert die Praxis daran, dieses Kriterium dem Recht am eigenen Datenbestand konstruktiv zugrunde zu legen. Denn es sind noch keine technischen Verfahren ersichtlich, die eine Kennzeichnung realisieren, ohne zugleich den freien Verkehr sämtlicher Daten erheblich zu beeinträchtigen. Ein frei fließender Datenverkehr ist aber wesentliche Voraussetzung für die technische Fortentwicklung und prägt das moderne gesellschaftliche Leben. Angesichts dieser negativen Auswirkungen ist von einer Zuweisung unter Anknüpfung an technische Kennzeichnungsverfahren Abstand zu nehmen.

582 *Drexl/Hilty/Desaunettes et al.*, GRUR Int. 2016, 914, 915; *Grützmacher*, CR 2016, 485, 492; *Kerber*, IIC 2016, 759, 761.

583 *Europäische Kommission*, Aufbau einer Europäischen Datenwirtschaft, EU Com(2017) 9 final, S. 11f.

584 Ein aktuelles Beispiel dafür findet sich im Vorschlag für eine Verordnung über die Genehmigung und die Marktüberwachung von Kraftfahrzeugen und Kraftfahrzeuganhängern sowie von Systemen, Bauteilen und selbständigen technischen Einheiten für diese Fahrzeuge, vgl. Art. 65 Abs. 1 Com(2016) 31 final.

585 Dazu bereits Kap. 4, Teil V, Abschn. 1a) lit. bb) Unterpunkt (3).

(6) Zuweisung anhand einer wertenden Betrachtung

Möglicherweise lässt sich schließlich unter Wertungsgesichtspunkten ein Anknüpfungspunkt ermitteln, der eine sinnvolle Zuweisung des Rechts am eigenen Datenbestand garantiert und somit das zweite konstruktive Element neben der Ausschlussfunktion gewährleistet. Wer wertungsmäßig die engste Verbindung mit dem Datum aufweist, dem könnte das Recht am eigenen Datenbestand mit seinem auf das Integritätsinteresse zielenden Schutz zugeordnet werden. Für eine wertende Zuordnung kommen unterschiedliche Anhaltspunkte in Betracht.

(a) Zuweisung an den Eigentümer des datenerzeugenden Geräts

Die Zuweisung des Rechts könnte dadurch erfolgen, dass an die Eigentumsverhältnisse an dem die Daten erzeugenden informationstechnischen Gerät angeknüpft wird.[586] Im eben angeführten „Flugzeug-Beispiel"[587] wäre danach die Eigentümerin der Maschine als Trägerin des absoluten Rechts an den Daten auszumachen. Diese Zuweisung würde unabhängig davon gelten, ob die Daten auf dem Gerät selbst gespeichert werden oder auf einen Datenträger eines Dritten ausgelagert werden.

Sachgerecht erscheint diese Zuordnung vor dem Hintergrund, dass der Einsatz des technischen Geräts zwingende Voraussetzung ist, damit es zur Erzeugung der Daten kommt.[588] Zudem hat der Eigentümer in dieses Gerät investiert, weshalb er ein natürliches Interesse daran hat, sämtliche Vorteile aus dessen Nutzung zu ziehen.[589] Hinzu kommt, dass die Zuweisung der Daten an den Eigentümer erforderlich sein kann, um angemessen mit dem Eigentum umgehen zu können. Zu denken ist insofern an Daten, aus denen sich ergibt, dass Reparaturen erforderlich sind oder die darauf schließen lassen, dass die Verwendung des Geräts ineffizient ist.

Gegen diese Zuweisung spricht allerdings, dass nicht in jeder Situation über die Anknüpfung an das Eigentum des Geräts, mit dem Daten geschaffen werden, sachgerechte Ergebnisse erzielt werden. So wäre diese Art der Zuordnung beispielsweise fragwürdig bei einem gemieteten oder einem zur Sicherheit übereigneten, vernetzten Fahrzeug. Auch wenn eine Person einen Computer eines

---

586 Vgl. für das vernetzte Kfz: *Hornung/Goeble*, CR 2015, 265, 268. In diesem Sinne auch *Spindler*, der allerdings allgemeiner auf die Sachherrschaft über das datenerzeugende Produkt abstellt: JZ 2016, 805, 814.

587 Kap. 4, Teil V, Abschn. 1a) lit. cc) Unterpunkt (4).

588 *Spindler*, JZ 2016, 805, 814.

589 *Ensthaler*, NJW 2016, 3473, 3474; *Wiebe*, CR 2017, 87, 90.

Dritten zur Erstellung von Dokumenten nutzt, ist die Zuordnung der Daten an den Eigentümer des Gerätes unpassend.

(b) Zuweisung aus funktional-wertender Perspektive

Statt auf die Eigentumsverhältnisse am Gerät abzustellen, könnte der Berechtigte unter Zugrundelegung einer funktionalen Sichtweise bestimmt werden. Wer die Datenerzeugung wesentlich beeinflusst, könnte Ziel der Zuweisung sein.[590] Aus diesem Blickwinkel könnte der Entwickler des informationsverarbeitenden Systems als Berechtigter einzustufen sein. Im Flugzeugbeispiel wären die Daten dann dem Zulieferer der Turbine zuzuordnen. Denn er hat die Turbine technisch so konstruiert, dass es zur Erzeugung der Daten kommt. Er hat auch die Voraussetzungen geschaffen, dass die Daten erfasst und weiterverarbeitet werden können. Seine Beiträge machen ihn zur entscheidenden Stelle, die den Schaffensprozess wesentlich beeinflusst.

Vom Ergebnis her wäre diese Zuordnung nicht weniger interessengerecht als die zum Eigentümer des datenerzeugenden Geräts. Denn der Entwickler des Systems hat mit dessen Entwicklung und Unterhaltung ebenfalls erhebliche Investitionen getätigt und berechtigte Interessen an den damit erzeugten Daten.[591] So ist er auf die Daten angewiesen, um seine Produkte zu warten oder fortzuentwickeln.[592] Außerdem ist es nicht ausgeschlossen, dass er das Gerät nur deshalb zu einem günstigeren Preis auf den Markt bringt, weil er über die damit erzeugten Daten einen Zusatzdienst anbieten kann.[593] Eine absolute Zuweisung der Daten zu einem anderen Akteur würde diese Art der geschäftlichen Entwicklung wesentlich erschweren. Aus dieser Perspektive spricht also einiges für diese Zuweisung aus funktionaler Sicht.

Allerdings weist auch dieser Ansatz Mängel auf, die gegen seine Übernahme für die Zuweisung sprechen. Mit der Heranziehung der wesentlichen Beeinflussung des Entstehungsprozesses der Daten wird ein unscharfes Kriterium in den Mittelpunkt gestellt. Gerade in einer immer stärker durch Vernetzung und Arbeitsteilung geprägten Geschäftswelt ist die wesentliche Beeinflussung nicht leicht festzustellen.[594] Im Flugzeug-Beispiel wäre die Entscheidung weniger

590 *Hoeren*, in: Festschrift Schneider, S. 303, 310.

591 *Ensthaler*, NJW 2016, 3473, 3474; *Wiebe*, CR 2017, 87, 90.

592 *Grützmacher*, CR 2016, 485, 494.

593 Vgl. dazu die verschiedenen Szenarien bei: *Schwartmann/Hentsch*, RDV 2015, 221, 221f.

594 *Kerber*, GRUR Int. 2016, 989, 991; *Deutscher Anwaltverein*, auf: Anwaltverein.de, Frage des „Eigentums" an Daten und Informationen, S. 8f.

eindeutig, wenn die Daten über das System eines Dritten gespeichert und aufbereitet würden.[595] Zudem sind auf dieser Grundlage ebenso zweifelhafte Ergebnisse möglich. Nutzt etwa eine Person die Dienste eines Cloud-Anbieters, um ein Dokument zu erstellen, das durch aus der Cloud bezogene Software erzeugt und in der Cloud gespeichert wird, so müsste die funktional-wertende Sichtweise zum Ergebnis kommen, dass dem Cloud-Anbieter die Daten zugewiesen sind. Dass dies nicht sachgerecht ist, ist offensichtlich.

(c) Zuweisung aufgrund der Verantwortlichkeit für Sicherheit

Schließlich könnte als wertendes Kriterium die Verantwortlichkeit für Risiken herangezogen werden, um die Zuweisung der Daten vorzunehmen. Der Hersteller eines Gesamtprodukts, mit dem die Daten erzeugt werden, ist derjenige, der das Gerät in den Verkehr bringt und damit überhaupt die Möglichkeit zur Vornahme des technischen Auslösungsprozesses schafft. Er ist zugleich derjenige, der über die Produkt- und Produzentenhaftung für die Produktsicherheit verantwortlich ist. Auch für Fehlfunktionen von integrierten Bestandteilen kann er zur Haftung herangezogen werden.[596] Da die Beobachtung des Produkts nach der Inverkehrgabe zu seinen Pflichten gehört und dies effektiv nur mit den Daten möglich wäre, wäre es auch sachgerecht ihm die Daten zuzuweisen, die durch die Nutzung des Gerätes erzeugt werden.[597] Im Flugzeug-Beispiel würde sich demnach eine Zuordnung zugunsten des Gesamtprodukteherstellers ergeben.

Auch dieser Ansatz vermag aber nicht vollständig zu überzeugen. Nicht jedes Datum, das bei der Nutzung informationstechnischer Geräte entsteht, hat Sicherheitsrelevanz. Vor diesem Hintergrund wäre es eine ungerechtfertigte Besserstellung des Herstellers, ihm allein aufgrund seiner Position als Hersteller sämtliche Daten und damit ein vermögenswertes Gut zuzuweisen. Gleichzeitig würde auf diesem Wege die Entwicklung neuer Geschäftsfelder von Zulieferern, die dafür auf Daten ihrer Zulieferprodukte angewiesen sind, erheblich erschwert.

(d) Zwischenergebnis zur wertenden Zuweisung

Anhand der drei beispielhaft angeführten Anknüpfungspunkte zeigt sich das Dilemma, welches mit einer Zuweisung eines Rechts am eigenen Datenbestand anhand wertender Kriterien einhergeht. Es finden sich zwar Kriterien, über die sachgerechte Zuweisungen einzelner Daten möglich sind. Aber kein Kriterium

---

595 Zur Untermauerung der Komplexität einer funktional-wertenden Zuordnung, vgl. auch das Beispiel der Patientendaten bei *Heymann*, CR 2016, 650, 654.

596 Vgl. dazu: Kap. 4, Teil III, Abschn. 2a) und 2b).

597 *Grützmacher*, CR 2016, 485, 491.

kann alle Daten so zuweisen, dass es in umfassender Weise zu sachgerechten Ergebnissen kommt.[598] Vor diesem Hintergrund drängt sich kein allgemeingültiges Kriterium auf, das eine sinnvolle Zuweisung eines Rechts am eigenen Datenbestand garantiert.

Dieses Ergebnis legt nahe, verschiedene Datenkategorien zu bilden, für die sich sachgerechte Zuweisungen finden lassen. Zu denken ist etwa an „Telemetriedaten“[599], an „industrielle Daten“[600], an nicht-personenbeziehbare, maschinen-generierte Daten[601] oder auch an von Nutzern individuell erstellte Daten, die beispielsweise aus der Anwendung von Kalkulations- und Textverarbeitungsprogrammen resultieren. Für jede Gruppe könnte eine eigenständige Zuweisungsvorgabe aufgrund eines wertenden Kriteriums vorgegeben werden.[602]

Es ist jedoch angesichts der vielfältigen Interessenkonstellationen in Bezug auf Daten bereits zweifelhaft,[603] ob sie sich einerseits aufgrund wertender Anhaltspunkte zu bestimmten Kategorien zusammenfassen lassen und andererseits diese Kategorien sich in ausreichender Weise voneinander abgrenzen lassen. Unterscheidbare Kategorien sind aber zwingend erforderlich, um eindeutige Ergebnisse bezüglich der Rechtsinhaberschaft zu erzielen. Es wäre kontraproduktiv für die Rechtssicherheit, wenn einzelne Daten sich in mehrere Kategorien einordnen ließen oder sich ihre Zugehörigkeit zu einer Kategorie je nach Situation ändern könnte. Denn dies liefe darauf hinaus, dass erst nach einer Abwägung der Interessen im Einzelfall feststünde, welcher Kategorie ein konkretes Datum zuzuordnen ist und wem deshalb das Recht zugutekäme.[604] Unter derartigen Umständen würde es an der Möglichkeit der eindeutigen Identifikation des Berechtigten fehlen. Diese ist jedoch nötig, damit das absolute Recht nicht

598 Zu diesem Fazit kommt auch *Heymann*, CR 2016, 650, 655.

599 *Dorner*, CR 2014, 617, 619.

600 *Kerber*, GRUR Int. 2016, 989, 990.

601 Vgl. *Europäische Kommission*, Aufbau einer Europäischen Datenwirtschaft, EU Com(2017) 9 final, S. 9; *Kerber*, IIC 2016, 759, 760.

602 Ebenso: *Grützmacher*, CR 2016, 485, 491. Ähnlich *Specht*, die im Rahmen der Wertung allerdings stärker auf ökonomische Aspekte abstellt, vgl. CR 2016, 288, 296. Der differenzierende Ansatz findet sich auch in: *Europäische Kommission*, Aufbau einer Europäischen Datenwirtschaft, EU Com(2017) 9 final.

603 Die Vielfältigkeit der Interessen problematisieren auch *Faust*, NJW-Beil. 2016, 29, 32; *Härting*, CR 2016, 646, 648; *Heymann*, CR 2016, 650, 655; *Hornung/Goeble*, CR 2015, 265, 271; *Wiebe*, CR 2017, 87, 91; *ders.*, GRUR Int. 2016, 877, 883.

604 Für genau diese Art der Einzelfallabwägung: *Wagner*, MüKo, § 823 BGB, Rn. 297.

zu Unordnung in der Informationsrechtsordnung führt, sondern seine Wirkung im Rechtsverkehr entfaltet.[605]

Unabhängig von diesen Zweifeln hinsichtlich der Etablierung eindeutiger Kategorien von Daten ist jedenfalls festzustellen, dass eine solche Zuweisung vom Gesetzgeber vorgenommen werden müsste.[606] Er ist das demokratisch legitimierte Staatsorgan, das die mit der Kategorisierung einhergehenden Wertungsentscheidungen treffen muss. Nur aufgrund seiner Entscheidung kann Daten ein Zuweisungsgehalt zugemessen werden, der für ein sonstiges Recht erforderlich ist. Umgekehrt würde eine eigenständige Festlegung der wertenden Kriterien für die Zuweisung im Wege der richterlichen Rechtsfortbildung dazu führen, dass der verfassungsrechtlich vorgegebene Aufgabenbereich der Judikative überschritten würde.

(7) Zwischenergebnis zum Zuweisungsgehalt

Für ein Recht am eigenen Datenbestand, das für sämtliche werthaltigen Daten offen ist, ist kein tragfähiger Anknüpfungspunkt ersichtlich, der eine sinnvolle Zuweisung zu einem Berechtigten stützen kann. Jedes für die Zuordnung in Betracht kommende Kriterium würde Nachteile mit sich bringen, die dagegensprechen, sie der Rechtsposition zugrunde zu legen. Einzig aufgrund wertender Kriterien erscheint es theoretisch möglich, zumindest für klar definierte Kategorien von Daten sinnvolle Zuweisungsentscheidungen zu treffen. Die dafür erforderlichen Wertungen müssen jedoch vom demokratisch legitimierten Gesetzgeber getroffen werden. Im Wege der richterlichen Rechtsfortbildung darf hingegen die Zuweisungsentscheidung für ein Recht am eigenen Datenbestand nicht getroffen werden, da ansonsten in den verfassungsrechtlich vorgesehenen Aufgabenbereich des Gesetzgebers eingegriffen würde.

dd) Fazit zum Recht am eigenen Datenbestand

Ein Recht am eigenen Datenbestand, das sämtliche aufgrund ihres Wertes schützenswerten Daten umfasst, kann demnach nicht als sonstiges Recht im Wege richterrechtlicher Rechtsfortbildung anerkannt werden. Zwar lässt sich unter Anlehnung an das Eigentum die Ausschlussfunktion eines solchen Rechts begründen. Die Anerkennung scheitert aber am fehlenden Zuweisungsgehalt

---

605 *Heun/Assion*, CR 2015, 812, 814; *Heymann*, CR 2015, 807, 810. Die wirtschaftlichen Nachteile einer unklaren Zuordnung betont auch *Kerber*, IIC 2016, 759, 761.

606 Ebenso *Faust*, NJW-Beil. 2016, 29, 32; *ders.*, in: Verhandlungen des 71. Deutschen Juristentages, S. 56.

dieser Position. Es ist kein überzeugendes Kriterium vorhanden, mit dem sich generell eine sinnvolle Zuordnung von Daten zu einem Berechtigten begründen lässt. Durch richterliche Rechtsfortbildung ist die Anerkennung eines Rechts am eigenen Datenbestand als sonstiges absolut geschütztes Rechts folglich nicht möglich.[607] Es bleibt somit bei der unterschiedlichen Behandlung von intern und extern gespeicherten Daten. Eine präventive Wirkung in Richtung IT-Sicherheit tritt demnach nicht dadurch ein, dass ein Recht am eigenen Datenbestand als sonstiges Recht anerkannt wird und vergleichbar wie Sachen über § 823 Abs. 1 BGB umfassend geschützt wird. Dies spricht dafür, dass eine gesetzliche Modifizierung zur Verbesserung des IT-Sicherheitsniveaus notwendig ist.

b) Verbesserung durch Auslegung des § 13 Abs. 7 TMG

Wie einleitend erwähnt, könnte eine Modifizierung des Rechts zur Verbesserung der IT-Sicherheit so aussehen, dass eine explizite IT-Sicherheitspflicht geschaffen wird, die auf den unversehrten Bestand extern gespeicherter Daten zielt und die zugleich Schutzgesetzqualität aufweist. Die Einfügung einer solchen Pflicht würde sich allerdings erübrigen, sofern eine bestehende individualschützende IT-Sicherheitspflicht so ausgelegt werden kann, dass sie diesen Schutz vermittelt. Angesichts ihres Inhalts erscheint es nicht ausgeschlossen, dass sich die Schutzrichtung des § 13 Abs. 7 TMG in diese Richtung interpretieren lässt.

Der durch das IT-Sicherheitsgesetz eingefügte § 13 Abs. 7 TMG enthält, wie bereits dargestellt,[608] explizite IT-Sicherheitspflichten für Anbieter von Telemediendiensten. Das Angebot, Daten im Wege des Cloud Computing für Dritte zu speichern, ist ein solcher Telemediendienst.[609] Der persönliche Anwendungsbereich der Norm ist demnach für Fälle externer Datenspeicherung eröffnet.

Auch der sachliche Anwendungsbereich ermöglicht es, diese Konstellationen zu erfassen. Zwar sieht der Wortlaut von § 13 Abs. 7 Nr. 2 lit. a TMG nur vor, dass personenbezogene Daten besonderen Schutz erhalten sollen. Dennoch geht § 13 Abs. 7 TMG in seiner Gesamtheit über den Schutz personenbezogener Daten hinaus.[610] Die Pflichten zielen auch auf die Sicherung der Funktionsfähigkeit des

---

607 So auch *Dorner*, CR 2014, 617, 625; *Faust*, in: Verhandlungen des 71. Deutschen Juristentages, S. 56; *ders.*, NJW-Beil. 2016, 29, 32; *Härting*, CR 2016, 646, 649; *Heun/Assion*, CR 2015, 807, 812f.; *Heymann*, CR 2016, 650, 656; *ders.*, CR 2015, 807, 811; *Spickhoff*, in: Leible/Lehmann/Zech, S. 233, 244; *Zech*, CR 2015, 137, 145.

608 Kap. 3, Teil III, Abschn. 2b).

609 Zu Einordnung des Cloud-Angebots als Telemediendienst: *Kian*, S. 146f.; *Nolte*, in: Borges/Meents, § 11, Rn. 24ff.

610 Ebenso: *Gitter/Meißner/Spauschus*, ZD 2015, 512, 516; *Spindler*, CR 2016, 297, 303.

Telemediendienstes selbst.[611] Eine Störung der Funktionsfähigkeit liegt im Allgemeinen schon dann vor, wenn der Telemediendienst für einen nicht unerheblichen Zeitraum nicht zur Verfügung steht.[612]

Übertragen auf einen Cloud-Dienst genügt für eine Störung also, dass der Nutzer für eine erhebliche Zeitspanne nicht auf seine Daten zugreifen kann. Angesichts dieser niedrigen Grenze müssen die intensiveren Folgen der Datenlöschung bzw. der Datenmanipulation erst recht als Störungen bewertet werden. Denn zu einem funktionierenden Angebot einer externen Speicherung in der Cloud gehört nicht nur die grundsätzlich ununterbrochene Bereitstellung der Daten, sondern auch der tatsächliche Zugang zu ihnen in ihrer ursprünglichen Form.

Allerdings wurde ebenfalls bereits dargestellt, dass eine restriktive Anwendung von § 13 Abs. 7 TMG angezeigt ist, damit es nicht in Verbindung mit § 823 Abs. 2 zu einer Ausuferung der Haftung für reine Vermögensschäden kommt.[613] Vor dem Hintergrund stellt sich die Frage, ob es dem Schutzzweck der Norm entspricht, Ersatz für einen Vermögensschaden infolge einer Löschung oder Manipulation extern gespeicherter Daten zu gewähren, der beispielsweise durch die Wiederherstellung der Daten entsteht.

Dafür müsste der Regelungsgedanke des TMG auf diese Situationen übertragbar sein. Wie bereits verdeutlicht, wollte der Gesetzgeber mit der Regelung insbesondere einen der Hauptverbreitungswege von Schadsoftware eindämmen, nämlich ihr unbemerktes Herunterladen allein durch das Aufrufen einer präparierten Website.[614] Folge dieser Drive-by-Downloads ist eine Infizierung des Systems des Website-Besuchers, die regelmäßig zu Beeinträchtigungen wie Datenverlusten, Datenmanipulationen und Systemausfällen führen.

Angesichts dieser Konsequenzen ist der Schluss zu ziehen, dass auch Schäden durch mangelhafte IT-Sicherheit hinsichtlich extern gespeicherter Daten vom Schutzzweck der Norm erfasst werden. Denn wenn Telemediendiensteanbieter schon zu Sicherheitsmaßnahmen verpflichtet werden, die Infektionen der Systeme der Nutzer durch Drive-by-Downloads verhindern sollen, dann müssen sie erst recht Sicherheit dahingehend gewährleisten, dass die Daten, die sie zugunsten der Nutzer auf ihren Systemen speichern und die jederzeit wieder

611 *Djeffal*, MMR 2015, 716, 717. So auch *Schallbruch*, CR 2017, 798, 802.

612 *Spindler*, CR 2016, 297, 304. So auch *Bartels/Backer*, DuD 2016, 22, 24: Praktisches Ziel sei der „Schutz der Verfügbarkeit der technischen Einrichtungen."

613 Kap. 3, Teil III, Abschn. 2c) lit. cc).

614 Kap. 3, Teil III, Abschn. 2c) lit. bb) Unterpunkt (2) (c).

auf deren Systeme heruntergeladen werden können, nicht gelöscht oder manipuliert werden. Ansonsten würde ein Nutzer bei intensiverer Inanspruchnahme eines Telemediendienstes schlechter stehen als bei bloßem Aufrufen der Seite des Anbieters.

Folglich ist § 13 Abs. 7 TMG trotz seines grundsätzlich restriktiv zu handhabenden Anwendungsbereichs so zu interpretieren, dass in Verbindung mit § 823 Abs. 2 BGB Vermögensschäden zu ersetzen sind, die infolge unterlassener IT-Sicherheitsmaßnahmen zum Schutz des unversehrten Bestandes von extern gespeicherten Daten entstanden sind. Auf diesem Wege ergibt sich mit Blick auf Speicherdienste-Anbieter eine verhaltenslenkende Wirkung in Richtung IT-Sicherheit.

Auch wenn damit nicht die unterschiedliche Behandlung von extern und intern gespeicherten Daten überwunden wird, ist vor diesem Hintergrund keine gesetzliche Änderung notwendig, um das IT-Sicherheitsniveau hinsichtlich extern gespeicherter Daten zu verbessern. Über § 13 Abs. 7 TMG sind diejenigen Unternehmen zu IT-Sicherheit verpflichtet, die aus praktischer Sicht den größten Einfluss auf die Gewährleistung des unversehrten Bestands extern gespeicherter Daten haben. Der präventive Effekt des außervertraglichen Haftungsrechts hat infolge der Einfügung von § 13 Abs. 7 TMG folglich in Bezug auf die IT-Sicherheit extern gespeicherter Daten an Wirkung gewonnen. Eine weitere Ausdehnung der präventiven Wirkung erscheint vor diesem Hintergrund weder als nötig noch als sinnvoll.

c) Zwischenergebnis

Zur Verbesserung des IT-Sicherheitsniveaus im Hinblick auf extern gespeicherte Daten ist keine gesetzgeberische Aktivität erforderlich. Trotz der unterschiedlichen Behandlung von Daten, die vom Speicherort abhängig ist, vermittelt das außervertragliche Haftungsrecht einen ausreichenden Anreiz, IT-Sicherheitsmaßnahmen auch zum Schutz extern gespeicherter Daten zu gewährleisten.

Dieser Anreiz folgt nicht etwa aus der Anerkennung eines Rechts am eigenen Datenbestand als sonstiges Recht. Denn für eine derartige richterrechtliche Fortentwicklung fehlt es am Zuweisungsgehalt dieser Position. Die verhaltenslenkende Wirkung geht allerdings vom durch das IT-Sicherheitsgesetz eingefügten § 13 Abs. 7 TMG aus. Dieses Schutzgesetz ist so auszulegen, dass es in Verbindung mit § 823 Abs. 2 BGB eine Einstandspflicht für Schäden begründet, die dem Geschädigten durch Löschung oder Manipulation seiner Daten infolge mangelhafter IT-Sicherheit entstehen.

Sie betrifft zwar nur den Anbieter des Speicherdienstes und wirkt damit in personeller Hinsicht nicht so umfassend wie der über das Rechtsgut Eigentum vermittelte Schutz in § 823 Abs. 1 BGB. Allerdings sind die Unternehmen davon betroffen, die den größten Einfluss darauf haben, dass extern gespeicherte Daten nicht gelöscht oder manipuliert werden. Das außervertragliche Haftungsrecht weist damit eine Reichweite auf, die praktisch zu einem hohen IT-Sicherheitsniveau hinsichtlich der externen Speicherung von Daten führt. Eine Ausdehnung der präventiven Wirkung im Wege zusätzlicher gesetzlicher IT-Sicherheitspflichten erscheint folglich vor dem Hintergrund des noch jungen § 13 Abs. 7 TMG nicht sinnvoll.

2. Verbesserung des IT-Sicherheitsniveaus im Hinblick auf Nutzungsbeeinträchtigungen von Sachen

Ein weiterer Ansatzpunkt, um über die Modifikation außervertraglicher Haftungsnormen einen sinnvollen Beitrag zu einer Verbesserung des IT-Sicherheitsniveaus zu leisten, ergibt sich in Anbetracht der von den Einstandspflichten nicht erfassten praxisrelevanten Situationen, in denen es zu Nutzungsbeeinträchtigungen von Sachen kommen kann. Dabei ist zwischen zwei Ursachen von Nutzungsbeeinträchtigungen zu differenzieren. Auslöser können einerseits mangelhaft gesicherte IT-spezifische Dienste sein, die für die Nutzung einer Sache benötigt werden. Andererseits können sie auch daraus resultieren, dass das IT-spezifische Produkt selbst mangelhaft gesichert ist, wodurch dessen Nutzung beeinträchtigt wird.

a) Rahmen für gesetzgeberische Handlungsoptionen

Das grundsätzliche Fehlen eines haftungsrechtlichen Anreizes zur Umsetzung von IT-Sicherheitsmaßnahmen, die Nutzungsbeeinträchtigungen von Sachen verhindern, ist Resultat einer Wertungsentscheidung im deutschen Recht. Nutzungsbeeinträchtigungen von Sachen wirken sich, wenn überhaupt, nur im Vermögen des Geschädigten aus. Es wird beispielsweise geschmälert, weil er die Nutzung der Sache auf alternativem Wege sicherstellt, in Reparaturmaßnahmen investiert oder die Beeinträchtigung durch die Miete einer unbeeinträchtigt nutzbaren Sache ausgleicht. Der historische Gesetzgeber hat jedoch aus prinzipiellen Gründen davon abgesehen, derartige reine Vermögensschäden allgemein deliktsrechtlich zu erfassen, und sie stattdessen nur in wenigen Ausnahmefällen in haftungsrechtliche Einstandspflichten einbezogen. So wird Ersatz für reine

Vermögensschäden nur bei Verstößen gegen bestimmte Schutzgesetze oder bei grob sittenwidrigem Verhalten gewährt.[615]

Der grundlegende Gedanke dahinter besteht darin, die Handlungsfreiheit eines jeden Einzelnen soweit wie möglich zu wahren.[616] Es soll ein genereller Handlungsspielraum gewährleistet werden, der in einer wettbewerbsorientierten Gesellschaftsordnung erforderlich ist.[617] Zudem soll durch die grundsätzliche Anknüpfung der Haftung an die Verletzung von gesetzlich bestimmten Rechtsgütern von vornherein die Anzahl potenzieller Anspruchsinhaber beschränkt werden.[618]

Diese Grundsatzentscheidung gibt den Rahmen vor, der bei der Diskussion über Gesetzesänderungen zur Verbesserung des IT-Sicherheitsniveaus zu beachten ist. Sie steht etwa der Idee einer undifferenzierten außervertraglichen Haftungsnorm entgegen, die alle Hersteller und Anbieter zur Gewährleistung von IT-Sicherheit verpflichten würde und die jeden Pflichtverstoß, der zu finanziellen Einbußen führt, mit Haftungsfolgen belegen würde. Eine solche Einstandspflicht wäre zwar unzweifelhaft positiv für ein höheres IT-Sicherheitsniveau. Ihr Beitrag wäre aber nicht als sinnvoll im Lichte des ganzheitlichen Haftungssystems zu bewerten.

Denn der Handlungsspielraum einer Vielzahl von Unternehmen würde erheblich eingeengt, ohne dass im Gegenzug der Schutz der hochwertigsten Rechtsgüter Leben, Körper, Gesundheit gefördert würde. Die betroffenen Unternehmen würden zudem einer Vielzahl potenzieller Anspruchsgegner ausgesetzt. Aufgrund des kaum kalkulierbaren Haftungsrisikos könnte die Herstellung bzw. das Angebot von IT-spezifischen Produkten und Diensten insgesamt unattraktiv werden. Das außervertragliche Haftungsrecht würde so zum Innovationshemmnis werden.

Zwischen dieser ungeeigneten Vorgehensweise auf der einen Seite und dem Belassen des haftungsrechtlichen Status quo auf der anderen Seite bestehen jedoch sinnvolle Handlungsoptionen für den Gesetzgeber zur Verbesserung des IT-Sicherheitsniveaus. Sie sollen im Folgenden, unterschieden anhand der Auslöser, zum einen mit Blick auf die Anbieter IT-spezifischer Dienste und zum anderen mit Blick auf die Hersteller IT-spezifischer Produkte erarbeitet werden.

---

615 *Spindler*, in: BeckOGK, § 823 BGB, Rn. 8.

616 *Larenz/Canaris*, S. 356.

617 *Spindler*, in: BeckOGK, § 823 BGB, Rn. 8

618 *Förster*, in: Bamberger/Roth, § 823 BGB, Rn. 3.

b) Gesetzgeberische Handlungsoption für IT-spezifische Dienste

Für Anbieter von IT-spezifischen Diensten im Anwendungsbereich des TKG besteht über § 44 Abs. 1 S. 1, 4 iVm § 109 Abs. 1, 2 TKG ein haftungsrechtlicher Anreiz, IT-Sicherheit so zu gewährleisten, dass es nicht zu reinen Vermögensschäden bei Dritten kommt. Diese Normkombination ist ein geeignetes Beispiel dafür, dass punktuelle Abweichungen vom Grundprinzip des Haftungsausschlusses für bloß finanzielle Beeinträchtigungen vom Gesetzgeber eingeführt werden können. Sie könnte als Vorbild für eine Modifikation des Rechts herangezogen werden, um eine sinnvolle Verbesserung des IT-Sicherheitsniveaus zu bewirken.

Zur Verbesserung käme es, wenn die präventive Wirkung ausgedehnt würde, indem für weitere Anbieter IT-spezifischer Dienste außerhalb des Anwendungsbereichs des TKG ein Haftungsrisiko für die Verursachung reiner Vermögensschäden gesetzt würde. Sinnvoll ist dies in Anbetracht der eingangs vorgestellten Grundprinzipien allerdings nur, sofern die haftungsrechtliche Einstandspflicht auf bestimmte Anbieter beschränkt bleibt. Denn die Belegung eines jeden Anbieters IT-spezifischer Dienste mit Haftungsfolgen für Vermögensschäden, die infolge einer IT-Sicherheitspflichtverletzung entstehen, würde eine erhebliche Einschränkung der Handlungsfreiheit der Betroffenen mit sich bringen. Ein möglichst weitgehender Handlungsspielraum ist jedoch gerade kennzeichnend für die vom Gesetzgeber angestrebte, auf Wettbewerb und Fortschritt zielende Rechtsordnung.

Eine derartige Beschränkung der unternehmerischen Handlungsfreiheit ließe sich nur rechtfertigen, sofern ihr ein positiver gemeinwohlbezogener Effekt gegenübersteht, der diesen Nachteil überwiegt.[619] Davon kann ausgegangen werden, wenn eine besonders gewichtige Pflicht mit einer Haftungsgrundlage verknüpft wird, die Vermögensschäden umfasst. Denn die Aussicht, für Vermögensschäden infolge einer Pflichtverletzung einstehen zu müssen, erhöht den Anreiz, die Pflicht einzuhalten. Es kommt zu einem hohen Befolgungsgrad, ohne dass die Einhaltung staatlich überwacht werden müsste. Zugleich ist damit sichergestellt, dass für den Fall der Schädigung infolge eines Pflichtverstoßes die in ihrem Vermögen beeinträchtigten Personen nicht schutzlos stehen.

§ 109 TKG enthält solche als gewichtig einzustufenden Pflichten. Denn er stellt IT-Sicherheitsanforderungen im Zusammenhang mit der Erbringung von Telekommunikationsdiensten und dem Betrieb von Telekommunikationsnetzen

---

619 Vgl. *BVerfG*, BVerfGE 102, 197, 212f. = NVwZ 2001, 790, 792; BVerfGE 115, 276, 304 = NJW 2006, 1261, 1263.

auf. Es handelt sich dabei um ein unternehmerisches Tätigkeitsfeld, in dem Fehlverhalten sich auf einen diffusen und zugleich weiten Kreis von Personen auswirken kann. Diesem ist angesichts der Folgen von Fehlern eine besondere gesellschaftliche Relevanz zuzumessen.[620]

Anbieter von Telekommunikationsdiensten und Betreiber von Telekommunikationsnetzen sind jedoch nicht die einzigen Anbieter IT-spezifischer Dienste, die im Rahmen ihrer Tätigkeit bei mangelhafter IT-Sicherheit einen diffusen und weitreichenden Kreis von Personen schädigen können und die deshalb besondere gesellschaftliche Relevanz entfalten.[621] Ähnliches ist etwa für Betreiber von Energieversorgungsnetzen und -anlagen oder für Betreiber sonstiger kritischer Infrastrukturen festzustellen. An sie sind mit § 11 Abs. 1a, 1b EnWG und §§ 8a, 8c BSIG auch inhaltlich vergleichbare IT-Sicherheitspflichten gerichtet. Wie gezeigt,[622] hat deren Verletzung jedoch keine haftungsrechtlichen Folgen, da eine Haftungsgrundlage wie § 44 TKG im EnWG oder BSIG nicht existiert und den jeweiligen Pflichten für § 823 Abs. 2 BGB die Schutzgesetzqualität fehlt.

Als Modifikation des außervertraglichen Haftungsrechts zur Verbesserung des IT-Sicherheitsniveaus empfiehlt sich vor diesem Hintergrund eine Angleichung des Rechts. Tätigkeiten von Anbietern IT-spezifischer Dienste, die vergleichbar bedeutsam sind wie das Anbieten von Telekommunikationsdiensten oder der Betrieb von Telekommunikationsnetzen und die deshalb expliziten IT-Sicherheitspflichten unterliegen, sollten ebenfalls einer weitergehenden Haftung unterliegen. Zu diesem Zweck sind Haftungsnormen in das Recht einzufügen, die wie § 44 TKG an einen Verstoß gegen explizite IT-Sicherheitspflichten anknüpfen und die dabei keinen Individualschutz voraussetzen. Sie könnten jeweils in einem separaten Artikel hinter den expliziten IT-Sicherheitspflichten verankert werden.

Dieses gesetzliche Handeln ließe sich angesichts des daraus resultierenden positiven Effekts, der durch den höheren Befolgungsdruck der gesellschaftlich relevanten Pflichten sowie des Schutzes einer Vielzahl potenziell Geschädigter eintritt, rechtfertigen. Folge dieser gesetzlichen Modifikation wäre eine punktuelle Ausdehnung der präventiven Wirkung des außervertraglichen

620 So auch die Gesetzesbegründung zum IT-Sicherheitsgesetz, BT-Drucksache 18/4096, S. 35.

621 Dieser Gedanke liegt dem IT-Sicherheitsgesetz zugrunde. Über § 8a BSIG wurde eine allgemeine IT-Sicherheitspflicht für alle Betreiber kritischer Infrastrukturen eingeführt, die noch keinen spezifischen Regelungen unterliegen. Letztere sind vorrangig, wie § 8d Abs. 2 BSIG zeigt.

622 Siehe dazu bereits Kap. 3, Teil III, Abschn. 2c).

Haftungsrechts, die eine spürbare Verbesserung des IT-Sicherheitsniveaus bewirkt. Trotz Ausgleichs reiner Vermögensschäden stünde das gesetzgeberische Handeln auch mit den eingangs eingeführten Haftungsprinzipien in grundsätzlichem Einklang.

Denn der beschränkte Kreis der von der jeweiligen Haftungsnorm betroffenen Anbieter IT-spezifischer Dienste würde von vornherein eine personelle Ausuferung der Haftung verhindern. Für die betroffenen Unternehmen würde die für Wettbewerb und Fortschritt erforderliche Handlungsfreiheit auch nicht vollständig beseitigt, sondern angesichts der gesellschaftlichen Relevanz der Tätigkeit in angemessenem Maße konturiert. Zudem wäre dieser belastende Effekt dadurch abgemildert, dass es sich um eine Verschuldenshaftung handelte. Nicht jede Überschreitung der festgelegten Grenzen würde also eine Schadensersatzpflicht nach sich ziehen. Vielmehr könnten im Einzelfall sachgerechte Ergebnisse erzielt werden. Schließlich würde eine analog § 44a TKG einzuführende Haftungshöchstgrenze gewährleisten, dass die Haftung nicht zu weit ausufert. Sie würde zugleich dafür sorgen, dass das wirtschaftliche Risiko für die betroffenen Anbieter IT-spezifischer Dienste kalkulierbar bliebe.

c) Gesetzgeberische Handlungsoption für IT-spezifische Produkte

Anders als für IT-spezifische Dienste gibt es für Nutzungsbeeinträchtigungen, welche durch ein IT-spezifisches Produkt selbst ausgelöst werden, keine Haftungsnorm, die als Vorbild für eine Ausweitung der präventiven Wirkung dienen könnte. Kommt es aufgrund dieser Ursache zu Nutzungsbeeinträchtigungen, die sich nur im Vermögen des Nutzers auswirken, so ist von vornherein ausgeschlossen, dass dafür auf außervertraglicher Grundlage Schadensersatz vom Hersteller gefordert werden kann. Grund dafür ist, wie gezeigt,[623] die beschränkte Reichweite des Sachschutzes in sämtlichen Einstandspflichten. Denn die durch eine Nutzungsbeeinträchtigung eines IT-spezifischen Produkts verursachten Schäden sind dem Äquivalenzinteresse zuzuordnen, welches allein vertragsrechtlich geschützt wird.

Diese Verlagerung des Schutzes des Äquivalenzinteresses in das vertragliche Haftungsrecht ist grundsätzlich sinnvoll. Sie verhindert eine Ausuferung der Haftung, ohne dass ein Geschädigter zugleich völlig schutzlos gestellt wird. Zudem wird trotz dieser beschränkenden Regelung eine präventive Wirkung erzielt. Denn der Hersteller des IT-spezifischen Produkts wird mittelbar zur Gewährleistung ordnungsgemäßer IT-Sicherheit verleitet. Grund dafür ist die

623 Kap. 4, Teil III, Abschn. 4.

kaufrechtliche Regresskette bis hin zum Hersteller gem. § 445a BGB. Aufwendungen des Verkäufers für eine Nacherfülllung, durch die eine unbeeinträchtigte Nutzung wieder ermöglicht wurde, können im Ergebnis auf den Hersteller überwälzt werden. Deshalb besteht für ihn ein Anreiz, durch ordnungsgemäße IT-Sicherheit von Beginn an den Eintritt eines Gewährleistungsfalles zu verhindern.

Allerdings lässt sich bei genauer Betrachtung der gewährleistungsrechtlichen Möglichkeiten des Käufers im Falle von Nutzungsbeeinträchtigungen eines IT-spezifischen Produkts ein spürbares Hindernis für die präventive Wirkung identifizieren. Die aus dem Kaufrecht folgenden Rechte greifen nur ein, sofern das IT-spezifische Produkt bei Gefahrübergang mangelhaft war. Der maßgebende Zeitpunkt ist regelmäßig derjenige der Übergabe, spätestens jedoch der Ablieferung.[624] Ob das IT-spezifische Produkt zu diesem Zeitpunkt einen Mangel aufwies, dürfte im Normalfall mangels Vereinbarung über die IT-Sicherheit sowie angesichts der Eignung des IT-spezifischen Produkts für die vertraglich vorausgesetzte Verwendung auf Grundlage des § 434 Abs. 1 S. 2 Nr. 2 BGB zu entscheiden sein. In diesem Zusammenhang hat das Kriterium der erwartbaren, üblichen Beschaffenheit zum Zeitpunkt des Gefahrübergangs entscheidende Bedeutung.

Als übliche Beschaffenheit kann der Käufer in technischer Hinsicht grundsätzlich nicht mehr erwarten, als dass die Kaufsache dem jeweiligen Stand der Technik entspricht.[625] Dadurch wird zwar einerseits gewährleistet, dass die gebotenen IT-Sicherheitsmaßnahmen bezüglich der Produkte stets an die dynamischen Erkenntnisse über Sicherheitsrisiken angepasst werden müssen.[626] Andererseits bedeutet dies allerdings auch, dass kein Mangel anzunehmen ist, wenn bei Gefahrübergang keinerlei Erkenntnisse über Risiken für die IT-Sicherheit vorlagen. Wenn sich etwa erst im Laufe der Zeit herausstellt, dass eine gängige Verschlüsselungsmethode unsicher ist,[627] dann können Geräte, die bislang auf diese Methode gesetzt haben, nicht als mangelhaft bewertet werden.[628] Denn zum maßgeblichen Zeitpunkt entsprachen sie dem Stand der Technik und wiesen damit die übliche Beschaffenheit auf, die erwartet werden konnte.

---

624 *Weidenkaff*, in: Palandt, § 434 BGB, Rn. 8.

625 *BGH*, Urt. v. 4.3.2009 – VIII ZR 160/08, Rn. 11 mwN = NJW 2009, 2056, 2057.

626 Vgl. *BVerfG*, BVerfGE 49, 89, 135f. = NJW 1979, 359, 362. Zum Stand der Technik siehe noch ausführlich Kap. 5, Teil II, Abschn. 3b).

627 *Rütten*, auf: Heise.de, WEP-Verschlüsselung von WLANs in unter einer Minute geknackt.

628 Grundsätzlich skeptisch bezüglich der Erfassung von IT-Sicherheitsmängeln als Mängel iSd § 434 BGB: *Klein-Hennig/Schmidt*, DuD 2017, 605, 608.

Dieser Bewertungsmaßstab ist zwar grundsätzlich angemessen, um das Risiko der Verwendbarkeit einer Sache gerecht aufzuteilen. Der statische Bewertungszeitpunkt steht jedoch in einem natürlichen Konflikt mit der hohen Dynamik der IT-Sicherheit. Stetig anwachsende Erkenntnisse über Sicherheitsrisiken sind prägend für das geschäftliche Umfeld, in dem IT-spezifische Produkte sich bewegen. Anders als bei analogen Produkten wird aufgrund der schnellen technologischen Fortentwicklung von Informationstechnik das Entstehen neuer Sicherheitsrisiken in deutlich kürzeren Intervallen begünstigt. Denn Informationstechnik unterliegt einer deutlich rasanteren Fortentwicklung und ist von einer erheblichen Komplexität geprägt.[629] Dies führt etwa dazu, dass Kenntnisse über den Herstellern unbekannte Schwachstellen ihrer informationstechnischen Produkte auf Schwarzmärkten gehandelt werden[630] und dass fortlaufend neue Angriffswege entdeckt, ausgenutzt und professionalisiert werden.[631] Dem Stand der Technik, der sich mit den Erkenntnissen über neu entdeckte Sicherheitsrisiken kontinuierlich weiterentwickelt, entspricht ein Produkt also häufig bereits kurz nach der Übergabe nicht mehr.

Folge ist, dass das Mängelgewährleistungsrecht in praktisch relevanten Fällen an seine Grenzen stößt, in denen es aufgrund fehlender IT-Sicherheitsmaßnahmen im Hinblick auf neu entstandene oder erst kürzlich entdeckte Sicherheitsrisiken zu Beeinträchtigungen des Nutzungsinteresses des Käufers kommt. Angesichts dieser Umstände lässt sich der Schluss ziehen, dass der Käufer eines IT-spezifischen Produkts über die vertragsrechtlichen Regelungen keinen ausreichenden Schutz seines Äquivalenzinteresses erfährt. Gleichzeitig fehlt es damit am Auslöser, der die Regresskette bis zum Hersteller in Gang setzt. Folglich entfaltet sich auch kein mittelbarer Anreiz für ihn, weitergehende IT-Sicherheitsmaßnahmen bezogen auf die von ihm hergestellten, nach neuem Stand unsicheren Produkte durchzuführen.[632]

---

629 *Bundesamt für Sicherheit in der Informationstechnik*, auf: BSI.bund.de, Jahresbericht 2016, S. 52; Jahresbericht 2015, S. 47; IT-Grundschutzkataloge, Kap. 1.

630 Siehe dazu: Stellungnahme des *Chaos Computer Club* vom 10.11.2014, abrufbar unter: ZD-Aktuell 2014, 04407; *Schieb*, auf: Wdr.de, Gefahrenquelle „Zero Day Exploits".

631 *Bundesamt für Sicherheit in der Informationstechnik*, auf: BSI.bund.de, Jahresbericht 2016, Lagebericht 2016, S. 3; *Junker*, DuD 2015, 647, 650.

632 Wie bereits ausgeführt, scheidet auch ein unmittelbarer Anreiz zur Umsetzung nachträglicher IT-Sicherheitsmaßnahmen aufgrund einer extensiven Interpretation der Produktbeobachtungspflicht aus, vgl. Kap. 3, Teil III, Abschn. 1d).

Zur Verbesserung des IT-Sicherheitsniveaus empfiehlt sich vor diesem Hintergrund ein gesetzliches Tätigwerden. Der Gesetzgeber sollte seinen legislativen Handlungsspielraum nutzen, um einen Anreiz zu schaffen, bereits in den Verkehr gebrachte IT-spezifische Produkte bei neuen Erkenntnissen über Sicherheitsrisiken, die ihre Nutzung beeinträchtigen können, abzusichern. Zu diesem Zweck wäre zunächst eine speziell auf diese Problematik zielende Pflicht gesetzlich zu verankern. Diese Pflicht könnte so aussehen, dass eine an die Gewährleistung angelehnte Mängelbeseitigungspflicht in das außervertragliche Recht eingeführt wird. Der Hersteller müsste für einen Zeitraum von zwei Jahren ab Gefahrübergang innerhalb einer angemessenen Frist kostenfrei jeden mangelhaften Sicherheitszustand des IT-spezifischen Produkts beseitigen. In diesem Rahmen müsste ihm allerdings freistehen, ein Update der Sicherheitsmaßnahmen vorzunehmen oder ein sicheres Ersatzprodukt zur Verfügung zu stellen.

Im Anschluss an diese zweijährige, kostenfreie Pflicht zur Mängelbeseitigung könnte ihr Inhalt dann dahingehend geändert werden, dass Mängel nur noch gegen Bezahlung eines angemessenen Entgelts beseitigt werden müssen. Für dessen Bemessung wäre der ursprüngliche Preis heranzuziehen. Während unmittelbar nach dem Ablauf der zweijährigen kostenfreien Beseitigungspflicht, nur ein geringer Prozentsatz des Preises verlangt werden dürfte, könnte er in bestimmten Zeitintervallen kontinuierlich steigen.

Eine so ausgestaltete Pflicht würde einen sachgerechten Kompromiss zwischen den Nutzungsinteressen des Käufers und den wirtschaftlichen Interessen des Herstellers herbeiführen. Es würde im Prinzip eine zweijährige IT-Sicherheitsgarantie für jedes IT-spezifische Produkt geschaffen. Sie würde sicherstellen, dass ein vermarktetes Produkt in Anbetracht bislang unbekannter Bedrohungsszenarien nicht als Risikofaktor im gesellschaftlichen Verkehr verbleibt. Umgekehrt würde sichergestellt, dass der Hersteller nicht auf ewig dazu verpflichtet ist, ohne Gegenleistung sein Produkt auf den neuesten Stand zu bringen. Denn ansonsten würde ihm nicht nur angesichts der kontinuierlichen Forschungs- und Entwicklungsarbeit eine erhebliche finanzielle Belastung aufgebürdet, sondern es würde zugleich die Vermarktung modernerer Produkte erschwert. Zusätzlich dürfte der im Zeitverlauf ansteigende Preis für die Mängelbeseitigung die Nutzer nach und nach dazu verleiten, neuere Produkte zu erwerben, die einem höheren Sicherheitsstand entsprechen.[633]

633 Diesen Aspekt betonen im Rahmen ihrer Reformvorschläge ebenfalls *von Faber/Sedlacek*, DuD 2017, 440, 447.

Diese Pflicht müsste sodann mit haftungsrechtlichen Folgen verknüpft werden. Eine sinnvolle Regelung zur Verbesserung des IT-Sicherheitsniveaus wäre darin zu sehen, dass bei schuldhaftem Verstreichenlassen der Frist zur Fehlerbeseitigung ein Käufer die Kosten für eine in Eigenregie veranlasste Fehlerbeseitigung oder ein vergleichbares Ersatzprodukt verlangen könnte. Zudem könnte eine weitere Erhöhung der präventiven Wirkung erzielt werden, indem nach schuldhaftem Verstreichenlassen der allerersten Frist zur Fehlerbeseitigung alle durch eine Nutzungsbeeinträchtigung betroffenen Personen sämtliche nachweisbaren Vermögensschäden bis zu einer absoluten Haftungshöchstgrenze unabhängig von einer durch sie gesetzten Frist ersetzt verlangen könnten.

Gerechtfertigt wäre dieser legislative Eingriff nicht nur deshalb, weil ein angemessener Handlungsspielraum für die Hersteller verbleibt und zugleich durch die absolute Höchstgrenze eine Ausuferung der Haftung verhindert wird. Hinzu kommt vielmehr neben dem Schutz der Vermögensinteressen der Produktnutzer auch eine mittelbare Besserstellung unbeteiligter Dritter. Denn in der Praxis hat sich gezeigt, dass mangelhaft gesicherte IT-spezifische Produkte im Internet der Dinge häufig Ursache für großflächige Störungen sind.[634] Die vorgeschlagenen Pflichten inklusive ihrer Verknüpfung mit haftungsrechtlichen Folgen würden diese Problematik effektiv verringern und so ein höheres gesellschaftliches IT-Sicherheitsniveau erzielen.

d) Zwischenergebnis

Zur Verbesserung der präventiven Wirkung des Haftungsrechts im Hinblick auf Nutzungsbeeinträchtigungen von Sachen empfehlen sich gesetzliche Modifikationen in zweierlei Hinsicht. Zum ersten sollte der Gesetzgeber weitere Haftungsnormen nach dem Vorbild des TKG einführen, die unabhängig vom Individualschutz an Verstöße gegen explizite IT-Sicherheitspflichten anknüpfen. Über diese würden Anbieter IT-spezifischer Dienste, die vergleichbare gesellschaftlich relevante Dienste erbringen, dazu verleitet, IT-Sicherheitsmaßnahmen mit dem Ziel umzusetzen, dass es nicht zu Vermögensschäden bei Dritten kommt. Zum zweiten sollte er eine zeitlich gestaffelte Pflicht der Hersteller IT-spezifischer Produkte zur fristgemäßen Beseitigung von IT-Sicherheitsmängeln im Recht verankern. Ein schuldhafter Verstoß gegen diese Pflicht sollte mit Haftungsfolgen für daraus resultierende Vermögensschäden belegt werden. Beide gesetzlichen Änderungen würden zwar die Handlungsfreiheit der von den

634 Ausführlich dazu unter Verweis auf aktuelle Beispiele *Klein-Hennig/Schmidt*, DuD 2017, 605, 605f.

Haftungsnormen betroffenen Unternehmen erheblich einschränken. Gleichzeitig würden jedoch überwiegende positive Effekt erzielt, sodass dieses Vorgehen des Gesetzgebers als gerechtfertigt erscheint.

3. Verbesserung des IT-Sicherheitsniveaus im Hinblick auf immaterielle Beeinträchtigungen

Ein letzter Ansatzpunkt, um durch Modifikationen außervertraglicher Haftungsnormen einen sinnvollen Beitrag für eine Verbesserung des IT-Sicherheitsniveaus zu bewirken, ergibt sich schließlich in Anbetracht der von den Einstandspflichten nicht erfassten, praxisrelevanten Situationen, in denen mangelhafte IT-Sicherheit zu immateriellen Beeinträchtigungen führt. Die durch den europäischen Gesetzgeber eingeführte Schadensersatzpflicht für immaterielle Schäden in Art. 82 DSGVO belegt, dass der grundsätzlich bestehende Handlungsspielraum für legislative Maßnahmen genutzt werden kann, um die präventive Wirkung des außervertraglichen Haftungsrechts auch in dieser Hinsicht zu vergrößern.

Wie gezeigt,[635] ist diese Norm geeignet, eine bedeutende Schranke des deutschen Haftungsrechts abzubauen. Mit Wirkungskraft der DSGVO können immaterielle Schäden nicht mehr nur bei erheblichen Beeinträchtigungen des Persönlichkeitsrechts, sondern bei jedem Verstoß gegen datenschutzrechtliche Vorschriften ersetzt verlangt werden. Die bislang restriktive nationale Rechtsprechung wird sich in Anbetracht der großzügigen europäischen Vorgaben umstellen müssen.[636] Zugleich wird der Streit über die Rechtfertigung der unterschiedlichen Behandlung von öffentlichen und privaten Datenverarbeitern in § 7 und § 8 BDSG gelöst.[637]

Die Wirkung dieser Änderung im Datenschutzrecht ist nicht zu unterschätzen. Es ist wahrscheinlich, dass sich mit Wirksamkeit dieser neuen Norm vielfältige gerichtliche Auseinandersetzungen entwickeln werden. Denn ohne das Erfordernis einer erheblichen Beeinträchtigung des Persönlichkeitsrechts sinkt die Schwelle zur Klageerhebung für Betroffene eines Datenschutzverstoßes. Die Gerichte werden sodann vor der für immaterielle Schadensersatzansprüche typischen Schwierigkeit stehen,[638] handhabbare Bemessungsgrößen für die zu gewährende Geldentschädigung festzulegen. Es droht also eine erhebliche

---

635 Siehe Kap. 4, Teil IV, Abschn. 2.

636 *Bergt*, in: Kühling/Buchner, Art. 82 DSGVO, Rn. 18.

637 Zuletzt *BGH*, Urt. v. 29.11.2016 – VI ZR 530/15, Rn. 11ff. = NJW 2017, 800, 801f.

638 *Spindler*, in: Bamberger/Roth, § 253 BGB, Rn. 1 mwN.

Rechtsunsicherheit, die sich nur durch klare richterliche Vorgaben bezüglich der Ersatzfähigkeit der immateriellen Schäden eindämmen lässt. Denkbar ist in diesem Zusammenhang eine Kategorisierung nach der Art des personenbezogenen Datums, das vom Datenschutzverstoß betroffen ist, sowie die Berücksichtigung der Reichweite der unmittelbaren Folgen des Verstoßes für den Betroffenen.

In diesem Zusammenhang empfiehlt sich auch die Einführung einer Geringfügigkeitsgrenze, wie sie bei den übrigen geschützten Rechtsgütern aus Billigkeitsgründen akzeptiert ist.[639] Denn ein Anspruch auf immateriellen Schadensersatz bei jedem Datenschutzverstoß würde einerseits die Gefahr der Überlastung der Gerichte mit sich bringen. Andererseits wären auch die für die Datenverarbeitung Verantwortlichen in unverhältnismäßiger Weise beeinträchtigt, da angesichts der Massendatenverarbeitung regelmäßig nicht nur das personenbezogene Datum einer Person von einem Datenschutzverstoß betroffen sein wird. Schon ein geringfügiger Verstoß könnte also zu erheblichen finanziellen Folgen führen. Damit sich das Schadensersatzrecht nicht zu einem Innovationshemmnis für moderne Datenverarbeitungsmethoden entwickelt, sind also auch künftig richterrechtliche Einschränkungen des Ersatzanspruchs notwendig.[640]

Diese vorhersehbaren Schwierigkeiten im Umgang mit der Norm sind ein entscheidender Grund dafür, warum von weiteren gesetzlichen Modifikationen zur Ausdehnung der präventiven Wirkung des außervertraglichen Haftungsrechts abzusehen ist. Zwar würde ohne Zweifel eine Verbesserung des IT-Sicherheitsniveaus herbeigeführt, wenn die Möglichkeit eines Schadensersatzanspruchs gegenüber Herstellern und Anbietern IT-spezifischer Produkte bzw. Dienste bereits gewährt würde, sofern sie nur IT-Sicherheitspflichten schuldhaft verletzen und dadurch immaterielle Schäden bei Geschädigten auftreten. Die Problematik der Bemessung der Entschädigung wäre in diesen Fällen jedoch noch größer als bei einer Beeinträchtigung personenbezogener Daten. Zudem käme es zu einer noch weitergehenden Beeinträchtigung der unternehmerischen Handlungsfreiheit, die die Fortentwicklung IT-spezifischer Dienste und Produkte erheblich bremsen würde. Denn wer fürchten muss, eine Entschädigung für eine immaterielle Beeinträchtigung leisten zu müssen, weil etwa eine schuldhaft von ihm verursachte Sicherheitslücke zu einem unberechtigten Zugriff auf eine smarte Heizung geführt hat, in deren Folge sich der Eigentümer im eigenen

639 Grundlegend: *BGH*, Urt. v. 14.1.1992 – VI ZR 120/91, Rn. 8 = NJW 1992, 1043, 1043; siehe auch *Oetker*, in: MüKo, § 253 BGB, Rn. 29f. mwN.

640 Zweifelnd hinsichtlich der Möglichkeit künftiger Einschränkungen: *Gola/Piltz*, in: Gola: Art. 82 DSGVO, Rn. 13.

Haus unsicher fühlt, dürfte sich regelmäßig dafür entscheiden, diese unternehmerische Tätigkeit wegen ihrer wirtschaftlichen Risiken nicht durchzuführen.

Hinzu kommt, dass eine derartige Regelung nicht mit dem eingangs dargestellten, prinzipiellen Rahmen in Einklang zu bringen ist. Der historische Gesetzgeber hat sich bewusst dafür entschieden, dass immaterielle Schäden nur in bestimmten Situationen über schadensrechtliche Normen ersetzt werden.[641] Auch ist trotz einer Ausdehnung des immateriellen Schadensersatzes im Rahmen des Zweiten Schadensersatzrechtsänderungsgesetzes nichts daran geändert worden, dass außerhalb von Beeinträchtigungen der in § 253 Abs. 2 BGB genannten Rechtsgüter grundsätzlich kein Ersatz immaterieller Schäden gewährt wird.[642] Das Eigentum gehört ausdrücklich nicht zu den geschützten Rechtsgütern. Wenn aber nicht einmal eine physische Beeinträchtigung einer im Eigentum des Geschädigten stehenden Sache zu immateriellem Schadensersatz berechtigt, dann ist es erst recht nicht angezeigt, die weniger intensiven Nutzungsbeeinträchtigungen einer Sache als Anlass für Ansprüche auf Ersatz immaterieller Schäden ausreichen zu lassen.

Nur weil in Art. 82 DSGVO eine gem. § 251 Abs. 1 BGB zulässige Ausnahme von der Grundregel einer begrenzten Ersatzpflicht für immaterielle Schäden geschaffen wurde, ist folglich nicht von einer generellen Trendwende bezüglich der rechtlichen Bewertung immaterieller Schäden auszugehen. Bei einer Beeinträchtigung personenbezogener Daten ist die Gewährung eines Anspruchs auf eine billige Entschädigung in Geld deshalb gerechtfertigt, weil der Schutz personenbezogener Daten als Teil des Schutzes des allgemeinen Persönlichkeitsrechts eine enge Verbindung zu Art. 1 GG und Art. 2 GG aufweist.[643] Diese starke Verknüpfung zum Menschenwürdegehalt fehlt den sonstigen Konstellationen, in denen eine IT-Sicherheitspflichtverletzung sich lediglich im Zusammenhang mit Sachen auswirkt.

Vor diesem Hintergrund ist von gesetzlichen Modifikationen zur Verbesserung des IT-Sicherheitsniveaus im Hinblick auf immaterielle Beeinträchtigungen abzusehen. Die gesetzliche Regelungssystematik, der zufolge immaterielle Schäden jedenfalls immer dann ersetzt werden können, wenn es aufgrund mangelhafter Sicherheit zu Verletzungen von Körper und Gesundheit kommt, entfaltet einen ausreichenden präventiven Effekt. Dieser wurde zudem durch die

641 *Schiemann*, in: Staudinger, § 253 BGB, Rn. 3.

642 Gesetzesbegründung zum Zweiten Gesetz zur Änderung schadensersatzrechtlicher Vorschriften, BT-Drucksache 14/7752, S. 14f.

643 Vgl. dazu grundlegend: *BVerfG*, BVerfGE 34, 269, 273f.; *BGH*, BGHZ 26, 349, 354.

noch junge Regelung in Art. 82 DSGVO für Anbieter IT-spezifischer Dienste, die für ihre Tätigkeit personenbezogene Daten verarbeiten, spürbar ausgedehnt. Eine nochmalige Erweiterung der Haftungsnormen im Hinblick auf den Schutz immaterieller Interessen zur Verbesserung des IT-Sicherheitsniveaus erweist sich in Anbetracht der Historie und der Systematik des Haftungsrechts sowie der Gefahr der Schaffung eines Innovationshemmnisses als nicht sinnvoll.

4. Handlungsempfehlungen zur Ausdehnung der Reichweite

Die Reichweite der präventiven Wirkung des außervertraglichen Haftungsrechts ist durch die erst kürzlich im Recht verankerten Regelungen in § 13 Abs. 7 TMG und Art. 82 DSGVO spürbar ausgedehnt worden. Sie führen zu einer Verbesserung des IT-Sicherheitsniveaus, da bisher nicht erfasste Schadenskonstellationen nun haftungsrechtliche Konsequenzen haben können.

Wie gezeigt, sind jedoch weitere gesetzgeberische Änderungen angezeigt, um das Niveau der IT-Sicherheit in noch größerem Umfang zu steigern. Da als Folge mangelhafter IT-Sicherheit von IT-spezifischen Diensten und insbesondere von IT-spezifischen Produkten häufig nur reine Vermögensschäden drohen, die für Hersteller niemals und für Diensteanbieter nur im Bereich von TKG, TMG und DSGVO haftungsrechtliche Konsequenzen haben können, ist ein fehlender Anreiz zur Gewährleistung von IT-Sicherheit feststellbar. Um in dieser Hinsicht einen verhaltenslenkenden Impuls zu mehr IT-Sicherheit zu setzen, sind zwei gesetzliche Änderungen sinnvoll.

Zum einen sind mit Blick auf die Anbieter IT-spezifischer Dienste, die aufgrund der gesellschaftlichen Relevanz ihrer Leistungen expliziten IT-Sicherheitspflichten unterliegen, weitere Haftungsnormen im Recht zu verankern. Dabei ist eine Orientierung an §§ 44, 44a TKG geboten. Zum anderen ist mit Blick auf die Hersteller IT-spezifischer Produkte zunächst die dargestellte, reaktive Fehlerbeseitigungspflicht in das Recht einzuführen. Zusätzlich ist eine Haftungsnorm zu verabschieden, die an den Verstoß gegen diese neue Pflicht anknüpft und die aufgezeigten Haftungsfolgen auslöst.

Beide gesetzlichen Modifikationen lassen sich trotz der damit einhergehenden Belastungen für die betroffenen Hersteller und Diensteanbieter in Anbetracht ihrer überwiegenden, positiven Effekte rechtfertigen. Zur weiteren Verbesserung des IT-Sicherheitsniveaus ist eine Umsetzung der entwickelten Maßnahmen durch den Gesetzgeber also empfehlenswert.

VI. Fazit

Das Ziel dieses Kapitels bestand darin, zunächst die Reichweite der vom außervertraglichen Haftungsrecht vermittelten, präventiven Wirkung auf die IT-Sicherheit unter Berücksichtigung möglicher Schäden zu analysieren. Daran anknüpfend wurde erarbeitet, inwiefern eine Ausdehnung dieser verhaltenslenkenden Wirkung im Wege gesetzgeberischer Modifikationen notwendig und sinnvoll ist, um einen Beitrag zur Verbesserung des IT-Sicherheitsniveaus zu leisten. Als Fazit lässt sich Folgendes festhalten:

1. Umfassende präventive Wirkung des Haftungsrechts

Eine umfassende präventive Wirkung des außervertraglichen Haftungsrechts ist feststellbar im Hinblick auf den Schutz der höchsten von der Rechtsordnung anerkannten Rechtsgüter, nämlich Leben, Körper und Gesundheit. Kommt es zur Beeinträchtigung dieser Rechtsgüter infolge einer Verletzung einer Pflicht zur Gewährleistung von IT-Sicherheit, kann jeder Hersteller oder Diensteanbieter aus mindestens einer der in Kapitel 3 identifizierten Einstandspflichten in Anspruch genommen werden. Umgekehrt weiß jedes Unternehmen, das IT-spezifische Produkte herstellt oder IT-spezifische Dienste anbietet, bereits im Vorfeld der Aufnahme der Tätigkeit um ein drohendes Haftungsrisiko im Falle mangelhafter IT-Sicherheit. Die außervertraglichen Haftungsnormen bewirken dadurch einen ausreichenden verhaltenslenkenden Effekt in Richtung eines hohen IT-Sicherheitsniveaus zum Schutz von Leben, Körper und Gesundheit. Gesetzliche Modifizierungen zur Ausdehnung der präventiven Wirkung erübrigen sich vor diesem Hintergrund.

Im Ansatz ebenso umfassend ist die präventive Wirkung des außervertraglichen Haftungsrechts im Hinblick auf den Schutz von Sachen. Denn zumindest aus dem personell unbeschränkten § 823 Abs. 1 BGB droht ein Haftungsrisiko, sofern gegen die Verkehrssicherungspflicht zur Gewährleistung von IT-Sicherheit verstoßen wird und daraus eine im Eigentum eines Dritten befindliche Sache verletzt wird. Jedes Unternehmen, das IT-spezifische Produkte herstellt oder IT-spezifische Dienste anbietet, weiß also bereits im Vorfeld der Aufnahme seiner Tätigkeit, dass ein Haftungsrisiko droht, wenn keine IT-Sicherheitsmaßnahmen implementiert sind und deshalb in fremdem Eigentum stehenden Sachen verletzt werden.

Allerdings umfasst der Sachschutz nicht sämtliche negative Folgen, die durch mangelhafte IT-Sicherheit ausgelöst werden können. Physische Beeinträchtigungen fremder Sachen oder des im Eigentum des Geschädigten stehenden IT-spezifischen Produkts selbst sind zwar erfasst. Nutzungsbeeinträchtigungen von Sachen, die mittelbar durch mangelhaft gesicherte IT-spezifische Dienste verursacht werden, werden hingegen selbst bei Überschreiten einer Erheblichkeitsschwelle nicht vom Sachschutz erfasst. Gleiches gilt für sämtliche Nutzungsbeeinträchtigungen von IT-spezifischen Produkten, die durch ihre eigene Unsicherheit ausgelöst werden. Schließlich greift der Sachschutz auch nicht ein, wenn Daten nicht auf einem eigenen Medium, sondern bei einem Dritten gespeichert werden. In Anbetracht dieser drei Fallgruppen relativiert sich die umfassende präventive Wirkung des Sachschutzes, woraus sich Anhaltspunkte für gesetzliche Modifikationen ergeben.

2. Partielle präventive Wirkung des Haftungsrechts

Neben der umfassenden präventiven Wirkung in Bezug auf Leben, Körper und Gesundheit sowie Sachen entfaltet das außervertragliche Haftungsrecht zumindest für einige Anbieter von IT-spezifischen Diensten einen weitergehenden präventiven Effekt. Diese partielle präventive Wirkung betrifft die Gewährleistung von IT-Sicherheit zum Schutz reiner Vermögensinteressen sowie immaterieller Interessen. Sie wird über § 44 TKG sowie die erst durch jüngere gesetzgeberische Aktivität ins Recht eingeführten § 13 Abs. 7 TMG und Art. 82 DSGVO vermittelt. Während § 44 TKG in Kombination mit den expliziten IT-Sicherheitspflichten aus § 109 Abs. 1, 2 TKG und § 13 Abs. 7 TMG in Verbindung mit der Haftungsnorm in § 823 Abs. 2 BGB bei reinen Vermögensschäden eingreifen können, gewährt Art. 82 DSGVO darüber hinaus auch einen expliziten Anspruch bei immateriellen Schäden. Für Anbieter IT-spezifischer Dienste, die von diesen Haftungsnormen betroffen sind, besteht also ein zusätzliches Haftungsrisiko. Sofern sie absehen können, dass diese Folgen bei mangelhafter IT-Sicherheit ihrer Dienste eintreten können, besteht ein Anreiz, IT-Sicherheitsmaßnahmen zur Verhinderung dieser Schäden umzusetzen. Insofern hat das außervertragliche Haftungsrecht in jüngster Zeit eine erkennbare Entwicklung dahingehend genommen, dass ein stärkerer Beitrag zu einem hohen IT-Sicherheitsniveau geleistet wird.

3. Modifikationen zur Ausdehnung der präventiven Wirkung des Haftungsrechts

Trotz der jüngsten gesetzlichen Änderungen im TMG und im Datenschutzrecht, die sich positiv auf das IT-Sicherheitsniveau auswirken, hat die Analyse ebenfalls ergeben, dass es für viele Anbieter von IT-spezifischen Diensten und insbesondere für Hersteller von IT-spezifischen Produkten dennoch an einem vom außervertraglichen Haftungsrecht vermittelten Anreiz fehlt, IT-Sicherheitsmaßnahmen zu implementieren. Denn ein präventiver Effekt ist mangels Anwendbarkeit der identifizierten Einstandspflichten in Konstellationen ausgeschlossen, in denen es zu folgenden Resultaten kommen kann:

(1.) zu das Vermögen schmälernden Beeinträchtigungen des unversehrten Bestands von Informationen, die auf Datenträgern eines anderen als des Geschädigten unter mangelhaften IT-Sicherheitsvorkehrungen gespeichert sind, es sei denn sie unterfallen dem Schutz der DSGVO oder
(2.) zu das Vermögen schmälernden Nutzungsbeeinträchtigungen von Sachen, die unmittelbar durch ein mangelhaft gesichertes Produkt selbst oder mittelbar durch mangelhaft gesicherte IT-spezifische Dienste ausgelöst werden, es sei denn die Dienste unterfallen den expliziten IT-Sicherheitspflichten des TKG, TMG oder der DSGVO oder
(3.) zu bloß immateriellen Beeinträchtigungen infolge mangelhaft gesicherter IT-spezifischer Produkte und Dienste, es sei denn sie folgen aus der Verletzung eines in § 253 Abs. 2 BGB genannten Rechtsguts oder der Verletzung der IT-Sicherheitspflicht in Art. 5 lit. f, 32 DSGVO.

Da diese Folgen mangelhafter IT-Sicherheit in der Praxis häufig auftreten, ergeben sich daraus naheliegende Anhaltspunkte, um das IT-Sicherheitsniveau durch legislative Änderungen zu verbessern. Rechtstechnisch wäre es ohne weiteres möglich, speziell auf diese Konstellationen zugeschnittene Haftungsnormen zu entwickeln und so das Niveau der IT-Sicherheit weiter anzuheben. Eine tatsächliche Einfügung derartiger Haftungsnormen in das außervertragliche Haftungsrecht ist allerdings nur in begrenztem Umfang notwendig und sinnvoll.

Mit Blick auf den unterschiedlichen, vom Speicherort abhängigen Schutz von Daten vor Manipulation und Löschung (Fallgruppe 1) erscheint eine Modifikation des Rechts zur Verbesserung des IT-Sicherheitsniveaus nicht notwendig. Zwar ist es nicht möglich, ein Recht am eigenen Datenbestand im Wege richterrechtlicher Rechtsfortbildung anzuerkennen. Ein solches könnte die unterschiedliche Behandlung von Daten überwinden. Diesem fehlt jedoch der für die Anerkennung notwendige Zuweisungsgehalt. Auch ohne diese richterrechtliche Fortbildung besteht allerdings hinsichtlich extern gespeicherter Daten eine Pflicht zur Gewährleistung von IT-Sicherheit, damit sie nicht gelöscht oder manipuliert werden. Dies folgt aus einer schutzzweckorientierten Auslegung des als Schutzgesetz anerkannten § 13 Abs. 7 TMG. Insofern entfaltet das außervertragliche Haftungsrecht über diese Norm in Verbindung mit § 823 Abs. 2 BGB eine ausreichende präventive Wirkung. Sie trifft mit dem Anbieter des Telemediendienstes den aus praktischer Sicht einflussreichsten Akteur, der IT-Sicherheit zum Schutz von extern gespeicherten Daten gewährleisten kann. Weiteres gesetzliches Tätigwerden zur Erhöhung des Niveaus der IT-Sicherheit ist im Hinblick auf die erste Fallgruppe somit nicht nötig.

Nicht wegen fehlender Notwendigkeit, sondern aufgrund der mangelnden Sinnhaftigkeit ist hingegen von gesetzlichen Modifikationen des außervertraglichen Haftungsrechts abzusehen, die eine höhere präventive Wirkung mit Blick auf immaterielle Beeinträchtigungen (Fallgruppe 3) bewirken würden. Die Schaffung von Haftungsnormen, die die präventive Wirkung auf diese Folgen ausdehnen würden, würde den in § 253 BGB festgeschriebenen Ausnahmecharakter des Ausgleichs immaterieller Schäden aushöhlen. Es besteht ein ausreichender präventiver Effekt, weil immaterielle Schäden bei IT-Sicherheitspflichtverstößen, die zu Verletzungen von Leben, Körper und Gesundheit führen, stets ausgeglichen werden können. Die durch Art. 82 DSGVO herbeigeführte Ausdehnung der Ersatzfähigkeit immaterieller Schäden auf Fälle eines Verstoßes gegen Datenschutzvorschriften hat nichts daran geändert, dass diese Ansprüche nur in engen Grenzen gewährt werden sollen. Allein ein Verstoß gegen IT-Sicherheitspflichten, der sich etwa nur auf die Sachnutzung negativ auswirkt, rechtfertigt es nicht, von dieser Ausnahme Gebrauch zu machen. Ansonsten würde es zu einer unverhältnismäßigen Belastung der Hersteller und Anbieter IT-spezifischer Produkte und Dienste kommen, die sich im Ergebnis innovationshemmend auswirken würde.

Im Gegensatz dazu ist ein gesetzgeberisches Tätigwerden im Hinblick auf Nutzungsbeeinträchtigungen von Sachen, die sich im Vermögen Dritter negativ auswirken (Fallgruppe 2), empfehlenswert. Wie gezeigt, sind zur Verbesserung des IT-Sicherheitsniveaus zwei verschiedene Arten von Modifikationen des Haftungsrechts vorzunehmen. Die erste betrifft allein bestimmte Anbieter von IT-spezifischen Diensten. Angelehnt an §§ 44, 44a TKG sind ähnliche Haftungsregeln für sonstige Anbieter IT-spezifischer Dienste gesetzlich zu verankern, die aufgrund ihrer gesellschaftlichen Relevanz explizit zur Gewährleistung von IT-Sicherheit verpflichtet sind. Betroffen von dieser Gesetzesänderung wären demnach die Akteure, denen im Rahmen des IT-Sicherheitsgesetzes bzw. der NIS-Richtlinie derartige Pflichten auferlegt wurden oder die in diesem Zuge reformiert wurden. Bei schuldhaften Verstößen gegen die Pflichten müssten sie daraus resultierende Vermögensschäden Dritter bis zu einer absoluten Höchstgrenze ersetzen.

Die zweite Modifikation betrifft demgegenüber alle Hersteller von IT-spezifischen Produkten. Für sie ist zunächst eine Pflicht gesetzlich festzuschreiben, die einen Handlungsimpuls setzt, um den Eintritt der beschriebenen, haftungsrechtlich bislang nicht erfassten Konstellationen zu verhindern. Wie gezeigt, eignet sich dazu eine zeitlich gestaffelte, nachträgliche Fehlerbeseitigungspflicht, wobei dem Hersteller ein Wahlrecht hinsichtlich der Art der Beseitigung sowie eine angemessene Reaktionsfrist einzuräumen ist. Ein schuldhafter Verstoß gegen diese Pflicht ist sodann mit Haftungsfolgen zu verknüpfen. Zur Vermeidung der Ausuferung der Haftungsfolgen ist allerdings ebenfalls eine Haftungshöchstgrenze einzuführen.

Beide gesetzlichen Maßnahmen beeinträchtigen die Betroffenen zwar erheblich in ihrer unternehmerischen Entscheidungs- und Handlungsfreiheit. Sie sind allerdings in Anbetracht der damit einhergehenden positiven Effekte gerechtfertigt. Der Schutz des Vermögens, einem ebenfalls rechtlich anerkannten Interesse, wird für eine Vielzahl potenzieller Geschädigter gestärkt. Zugleich knüpfen die Haftungsfolgen an Pflichten an, die aufgrund des Wirkungskreises im Falle ihres Verstoßes als gesellschaftlich besonders bedeutsam einzuordnen sind. Dementsprechend ist es angezeigt, diese beiden gesetzlichen Modifikationen des außervertraglichen Haftungsrechts zur Ausdehnung der präventiven Wirkung durchzuführen, um so einen sinnvollen Beitrag zur Verbesserung des IT-Sicherheitsniveaus zu leisten.

5. Kapitel: Zur Intensität und Effektivität der präventiven Wirkung des Haftungsrechts

Das Niveau der IT-Sicherheit hängt nicht nur von der soeben untersuchten Reichweite der präventiven Wirkung ab, die vom außervertraglichen Haftungsrecht ausgeht. Ein hohes IT-Sicherheitsniveau wird vielmehr auch dadurch erzielt, dass sich die präventive Wirkung der Haftungsnormen innerhalb ihrer jeweils vorgesehenen Reichweite möglichst intensiv entfaltet und sie zugleich möglichst effektiv zum angestrebten Verhalten verleitet. Ob diesbezüglich Hindernisse bestehen, die gesetzliche Modifikationen erforderlich machen, um das IT-Sicherheitsniveau zu verbessern, soll im Folgenden geklärt werden.

I. Intensität der präventiven Wirkung

Von einer hohen Intensität der präventiven Wirkung ist auszugehen, wenn Hersteller bzw. Anbieter innerhalb des sie betreffenden Regelungsbereichs grundsätzlich bei jedem erfassten Schaden aufgrund mangelhafter IT-Sicherheit ihrer Produkte bzw. Dienste mit einer Haftung rechnen müssen. Umgekehrt wäre die Präventionswirkung gering, sofern für sie im Voraus abzusehen ist, dass trotz Herbeiführung eines Zustandes mangelhafter IT-Sicherheit, der zu einem erfassten Schaden führt, eine haftungsrechtliche Inanspruchnahme regelmäßig ausscheidet. Wie sich die Intensität des geltenden außervertraglichen Haftungsrechts in diesem Spannungsfeld darstellt, ist im Folgenden zu bewerten.

1. Intensität in Anbetracht des Verhaltens Dritter

Zweifel bezüglich der Intensität der präventiven Wirkung ergeben sich insbesondere in Anbetracht der Tatsache, dass bei Schädigungen, die aufgrund mangelhafter IT-Sicherheit von Produkten und Diensten ausgelöst werden, in der Regel eine weitere Partei beteiligt ist. Denn mangelhafte IT-Sicherheit führt nicht zwingend unmittelbar zu einem Schaden. Anhand der Beispielsfälle aus der Praxis, die öffentliches Aufsehen erregt haben und auf die zur Veranschaulichung bereits wiederholt verwiesen wurde, zeigt sich, dass regelmäßig Dritte in den Handlungsverlauf involviert sind.[644] Diese handeln im Normalfall mit

---

644 Vgl. *Agenturmeldung*, auf: Süddeutsche.de, ADAC knackt BMWs per Mobilfunk; *Reißmann*, auf: Spiegel.de, Nacktfotos im Netz – Warum Apple nicht unschuldig

krimineller Energie. Können sie im Nachgang ermittelt werden, drohen ihnen strafrechtliche Sanktionen.[645] Das deutsche Recht enthält verschiedene Straftatbestände, die die Schutzgüter der IT-Sicherheit dem strafrechtlichen Schutzsystem unterstellen.[646] Auch eine zivilrechtliche Inanspruchnahme des Dritten auf Ersatz der verursachten Schäden ist möglich.[647]

Vor diesem Hintergrund stellt sich die Frage, inwieweit das selbstständige Handeln Dritter die haftungsrechtliche Verantwortlichkeit der Hersteller und Diensteanbieter beeinflusst. Wenn der Einwand, die Verantwortung für einen Schaden liege bei einem Dritten und deshalb müsse eine Haftung der Hersteller bzw. Anbieter ausscheiden,[648] tatsächlich rechtlich erheblich sein sollte, verliert die präventive Wirkung erheblich an Intensität. Denn sollte für Hersteller und Diensteanbieter absehbar sein, dass ein Schadensersatzanspruch scheitert, wenn ein Dritter einen von ihnen verursachten Zustand mangelhafter IT-Sicherheit zur Herbeiführung eines erfassten Schadens ausnutzt, dann würde vom Haftungsrecht kein intensiver verhaltenslenkender Anreiz ausgehen. Es ist demnach zu klären, wie Konstellationen, in denen Dritte in den Handlungsverlauf eingreifen, haftungsrechtlich zu bewerten sind.

2. Drittbezug von IT-Sicherheitspflichten

Der Einwand, die eigenständige Handlung eines Dritten verhindere eine Haftung von Herstellern und Anbietern, könnte bereits dem Vorwurf eines Pflichtverstoßes entgegengehalten werden. Dies gilt jedenfalls im Hinblick auf die personell umfassende Einstandspflicht aus § 823 Abs. 1 BGB. Denn im Gegensatz zu expliziten IT-Sicherheitspflichten wie in § 13 Abs. 7 TMG oder § 109

---

ist; *Scherschel*, auf: Heise.de, Sony Pictures: Hacker veröffentlichen Mitarbeiterdaten; *Wiegel*, auf: Faz.net, TV5 Monde gehackt: „Ein Angriff unbekannten Ausmaßes".

645 So beispielsweise in den USA: *Barczok*, auf: Heise.de, Gestohlene Promi-Nacktbilder: 18 Monate für „Celebgate"-Hacker.

646 Vgl. §§ 202a bis 202d; §§ 303a f. StGB. Näher zu diesen Straftatbeständen: *Schreibauer/Hessel*, K&R 2007, 616. Zu deren Anwendung im Falle von Bot-Netzen: *Buermeyer/Golla*, DuD 2017, 14, 15f.

647 Näher dazu: *Mehrbrey/Schreibauer*, MMR 2016, 75, 76f.

648 In dem Sinne ist folgende Aussage der Bitkom Geschäftsleiterin Sicherheit und Datenschutz zu verstehen: „Der Fensterbauer haftet auch nicht, wenn in eine Wohnung eingebrochen wird oder der Hersteller von Fahrradschlössern für den Diebstahl von Fahrrädern." Zitiert von: *Kleinz*, auf: Zeit.de, Telekom-Router – Allergische Reaktion mit Folgen.

TKG fehlt es bei der richterrechtlich entwickelten Verkehrssicherungspflicht an wörtlichen Anhaltspunkten dafür, dass IT-Sicherheit zum Schutz etwa auch vor „äußeren Angriffe[n]“[649] zu gewährleisten ist. Stattdessen beschränkt sich der Inhalt der Verkehrssicherungspflicht im Grundsatz darauf, die notwendigen und zumutbaren Vorkehrungen zu treffen, um eine Schädigung anderer möglichst zu verhindern.[650]

Diese offene Formulierung ermöglicht es jedoch, die Pflicht so auszulegen, dass eine durch Dritte herbeigeführte Schädigung anderer mittels notwendiger und zumutbarer Vorkehrungen zu verhindern ist, sofern ansonsten eine Gefahrenquelle besteht.[651] Ein solcher Drittbezug der Verkehrssicherungspflicht lässt sich auch verschiedenen Entscheidungen des *BGH* entnehmen. Dieser bewertete es beispielsweise als Verstoß gegen eine Verkehrssicherungspflicht, dass eine Massenveranstaltung nicht ausreichend gesichert war, um das Eigentum angrenzender Parteien vor dem Betreten durch Gäste zu schützen.[652] Gleichfalls wurde ein Pflichtverstoß darin gesehen, dass Lichtschachtabdeckungen vor einem Hauseingang nicht so gesichert waren, dass diese nicht von Dritten entfernt werden konnten.[653] Und auch die Lagerung einer wertvollen Antiquität in einer vor Diebstahl nicht ausreichend gesicherten Lagerhalle stellte einen Verstoß gegen eine Verkehrssicherungspflicht dar.[654]

Allerdings kann eine Verkehrssicherungspflicht zur Gewährleistung von IT-Sicherheit, die auch vor Angriffen Dritter schützen soll, trotz des Wortlautes sowie des weiten Verständnisses in der Rechtsprechung stets angezweifelt werden. Denn eine Pflicht wird von der Rechtsprechung nicht im Hinblick auf jede abstrakte Gefahr angenommen, sondern nur „wenn sich für ein sachkundiges Urteil die nahe liegende Möglichkeit ergibt, dass Rechtsgüter anderer verletzt

649 Siehe § 109 Abs. 2 Nr. 1 TKG; § 13 Abs. 7 Nr. 2 lit. b) TMG.

650 *BGH*, Urt. v. 1.10.2013 – VI ZR 369/12, Rn. 13 = NZV 2014, 167, 168; BGHZ 195, 30, 32f., Rn. 6 = NJW 2013, 48, 48 mwN.

651 In diesem Sinne auch *Klein-Hennig/Schmidt*, DuD 2017, 605, 608; *Klindt/Wende et al.*, in: Bräutigam/Klindt, auf: Bdi.eu, Digitalisierte Wirtschaft/Industrie 4.0, S. 87; *Mehrbrey/Schreibauer*, MMR 2016, 75, 78; *Rockstroh/Kunkel*, MMR 2017, 77, 81; *Spindler*, NJW 2004, 3145, 3146; *Wagner/Ruttloff/Freytag*, CB 2017, 386, 390.

652 *BGH*, Urt. v. 2.10.1979 – VI ZR 245/78, Rn. 6 = NJW 1980, 223, 223.

653 *BGH*, Urt. v. 19.12.1989 – VI ZR 182/89, Rn. 12 = NJW 1990, 1236, 1237. Ähnlich bzgl. Abdeckrosten vor Schaufenstern: *BGH*, Urt. v. 16.9.1975 – VI ZR 156/74, Rn. 8 = VersR 1976, 149, 150.

654 *BGH*, Urt. v. 15.7.1999 – I ZR 96/97, Rn. 21f. = VersR 2000, 124, 125.

werden können."[655] Sofern also das Handeln des Dritten, der den Zustand mangelhafter IT-Sicherheit zur Schädigung ausnutzt, als abstrakte Gefahr zu qualifizieren wäre, könnte der Vorwurf einer Pflichtverletzung gegenüber dem Hersteller bzw. Anbieter eines mangelhaft gesicherten Produkts oder Dienstes nicht erhoben werden.

Eine irgendwie geartete Regelvermutung, ob ein Ausnutzen mangelhafter IT-Sicherheit durch Dritte Ausdruck der Verwirklichung einer lediglich abstrakten Gefahr ist oder ob für ein sachkundiges Urteil die Möglichkeit naheliegt, dass es zu einer Rechtsgüterverletzung kommen könnte, lässt sich jedoch nicht aufstellen. Es handelt sich vielmehr um eine vom Einzelfall abhängige Wertungsentscheidung. Je nachdem, welche Fakten als Basis für das sachkundige Urteil herangezogen werden und wo die Grenze zwischen nahe- und fernliegend gezogen wird, kann es zu vollkommen unterschiedlichen Bewertungen kommen. So könnte beispielsweise unter Verweis darauf, dass bereits in einem praktischen Test erfolgreich aus dem Internet auf ein fahrendes Auto zugegriffen wurde,[656] die Schwelle der Abstraktheit dieser Gefahr seitdem als überschritten betrachtet werden. Umgekehrt ist es aber auch möglich, den Aufwand dieser Art der Ausnutzung mangelhafter IT-Sicherheit für einen Dritten hervorzuheben, um die Abstraktheit dieser Gefahr zu begründen.[657] Welche Argumentation vorzugswürdig ist, lässt sich nur unter Betrachtung sämtlicher Umstände des konkreten Falles klären.

Das Beispiel verdeutlicht demnach, dass eindeutige und allgemeingültige Bewertungen bezüglich der Verkehrssicherungspflicht zur Gewährleistung von IT-Sicherheit kaum möglich sind. Für Hersteller oder Diensteanbieter ist es deshalb auch nur schwer möglich, ex-ante abzuschätzen, ob der Verweis auf ein Handeln Dritter im Falle mangelhafter Sicherheit ihrer Produkte und Dienste den Vorwurf eines Pflichtverstoßes entkräften kann.

Für die Intensität der präventiven Wirkung ist diese Unsicherheit allerdings gerade vorteilhaft, da sie einen spürbaren Verhaltensanreiz in Richtung IT-Sicherheit schafft. Denn selbst wenn ein Dritter den Zustand mangelhafter IT-Sicherheit in einem freien Willensentschluss ausnutzt, kann einem Hersteller oder Diensteanbieter dennoch der Vorwurf gemacht werden, seine Pflicht zur Gewährleistung von IT-Sicherheit nicht ordnungsgemäß erfüllt zu haben.

---

655 *BGH*, BGHZ, 195, 30, 33, Rn. 7 = NJW 2013, 48, 48f.; Urt. v. 16.5.2006 – VI ZR 189/05, Rn. 7 = NJW 2006, 2326, 2326 mwN.

656 Dazu *Harloff*, auf: Süddeutsche.de, Der Fahrer ist machtlos.

657 *Agenturmeldung*, auf: Heise.de, Bosch-Manager: Auto-Hacks sind schwer zu kopieren.

Eine Haftung scheidet demnach unter diesem Gesichtspunkt nicht von vornherein aus.

3. Verschuldensvorwurf bei Handeln Dritter

Das identische Ergebnis ist feststellbar, sofern das Handeln Dritter als Argument dienen sollte, um den Verschuldensvorwurf zu entkräften. Insbesondere wenn eine Inanspruchnahme aus den verschuldensabhängigen § 823 Abs. 2 BGB (iVm § 13 Abs. 7 TMG) oder aus § 44 TKG (iVm § 109 TKG) in Betracht kommt, erscheint es zwar möglich, sich durch Verweis auf das eigenständige Handeln des Dritten vom Vorwurf schuldhaften Handelns zu entlasten. Der Grund dafür liegt darin, dass sich das Verschuldenskriterium aus einem kognitiven und einem voluntativen Element zusammensetzt.[658] Zum kognitiven Element gehört die tatsächliche Erkennbarkeit einer Gefahr vor ihrer Verwirklichung.[659] Ein Verschuldensvorwurf muss also scheitern, sofern die Gefahr der Ausnutzung einer IT-Sicherheitslücke nicht erkennbar war.[660]

Allerdings kann die Erkennbarkeit der Gefahr im Rahmen des Verschuldens ebenso unterschiedlich bewertet werden wie im Rahmen des Bestehens einer Verkehrssicherungspflicht. Denn vorausgesetzt wird nur, dass der tatbestandlich umschriebene Erfolg, also etwa eine erhebliche Störung im Sinne des § 109 Abs. 2 TKG, vorhersehbar war, ohne dass dafür der konkrete Ablauf der Schadensentwicklung in seinen Einzelheiten,[661] also insbesondere die Herbeiführung durch einen Dritten, vorhersehbar war. Ob dies der Fall war, wird sich letztlich immer erst unter Berücksichtigung sämtlicher Umstände des Einzelfalles ergeben. Insofern ist es nicht ausgeschlossen, einen Verschuldensvorwurf an einen Diensteanbieter zu richten, sofern ein Dritter mangelhafte IT-Sicherheit zur Schädigung ausnutzt. Auch das Verschuldensmerkmal sorgt also nicht dafür, dass von vornherein eine Haftung wegen des eigenständigen Verhaltens eines Dritten ausscheidet.

4. Ausnutzen mangelhafter IT-Sicherheit als höhere Gewalt

Zumindest für einige Anbieter bestimmter IT-spezifischer Dienste entfalten neben verschuldensabhängigen Anspruchsnormen die als Gefährdungshaftung

---

658 *Grundmann*, in: MüKo, § 276 BGB, Rn. 53.

659 *Grundmann*, in: MüKo, § 276 BGB, Rn. 68; *Sprau*, in: Palandt, § 823 BGB, Rn. 173.

660 *Rockstoh/Kunkel*, MMR 2017, 77, 81. Ebenso generell für autonome Systeme: *Börding/Jülicher/Röttgen/von Schönfeld*, CR 2017, 134, 140

661 *Lorenz*, in: Bamberger/Roth, § 276 BGB, Rn. 28.

konzipierten Anspruchsgrundlagen grundsätzlich eine verhaltenslenkende Wirkung in Richtung IT-Sicherheit. Dies gilt, wie gezeigt,[662] für diejenigen Akteure, die vom Regelungsbereich des HaftPflG betroffen sind. Ihre Inanspruchnahme würde nicht auf einem schuldhaften Verstoß gegen Verhaltenspflichten beruhen, sondern darauf, dass sie durch eine erlaubte, aber gefährliche Tätigkeit ein Risiko gesetzt haben.[663] Die Einstandspflicht im Falle der Verwirklichung des Risikos ist die Kehrseite der Freiheit, die Tätigkeit auszuführen.[664] Sie ist allerdings nicht unbegrenzt, sondern regelmäßig auf bestimmte Schäden beschränkt, in der Höhe gedeckelt und für Fälle höherer Gewalt ausgeschlossen.[665] Sollte das Ausnutzen mangelhafter IT-Sicherheit allerdings als ein typischer Fall höherer Gewalt zu qualifizieren sein, so würde der präventive Effekt, der von den Gefährdungshaftungstatbeständen ausgeht, spürbar reduziert.

Der Begriff der höheren Gewalt ist weder im HaftPflG noch in sonstigen Gesetzen definiert, in denen auf ihn zurückgegriffen wird.[666] Durchgesetzt hat sich in der Rechtspraxis allerdings folgende Definition: Höhere Gewalt ist ein „betriebsfremdes, von außen durch elementare Naturkräfte oder durch Handlungen dritter Personen herbeigeführtes Ereignis, das nach menschlicher Einsicht und Erfahrung unvorhersehbar ist, mit wirtschaftlich erträglichen Mitteln auch durch äußerste, nach der Sachlage vernünftigerweise zu erwartende Sorgfalt nicht verhütet oder unschädlich gemacht werden kann und auch nicht wegen seiner Häufigkeit vom Betriebsunternehmen in Kauf zu nehmen ist.“[667] Kurz gefasst müssen demnach drei Voraussetzungen kumulativ vorliegen, um von höherer Gewalt auszugehen. Es muss sich erstens um eine Einwirkung von außen handeln, die zweitens außergewöhnlich und drittens nicht abwendbar ist. Nur wenn alle drei Voraussetzungen erfüllt sind, kommt es zum Haftungsausschluss.[668]

Bei einem Ausnutzen mangelhafter IT-Sicherheit besteht hinsichtlich des erstgenannten Kriteriums kein ernsthafter Anlass zu besonderer Diskussion. Die Konstellation weist Parallelen zu Sabotageakten an Anlagen auf, die der

662 Kap. 3, Teil I, Abschn. 2 und 3.

663 *BGH*, BGHZ 158, 130, Rn. 29 = VersR 2004, 612, 615; *LG Magdeburg*, Urt. v. 15.07.2010 - 10 O 602/10, Rn. 14 = BeckRS 2010, 18001; *Jansen*, S. 41.

664 *BGH*, BGHZ 115, 84, Rn. 10 = NJW 1991, 2568, 2568; *Kötz/Wagner*, Rn. 498.

665 *Deutsch*, Rn. 659.

666 *Filthaut*, § 1 HaftPflG, Rn. 158.

667 *BGH*, BGHZ 158, 130, Rn. 33 = NZV 2004, 245, 248; BGHZ 109, 8, 14f. = NJW 1990, 1167, 1168; BGHZ 7, 338, 339 = NJW 1953, 184, 184.

668 *Kaufmann*, in: Geigel, § 26, Rn. 29.

Gefährdungshaftung unterliegen. Im Falle von Sabotage wird ein von außen kommender, betriebsfremder Eingriff bejaht.[669] Ob beispielsweise Weichen im Bahnverkehr per Hand unbefugt verstellt werden oder ein Dritter diese Handlung durch ein Eindringen in mangelhaft gesicherte Steuerungssysteme durchführt,[670] kann aber unter Wertungsgesichtspunkten keinen Unterschied machen.

Hingegen weisen die beiden weiteren Kriterien deutlich mehr Potenzial für Kontroversen im jeweiligen Einzelfall auf. Ein außergewöhnliches Ereignis, das als höhere Gewalt eingestuft werden kann, liegt nur vor, wenn es sich um ein Ereignis mit Ausnahmecharakter handelt, welches wie ein Schicksalsschlag wirkt.[671] Davon dürfte in Zeiten zunehmender Vernetzung, in denen Dritte weltweit mangelhafte IT-Sicherheit immer häufiger auszunutzen versuchen,[672] nur in seltensten Fällen auszugehen sein. Ob ein solcher Ausnahmefall vorliegt, wird sich jedoch letztlich immer erst in Anbetracht aller Umstände des zu entscheidenden Einzelfalles zeigen.

Gleiches ist feststellbar für die Unabwendbarkeit als letztem zwingenden Kriterium der höheren Gewalt. Es handelt sich dabei ebenfalls um eine höchst streitbare Voraussetzung. Denn das Ausnutzen des Zustandes mangelhafter IT-Sicherheit muss sich als Ereignis bewerten lassen, das nach menschlicher Einsicht und Erfahrung unvorhersehbar war und mit wirtschaftlich erträglichen Mitteln auch durch die höchst mögliche, nach der Sachlage vernünftigerweise zu erwartende Sorgfalt nicht zu verhüten war.[673] Was vorhersehbar ist, hängt in diesem Zusammenhang ebenso wie bei der Bestimmung der Verkehrssicherungspflicht oder im Rahmen des Verschuldens maßgeblich davon ab, welcher Referenzpunkt der Bewertung zugrunde gelegt wird.[674]

So erscheint es möglich, eine Vorhersehbarkeit erst dann anzunehmen, wenn Anzeichen für eine Schädigung durch Ausnutzung der mangelhaften

---

669 *BGH*, BGHZ 105, 135, 136 = NJW 1988, 2733, 2733; Urt. v. 1.6.1976 - VI ZR 224/74, Rn. 11 = VersR 1976, 963, 964; *Kaufmann*, in: Geigel, § 26, Rn. 31.

670 Zum Vorliegen höherer Gewalt bei einer unbefugten Weichenstellung: *Filthaut*, § 1 HaftPflG, Rn. 163.

671 *Kaufmann*, in: Geigel, § 26, Rn. 36.

672 Vgl. dazu etwa die hohe Anzahl an Angriffen auf ein simuliertes Zug-Steuersystem: *Scherschel*, auf: Heise.de, Simuliertes Zug-Steuersystem HoneyTrain: 2,7 Millionen Angriffe in sechs Wochen. Zur Häufigkeit eines Ereignisses als Faktor für die Unvorhersehbarkeit: *Walter*, in: BeckOGK, § 7 StVG, Rn. 149.2.

673 *Filthaut*, § 1 HaftPflG, Rn. 176.

674 Beispiel zu dieser Diskussion: *OLG Frankfurt a.M.*, Beschl. v. 3.6.2013 - 4 U 42/13, Rn. 7 = BeckRS 2013, 12323.

IT-Sicherheit konkret greifbar waren, etwa weil Angriffe auf einen bestimmten IT-spezifischen Dienst bereits in der Vergangenheit Erfolg hatten. Ebenso ist es aber auch nicht ausgeschlossen, für die Vorhersehbarkeit eine abstraktere Bedrohungslage ausreichen zu lassen, die sich etwa dadurch äußert, dass die Unsicherheit IT-spezifischer Dienste einer anderen Branche zu Schäden ausgenutzt wurde bzw. werden sollte. Jedenfalls sind stets die betrieblichen, örtlichen und zeitlichen Umstände des Einzelfalls zu berücksichtigen, weshalb das Vorliegen von Unabwendbarkeit bei einem Ausnutzen mangelhafter IT-Sicherheit nicht generell festgestellt werden kann.[675]

Daraus folgt, dass ein der Gefährdungshaftung unterliegendes Unternehmen sein Haftungsrisiko ex-ante nicht deshalb als vernachlässigbar einstufen kann, weil letztlich das Handeln eines Dritten den Schaden auslöst. Höhere Gewalt ist kein Ausschlussgrund, der grundsätzlich einer haftungsrechtlichen Verantwortlichkeit der Anbieter mangelhaft gesicherter IT-spezifischer Dienste entgegensteht. Vielmehr entscheidet sich das Vorliegen dieses Haftungsausschlusses in jedem Einzelfall. Die daraus resultierende Unsicherheit ist als positiv für die Intensität der präventiven Wirkung des außervertraglichen Haftungsrechts zu bewerten.

5. Bewertung der Intensität der präventiven Wirkung

Das Ausnutzen mangelhafter IT-Sicherheit durch einen Dritten ist ein rechtlich erheblicher Einwand, der einer außervertraglichen Inanspruchnahme von Herstellern und Anbietern IT-spezifischer Produkte und Dienste entgegenstehen kann und damit Zweifel an der Intensität der Haftungsregeln hervorruft. In Anbetracht des eigenverantwortlichen schadensauslösenden Handelns des Dritten, das gesondert strafrechtlich verfolgt werden kann, können verschiedene Tatbestandsmerkmale der Haftungsgrundlagen kontrovers diskutiert werden. Im Rahmen der verschuldensabhängigen Einstandspflichten ist möglicherweise bereits ein Pflichtverstoß abzulehnen. Alternativ erscheint es möglich, dass ein Verschuldensvorwurf nicht erhoben werden kann. Im Rahmen der als Gefährdungshaftung konzipierten Einstandspflichten kann wiederum eine Haftung wegen eines Falles höherer Gewalt ausgeschlossen sein.

Allerdings erweist es sich als kaum möglich, im Vorfeld eines Schadensfalles rechtssichere Prognosen über das Haftungsrisiko der Hersteller und Diensteanbieter zu treffen. Da über das Bestehen einer Pflicht, den Verschuldensvorwurf sowie das Vorliegen höherer Gewalt im Wege einer komplexen Wertung im

675 So allgemein *Filthaut*, § 1 HaftPflG, Rn. 176; *ders.*, § 2 HaftPflG, Rn. 76.

jeweiligen Einzelfall entschieden wird, ist es stets möglich, dass trotz des eigenverantwortlichen Handelns eines Dritten der für den Zustand der mangelhaften IT-Sicherheit verantwortliche Hersteller oder Anbieter Schadensersatz leisten muss. Ein Regel-Ausnahme-Verhältnis zugunsten oder zulasten einer haftungsrechtlichen Inanspruchnahme lässt sich also nicht feststellen.

Mit Blick auf die präventive Wirkung der außervertraglichen Haftungsregeln ist diese Prognoseschwierigkeit jedoch als vorteilhaft zu bewerten. Da sich die Hersteller und Diensteanbieter unter keinen Umständen darauf verlassen können, dass das freiverantwortliche Handeln eines Dritten sie stets von ihrer haftungsrechtlichen Verantwortlichkeit befreit, besteht ein gewichtiger Anlass, IT-Sicherheitsmaßnahmen auch unter Berücksichtigung des Risikos schädigender Handlungen durch Dritte umzusetzen. Vor diesem Hintergrund erübrigt sich eine Modifikation des geltenden außervertraglichen Haftungsrechts, um eine Verbesserung des IT-Sicherheitsniveaus herbeizuführen. Die Intensität der geltenden Reglungen ist in dieser Hinsicht als stark genug zu bewerten.

II. Effektivität der präventiven Wirkung

Eine hohe Effektivität weisen die außervertraglichen Haftungsregeln auf, sofern Hersteller und Diensteanbieter möglichst wirkungsvoll zu einem Verhalten verleitet werden, welches für ein hohes IT-Sicherheitsniveau erforderlich ist. Sollten sich hingegen Hindernisse im Hinblick auf das Verhalten feststellen lassen, das für das Erreichen des angestrebten Ziels nötig ist, wäre die Effektivität der Haftungsregeln beschränkt. Inwiefern die durch das außervertragliche Haftungsrecht vermittelte präventive Wirkung als effektiv zu bewerten ist und ob gesetzliche Modifikationen zur Erhöhung der Effektivität angezeigt sind, soll im Folgenden geklärt werden.

1. Effektivität in Anbetracht abstrakter Verhaltensanforderungen

Zweifel bezüglich der Effektivität der präventiven Wirkung ergeben sich in Anbetracht der Tatsache, dass die verpflichtenden Vorgaben zur Gewährleistung von IT-Sicherheit sehr abstrakt gehalten sind. Dies gilt sowohl für die expliziten IT-Sicherheitspflichten etwa in § 109 Abs. 1, 2 TKG oder § 13 Abs. 7 TMG, als auch für die sonstigen Vorschriften, deren Pflicht zur Gewährleistung von IT-Sicherheit sich erst im Wege der Auslegung ergibt. Denn entweder werden dem Gesetzeswortlaut zufolge nur angemessene technische und organisatorische Maßnahmen mit Blick auf eingesetzte Systeme oder auf verarbeitete Informationen gefordert, die Störungen bestimmter Art verhindern oder Schutz von

Informationen bieten sollen. Oder aber die Auslegung der unbestimmten Rechtsbegriffe ergibt, dass das Fehlen angemessener technischer oder organisatorischer Maßnahmen für Systeme oder Informationen trotz konkreter Gefährdungslage Haftungsfolgen für entstandene Schäden auslösen kann. Über den materiellen Gehalt der IT-Sicherheit ergeben sich zwar insbesondere wegen der Schutzziele und Schutzgüter Richtungsvorgaben für die jeweils rechtskonformen Maßnahmen.[676] Mehr geben die für die IT-Sicherheit relevanten Gesetze im Hinblick auf das ordnungsgemäße Verhalten jedoch nicht her. Festzustellen ist also, dass das Recht sich auf einem sehr abstrakten Level hinsichtlich der vorzunehmenden Handlungen bewegt.[677]

Unter Verweis auf die offenen Verhaltenspflichten wird dementsprechend kritisiert, dass es kaum spezifiziertes IT-Sicherheitsrecht gebe und das Recht weder seine anleitende Funktion erfülle noch wirkliche Durchsetzungskraft entfalte.[678] In die gleiche Richtung zielt die speziell mit Blick auf Cloud-Anbieter getätigte Feststellung, dass für diese eine hohe Rechtsunsicherheit bestehe, da weder gesetzlich noch höchstrichterlich geklärt sei, wie an sie gerichtete Sicherungspflichten zu erfüllen sind.[679] Und auch der Vorwurf, dass der konkrete Umfang möglicher Rechtspflichten bezüglich der IT-Sicherheit und die mit einer mangelhaften Umsetzung verbundenen Haftungsgefahren kaum geklärt seien,[680] lässt darauf schließen, dass der vom Gesetzgeber verfolgte, abstrakte Regelungsansatz praktische Schwierigkeiten für die Verpflichteten verursacht.[681]

Diese Schwierigkeiten lassen sich so zusammenfassen, dass die offenen Formulierungen in den Haftungsgrundlagen merkliche Rechtsunsicherheit erzeugen. Aus ihnen lässt sich nur schwer entnehmen, ab wann die Normadressaten IT-Sicherheitsmaßnahmen umsetzen müssen und wie diese auszusehen haben.[682] Unter diesen rechtlichen Bedingungen erscheint es zweifelhaft, dass

---

676 Ausführlich dazu Kap. 2.

677 Ebenso *Eckhardt*, DuD 2008, 330, 330: „generalklauselartige Zielvorgaben".

678 *Schadel*, S. 45.

679 *Wicker*, MMR 2014, 715, 717.

680 *Schultze-Melling*, CR 2005, 73.

681 Zur Rechtsunsicherheit als generellem Problem technikneutraler Regelungen: *Spindler/Thorun*, auf: Sriw.de, Eckpunkte einer digitalen Ordnungspolitik – Politikempfehlungen zur Verbesserung der Rahmenbedingungen für eine effektive Ko-Regulierung in der Informationsgesellschaft, S. 4.

682 Ebenso in Bezug auf die Pflichten aus dem IT-Sicherheitsgesetz: *Kipker/Pfeil*, DuD 2016, 810, 811; *Spindler* spricht vor diesem Hintergrund von einer „kaum kalkulierbaren Pflichtenlösung", vgl. CR 2015, 766, 776, Fn. 123.

die Hersteller und Anbieter IT-spezifischer Produkte und Dienste so effektiv wie möglich zu einem Verhalten verleitet werden, welches das Ziel eines hohen IT-Sicherheitsniveaus gewährleistet. Denn je unklarer die Verhaltensvorgaben sind, desto aufwändiger gestaltet sich die Umsetzung und desto mehr Fehler sind dabei wahrscheinlich.

2. Grundsätzliche Akzeptanz von Rechtsunsicherheit

Das soeben kritisierte legislative Vorgehen ist trotz der damit verbundenen Rechtsunsicherheit und seinem negativen Einfluss auf die Effektivität allerdings grundsätzlich zu akzeptieren. Dies wird deutlich bei Betrachtung der Folgen, die eintreten würden, wenn der Gesetzgeber statt der abstrakten Vorgaben konkretere IT-Sicherheitsmaßnahmen gesetzlich verankern würde. Ein solches Vorgehen ist aus verschiedenen Gründen abzulehnen.

a) Ungeeignetheit detaillierter gesetzlicher Vorgaben

Zum ersten würde die Verankerung detaillierterer Verhaltensvorgaben in Gesetzen keine praktikable Lösung für ein hohes IT-Sicherheitsniveau darstellen. Denn das Feld der Informationstechnik entwickelt sich dynamisch und die Anforderungen an die IT-Sicherheit müssen damit einhergehen.[683] Da die schnelle technische Entwicklung dazu führt, dass sich Bedrohungsszenarien immer schneller ändern und Angreifer sich daran anpassen,[684] ist ein diesen Gegebenheiten Rechnung tragender Regelungsansatz hinsichtlich der Sicherheitsmaßnahmen erforderlich.[685] Konkretere gesetzliche Vorgaben erfüllen diese Anforderung nicht. Aufgrund des technischen Fortschritts würde sich ein stetiger Änderungsbedarf ergeben, der mit den Zeitskalen kollidiert, in denen der Gesetzgeber arbeitet.[686]

Generell ist es im Bereich des technischen Sicherheitsrechts deshalb nicht zu beanstanden, wenn konkrete Handlungsanweisungen auf gesetzlicher Ebene fehlen, sofern es aufgrund der Komplexität der Technik nicht möglich ist, sämtliche sicherheitstechnischen Anforderungen im Detail festzulegen.[687] Für den

---

683 *De Maiziere*, in: *Bundesamt für Sicherheit in der Informationstechnik*, auf: BSI.bund.de, Lagebericht 2016, S. 3.

684 *Rockstroh/Kunkel*, MMR 2017, 77, 79.

685 So auch in Bezug auf die expliziten IT-Sicherheitspflichten des IT-Sicherheitsgesetzes sowie der NIS-Richtlinie: *Schallbruch*, CR 2017, 648, 651.

686 *Gerling*, RDV 2015, 167, 170; *Schlinkert*, ZRP 2017, 222, 222.

687 *BVerfG*, BVerfGE 49, 89, Rn. 105 = NJW 1979, 359, 361f.

Bereich der IT-Sicherheit, der dem technischen Sicherheitsrecht zuzuordnen ist, greift diese Bedingung. Die Bindung der Haftung an wertungsoffene Verhaltensanforderungen wie die Umsetzung „angemessener technischer und organisatorischer Maßnahmen" ist folglich das in diesem Regelungszusammenhang geeignete legislative Mittel, da es die erforderliche Zukunfts- und Technologieoffenheit gewährleistet.[688]

b) *Absicherung der Intensität der präventiven Wirkung*

Zum zweiten garantiert die Abstraktheit der Verhaltensvorgaben, dass die außervertraglichen Haftungsregeln den bereits festgestellten intensiven präventiven Effekt entfalten. Wie bei der Bewertung der Intensität der verhaltenslenkenden Wirkung in Anbetracht des Eingreifens Dritter gezeigt, sind letztlich stets komplexe Wertungsentscheidungen unter Berücksichtigung sämtlicher Umstände des Einzelfalles erforderlich, um die Anwendbarkeit der identifizierten Einstandspflichten und die damit einhergehenden Verhaltensanforderungen zu klären.[689] Dies erschwert für die Hersteller und Diensteanbieter IT-spezifischer Produkte bzw. Dienste eine ex-ante-Prognose des Haftungsrisikos und verleitet dazu, dass zur Vermeidung einer Inanspruchnahme auf Schadensersatz im Zweifel eine Entscheidung eher für die Umsetzung von technischen oder organisatorischen IT-Sicherheitsmaßnahmen getroffen wird.

Würden umgekehrt detaillierte, weniger generalklauselartige Vorgaben für die umzusetzenden Sicherheitsmaßnahmen im Gesetz verankert, so wäre die ex-ante-Prognose des Haftungsrisikos deutlich erleichtert. Nur das, was durch die gesetzlichen Regelungen im Detail vorgeschrieben würde, müsste umgesetzt werden. Die Betroffenen könnten sich dann aber auch auf diese Vorgaben zurückziehen. Selbst wenn sich in der Zwischenzeit Bedrohungen für die Sicherheit geändert oder Abwehrmaßnahmen fortentwickelt hätten, müssten diese nicht umgesetzt werden, solange sie nicht in den detaillierten gesetzlichen Vorgabenkatalog aufgenommen wären. Eine haftungsrechtliche Inanspruchnahme wäre also bis zum gesetzlichen Tätigwerden ausgeschlossen, selbst wenn eine Gefahr bekannt und ein Handeln möglich wäre. Die präventive Wirkung wäre unter den Umständen nicht mehr so intensiv und das IT-Sicherheitsniveau

---

688 So generell mit Blick auf gesetzliche IT-Sicherheitsanforderungen: *Wilmer*, in: Bräutigam/Klindt, auf: Bdi.eu, Digitalisierte Wirtschaft/Industrie 4.0, S. 115; Vgl. auch mit Blick auf die Technikneutralität der DSGVO: *Bieker/Hansen*, DuD 2017, 285, 286.

689 Kap. 5, Teil I, Abschn. 2 bis 4.

würde in der Folge absinken. Um also die Intensität der präventiven Wirkung zu stützen, sind offene Verhaltensvorgaben im Haftungsrecht nötig.

c) Kompromiss zwischen Sicherheit und Freiheit

Zum dritten führt der vom Gesetzgeber gewählte abstrakte Ansatz auch zu dem positiven Nebeneffekt, dass ein fairer Kompromiss zwischen freier unternehmerischer Betätigung und berechtigten Sicherheitserwartungen gefördert wird. Denn der Regelungstechnik nach handelt es sich bei den haftungsauslösenden IT-Sicherheitspflichten um Abwägungsregeln, die Vorgehensweisen beschreiben, ohne Maßnahmen im Einzelnen zu regulieren.[690] Dadurch wird einerseits verhindert, dass die Anforderungen zu hoch angesetzt werden, was im Hinblick auf IT-spezifische Produkte oder Dienste mit geringem Schadenspotenzial zu einer Überregulierung und damit zu einer Markteintrittsbarriere führen würde. Der Rückgriff auf Abwägungsregeln verhindert andererseits, dass zugunsten einer möglichst freien unternehmerischen Betätigung zu geringe Anforderungen an die Sicherheit gestellt werden, weshalb Produkte oder Dienste mit größerem Schadenspotenzial weniger abgesichert sind als möglich und nötig. Die abstrakte Regelungstechnik trägt also zu einem zu befürwortenden Ausgleich bei, der der Bedeutung jedes Produkts und Dienstes entsprechende IT-Sicherheit fordert, ohne dabei zu überfordern.

d) Grundlage für einen gerechten Schadensausgleich

In engem Zusammenhang mit den zuvor ausgeführten Punkten steht schließlich der bedeutendste Vorteil des abstrakten legislativen Regelungsansatzes. Durch diesen wird garantiert, dass der unumstrittene Hauptzweck des außervertraglichen Haftungsrechts, der gerechte Ausgleich von Schäden,[691] erreicht wird. Durch wertungsoffene Rechtsbegriffe wie „angemessene technische und organisatorische Maßnahmen“ oder „notwendige und zumutbare Maßnahmen“ wird den Gerichten ausreichender Handlungsspielraum eingeräumt, um eine im Einzelfall gerechte Entscheidung im Schadensfalle herbeizuführen. Sie können anhand der konkreten Umstände besser bewerten, ob sich ein Risiko ausgewirkt hat, welches der Sphäre eines Herstellers oder Diensteanbieters zuzuordnen ist oder aber das als allgemeines Lebensrisiko vom Geschädigten hinzunehmen ist.

---

690 Ebenso bzgl. der IT-Sicherheitspflicht in § 13 Abs. 7 TMG: *Djeffal*, MMR 2015, 716, 717.

691 Dazu bereits Kap. 1, Teil IV, Abschn. 1.

Die denkbaren Schadenskonstellationen im Zusammenhang mit mangelhafter IT-Sicherheit von Produkten und Diensten sind zu komplex, als dass auf Ebene der allgemeingültigen gesetzlichen Regelung eine solche Risikozuweisung in passender Weise vorgenommen werden kann.

e) Zwischenergebnis

Folglich ist in dem hohen Abstraktionslevel der Pflichten zur Gewährleistung von IT-Sicherheit eine notwendige Reaktion auf die Dynamik, Vielgestaltigkeit und Komplexität von IT-Sicherheit zu sehen. Die gewählte Regelungstechnik gewährleistet in Anbetracht dieser Umstände eine hohe Intensität der verhaltenslenkenden Wirkung auf die Hersteller und Anbieter und trägt zudem zu einem fairen Kompromiss zwischen freier wirtschaftlicher Betätigung und dabei erforderlicher Sicherheit bei. Zugleich garantiert sie, dass das Schadensrisiko nicht einseitig auf Hersteller und Diensteanbieter bzw. auf die Geschädigten verlagert wird, sondern ermöglicht einen interessengerechten Ausgleich im Einzelfall. Detailliertere gesetzliche Vorgaben würden diese Vorteile minimieren und sich deshalb im Vergleich als kontraproduktiv für ein hohes Niveau der IT-Sicherheit erweisen. Der Rückzug des Gesetzgebers auf abstrakte Verhaltensvorgaben ist somit grundsätzlich zu akzeptieren.

3. Einfluss richterlicher Konkretisierungen auf die Effektivität

Die Effektivität der präventiven Wirkung ist im Übrigen nicht nur am gesetzlichen Wortlaut der einzelnen Regelungen zu beurteilen. Zu berücksichtigen ist vielmehr, dass Rechtsanwender die abstrakten Regelungen konkretisieren und dadurch die Rechtsunsicherheit eindämmen können. In dieser Hinsicht stellt der Gesetzgeber hohe Anforderungen an Gerichte, Fachbehörden und Rechtsberatung.[692] Ihnen obliegt die Verantwortung, die offenen Vorgaben so auszufüllen, dass die aus der Abstraktion der Vorgaben resultierenden Schwierigkeiten ausgeglichen werden.[693]

Die Gerichte sind die Rechtsanwender mit dem größten Einfluss auf die Konkretisierung der Verhaltensanforderungen, da sie in letzter Instanz rechtliche Streitigkeiten auflösen. Sie stellen dabei regelmäßig generelle Leitlinien auf, um die Richtung für ein rechtskonformes Verhalten vorzugeben. Zudem beziehen sie gerade im technischen Sicherheitsrecht technische Standards aus der Praxis

692 So bzgl. der abstrakten Sicherungspflicht im TMG: *Djeffal*, MMR 2015, 716, 717.
693 Vgl. *BVerfG*, BVerfGE 49, 89, Rn. 106 = NJW 1979, 359, 362.

ein, um abstrakte Pflichten zu konturieren. Inwieweit sich diese Vorgehensweise auch zur Konkretisierung der IT-Sicherheitspflichten eignet und die Rechtsunsicherheit senkt, ist zu klären. Erst danach kann bewertet werden, ob die Effektivität des präventiven Haftungsrechts ausreicht, um ein hohes IT-Sicherheitsniveau zu erzielen, oder ob diesbezüglich gesetzliche Änderungen angezeigt sind.

a) Generelle Leitlinien als typisches Element zur Konkretisierung

Typischerweise führen die Gerichte zur Bestimmung abstrakter Verhaltensanforderungen zunächst generelle Leitlinien mit bestimmten Abwägungskriterien an. In vollkommen unterschiedlichen Schadenskonstellationen werden sie konsequent herangezogen. Deshalb liegt es nahe, dass sie auch für die Konkretisierung der IT-Sicherheitspflichten von Herstellern und Anbietern IT-spezifischer Produkte und Dienste relevant sind. Ihre Einbeziehung könnte zur Verringerung der Rechtsunsicherheit beitragen.

aa) Inhalt der generellen Leitlinien

Inhaltlich zeichnen sich die generellen Leitlinien der Rechtsprechung durch ein wiederkehrendes Muster aus. Auf folgende Faktoren wird regelmäßig zurückgegriffen, um sich den konkreten Verhaltensanforderungen anzunähern:

(1) Wahrscheinlichkeit der Realisierung einer Gefahr

Die Rechtsprechung nähert sich den Verhaltensanforderungen im konkreten Fall an, indem sie zunächst festlegt, dass nicht für alle denkbaren Möglichkeiten eines Schadenseintritts Vorsorge getroffen werden muss.[694] Gerade in Bezug auf Gefährdungen anderer, die nicht völlig ausgeschlossen, aber nur unter besonders eigenartigen und entfernt liegenden Umständen zu befürchten sind, müssen keine Schutzmaßnahmen getroffen werden.[695] Der Grad der Wahrscheinlichkeit einer Gefahr ist damit ein erstes Kriterium für die Bestimmung der Verhaltensanforderungen.

(2) Qualität der gefährdeten Rechtsgüter

Eine weitere Annäherung an das geforderte Verhalten erfolgt regelmäßig durch die Betrachtung der bei Verwirklichung der Gefahr bedrohten Rechtsgüter. Geht

---

694 *BGH*, Urt. v. 2.3.2010 – VI ZR 223/09, Rn. 6 = NJW 2010, 1967, 1967 mwN; Urt. v. 16.5.2006 – VI ZR 189/05, Rn. 7 = NJW 2006, 2326, 2326 mwN.

695 *BGH*, BGHZ 195, 30, 34, Rn. 8 = NJW 2013, 48, 48; Urt. v. 6.2.2007 – VI ZR 274/05, Rn. 16 = NJW 2007, 1683, 1684 mwN.

es um Gefahren für Leib und Leben von Menschen, sind an Sicherheitsmaßnahmen höhere Anforderungen zu stellen als bei Gefahren, die lediglich zu Sachschäden führen können.[696] Gleiches gilt im Verhältnis zu Gefahren, aus denen nur kleinere körperliche Beeinträchtigungen folgen.[697] Gegenüber dieser nach Rechtsgütern abgestuften Bewertungsgrundlage bestehen keine verfassungsrechtlichen Bedenken.[698]

(3) Größe der Gefahr

Maßgebliche Bedeutung für die Bestimmung der rechtlich geforderten Sicherheitsmaßnahmen hat schließlich die Größe der Gefahr im konkreten Fall.[699] Diesbezüglich gibt es zwar Überschneidungen mit den zuvor genannten Bewertungskriterien. Denn die Größe der Gefahr ist umso höher, je wahrscheinlicher ihr Eintritt ist und je bedeutender das Schutzgut ist. Das Kriterium der Größe der Gefahr geht aber darüber hinaus.

Denn für die Bewertung der Größe der Gefahr ist etwa auch die Art der Gefahrenquelle näher zu betrachten.[700] Diese ist in ihren jeweiligen Besonderheiten zu würdigen, wobei Parameter wie die Quantität der gefährdeten rechtlich anerkannten Güter oder das Wie der Verwirklichung der Gefahr mit einfließen.[701] Auf die Größe der Gefahr wirkt sich auch der davon betroffene Personenkreis aus, etwa wenn Kinder und Jugendliche mit der Gefahrenquelle in Kontakt kommen können.[702] Einfluss auf die Größe der Gefahr haben schließlich etwaige Handlungsoptionen des Gefährdeten. Sind Gefahren für die Geschädigten ohne weiteres erkennbar und kann der Gefährdete die Gefahr deshalb durch eigene Vorsicht und Sorgfalt beherrschen, sinken die Anforderungen bezüglich der Umsetzung von Sicherheitsmaßnahmen.[703]

---

696 *BGH*, BGHZ 181, 253, 259f., Rn. 18 = NJW 2009, 2952, 2954 mwN; BGHZ 116, 60, 67 = NJW 1992, 560, 561.

697 *BGH*, Urt. v. 17.3.2009 – VI ZR 176/08, Rn. 8 = NJW 2009, 1669, 1670 mwN.

698 So bzgl. der Pflicht zur Gewährleistung von Sicherheit durch explizite Warnungen: *BVerfG*, Beschl. v. 16.10.1996 – 1 BvR 1179/95, Rn. 4 = NJW 1997, 249, 250.

699 *BGH*, BGHZ 181, 253, 259f., Rn. 18 = NJW 2009, 2952, 2953; Urt. v. 6.2.2007 – VI ZR 274/05, Rn. 25 = NJW 2007, 1683, 1685 mwN; Urt. v. 31.10.2006 – VI ZR 223/05, Rn. 11 = NJW 2007, 762, 763 mwN.

700 *BGH*, Urt. v. 2.3.2010 – VI ZR 223/09, Rn. 10 = NJW 2010, 1967, 1967

701 *BGH*, Urt. v. 3.2.2004 – VI ZR 95/03, Rn. 8, 10 = NJW 2004, 1449, 1450.

702 *BGH*, Urt. v. 5.10.2004 – VI ZR 294/03, Rn. 12 = NJW-RR 2005, 251, 252; Urt. v. 17.3.2009 – VI ZR 176/08, Rn. 7 = NJW 2009, 1669, 1670.

703 *BGH*, Urt. v. 2.3.2010 – VI ZR 223/09, Rn. 10 = NJW 2010, 1967, 1967f.; Urt. v. 3.2.2004 – VI ZR 95/03, Rn. 7 = NJW 2004, 1449, 1450.

(4) *Wirtschaftliche und pragmatische Erwägungen*

Mit dem letzten wiederkehrenden Motiv der Rechtsprechung im Rahmen der Annäherung an das geforderte Verhalten wird schließlich den durch Sicherheitsmaßnahmen eintretenden Belastungen Rechnung getragen. Die geforderten Maßnahmen werden stets auf das im Einzelfall Zumutbare beschränkt.[704] Dadurch sind die Anforderungen an das rechtskonforme Verhalten an konkrete wirtschaftliche und praktische Rahmenbedingungen gekoppelt. In die Bestimmung umzusetzender Sicherungsmaßnahmen sind folglich Faktoren wie deren Auswirkungen auf Verbrauchergewohnheiten, die Kosten ihrer Implementierung, die Beeinflussung der Absatzchancen sowie eine grundsätzliche Kosten-Nutzen-Relation einzubeziehen.[705]

(5) *Katalog von Abwägungskriterien*

Aus der ständigen Rechtsprechung zu abstrakten Verhaltensanforderungen lässt sich damit ein Katalog von Abwägungskriterien ableiten, der zur Annäherung an die konkret erforderlichen Sicherheitsmaßnahmen beiträgt. Ihm zufolge sind die Anforderungen an Art und Umfang der Sicherheitsmaßnahmen umso höher,

(1.) je höher die Wahrscheinlichkeit des Eintritts einer Gefahr ist,
(2.) je bedeutender das geschützte Rechtsgut ist und
(3.) je größer die Gefahr für das geschützte Rechtsgut ist, wobei
(4.) einschränkend eine aus wirtschaftlich-pragmatischer Perspektive gezogene Zumutbarkeitsgrenze einzuhalten ist.

Dieser Vierklang an Abwägungsprinzipien bildet in der Rechtsprechung das grundlegende Fundament, auf dem die Konkretisierung von abstrakt gehaltenen Sicherungsverpflichtungen aufbaut. Er bietet den Verpflichteten Orientierung und kann so die Rechtsunsicherheit verringern.

bb) *Eignung der Kriterien im Bereich der IT-Sicherheit*

Dieser Katalog an Abwägungskriterien ist auch für die Bestimmung der umzusetzenden Maßnahmen im Bereich der IT-Sicherheit geeignet. Denn die Gültigkeit der Kriterien ist universell. Wenn sie beispielsweise hinsichtlich der Sicherheitsanforderungen bei so unterschiedlichen Gefahrenquellen wie Kraftfahrzeugen,

---

704 *BGH*, BGHZ 195, 30, 33, Rn. 7 = NJW 2013, 48, 49 mwN; Urt. v. 17.3.2009 – VI ZR 176/08, Rn. 8 = NJW 2009, 1669, 1670 mwN.

705 *BGH*, BGHZ 181, 253, 259f., Rn. 18 = NJW 2009, 2952, 2953 mwN; Urt. v. 17.3.2009 – VI ZR 176/08, Rn. 11 = NJW 2009, 1669, 1670.

Schwimmbädern, automatischen Türen oder Lebensmitteln angewendet werden können,[706] dann muss dies in gleichem Maße bei IT-spezifischen Produkten und Diensten möglich sein.

Der Rückgriff ist zudem nicht nur innerhalb, sondern auch außerhalb der Einstandspflichten des BGB angezeigt, um Verhaltenspflichten zu konkretisieren, in denen identischer Bedarf zur Konkretisierung besteht. Daran ändert die Tatsache nichts, dass die Kriterien im Wesentlichen aus Entscheidungen im allgemeinen Deliktsrecht stammen. Gegenteiliges wäre aus systematischen Erwägungen widersprüchlich. Denn die wertungsoffene Verkehrssicherungspflicht in § 823 Abs. 1 BGB steht in einer Wechselbeziehung mit dem Schutz der höchsten von der Rechtsordnung anerkannten Rechtsgüter. Wenn die vorgestellten Kriterien sich zur Konkretisierung dieser Pflicht eignen, dann müssen sie erst recht als geeignet angesehen werden für die Ausfüllung der ebenfalls konkretisierungsbedürftigen und zugleich gesellschaftlich relevanten Pflichten hinsichtlich sonstiger Rechtsgüter, die über § 823 Abs. 2 BGB, § 44 TKG und Art. 82 DSGVO zu Haftungsfolgen führen.

Der soeben dargestellte Katalog von Abwägungskriterien eignet sich somit auch für die Konkretisierung der von den jeweiligen Einstandspflichten geforderten Maßnahmen zur Gewährleistung der IT-Sicherheit. Entscheidend für das rechtskonforme Verhalten ist demnach das konkrete Gefährdungspotenzial.[707] Je größer die Gefahr, je bedeutender das jeweils geschützte Rechtsgut und je höher die Wahrscheinlichkeit des Eintritts der Gefahr, desto strenger sind die Anforderungen an das rechtskonforme Verhalten.[708] Als Gegengewicht sind allerdings stets die wirtschaftlichen und praktischen Rahmenbedingungen einer konkreten, auf die jeweilige Gefahr bezogene Sicherheitsmaßnahme in die Abwägung einzubeziehen.[709]

cc) Einfluss auf die Rechtsunsicherheit

Der Einfluss dieses Katalogs auf den Grad der Rechtsunsicherheit, der durch die abstrakte legislative Regelungstechnik hervorgerufen wird, ist jedoch insgesamt

---

706 Vgl. etwa: *BGH*, Urt. v. 2.3.2010 – VI ZR 223/09 = NJW 2010, 1967; BGHZ 181, 253 = NJW 2009, 2952; Urt. v. 17.3.2009 – VI ZR 176/08 = NJW 2009, 1669; Urt. v. 3.2.2004 – VI ZR 95/03 = NJW 2004, 1449.

707 So auch: *Spindler*, in: Hilgendorf, S. 70; *ders.*, CR 2015, 766, 770.

708 Ebenso: *Grützmacher*, CR 2016, 695, 696; *Raab*, JuS 2002, 1041, 1044; *Rockstroh/Kunkel*, MMR 2017, 77, 80.

709 So auch: *Horner/Kaulartz*, CR 2016, 7, 11; *Roth/Schneider*, ITRB 2005, 19, 20; *Wendt/Oberländer*, InTeR 2016, 58, 60.

als gering zu bewerten. Denn zur Verdeutlichung, wann und wie genau die Verpflichteten den geforderten „angemessenen technischen und organisatorischen Maßnahmen" gerecht werden, trägt der Katalog nicht bei. Es handelt sich nur um eine Vorgabe von Abwägungskriterien, die einen Rahmen für das rechtskonforme Verhalten geben, ohne zugleich das „Ob" und „Wie" der Erfüllung des Maßstabs detailliert zu erläutern. Folglich bleibt viel Raum für die Entscheidung, auf welche Gefahren mit welchen konkreten IT-Sicherheitsmaßnahmen reagiert wird. Die Rechtsunsicherheit ist demnach weiterhin hoch, sodass der verhaltenslenkende Effekt der außervertraglichen Regelungen gemindert bleibt.

b) Technische Sicherheitsstandards als Hilfsmittel

Im Bewusstsein der nur geringen konkretisierenden Wirkung des Abwägungskatalogs beschränkt sich die Rechtsprechung jedoch nicht auf die Vorgabe der generellen Leitlinien. Gerade in technisch geprägten Bereichen werden zusätzlich technische Sicherheitsstandards zur Konkretisierung der Verhaltensanforderungen in die Entscheidungen einbezogen. Durch die Anknüpfung an technische Standards wird für künftige Fälle verdeutlicht, wie die Entstehung einer Schadensersatzpflicht vermieden werden kann.[710] Diese Vorgehensweise könnte auch zur Verringerung der Rechtsunsicherheit hinsichtlich der IT-Sicherheitspflichten beitragen.

aa) Bedeutung technischer Sicherheitsstandards für IT-Sicherheit

Technische Sicherheitsstandards sind auf einen bestimmten Themenkomplex bezogen und empfehlen Vorgehensweisen zum Erreichen eines Sicherheitsniveaus, das nach Ansicht der mit fachlicher Expertise ausgestatteten Verfasser anzustreben ist. Sie können von öffentlichen Behörden, von Fachverbänden oder von sonstigen Gremien von Sachverständigen stammen. Zu nennen sind beispielsweise Veröffentlichungen des *BSI* oder der *Bundesnetzagentur*, des *Verbands Deutscher Elektrotechniker* (VDE), des *Vereins Deutscher Ingenieure* (VDI) oder des *Deutschen Instituts für Normung* (DIN). Historisch betrachtet haben gerade letztere große Bedeutung im Rahmen der Rechtsanwendung.[711]

Der Grund dafür liegt zum ersten in der Praxis der Gerichte, sie heranzuziehen, um zu bestimmen, was nach der Verkehrsauffassung zur Sicherheit geboten

710 *Müller*, VersR 2006, 1289, 1294.

711 Nachweise dazu bei *Marburger*, VersR 1983, 597, 597f.

ist.[712] Zur Sicherheit geboten ist jedenfalls die Umsetzung dessen, was die betroffenen Kreise als anerkannte Regeln der Technik einstufen.[713] Weil technische Sicherheitsstandards als Abbild der anerkannten Regeln der Technik eingestuft werden können,[714] sorgen sie auf diesem Wege für eine Konkretisierung unbestimmter Sicherheitspflichten. Dies gilt insbesondere im Rahmen der personell umfassenden Einstandspflicht aus § 823 Abs. 1 BGB, da die Verkehrssicherungspflichten stets anhand der Verkehrsauffassung zu bestimmen sind.[715]

Zum zweiten ist aber auch die gesetzliche Regelungstechnik ein Grund für die praktische Relevanz der technischen Sicherheitsstandards. Durch den Verweis auf einen Technikmaßstab wie den „Stand der Technik" öffnet der Gesetzgeber das Recht für technische Erkenntnisse und kann so die ansonsten erforderliche ständige Aktualisierung des Rechts umgehen.[716] Explizite Pflichten zur Gewährleistung von IT-Sicherheit, an die identifizierte Einstandspflichten wie § 823 Abs. 2 BGB, § 44 TKG und Art. 82 DSGVO für die Haftung anknüpfen, sind auf Grundlage dieser Regelungstechnik konzipiert. § 13 Abs. 7 S. 2 TMG verlangt beispielsweise ebenso wie § 109 Abs. 1 S. 2 und Abs. 2 S. 3 TKG oder Art. 32 Abs. 1 DSGVO hinsichtlich der Sicherheitsmaßnahmen die Berücksichtigung des Technikmaßstabes des „Stands der Technik."

Laut Gesetzesbegründung zur durch das IT-Sicherheitsgesetz eingefügten Vorschrift im TMG sind aktuelle Technische Richtlinien des *BSI* „als dem Stand der Technik gemäß hinreichend sicher anzusehen."[717] Auch an sonstigen Stellen, in denen auf den Technikmaßstab „Stand der Technik" zurückgegriffen wird, verweist der Gesetzgeber auf „einschlägige internationale, europäische und nationale Normen und Standards."[718] Das zeigt, dass technische Sicherheitsstandards nach dem Willen des Gesetzgebers zur Ausfüllung des im Gesetz verankerten unbestimmten Technikmaßstabs beitragen sollen.[719] Auch auf diesem

712 *BGH*, Urt. v. 3.6.2008 – VI ZR 223/07, Rn. 18 = NJW 2008, 3775, 3776; *OLG Nürnberg*, Beschl. v. 6.7.2015 – 4 U 804/15, Rn. 18 = NJW-RR 2016, 33, 34; *OLG Hamm*, Urt. v. 6.5.2014 – 9 U 13/14, Rn. 8 = NZV 2014, 474, 475.

713 Intensivere Ausführungen zu „anerkannten Regeln der Technik", siehe sogleich Kap. 5, Teil II, Abschn. 3b) lit. cc).

714 *BGH*, Urt. v. 3.2.2004 – VI ZR 95/03, Rn. 9 = NJW 2004, 1449, 1450 mwN; *OLG Hamm*, Urt. v. 1.2.2013 – 7 U 22/12, Rn. 24 = MDR 2013, 715, 716; *OLG Saarbrücken*, Urt. v. 29.11.2006 – 1 U 616/05, Rn. 8 = NJW-RR 2007, 462, 463.

715 Siehe dazu Kap. 2, Teil II, Abschn. 4a) lit. aa).

716 *Seibel*, NJW 2013, 3000, 3000. Näher dazu Kap. 5, Teil II, Abschn. 3b) lit. cc).

717 Gesetzesbegründung zum IT-Sicherheitsgesetz, BT-Drucksache 18/4096, S. 35.

718 Gesetzesbegründung zum IT-Sicherheitsgesetz, BT-Drucksache 18/4096, S. 26.

719 *Spindler*, CR 2016, 297, 303.

Wege beeinflussen technische Sicherheitsstandards also das rechtskonforme Verhalten.

bb) Wirkung technischer Sicherheitsstandards

Inwieweit die technischen Sicherheitsstandards das rechtskonforme Verhalten beeinflussen, hängt davon ab, welche Wirkung die Rechtsprechung ihnen zuerkennt. Diesbezüglich sind mehrere Varianten denkbar, die einen unterschiedlichen Effekt der Konkretisierung herbeiführen.

(1) Indizwirkung der technischen Sicherheitsstandards

Der *BGH* zieht technische Sicherheitsstandards traditionell als Anhaltspunkte für rechtskonformes Verhalten heran.[720] Es ist kein Grund ersichtlich, der dagegenspricht, diese indizielle Wirkung auch für die Konkretisierung der angemessenen technischen und organisatorischen Maßnahmen zur Gewährleistung der IT-Sicherheit zu übernehmen.[721] Vielmehr ist im Folgenden zu diskutieren, ob den technischen Sicherheitsstandards in Bezug auf die Konkretisierung der abstrakten Verhaltensvorgaben im Bereich der IT-Sicherheit sogar mehr als die von der Rechtsprechung bislang angenommene indizielle Wirkung zuzumessen ist.

(2) Haftungsrechtliche Freistellung

Die stärkste Konkretisierungswirkung bezüglich der Verhaltenspflichten würde entfaltet, sofern die Einhaltung der für das Produkt bzw. den Dienst relevanten technischen Sicherheitsstandards als positive Grenze fungiert und die Normadressaten darüber haftungsrechtlich in einen „sicheren Hafen" geführt würden. Was seitens der Standards gestattet wäre, wäre dann auch haftungsrechtlich erlaubt, sodass im Schadensfall keine Ersatzpflicht begründbar wäre.[722] Lediglich wenn wider besseren Wissens eine unzulängliche technische Regel angewendet würde oder offenkundige Mängel übersehen würden, die ohne besondere Untersuchung hätten erkannt werden müssen, könnte die Einhaltung eines Standards nicht von der Haftung freizeichnen.[723]

---

720 *BGH*, Urt. v. 9.9.2008 – VI ZR 279/06, Rn. 16 = NJW 2008, 3778, 3779; Urt. v. 3.2.2004 – VI ZR 95/03, Rn. 9 = NJW 2004, 1449, 1450; Urt. v. 13.3.2001 – VI ZR 142/00, Rn. 10 = NJW 2001, 2019, 2020.

721 Ebenso: *Rockstroh/Kunkel*, MMR 2017, 77, 81; *Spindler*, CR 2016, 297, 311.

722 So schon für das allgemeine technische Sicherheitsrecht: *Marburger*, VersR 1983, 597, 602.

723 *Marburger*, VersR 1983, 597, 603.

(a) Freistellung wegen Aufwertung von Sicherheitsstandards

Die Zuerkennung dieser weitreichenden Wirkung von Sicherheitsstandards bezüglich der IT-Sicherheitspflichten ließe sich mit der legislativen Vorgehensweise im Rahmen des IT-Sicherheitsgesetzes begründen. So ermuntert der durch das Gesetz eingefügte § 8a Abs. 2 S. 1 BSIG die betroffenen Normadressaten und ihre Branchenverbände zur Aufstellung branchenspezifischer Sicherheitsstandards. Die IT-Sicherheitspflicht gem. § 8a Abs. 1 BSIG kann demnach durch Einhaltung dieser Standards, die dafür allerdings vom *BSI* anerkannt sein müssen, erfüllt werden.

Im EnWG gab es bereits vor dem IT-Sicherheitsgesetz eine den Umgang mit Sicherheitsstandards betreffende Vorschrift in § 11 Abs. 1a. Der bis zum 24.07.2015 geltende § 11 Abs. 1a S. 3 EnWG stellte eine Vermutung auf, nach der die Einhaltung eines von der *BNetzA* in Zusammenarbeit mit dem *BSI* entwickelten Katalogs mit Sicherheitsanforderungen für einen angemessenen Schutz sprach. Bei dem Katalog handelt es sich um einen technischen Sicherheitsstandard, der im Wesentlichen auf Vorgaben der *International Organization for Standardization* (ISO) und damit einem internationalen Äquivalent zum *Deutschen Institut für Normung* zurückgreift.[724]

Durch das IT-Sicherheitsgesetz wurde eine Passage eingeführt, die die Bedeutung dieses Standards gesteigert hat. Ließ die ursprüngliche Vermutung in § 11 Abs. 1a EnWG noch zu, dass angemessener Schutz auch auf anderen Wegen erreicht werden konnte, liegt nach Vorstellung des Gesetzgebers angemessener Schutz nun nur dann vor, wenn die Anforderungen des Sicherheitskatalogs erfüllt sind. Der Spielraum für die Entwicklung eigener Sicherheitsmaßnahmen wurde folglich bewusst reduziert.[725] Gleiches gilt für den parallel neu eingefügten § 11 Abs. 1b EnWG.

Auch in weiteren Normen, die zur Verbesserung der IT-Sicherheitslage modifiziert oder neu eingefügt wurden, spielen technische Sicherheitsstandards eine wichtige Rolle. So wurden mit dem IT-Sicherheitsgesetz Änderungen in § 109 Abs. 2 S. 3 TKG vorgenommen oder Neuerungen in § 13 Abs. 7 TMG eingefügt. Beide Normen fordern IT-Sicherheitsmaßnahmen, die am Stand der Technik ausgerichtet sein sollen. Wie bereits dargestellt, ist laut Gesetzgeber zur Ausfüllung des unbestimmten Rechtsbegriffs „Stand der Technik" auf technische Sicherheitsstandards zurückzugreifen.[726]

---

724 *BNetzA*, auf: Bundesnetzagentur.de, IT-Sicherheitskatalog gemäß § 11 Absatz 1a EnWG, Stand August 2015, S. 4 und 10.

725 Gesetzesbegründung zum IT-Sicherheitsgesetz, BT-Drucksache 18/4096, S. 33.

726 Gesetzesbegründung zum IT-Sicherheitsgesetz, BT-Drucksache 18/4096, S. 26, 35.

Aus der legislativen Entwicklung lässt sich also eine Tendenz zur Erhöhung der Bedeutung technischer Sicherheitsstandards ableiten, die im Haftungsrecht fortgeführt werden könnte. Dieser steigenden Bedeutung könnte die Standardisierungspraxis auch gerecht werden. Zwar wird zum Teil bemängelt, dass für den IT-Bereich keine allgemeingültigen Sicherheitsstandards bestünden, sodass hinsichtlich der Sicherheitserwartungen des Verkehrs praktisch keine Konkretisierung durch technische Normen erfolge.[727] Dem widersprechen jedoch die zahlreichen Veröffentlichungen, die sich allgemein oder in Bezug auf spezielle Produkte und Dienste mit dem Thema IT-Sicherheit befassen.[728]

Prominente Beispiele für allgemeine Vorgaben sind die British Standards 7799-1 und 7799-2 oder das vom *BSI* Anfang der 90er Jahre herausgegebene IT-Grundschutzhandbuch. Erstere sind mittlerweile in die ISO-Standards 27001 und 27002 überführt worden, letzteres wurde durch die IT-Grundschutzkataloge sowie IT-Grundschutzstandards ersetzt.[729] Diese haben sich wiederum den ISO-Standards angenähert.[730] Sie bieten ebenso wie der weit verbreitete Standard ISO 15408 (bekannt unter der Bezeichnung Common Criteria) sowie die US-amerikanische Veröffentlichung CobiT etablierte Hilfestellungen für die IT-Sicherheit. Diese Standards werden ständig aktualisiert und es kommen neue Veröffentlichungen hinzu.[731] Insbesondere das *BSI* ist bestrebt, durch kontinuierliche Veröffentlichungen die Standardisierungspraxis voranzutreiben.[732]

(b) Schwächung des IT-Sicherheitsniveaus durch Freizeichnung

Allerdings ist trotz dieses legislativen Trends der Aufwertung von technischen Sicherheitsstandards davon abzusehen, ihnen im außervertraglichen Haftungsrecht eine freistellende Wirkung zuzumessen. Dieser Entwicklung des Haftungsrechts hin zum „Anhängsel des öffentlichen Sicherheitsrechts"[733] stehen gewichtige Argumente entgegen.

---

727 *Spindler*, CR 2016, 297, 311.

728 Einen ausführlichen Überblick gibt etwa *Bitkom* in Zusammenarbeit mit dem *Deutschen Institut für Normung*, vgl. Kompass der IT-Sicherheitsstandards, abrufbar unter: http://www.kompass-sicherheitsstandards.de/Default.aspx.

729 *Kersten/Reuter/Schröder*, S. VII, VIII; *Witt*, S. 39ff.

730 *Kersten/Reuter/Schröder*, S. VIII.

731 *Roth*, InTeR 2014, 90, 94.

732 Siehe etwa die im Frühjahr 2017 kurz nacheinander aktualisierten Mindeststandards des *BSI* für das Mobile Device Management, für sichere Web-Browser oder für die Nutzung externer Cloud-Dienste, abrufbar unter: https://www.bsi.bund.de/DE/Themen/StandardsKriterien/Mindeststandards/mindeststandards_node.html.

733 *Wagner*, in: MüKo, § 823 BGB, Rn. 445.

So würde zum ersten die vom Gesetzgeber vorgesehene individuelle Prägung der IT-Sicherheit ausgehöhlt. Der Verweis auf bestimmte Sicherheitsstandards im Wortlaut von § 2 Abs. 2 BSIG wurde bewusst vorgenommen, damit der für den Einzelfall bestmögliche Zustand der IT-Sicherheit geschaffen wird.[734] Dem steht die Koppelung an vorgegebene Standards entgegen. Denn sie setzen sich aus allgemeinen, auf Modellierungen und Grundannahmen beruhenden Erkenntnissen zusammen.[735] Trotz ähnlicher Bedrohungslage sind sie an unterschiedliche Adressaten mit unterschiedlichen Ressourcen gerichtet.[736] Zudem sind technische Standards ihrer Konstruktion nach grundsätzlich nicht geeignet, eine so weitreichende Rolle für die Verhaltensvorgaben in Bezug auf die IT-Sicherheit einzunehmen. Sie erheben keinen Anspruch auf Vollständigkeit, sondern weisen auf ihre Ergänzungsbedürftigkeit im Einzelfall hin.[737] Es handelt sich selbst nach eigenem Anspruch um Mindeststandards, die nur als Richtschnur dienen und Hilfestellung leisten sollen.[738]

Zum zweiten wäre eine haftungsrechtliche Freistellung der Unternehmen bei Einhaltung der Standards kontraproduktiv für ein hohes Sicherheitsniveau. Zu bemängeln ist vor diesem Hintergrund zunächst die zeitliche Dimension der Standardisierung. Zwar sind Änderungen bzw. Neuerungen mangels formeller und prozessualer Beschränkungen deutlich zügiger möglich als Gesetzesänderungen. Dennoch kann auch eine erhebliche Zeitspanne vergehen, bis ein technischer Standard formuliert und von den Betroffenen umzusetzen ist.[739]

---

734 Vgl. Gesetzesbegründung zum BSI-Errichtungsgesetz, BT-Drucksache 11/7029, S. 7. Dazu bereits Kap. 2, Teil II, Abschn. 1.

735 Vgl. *Bundesamt für Sicherheit in der Informationstechnik*, auf: BSI.bund.de, BSI-Standard 100–2, S. 6: „bekannte Vorgehensweisen [werden] zur Verbesserung der Informationssicherheit gebündelt und zur Wiederverwendung angeboten"; Siehe auch: *Lensdorf/Mayer-Wegelin*, CR 2009, 545, 550; *Schmelling*, DuD 2016, 635, 637; *Witt*, S. 39.

736 Vgl. ISO/IEC 27000:2016, S. 2; *Bundesamt für Sicherheit in der Informationstechnik*, auf: BSI.bund.de, BSI-Standard 100–2, S. 7.

737 Vgl. *Bundesamt für Sicherheit in der Informationstechnik*, auf: BSI.bund.de, IT-Grundschutzkataloge, Kap. 1.1; *Witt*, S. 39: „mittlere IT-Sicherheit".

738 Vgl. *BNetzA*, auf: Bundesnetzagentur.de, IT-Sicherheitskatalog gemäß § 11 Absatz 1a EnWG, Stand August 2015, S. 4; *Lensdorf/Mayer-Wegelin*, CR 2009, 545, 550.

739 Siehe dazu die BSI-Standards 200–1 bis 200–3, die im Jahr 2017 nach über 9 Jahren aktualisiert wurden. Siehe auch: *Schmidt*, auf: Heise.de, US-Bundesbehörde aktualisiert Leitfaden für sichere E-Mail-Kommunikation.

Die Innovationsgeschwindigkeit der Informationstechnologie ist jedoch hoch.[740] Es können sich jederzeit Sicherheitslücken auftun, die im aktuellsten Standard nicht bedacht wurden und für die es keine Vorgabe gibt.

Umgekehrt könnte ein Sicherheitsstandard aber auch zu schnell modifiziert werden. Darin vorgeschlagene Maßnahmen können inkompatibel zu verbundenen Anwendungen in einzelnen Unternehmen sein. Gerade aus dieser Inkompatibilität kann sodann ein noch größeres Risiko für die IT-Sicherheit folgen.[741] Die Befreiung von einer etwaigen Haftung durch Umsetzung der Standards würde daher einen falschen Verhaltensanreiz setzen. Gleichzeitig ginge durch die haftungsrechtliche Privilegierung bei Einhaltung der Standards ein Anreiz für proaktives Handeln verloren. Wer durch die Einhaltung von Standards seine IT-Sicherheitspflichten erfüllt, wird kaum die Initiative ergreifen, moderne Maßnahmen außerhalb solcher Vorgaben zu entwickeln oder anzuwenden.[742]

Im Zusammenhang damit steht schließlich der dritte Kritikpunkt an einer Kopplung der Verhaltenspflichten an technische Standards. Diese können auch von Unternehmen einer zusammengehörigen Branche vorgeschlagen werden.[743] Das ist zwar an sich vorteilhaft, da auf diesem Wege die Erfahrungen der betroffenen Unternehmen einfließen und zu einer höheren Praktikabilität führen. Es ist jedoch nicht auszuschließen, dass bei Entwicklung der Standards lediglich ein Minimalkonsens bezüglich der Sicherheitsanforderungen erreicht wird.[744] Im Zusammenspiel mit der zuvor beschriebenen Möglichkeit, sich auf die rein reaktive Umsetzung von Standards zurückzuziehen, ergibt sich deshalb die Gefahr, dass das IT-Sicherheitsniveau insgesamt geschwächt wird.

(c) Zwischenergebnis

Trotz der erkennbaren Aufwertung von Sicherheitsstandards durch den Gesetzgeber im Rahmen öffentlich-rechtlicher Gesetze, lässt sich daraus kein haftungsrechtlicher „sicherer Hafen“ ableiten. Technische Sicherheitsstandards

---

740 *Bundesamt für Sicherheit in der Informationstechnik*, auf: BSI.bund.de, IT-Grundschutzkataloge, Kap. 1.1; *ders.*, Jahresbericht 2014, S. 4; *Heckmann*, MMR 2015, 289, 290.

741 *Innenausschuss des Deutschen Bundestages*, Beschlussempfehlung und Bericht zum IT-Sicherheitsgesetz, BT-Drucksache 18/5121, S. 15.

742 *Neumann*, Stellungnahme zum IT-Sicherheitsgesetz, Innenausschussdrucksache 18(4)284 F, S. 10; Zu fehlenden proaktiven Anreizen im IT-Sicherheitsgesetz: *Buchmann*, BB 21/2015, I.

743 Vgl. § 8a Abs. 3 BSIG.

744 *Neumann*, Stellungnahme zum IT-SiG, Innenausschussdrucksache 18(4)284 F, S. 10; *Rath/Kuss/Bach*, K&R 2015, 437, 439.

entfalten folglich keine haftungsfreistellende Wirkung. Sie sind kein Mittel, um die abstrakten, gesetzlichen Verhaltensanforderungen zur Gewährleistung von IT-Sicherheit in positiver Weise bindend zu konkretisieren und so die Rechtsunsicherheit weitgehend zu beseitigen.[745]

(3) Haftung bei Verstoß gegen Sicherheitsstandards

Umgekehrt wäre denkbar, dass relevante Sicherheitsstandards in negativer Hinsicht eine Grenze bilden und auf diese Weise weitreichende konkretisierende Wirkung entfalten. Würden sie nicht eingehalten, könnte dies als pflichtwidriges Verhalten bewertet werden, das eine Haftung der Produzenten oder Diensteanbieter für daraus resultierende Schäden nach sich zieht. Zu einer Schwächung des Sicherheitsniveaus wie im Falle der haftungsrechtlichen Freistellung würde es dadurch jedenfalls nicht kommen, da damit nur eine Untergrenze zulasten der Verpflichteten etabliert würde. Nur der Verstoß gegen relevante Sicherheitsstandards hätte direkte haftungsrechtliche Folgen, ihre Einhaltung würde hingegen nicht genügen, um das Verhalten als rechtskonform einzustufen.

Jedoch ist auch diese Vorgehensweise nicht empfehlenswert. Dagegen spricht zunächst, dass trotz der Aufwertung von Sicherheitsstandards im Zuge der Verabschiedung des IT-Sicherheitsgesetzes eine solch absolute Wirkung vom Gesetzgeber grundsätzlich nicht beabsichtigt war. In Bezug auf die in § 8a BSIG geforderten branchenspezifischen Sicherheitsstandards soll den betroffenen Normadressaten beispielsweise die Möglichkeit verbleiben, abweichende eigene Maßnahmen umzusetzen.[746] Wenn die technischen Sicherheitsstandards sich aber schon nicht im Rahmen einer Pflicht auswirken sollen, deren Verstoß nicht mit unmittelbaren haftungsrechtlichen Folgen verknüpft wird,[747] können sie erst recht keine bindenden Verhaltensvorgaben aufstellen, deren Nichtbefolgung direkte haftungsrechtliche Folgen hätte.

Anders ist dies zwar im Hinblick auf die Sicherheitskataloge nach § 11 Abs. 1a, 1b EnWG. Diese sollen ausdrücklich Mindeststandards hinsichtlich der umzusetzenden Maßnahmen aufstellen.[748] Daraus folgt dennoch nicht, dass ihre Nichteinhaltung zwingend haftungsrechtliche Folgen auslösen kann. Denn dafür fehlt ihnen ebenso wie allen anderen Sicherheitsstandards die

---

745 So auch in Bezug auf den für das autonome Kfz relevanten Standard DIN ISO 26262: *Jänich/Schrader/Reck*, NZV 2015, 313, 317.

746 Begründung zum IT-Sicherheitsgesetz, BT-Drucksache 18/4096, S. 26.

747 Dazu bereits Kap. 3, Teil III, Abschn. 2c).

748 Begründung zum IT-Sicherheitsgesetz, BT-Drucksache 18/4096, S. 33.

Rechtsnormqualität.[749] Sie lassen sich nicht zurückführen auf Verantwortliche, denen in einem demokratischen Prozess das Mandat übertragen wurde, verbindliche Regeln mit weitreichenden belastenden Konsequenzen für die Betroffenen zu verabschieden.[750] Zudem würde die Autonomie des Haftungsrechts unterlaufen, wenn Standards, die aus öffentlich-rechtlicher Quelle stammen, im Zivilrecht absolut wirken.[751] Auch widerspricht der bereits dargestellte, nur auf Empfehlungen und Leitlinien ausgerichtete Inhalt der Standards einer derartigen haftungsrechtlichen Bindung.[752]

(4) Zwischenergebnis

Der Einfluss der technischen Sicherheitsstandards im Rahmen der Konkretisierung abstrakter Verhaltensanforderungen reicht folglich nicht so weit, dass das rechtlich geforderte Verhalten durch sie in positiver oder negativer Hinsicht verbindlich konkretisiert wird. Dennoch sind sie in Übereinstimmung mit der ständigen Rechtsprechung als Anhaltspunkte für das rechtskonforme Verhalten heranzuziehen. Trotz fehlender rechtlicher Verbindlichkeit erhalten die Sicherheitsstandards damit eine „faktische Verbindlichkeit.“[753]

cc) Einfluss auf die Rechtsunsicherheit

Diese faktische Verbindlichkeit sorgt für einen spürbaren konkretisierenden Effekt. Denn der Inhalt der Sicherheitsstandards führt insbesondere das Wie der Umsetzung angemessener technischer und organisatorischer IT-Sicherheitsmaßnahmen detaillierter aus als es die gesetzlichen Vorgaben können und sollen. Als Anhaltspunkte können die technischen Sicherheitsstandards zudem in zwei Richtungen wirken, nämlich entlastend oder belastend für den Verpflichteten. Aus dem Umgang der Rechtsprechung mit den technischen Sicherheitsstandards lassen sich somit folgende Faustformeln ableiten:

(1.) Ein Verstoß gegen einen inhaltlich anwendbaren IT-Sicherheitsstandard spricht dafür, dass das Verhalten den haftungsrechtlichen Anforderungen nicht gerecht wird.[754]

---

749 *BGH*, BGHZ 103, 338, 341f. = NJW 1988, 2667, 2668; *Wagner*, in: MüKo, § 823 BGB, Rn. 448.

750 Ebenso: *Spindler*, CR 2016, 297, 303f.

751 *Wagner*, in: MüKo, § 823 BGB, Rn. 445.

752 Siehe dazu bereits Kap. 5, Teil II, Abschn. 3b) lit. bb) Unterpunkt (2) (b).

753 *von Bodungen/Menz*, CR 2010, 63, 65ff; *Eckhardt*, DuD 2008, 330, 331.

754 Vgl. *BGH*, Urt. v. 13.3.2001 – VI ZR 142/00, Rn. 11 = NJW 2001, 2019, 2019; BGHZ 103, 338, 341f. = NJW 1988, 2667, 2668; *OLG Koblenz*, Beschl. v. 11.11.2013 – 3 U

(2.) Die Einhaltung eines inhaltlich anwendbaren IT-Sicherheitsstandards spricht dafür, dass das Verhalten den haftungsrechtlichen Anforderungen gerecht wird.[755]

Die durch diese Faustformeln vorgegebene Richtung der Sicherheitsstandards führt zu einer Reduktion der Rechtsunsicherheit bezüglich der Verhaltensanforderungen. Im Folgenden soll daran anknüpfend geklärt werden, ob sie sich noch differenzierter ausformulieren lassen. Denn je detaillierter die Faustformeln gefasst werden können, desto größerer wäre ihr Beitrag zur Schaffung von Rechtssicherheit bezüglich der abstrakten Verhaltensanforderungen. Dies würde sich wiederum positiv auf die Verwirklichung der Verhaltenssteuerung auswirken und den präventiven Effekt erhöhen.

(1) Ausdifferenzierung aufgrund abgestufter Technikmaßstäbe

Anlass für eine weitere Ausdifferenzierung liefern die unterschiedlichen Technikmaßstäbe im technischen Sicherheitsrecht. Anerkannt sind die „allgemein anerkannten Regeln der Technik", der „Stand der Technik" und der „Stand von Wissenschaft und Technik."[756] Seit dem „Kalkar-I"-Beschluss des *BVerfG* herrscht weitgehende Einigkeit, dass die Anforderungen von den allgemein anerkannten Regeln der Technik über den Stand der Technik bis zum Stand von Wissenschaft und Technik substanziell ansteigen.[757] Im dieser Arbeit zugrundeliegenden Themenkomplex sind nur die ersten beiden Stufen relevant. Denn die Rechtsprechung bestimmt, wie bereits beschrieben,[758] die Verkehrsauffassung durch Heranziehung im Verkehrskreis allgemein anerkannter Regeln der Technik, während der Gesetzgeber immer häufiger auf den Stand der Technik verweist.

790/13, Rn. 54 = NZV 2014, 473, 473; So auch: *Klindt/Wende/Burrer*, in: Bräutigam/Klindt, auf: Bdi.eu, Digitalisierte Wirtschaft/Industrie 4.0, S. 100; *Spindler*, CR 2016, 297, 308.

755 Vgl. *BGH*, Urt. v. 2.3.2010 – VI ZR 223/09, Rn. 12 = NJW 2010, 1967, 1968; *OLG Nürnberg*, Beschl. v. 6.7.2015 – 4 U 804/15, Rn. 18 = NJW-RR 2016, 33, 34; *OLG Hamm*, Urt. v. 1.2.2013 – 7 U 22/12, Rn. 27 = MDR 2013, 715, 716; OLG Jena, Urt. v. 15.5.2009 – 4 U 827/08, Rn. 18 = NJOZ 2009, 3905, 3908. So auch: *Rockstroh/Kunkel*, MMR 2017, 77, 81; *Lensdorf/Meyer-Wegelin*, CR 2009, 545, 551f. Es wird sogar ein prima-facie-Beweis erwogen, vgl. *Spindler*, in: Hilgendorf, S. 71.

756 Ausführlich dazu: *Seibel*, NJW 2013, 3000, 3000f.

757 *BVerfG*, BVerfGE 49, 89, 135f. = NJW 1979, 359, 362; *Dietz*, S. 27.

758 Kap. 5, Teil II, Abschn. 3b) lit. aa).

(2) Inhaltliche Unterschiede der abgestuften Technikmaßstäbe

Allgemein anerkannte Regeln der Technik sind zwar gesetzlich nicht definiert. Übereinstimmung herrscht aber dahingehend, dass sie zwei elementare Voraussetzungen erfüllen müssen: Sie müssen mehrheitliche Anerkennung der technischen Fachleute in den betreffenden Kreisen genießen und in gleichem Maße in der Praxis bewährt sein.[759] Der Stand der Technik hat demgegenüber eine Legaldefinition beispielsweise in § 3 Abs. 6 BImSchG erfahren.[760] Diese Definition war auch Vorbild für die Begriffsbestimmung innerhalb der Begründung zum IT-Sicherheitsgesetz, die sich dort beim erstmaligen gesetzlichen Verweis auf den Stand der Technik findet.[761]

Aus der Definition wird ersichtlich, dass im Unterschied zu den allgemein anerkannten Regeln der Maßstab für das Erlaubte und Gebotene durch den Stand der Technik an die Front des technischen Fortschritts verlagert wird.[762] Es kommt also nicht auf die allgemeine Anerkennung etwaiger Maßnahmen an, zu der es erst im Verlaufe der Zeit kommen kann.[763] Stattdessen wird eine erhöhte Dynamik in die Konkretisierung der Sicherheitsanforderungen gebracht, da neue wissenschaftliche Erkenntnisse und technische Neuerungen auch ohne mehrheitliche Akzeptanz für die umzusetzenden Sicherheitsmaßnahmen zu berücksichtigen sind.[764]

(3) Verhältnis der Sicherheitsstandards zu den Technikmaßstäben

Aus dem durch den Inhalt der Technikmaßstäbe vorgegebenen Stufenverhältnis folgt eine logische Regel: Wer zur Sicherheit nach dem Stand der Technik verpflichtet ist, muss höheren haftungsrechtlichen Anforderungen gerecht werden als derjenige, der am Maßstab der allgemein anerkannten Regeln der Technik zu messen ist. Für die Ausdifferenzierung der beiden oben genannten Faustformeln

---

759 *Seibel*, NJW 2013, 3000, 3001; *Spindler*, CR 2016, 297, 311.

760 Dort heißt es: „Stand der Technik im Sinne dieses Gesetzes ist der Entwicklungsstand fortschrittlicher Verfahren, Einrichtungen oder Betriebsweisen, der die praktische Eignung einer Maßnahme zur Begrenzung von Emissionen in Luft, Wasser und Boden, zur Gewährleistung der Anlagensicherheit, zur Gewährleistung einer umweltverträglichen Abfallentsorgung oder sonst zur Vermeidung oder Verminderung von Auswirkungen auf die Umwelt zur Erreichung eines allgemein hohen Schutzniveaus für die Umwelt insgesamt gesichert erscheinen lässt."

761 Gesetzesbegründung zum IT-Sicherheitsgesetz, BT-Drucksache 18/4096, S. 26.

762 *BVerfG*, BVerfGE 49, 89, 135f. = NJW 1979, 359, 362.

763 *Seibel*, NJW 2013, 3000, 3003; *Wendt/Oberländer*, InTeR 2016, 58, 60.

764 *Spindler*, CR 2016, 297, 311.

ist vor diesem Hintergrund zu prüfen, ob sich technische Sicherheitsstandards mit Blick auf die abgestuften Technikmaßstäbe unterscheiden. Sollte ein technischer Sicherheitsstandard beispielsweise den Stand der Technik darstellen, spräche ein Verstoß dagegen nicht für ein Fehlverhalten, sofern der Verstoßende nur zur Einhaltung der anerkannten Regeln der Technik verpflichtet ist. Eine weitere inhaltliche Spezifizierung der oben genannten Faustregeln hängt also davon ab, ob und wie sich die technischen Sicherheitsstandards in dieses Stufenverhältnis einordnen lassen. Eine finale Einordnung ist zwar immer nur auf Basis der Umstände des Einzelfalls möglich. Eine generelle Einschätzung kann allerdings aus abstrakter Perspektive erfolgen.

(a) Sicherheitsstandards von privaten Instituten und Verbänden

Aus abstrakter Sicht spricht wenig dafür, dass DIN-Normen, VDI-Richtlinien oder sonstige von privaten Instituten und Verbänden veröffentlichte Standards dem „Stand der Technik" zuzuordnen sind. Denn diese Regelwerke basieren grundsätzlich auf Übereinkünften der Mitglieder, die selbst von den Regeln betroffen sind und deshalb bei der Erarbeitung unterschiedliche Interessen verfolgen, sodass im Wesentlichen Kompromisslösungen entstehen.[765] Aufgrund dieser Arbeitsweise ist nicht davon auszugehen, dass sie den Entwicklungsstand fortschrittlicher Verfahren wiedergeben und dabei insbesondere solche neuen Techniken berücksichtigen, die sich in der Praxis noch nicht hinreichend bewährt haben.[766] Stattdessen ist es regelmäßig angezeigt, sie niedriger einzustufen und nur als Ausdruck der allgemein anerkannten Regeln der Technik zu qualifizieren.

(b) Sicherheitsstandards von Behörden und Expertengremien

Anders können im Einzelfall behördliche Sicherheitsstandards oder solche von unabhängigen Expertengremien eingeordnet werden. Diesbezüglich ist zu berücksichtigen, dass der Gesetzgeber selbst davon ausgeht, dass beispielsweise Sicherheitsstandards des *BSI* zu Authentifizierungsverfahren den Stand der Technik im Sinne des § 13 Abs. 7 TMG abbilden.[767] Auch die größere Unabhängigkeit von den Normadressaten im Rahmen des Entstehungsprozesses spricht dafür, dass Sicherheitsstandards von Fachbehörden oder unabhängigen Expertengremien eher den Entwicklungsstand fortschrittlicher Verfahren wiedergeben und auch solche Techniken berücksichtigt werden, die praktisch noch

---

765 Vgl. dazu bereits Kap. 5, Teil II, Abschn. 3b) lit. bb) Unterpunkt (2) (b).

766 *Seibel*, NJW 2013, 3000, 3002.

767 Begründung zum IT-Sicherheitsgesetz, BT-Drucksache 18/4096, S. 35.

nicht hinreichend bewährt sind. Dementsprechend sind die Sicherheitsstandards dieser Verfasser im Einzelfall höher einzustufen als diejenigen der privatrechtlich organisierten Verbände und Institute. Sie können nicht nur allgemein anerkannte Regeln der Technik wiedergeben, sondern den Stand der Technik darstellen.

(c) Sicherheitsstandards in Anbetracht der zeitlichen Dimension

Allerdings ist einschränkend bei dieser Bewertung die zeitliche Dimension in die Bewertung einzubeziehen. In Bezug auf die Standards, die das *BSI* mit Blick auf § 13 Abs. 7 TMG entwickeln soll, weist die Gesetzesbegründung beispielsweise ausdrücklich darauf hin, dass nur aktuelle Veröffentlichungen den Stand der Technik abbilden können.[768] Diese Einschränkung lässt sich für jeden Standard verallgemeinern. Was zunächst dem Stand der Technik entspricht, wird mit zunehmender Verbreitung und Anerkennung zu einer allgemein anerkannten Regel der Technik, die dem höheren Maßstab nicht mehr genügt.[769] Mit fortschreitender Zeit und technischer Entwicklung können die Sicherheitsstandards schließlich ihre praktische Bewährung verlieren und unter die niedrigste Stufe fallen.[770]

(d) Zwischenergebnis

Technische Sicherheitsstandards lassen sich folglich nicht generell einer Stufe der Technikmaßstäbe zuordnen. Allerdings können anhand des Entstehungsprozesses und des Zeitpunkts der Veröffentlichung Rückschlüsse für die Einstufung gezogen werden. Je unabhängiger die Verfasser von den Adressaten der Standards sind und je aktueller die Veröffentlichung ist, desto eher erfüllt der Standard die höheren Anforderungen des Standes der Technik. Bei technischen Sicherheitsstandards von privaten Branchenverbänden oder Organisationen ist vor diesem Hintergrund regelmäßig davon auszugehen, dass sie nur allgemein anerkannte Regeln der Technik darstellen, wobei sie im Laufe der Zeit auch unter diese qualitativ niedrigste Stufe absinken können.

---

768 Begründung zum IT-Sicherheitsgesetz, BT-Drucksache 18/4096, S. 35.

769 *Kipker/Pfeil*, DuD 2016, 810, 814. Vgl. auch *Buchmann*, BB 21/2015, I.

770 In dem Sinne auch *Rockstroh/Kunkel*, MMR 2017, 77, 79: „Was heute dem jeweiligen Stand der Technik in Sachen IT-Sicherheit entspricht, kann […] morgen schon veraltet sein.“

(4) Einstufung der Verpflichteten

Da derjenige strengeren Verhaltensanforderungen gerecht werden muss, der am höheren Technikmaßstab gemessen wird, kommt es für die nähere Ausdifferenzierung der Faustformeln zusätzlich darauf an, unter welchen Umständen die Hersteller und Diensteanbieter welcher Stufe des Technikrechts gerecht werden müssen. Abschließend beantworten lässt sich diese Frage wiederum nur durch Berücksichtigung sämtlicher Umstände im konkreten Einzelfall. Dabei dienen die bereits vorgestellten generellen Leitlinien als Bewertungsgrundlage. Abhängig von der Gefahr, der Bedeutung der gefährdeten Rechtsgüter und der Wahrscheinlichkeit eines Schadenseintritts entscheidet sich, ob die Einhaltung des höheren Stands der Technik oder des niedrigeren Technologiemaßstabs der allgemein anerkannten Regeln der Technik gefordert ist.[771]

Zusätzlich sind aber auch Überschneidungen mit öffentlich-rechtlichen Pflichten zu berücksichtigen. Wie bereits dargestellt,[772] enthalten beispielsweise § 8a Abs. 1, 8c Abs. 1 BSIG explizite IT-Sicherheitspflichten, die allerdings keine drittschützenden Normen i. S. d. § 823 Abs. 2 BGB darstellen, sodass ein Verstoß dagegen nicht direkt haftungsrechtlich sanktioniert wird. Für das haftungsrechtliche Verhalten haben Normen wie diese dennoch Relevanz, da sie jedenfalls zur Konkretisierung der Verkehrssicherungspflichten geeignet sind.[773] In Anbetracht von § 8a Abs. 1 BSIG ist etwa die Verkehrssicherungspflicht im Rahmen von § 823 Abs. 1 BGB so auszulegen, dass die jeweiligen Normadressaten bei der Gewährleistung der IT-Sicherheit von Anlagen, die für die Funktionsfähigkeit ihrer kritischen Infrastruktur maßgeblich sind, den strengeren Stand der Technik zu berücksichtigen haben, um Gefahren für die absolut geschützten Rechtsgüter zu verhindern.[774] Auch wenn diese erhöhten Anforderungen keinen zwingenden Charakter für das autonome Haftungsrecht haben, beeinflussen sie aufgrund des sachlichen Zusammenhangs somit zumindest mittelbar die Bestimmung des haftungsrechtlich gebotenen Verhaltens, indem sie den Bewertungsmaßstab in Richtung des höheren Technologiemaßstabs verschärfen.[775]

---

771 Vgl. *BGH*, Urt. v. 2.3.2010 – VI ZR 223/09, Rn. 10 = NJW 2010, 1967, 1968; ebenso: *Spindler*, CR 2016, 297, 311.

772 Kap. 3, Teil III, Abschn. 2c) lit. bb).

773 *Wagner*, in: MüKo, § 823 BGB, Rn. 475; *Schadel*, S. 262; Ebenso bezogen auf § 13 Abs. 7 TMG: *Djeffal*, MMR 2015, 716, 719.

774 *Spindler*, CR 2016, 297, 308.

775 *Beucher/Utzerath*, MMR 2013, 362, 367.

Ergibt die Einzelfallbetrachtung anhand der generellen Leitlinien sowie unter Berücksichtigung verwandter öffentlich-rechtlicher Vorgaben hingegen, dass der Stand der Technik nicht den Maßstab für das rechtmäßige Verhalten bildet, so bleibt zumindest die Orientierung an den allgemein anerkannten Regeln der Technik verpflichtend. Denn nach der Verkehrsauffassung ist es zur Gewährleistung von Sicherheit geboten, allgemein anerkannten Regeln der Technik einzuhalten.[776] Dies führt dazu, dass die unterste Stufe der Technologiemaßstäbe zugleich die untere Grenze bezüglich des rechtskonformen Verhaltens im Haftungsrecht bildet.[777]

(5) Fortentwicklung der Faustformeln

Auf Basis des soeben Ausgeführten lassen sich die eingangs genannten Faustformeln somit inhaltlich fortentwickeln:

(1a.) Ein Verstoß gegen einen relevanten technischen Sicherheitsstandard spricht für eine haftungsauslösende, pflichtwidrige Handlung, sofern er die allgemein anerkannten Regeln der Technik abbildet. Bildet der technische Sicherheitsstandard hingegen den Stand der Technik ab, so liegt bei dessen Missachtung ein pflichtwidriges Verhalten nur dann nahe, wenn der Hersteller oder Anbieter zur Beachtung dieses Niveaus verpflichtet ist. Eine Zuordnung zum Stand der Technik ist aufgrund des unabhängigen Entstehungsprozesses wahrscheinlicher bei Sicherheitsstandards von Fachbehörden oder von unabhängigen Expertengremien als bei Sicherheitsstandards von privaten Verbänden oder Vereinen, die eine Branche vertreten.

(2a.) Die Einhaltung von relevanten Standards spricht für rechtskonformes Verhalten, wenn sie der Stufe zuzuordnen sind, zu deren Einhaltung der Anspruchsgegner verpflichtet ist. Eine allgemeine Untergrenze bilden die allgemein anerkannten Regeln der Technik. Sicherheitsstandards privater Verbände oder Institute sind eher dieser niedrigeren Stufe zuzuordnen als solche von Fachbehörden oder unabhängigen Expertengremien.

Auch wenn diese beiden Faustformeln Anhaltspunkte in gegensätzliche Richtung vermitteln, ist ein fließender Übergang zwischen ihnen anzunehmen. So schließt die Einhaltung eines veralteten technischen Sicherheitsstandards trotz eines damit einhergehenden Verstoßes gegen einen neueren Standard die

---

776 *BGH*, Urt. v. 3.2.2004 – VI ZR 95/03; Rn. 9 = NJW 2004, 1449, 1450; Urt. v. 4.12.2001 – VI ZR 447/00, Rn. 13 = NJW-RR 2002, 525, 526.

777 Ebenso *Spindler*, CR 2015, 766, 770.

positive indizielle Wirkung nicht per se aus. Stattdessen ist eine angemessene Übergangsfrist zur Reaktion auf neue Veröffentlichungen einzuräumen.[778]

Allerdings nimmt die positive indizielle Wirkung mit fortlaufender Zeit ab, bis sie irgendwann in ihrer gegenteiligen Form Anwendung findet. Dann spricht die längerfristige Missachtung eines neueren Standards für einen Verstoß gegen das rechtmäßige Verhalten.[779] Wie lange in diesem Spannungsfeld die Beachtung eines älteren Sicherheitsstandards ausreicht, hängt von der Gefahr im Einzelfall und damit wiederum hauptsächlich von den generellen Leitlinien der Rechtsprechung ab.[780] Vor diesem Hintergrund ist im Hinblick auf Neuerungen im Rahmen der technischen Standardisierung eine zusätzliche dritte Faustformel aufzustellen:

(3.) Je zeitiger auf neue relevante technische Sicherheitsstandards reagiert wird, desto eher greift die positive indizielle Wirkung ein. Umgekehrt gilt, dass die negative indizielle Wirkung umso wahrscheinlicher eingreift, je länger neue, relevante Sicherheitsstandards missachtet werden.

c) Zwischenergebnis

Es zeigt sich, dass die Rechtsprechung in Bezug auf die Konkretisierung der abstrakten IT-Sicherheitspflichten die ihr übertragene Verantwortung annehmen kann. Zur Reduzierung der Rechtsunsicherheit kann sie auf bewährte Mittel des technischen Sicherheitsrechts zurückgreifen. Dies sind primär generelle Leitlinien, die das Fundament für die Konkretisierung der abstrakten Verhaltensanforderungen bilden. Ihr Effekt auf die Reduzierung der Rechtsunsicherheit ist jedoch relativ gering, da sie nur einen groben Maßstab für die Verhaltensanforderungen aufstellen, ohne konkretere Bestimmungen hinsichtlich Art und Umfang der „angemessenen technischen und organisatorischen Maßnahmen" vorzugeben.

Diese Schwäche wird durch die Einbeziehung technischer Sicherheitsstandards abgemildert. Sie dienen als Anhaltspunkte, um die abstrakten Verhaltensanforderungen besser handhabbar zu machen. Sie stellen ein wichtiges Hilfsmittel dar und konkretisieren in deutlich größerem Umfang als die generellen Leitlinien das von den Verpflichteten geforderte Verhalten. Obwohl sie keine rechtliche Verbindlichkeit aufweisen, nehmen sie eine „herausragende"[781]

---

778 *BGH*, Urt. v. 2.3.2010 – VI ZR 223/09, Rn. 10 = NJW 2010, 1967, 1968.
779 *BGH*, BGHZ 103, 338, 342 = NJW 1988, 2667, 2668.
780 *BGH*, Urt. v. 2.3.2010 – VI ZR 223/09, Rn. 9 = NJW 2010, 1967, 1967.
781 *Rockstroh/Kunkel*, MMR 2017, 77, 81; *Spindler*, CR 2015, 766, 771.

Position ein. Denn aufgrund ihrer indiziellen Wirkung in positiver wie negativer Hinsicht lassen sich die soeben dargestellten und fortentwickelten Faustformeln ableiten, die den Verpflichteten die Bestimmung des rechtlich geforderten Verhaltens zur Gewährleistung von IT-Sicherheit erleichtern. Die auf der legislativen Zurückhaltung beruhende Rechtsunsicherheit wird durch dieses Hilfsmittel spürbar eingedämmt. Dies wirkt sich positiv auf die Effektivität der vom außervertraglichen Haftungsrecht vermittelten präventiven Wirkung in Richtung IT-Sicherheit aus. Denn je geringer die rechtliche Unsicherheit darüber ist, ab wann die Hersteller und Diensteanbieter welche Art von IT-Sicherheitsmaßnahmen umsetzten müssen, desto wirkungsvoller kommt es zur angestrebten Verhaltenslenkung in Richtung IT-Sicherheit.

4. Bewertung der Effektivität der präventiven Wirkung

Auf Grundlage der soeben durchgeführten Analyse liegt der Schluss nahe, dass die außervertraglichen Haftungsnormen innerhalb ihrer jeweiligen Regelungsbereiche eine angemessene effektive Wirkung in Richtung IT-Sicherheit entfalten. Es erweist sich angesichts der Dynamik und Komplexität von IT-Sicherheit jedenfalls als vorteilhafte Regelungstechnik, die gesetzlichen Verhaltensvorgaben auf einem abstrakten Level zu halten und zugleich die Konkretisierung den Rechtsanwendern zu überlassen.

a) Stärkung der Effektivität durch technische Sicherheitsstandards

Insbesondere die Rechtsprechung trägt durch die Einbeziehung technischer Sicherheitsstandards dazu bei, dass die vom Gesetzestext ausgehende Rechtsunsicherheit bezüglich der umzusetzenden IT-Sicherheitsmaßnahmen deutlich gemindert wird. Dies geschieht dadurch, dass technische Sicherheitsstandards als Anhaltspunkte für pflichtgemäßes Verhalten herangezogen werden, ohne ihnen allerdings absolute Verbindlichkeit zuzuweisen. Wie gezeigt ist dies gerechtfertigt,[782] da eine absolute Bindung an technische Sicherheitsstandards nicht nur positiv für das Niveau der IT-Sicherheit wäre. Ähnlich wie bei einer detaillierteren Fassung der Gesetze, würde die Intensität der präventiven Wirkung des außervertraglichen Haftungsrechts zu stark reduziert und zudem ein gerechter Schadensausgleich im Einzelfall erschwert.[783] Indizien für das rechtskonforme Verhalten können Hersteller und Anbieter IT-spezifischer Produkte

782 Kap. 5, Teil II, Abschn. 3b) lit. bb).
783 Dazu bereits Kap. 5, Teil II, Abschn. 2b–d).

bzw. Dienste also den jeweils einschlägigen technischen Sicherheitsstandards entnehmen. Da sie im Vergleich zu den abstrakten Gesetzen detailliertere Verhaltensvorgaben enthalten, wirkt sich dies positiv auf die Effektivität der präventiven Wirkung aus.

b) Minderung der Effektivität durch wertende Gefahranalyse

Umgekehrt folgt daraus allerdings auch, dass technische Sicherheitsstandards keinen absoluten Fixpunkt für die ordnungsgemäßen IT-Sicherheitsmaßnahmen darstellen. Wie soeben ausgeführt, bleiben wegen der bloßen Indizwirkung der Standards letztlich immer die drohenden Gefahren die entscheidende Bezugsgröße, anhand derer die konkreten IT-Sicherheitsmaßnahmen zu bestimmen sind.[784] Konsequenterweise haben in der Praxis neben den Sicherheitsstandards die eingangs des Abschnitts dargestellten generellen Leitlinien der Rechtsprechung entscheidende Bedeutung für die Konkretisierung des ordnungsgemäßen Verhaltens. Die Notwendigkeit der Umsetzung und die konkrete Ausgestaltung rechtlich geforderter IT-Sicherheitsmaßnahmen sind im Ergebnis immer abhängig von der Größe einer Gefahr, der Wahrscheinlichkeit ihres Eintritts und der Bedeutung des gefährdeten Schutzgutes auf der einen sowie ihrer Wirtschaftlichkeit und Praktikabilität auf der anderen Seite.[785]

Zur Bestimmung des rechtskonformen Verhaltens in Bezug auf die IT-Sicherheit ist also eine Gefahranalyse unerlässlich. Die Effektivität der präventiven Wirkung des außervertraglichen Haftungsrechts wird von dieser Gefahranalyse maßgeblich beeinflusst. Denn je einfacher und verlässlicher die Hersteller und Diensteanbieter identifizieren können, ab wann welche Gefahren ein Handeln ihrerseits erfordern, desto wirkungsvoller können sie an die Gefahren angepasste, angemessene IT-Sicherheitsmaßnahmen entwickeln und umsetzen.

Genau diese Identifikation der Gefahren, die als Reaktion IT-Sicherheitsmaßnahmen seitens der Hersteller und Anbieter erfordern, bereitet jedoch praktische Schwierigkeiten. Deutlich werden diese bei Betrachtung verschiedener rechtlicher Anknüpfungspunkte der Haftungsgrundlagen, welche die Gefahranalyse voraussetzen. Bereits im Rahmen der Auseinandersetzung mit der Intensität der präventiven Wirkung wurde dargestellt, dass etwa eine Verkehrssicherungspflicht gemäß § 823 Abs. 1 BGB erst dann besteht, wenn die

---

784 So auch allgemein: *BGH*, Urt. v. 2.3.2010 – VI ZR 223/09, Rn. 10 = NJW 2010, 1967, 1967; Urt. v. 3.2.2004 – VI ZR 95/03, Rn. 9 = NJW 2004, 1449, 1450; *OLG Nürnberg*, Beschl. v. 6.7.2015 – 4 U 804/15, Rn. 19 = NJW-RR 2016, 33, 34.

785 Ausführlich dazu Kap. 5, Teil II, Abschn. 3a).

Grenze einer abstrakten Gefahr überschritten ist.[786] Dies ist der Fall, wenn nach „sachkundigem Urteil“[787] die Möglichkeit naheliegt, dass Rechtsgüter anderer verletzt werden können. Auf dieser Grundlage sind die Sicherheitsmaßnahmen umzusetzen, die ein „verständiger, umsichtiger, vorsichtiger und gewissenhafter Angehöriger der betroffenen Verkehrskreise“[788] unter Berücksichtigung einer Zumutbarkeitsgrenze für ausreichend halten darf, um Schäden zu verhindern. Je nach Erkenntnisgrundlage und Vergleichsmaßstab kann dieses wertende Urteil aus sachkundiger Perspektive allerdings zu gegensätzlichen Ergebnissen führen.[789] Vor diesem Hintergrund liegt ein negativer Einfluss bezüglich der Effektivität auf der Hand. Denn eine einfache und verlässliche Bestimmung der Gefahren, auf die mit IT-Sicherheitsmaßnahmen reagiert werden muss, ist für die betroffenen Unternehmen umso schwerer vorzunehmen, je unsicherer der Bewertungsrahmen ist.

Diese Beeinträchtigung der Effektivität lässt sich nicht nur im Rahmen der Begründung einer Verkehrssicherungspflicht, sondern auch im Hinblick auf andere Tatbestandsmerkmale der sonstigen identifizierten Haftungsnormen feststellen, in denen sich das Erfordernis der Gefahranalyse widerspiegelt. Beispielhaft sei in diesem Zusammenhang nur auf den Haftungsausschluss wegen eines Entwicklungsfehlers verwiesen. Ausdrücklich ist dieser in § 1 Abs. 2 Nr. 5 ProdHaftG geregelt. Die Regelung sieht vor, dass Hersteller nicht für Produktgefahren haften sollen, die nach dem allgemein verfügbaren und anerkannten Stand von Wissenschaft und Technik zum Zeitpunkt des Inverkehrbringens nicht erkennbar waren, weil die dafür erforderlichen Erkenntnismöglichkeiten damals noch nicht weit genug fortgeschritten waren.[790] Ebenso schließt mangelnde Erkennbarkeit einer Gefahr auch einen Anspruch aus der deliktischen Produzentenhaftung gem. § 823 Abs. 1 BGB aus. Denn sofern sie nach diesem Maßstab nicht erkennbar ist, fehlt es an der objektiven Pflichtwidrigkeit.[791]

Das Vorliegen eines Entwicklungsfehlers ergibt sich ebenfalls auf Grundlage einer wertenden Entscheidung. Dabei kommt es nicht auf die Erkennbarkeit des konkreten Fehlers eines Produkts an, sondern auf die Erkennbarkeit der potenziellen Gefährlichkeit, die aus dem mit der gewählten Konzeption verbundenen

---

786 Siehe Kap. 5, Teil I, Abschn. 2.

787 *BGH*, BGHZ, 195, 30, 33, Rn. 7 = NJW 2013, 48, 49 mwN.

788 *BGH*, Urt. v. 16.5.2006 – VI ZR 189/05, Rn. 7 = NJW 2006, 2326, 2326 mwN.

789 Vgl. dazu bereits das Beispiel des Hacker-Angriffs auf Kfz: Kap. 5, Teil I, Abschn. 2.

790 Gesetzentwurf zum ProdHaftG, BT-Drucksache 11/2447, S. 15f.

791 *BGH*, BGHZ 181, 253, 265, Rn. 28 = NJW 2009, 2952, 2955.

Fehlerrisiko resultiert.[792] Hinzu kommt, dass für die Frage der Erkennbarkeit nicht der subjektive Maßstab des Schädigers, sondern das objektiv zugängliche Gefahrenwissen maßgeblich ist.[793] Angesichts dieser offenen Bewertungsmaßstäbe ist ebenso wie bei der Begründung der Verkehrssicherungspflicht festzustellen, dass Hersteller und Diensteanbieter nicht in einfacher und verlässlicher Weise diejenigen Gefahren identifizieren können, die IT-Sicherheitsmaßnahmen erfordern. Denn je nachdem, wo die Grenze einer potenziellen Gefährlichkeit angesetzt wird und welche Tatsachen dem objektiv zugänglichen Gefahrenwissen zugerechnet werden, können sich die Bewertungen diametral unterscheiden.

Anhand der Beispiele der Verkehrssicherungspflicht sowie des Entwicklungsfehlers wird somit deutlich, dass ein Graubereich hinsichtlich der Gefahren besteht, die als Reaktion IT-Sicherheitsmaßnahmen erfordern. Für die Frage, unter welchen Umständen etwa nach sachkundigem Urteil eine abstrakte zu einer konkreten Gefahr wird oder wann auf Grundlage des objektiv zugänglichen Gefahrenwissens eine potenzielle Gefährlichkeit anzunehmen ist, gibt es keine eindeutigen und verlässlichen Antworten. Diese starke Wertungsabhängigkeit hinsichtlich der Beurteilung einer Gefahr wirkt sich aber in der Folge unmittelbar auf das rechtskonforme Verhalten aus.

Denn angesichts des Spektrums unterschiedlicher Beurteilungsmöglichkeiten steigt einerseits die Wahrscheinlichkeit, dass die Produzenten oder Diensteanbieter sich aufgrund fehlerhafter Gefahreinschätzungen nicht ordnungsgemäß hinsichtlich der IT-Sicherheit verhalten. Andererseits erfordert es im Vergleich zu klarer abgesteckten Gefahren einen erhöhten organisatorischen Aufwand seitens der Unternehmen, ihr Verhalten in rechtskonformer Weise an die Gefährdungslage anzupassen. Diese Prognoseschwierigkeit wird schließlich dadurch verstärkt, dass sich angesichts der dynamischen Fortentwicklung der Informationstechnik und der vielfältigen Abhängigkeiten von Produkten und Diensten untereinander die Gefahrenlage in kürzeren Zeitintervallen verändert als dies bei klassischen Produkten oder Diensten der Fall ist.[794]

Vor diesem Hintergrund kann nicht davon ausgegangen werden, dass Hersteller und Anbieter von IT-spezifischen Produkten und Diensten nach geltendem

---

792 *BGH*, Urt. v. 5.2.2013 – VI ZR 1/12, Rn. 9 = NJW 2013, 1302, 1302; BGHZ 181, 253, 267, Rn. 31 = NJW 2009, 2952, 2956.

793 *BGH*, Urt. v. 5.2.2013 – VI ZR 1/12, Rn. 9 = NJW 2013, 1302, 1302. Ebenso zu Art. 7 lit. e RL 85/374/EG, die Vorbild für § 1 Abs. 2 Nr. 5 ProdHaftG ist: *EuGH*, Urt. v. 29.5.1997 – C-300/95, Rn. 27; Siehe auch: *Rockstroh/Kunkel*, MMR 2017, 77, 80.

794 *Bundesamt für Sicherheit in der Informationstechnik*, auf: BSI.bund.de, Jahresbericht 2017, S. 18; Jahresbericht 2016, S. 3; *Junker*, DuD 2015, 647, 650.

Recht so wirkungsvoll wie möglich zu einem Verhalten verleitet werden, welches für ein hohes IT-Sicherheitsniveau erforderlich ist. Die Effektivität der präventiven Wirkung des außervertraglichen Haftungsrechts ist vielmehr angesichts der Unsicherheiten aufgrund der Wertungsabhängigkeit der Gefahranalyse gemindert.

c) Zwischenergebnis

Insgesamt lässt sich demnach mit Blick auf die Effektivität der präventiven Wirkung des außervertraglichen Haftungsrechts ein zwiespältiges Fazit ziehen. So ist es auf der einen Seite als positiv zu bewerten, dass auf Ebene der Rechtsanwendung durch die Einbeziehung von technischen Sicherheitsstandards die Rechtsunsicherheit bezüglich des rechtskonformen Verhaltens spürbar gemindert wird. Die Folge ist eine Stärkung der Effektivität der präventiven Wirkung. Denn über die im Vergleich zu den gesetzlichen Anforderungen detaillierteren Sicherheitsstandards werden die Hersteller IT-spezifischer Produkte und die Anbieter IT-spezifischer Dienste wirkungsvoller zu einem ordnungsgemäßen Verhalten bezüglich der IT-Sicherheit verleitet als dies mittels abstrakter gesetzlicher Verhaltensvorgaben möglich und sinnvoll ist.

Auf der anderen Seite sind die technischen Sicherheitsstandards allerdings nicht mehr als ein – wenn auch aus praktischer Sicht begrüßenswertes – Hilfsmittel für die Bestimmung der rechtskonformen IT-Sicherheitsmaßnahmen. Denn letztlich hängt das konkrete Verhalten immer von den jeweiligen Gefahren ab, die die Hersteller und Diensteanbieter durch Umsetzung angemessener technischer und organisatorischer Maßnahmen im jeweils durch die Einstandspflichten vorgegebenen Rahmen verhindern müssen. Die Gefahren stehen also im Zentrum, wenn es um die Frage nach dem Ob und Wie der Umsetzung von IT-Sicherheitsmaßnahmen geht.

Am Beispiel der Begründung einer Verkehrssicherungspflicht zur Gewährleistung von IT-Sicherheit sowie am Beispiel des Vorliegens eines Entwicklungsfehlers wurde allerdings deutlich, dass die Analyse, ab wann welche Reaktion auf eine Gefahr erforderlich ist, spürbaren Prognoseschwierigkeiten unterliegt.[795] Dementsprechend aufwändig und zugleich fehleranfällig gestaltet sich für die Hersteller und Diensteanbieter der Prozess, rechtskonforme IT-Sicherheitsmaßnahmen zu entwickeln und umzusetzen. Diese praktischen Erschwernisse

795 In diesem Sinne auch *Zech*, JZ 2013, 21, 29: „Aus jeweils im Einzelfall und ex post konkretisierten Sorgfaltsanforderungen kann man keine ex ante klar bestimmbaren Verkehrspflichten herleiten."

werden noch dadurch erhöht, dass die drohenden Gefahrenszenarien sich in hohem Tempo ändern. Vor diesem Hintergrund ist nicht davon auszugehen, dass das außervertragliche Haftungsrecht so effektiv wie möglich zu einem Verhalten verleitet, das ein hohes IT-Sicherheitsniveau herbeiführt.

Zwar ist es als Reaktion darauf nicht empfehlenswert, eine maximale Effektivität der präventiven Wirkung anzustreben, indem eindeutige und damit leichter handhabbare sowie weniger fehleranfällige Vorgaben vom Gesetzgeber oder von den Gerichten für die Gefahranalyse gemacht würden. Dies wäre angesichts der sich stetig wandelnden Bedrohungslage kontraproduktiv. Je stärker die Vorgaben hinsichtlich der Gefahren nämlich mit dem Fokus auf Eindeutigkeit ausgerichtet würden, desto weniger dürfte das Haftungsrecht damit der Dynamik und der Komplexität von IT-Sicherheit gerecht werden. Es wäre wahrscheinlich, dass zur Schaffung eindeutigerer Vorgaben der Fokus hinsichtlich der Gefahren verengt würde. Gerade auf neu entstehende bzw. neu entdeckte Gefahren könnte erst verspätet mit eindeutigeren Vorgaben reagiert werden. Folge wäre das zumindest temporäre Außerachtlassen von Gefahren, sodass Maßnahmen ausbleiben würden, die an sich für ein hohes IT-Sicherheitsniveau notwendig wären.

Zudem würden detailliertere Vorgaben hinsichtlich der Gefahranalyse den Argumentationsspielraum der Gerichte für eine nachträgliche Lösung von Schadensfällen verkleinern. Dieser ist jedoch, wie gezeigt,[796] ursächlich für die Vermittlung einer ausreichend starken Intensität der präventiven Wirkung. Darüber hinaus ist er unerlässlich, um einen gerechten Schadenausgleich im Einzelfall herbeiführen zu können. Angesichts dieser Vorteile einer wertungsabhängigen, mit gewisser Unsicherheit behafteten Gefahranalyse stellt sich die Herbeiführung einer maximalen Effektivität der präventiven Wirkung nicht als lohnenswertes regulatorisches Ziel dar.

Allerdings sollten gesetzgeberische Handlungsoptionen zumindest genutzt werden, um die Effektivität der präventiven Wirkung gegenüber dem jetzigen Stand zu erhöhen. Denn die ex-ante durchzuführende Gefahrprognose für IT-Sicherheitsmaßnahmen wird in besonderem Maße durch die hohe Entwicklungsgeschwindigkeit von Informationstechnik sowie die zunehmende Vernetzung erschwert. Grenzen zwischen den Betätigungsfeldern der Unternehmen werden dadurch verwischt. In diesem tatsächlichen Umfeld ist es angesichts der entscheidenden Bedeutung der Gefahranalyse für das rechtskonforme Verhalten angebracht, gesetzgeberische Modifikationen vorzunehmen. Diese sollten die dargestellten praktischen Schwierigkeiten für die Hersteller und Diensteanbieter

796 Kap. 5, Teil II, Abschn. 2; Abschn. 3b) lit. bb).

mindern und dadurch wirkungsvoller zu ordnungsgemäßer IT-Sicherheit verleiten.

III. Gesetzesänderungen zur Erhöhung der Effektivität

Anknüpfend an die soeben gewonnenen Erkenntnisse soll im Folgenden ein Vorschlag erarbeitet werden, wie der Gesetzgeber die Prognoseschwierigkeiten hinsichtlich der Gefahren mindern kann, die eine Reaktion in Form von IT-Sicherheitsmaßnahmen erfordern, ohne zugleich die mit der Prognoseschwierigkeit verbundenen Vorteile auszuhöhlen. Er zielt darauf ab, die Bestimmung des ordnungsgemäßen Verhaltens wirkungsvoller zu ermöglichen und so die Effektivität der präventiven Wirkung des außervertraglichen Haftungsrechts zu stärken. Im Ergebnis ist der Vorschlag daran zu messen, ob er insgesamt dazu beiträgt, dass das IT-Sicherheitsniveau in sinnvoller Weise angehoben wird. Als gesetzgeberische Handlungsmöglichkeiten, um dieses Ziel zu erreichen, kommen die Einführung einer generellen Gefährdungshaftung oder die Einführung eines Gefahren-Informationsdienstes mit umfassender Meldepflicht in Betracht.

1. Erhöhung der Effektivität mittels einer Gefährdungshaftung

Die erste Möglichkeit, um die bestehende Rechtsunsicherheit im Zusammenhang mit der Gefahranalyse zu mindern und damit die Effektivität der präventiven Wirkung zu erhöhen, besteht in der Einführung einer generellen Gefährdungshaftung. Diese könnte speziell mit Blick auf Hersteller und Anbieter von IT-spezifischen Produkten und Diensten konzipiert werden und an Gefahren für schützenswerte Rechtsgüter anknüpfen, die aus mangelhafter IT-Sicherheit resultieren. Den Anlass für diesen Ansatz liefert die Diskussion über eine Gefährdungshaftung für bestimmte IT-spezifische Produkte und Dienste, bei denen die Bestimmung des rechtskonformen Verhaltens ähnlich komplex ist.[797] Ob diese Art der gesetzlichen Modifikation umzusetzen ist, um dadurch ein höheres IT-Sicherheitsniveau zu erzielen, soll im Folgenden anhand einer Gegenüberstellung der damit verbundenen Vor- und Nachteile erörtert werden.

797 Vgl. *Bräutigam/Klindt*, NJW 2015, 1137, 1138f; *Grützmacher*, CR 2016, 695, 697; *Horner/Kaulartz*, InTeR 2016, 22, 24; *Spindler*, CR 2015, 766, 775; *Wendt/Oberländer*, InTeR 2016, 58, 64.

a) Positive Aspekte der Einführung einer Gefährdungshaftung

Für die Einführung einer generellen Gefährdungshaftung spricht nicht nur, wie sogleich ausgeführt wird, dass sie zur Reduktion der festgestellten Rechtsunsicherheit hinsichtlich der Gefahranalyse beiträgt. Vielmehr lassen sich zusätzliche Argumente anführen, die die Schaffung von Gefährdungshaftungstatbeständen empfehlenswert erscheinen lassen.

aa) Vereinfachung der Gefahranalyse

Die Einführung einer Gefährdungshaftung eignet sich vor allem deshalb als Mittel zur Erhöhung des präventiven Effekts der außervertraglichen Haftungsregeln, da sie die Gefahranalyse im Vergleich zur jetzigen Situation erheblich vereinfachen würde. Dieser legislative Ansatz würde die Rechtsunsicherheit bezüglich der Verhaltensanforderungen prinzipiell beseitigen.[798] Denn die Haftung würde nicht mehr vom Fehlverhalten der Verpflichteten abhängen, sondern durch den Eintritt einer zu verhindernden Gefahr ausgelöst.[799] Die betroffenen Hersteller bzw. Diensteanbieter müssten demnach auf jegliche Gefahren im Regelungsbereich der als Gefährdungshaftung ausgestalteten Einstandspflichten mittels entsprechender IT-Sicherheitsmaßnahmen reagieren. Es käme dabei beispielsweise nicht mehr auf die ex ante schwer zu ziehende Grenze zwischen einer abstrakten und konkreten Gefahr oder auf die Erkennbarkeit der potenziellen Gefährlichkeit auf Grundlage des objektiven Gefahrenwissens an. Insofern würde der Fokus der Hersteller und Diensteanbieter allein darauf gelenkt, IT-Sicherheitsmaßnahmen zur Verhinderung des Eintritts jeglicher erfasster Gefahren zu entwickeln und umzusetzen.

bb) Reaktion auf mangelnde Beherrschbarkeit

Die Einführung einer Gefährdungshaftung für Hersteller und Anbieter IT-spezifischer Produkte und Dienste wäre zugleich eine folgerichtige Reaktion auf die mangelnde Beherrschbarkeit der Technik. Denn der Einwand, dass eine einhundert prozentige Sicherheit nicht möglich sei, wird häufig in Diskussionen über Möglichkeiten zur Verbesserung des Niveaus der IT-Sicherheit erhoben.[800] Dieser Einwand wird allgemein akzeptiert, da die als akzeptabel bewerteten

---

798 *Zech*, JZ 2013, 21, 29.

799 *Deutsch*, Rn. 9.

800 Vgl. *Enquette-Kommission*, BT-Drucksache 17/12541, S. 114; *Heckmann*, MMR 2006, 280, 284; *Schultze-Melling*, CR 2005, 73, 74; *Stelzer*, DuD 1990, 501, 505; *Wendt/Oberländer*, InTeR 2016, 58, 60.

Restrisiken aufgrund des gesamtgesellschaftlichen Nutzens der Technik grundsätzlich in Kauf genommen werden. Die Interessenlage entspricht damit im Kern den Konstellationen, für die als Gefährdungshaftung konzipierte Tatbestände gesetzlich verankert worden sind. Ihr Grundgedanke besteht darin, das Schadensrisiko auch unverschuldeter Unfälle bei nicht voll beherrschbaren technischen Gefahren, die aufgrund ihres gesellschaftlichen Nutzens akzeptiert werden, auf einen Anspruchsgegner zu kanalisieren.[801] Es wäre vor dem Hintergrund nur konsequent, als Kehrseite der Schaffung einer nicht vollständig beherrschbaren Gefahrenquelle, als welche sich IT-spezifische Produkte und Dienste mit Blick auf die IT-Sicherheit darstellen, die entstehenden Schäden im Falle der Verwirklichung einer Gefahr unabhängig von einem Fehlverhalten auf den Erzeuger der Gefahrenquelle abzuwälzen.

cc) Entlastung der Gerichte

Ein positiver Nebeneffekt einer Gefährdungshaftung wäre zudem in der Entlastung der Gerichte zu sehen. Sie würden von ihrer Verantwortung für die Konkretisierung der Sicherheitsanforderungen entbunden.[802] Denn wie bereits im Zusammenhang mit den identifizierten Einstandspflichten aus §§ 1, 2 HaftPflG dargelegt wurde,[803] erübrigt sich bei als Gefährdungshaftung konzipierten Anspruchsgrundlagen eine Auseinandersetzung mit dem Verhalten eines potenziellen Schädigers. Damit würde die komplexe Aufgabe der Beurteilung eines Fehlverhaltens im konkreten Fall entfallen.

dd) Wirtschaftlicher Anreiz für proaktive Maßnahmen

Schließlich spricht auch eine ökonomische Betrachtung für die Einführung einer Gefährdungshaftung. Denn während für die verschuldensabhängigen Einstandspflichten feststeht, dass die verpflichteten Normadressaten nicht über die Grenze der erforderlichen Sorgfalt hinaus handeln müssen, müssen sie im Rahmen einer Gefährdungshaftung unabhängig davon für alle Schäden an den erfassten Rechtsgütern aufkommen.[804] Im System der Verschuldenshaftung kann ein Verpflichteter also die Kosten jenseits der Sorgfaltsgrenze vernachlässigen, während er im System der Gefährdungshaftung auch über diese Grenze hinaus Kosten in seine Kalkulation einbeziehen muss. Da es bis zu einem gewissen

---

801 *von Caemmerer*, S. 15; *Dietz*, S. 216; *Horner/Kaulartz*, InTeR 2016, 22, 24.

802 *Dietz*, S. 245.

803 Kap. 3, Teil II, Abschn. 2b).

804 *Horner/Kaulartz*, CR 2016, 7, 13; *Larenz/Canaris*, S. 605.

Punkt wirtschaftlich günstiger ist, in die Vermeidung von Schäden jenseits dieser Grenze zu investieren, als die Schäden im Falle der Verwirklichung zu tragen, besteht ein Anreiz, durch vorbeugende Sicherheitsmaßnahmen den Eintritt dieser Schäden möglichst weitgehend zu verhindern.[805] Folge ist, dass sich proaktive, über die Sorgfaltsgrenzen hinausgehende Sicherheitsmaßnahmen für den Verpflichteten ökonomisch auszahlen.[806]

Damit tritt zugleich der Effekt ein, dass auf Gefahren, für die ex ante nicht rechtssicher zu prognostizieren ist, ob zu ihrer Verhinderung eine IT-Sicherheitsmaßnahme rechtlich erforderlich ist, wahrscheinlicher mit der Implementierung von Sicherheitsvorkehrungen reagiert wird als im verschuldensabhängigen System. Denn in letzterem liefert die Sorgfaltsgrenze einen Anreiz, von Investitionen in Sicherheitsmaßnahmen für jenseits dieser Grenze verortete Gefahren Abstand zu nehmen. Falls es zu einer rechtlichen Auseinandersetzung aufgrund eines Schadenseintritts kommen würde, könnte darauf verwiesen werden, dass die Gefahr beispielsweise als zu abstrakt oder als nach objektiv zugänglichem Gefahrenwissen nicht erkennbar zu bewerten sei. Das Fehlen von Sicherheitsvorkehrungen zu ihrer Verhinderung wäre im Falle des Zutreffens dieses Einwandes haftungsrechtlich nicht vorwerfbar. Insofern kann es aus diesem Blickwinkel für die Unternehmen finanziell lohnenswert sein, Investitionen in IT-Sicherheitsmaßnahmen zu unterlassen.

ee) Zwischenergebnis

Die aufgezeigten positiven Effekte sprechen dafür, die Prognoseschwierigkeit bezüglich der Gefahren durch die Einführung einer generellen Gefährdungshaftung für Hersteller und Anbieter IT-spezifischer Produkte und Dienste zu lösen. Über dieses rechtliche Konzept würden im Vergleich zum geltenden Recht die Fehleranfälligkeit hinsichtlich der Notwendigkeit von IT-Sicherheitsmaßnahmen sowie der Beurteilungsaufwand hinsichtlich der Gefahranalyse gesenkt. So würden die rechtlichen Voraussetzungen geschaffen, um wirkungsvoller zu einem Verhalten zu verleiten, das in Richtung Schadensvermeidung gerichtet wäre, ohne dass dabei der Spielraum der Gerichte zur Schaffung eines gerechten Ausgleichs im Einzelfall völlig eingeschränkt würde. Denn interessengerechte Ergebnisse unter Berücksichtigung der Umstände des Einzelfalls blieben möglich, indem die üblichen, die Gefährdungshaftung begleitenden Haftungsausschlüsse, insbesondere das Vorliegen höherer Gewalt, ebenfalls gesetzlich

805 Ausführlich dazu: *Wagner*, in: MüKo, Vor § 823 BGB, Rn. 56; Siehe auch: *Dietz*, S. 224.
806 *Dietz*, S. 224f.

verankert würden.[807] Zugleich bliebe eine hohe intensive Wirkung der Haftungsregeln gewahrt. Denn die von dieser Haftung betroffenen Unternehmen könnten keine typischen Schadenskonstellationen rechtssicher vorhersehen, in denen eine haftungsrechtliche Inanspruchnahme von vornherein ausscheidet.

b) Nachteile der Einführung einer Gefährdungshaftung

Allerdings gehen mit der Einführung einer Gefährdungshaftung nicht nur die genannten Vorteile einher, sondern es lassen sich auch beachtliche Nachteile feststellen. Da sie sich, wie sogleich ausgeführt wird, im Rahmen einer Gegenüberstellung als gewichtiger hinausstellen, ist von der Umsetzung dieses Vorschlags zur Modifizierung des außervertraglichen Haftungsrechts abzusehen.

aa) Beschränkter Anreiz zu mehr Proaktivität

So ist zunächst mit Blick auf den soeben erläuterten ökonomischen Anreiz zu mehr Proaktivität einschränkend anzufügen, dass sich für den jeweiligen Produzenten oder Diensteanbieter weiterhin die Frage stellt, welche Maßnahmen er konkret umsetzen muss. Der Unterschied zum verschuldensabhängigen System liegt lediglich darin, dass das Ziel, den Eintritt von Gefahren zu verhindern, im Prinzip ein stärkeres Aktivitätsniveau vermitteln soll als das Ziel, die rechtlichen Vorgaben zur Abwehr einer Gefahr im Rahmen der gebotenen Sorgfalt zu erfüllen. Denn der gefahrbezogene Ansatz der Gefährdungshaftung setzt nach seinem Grundgedanken voraus, umfassende Sicherheitsmaßnahmen zu implementieren, um den Eintritt der im Regelungsbereich befindlichen Gefahren zu verhindern,[808] oder aber von der Tätigkeit angesichts der den Nutzen übertreffenden Kosten Abstand zu nehmen.[809]

Dieses Konzept ist hinsichtlich der Frage nach dem Ob von Sicherheitsmaßnahmen strenger, mit Blick auf das Wie der umzusetzenden Maßnahmen aber ähnlich unspezifisch wie der Zustand gemäß aktueller Rechtslage.[810] Die Rechtsunsicherheit wird also durch eine Gefährdungshaftung nur insoweit verringert, dass der Verpflichtete weiß, dass er zur Abwehr einer gesetzlich beschriebenen

---

807 *Spindler*, CR 2015, 766, 775.

808 *Larenz/Canaris*, S. 605.

809 *Horner/Kaulartz*, CR 2016, 7, 13; *Zech*, JZ 2013, 21, 23.

810 Ebenso *Wendt/Oberländer*, InTeR 2016, 58, 64: Hinsichtlich der von ihnen diskutierten Gefährdungshaftung weisen sie darauf hin, dass ein Mindestmaß an konkreten Anforderungen vorgegeben werden müsste, „um nicht gänzlich im Abstrakten zu bleiben."

Gefahr generell handeln muss. Das ändert zudem nichts daran, dass die Kontroverse insbesondere um die Erkennbarkeit bzw. Vorhersehbarkeit einer Gefahr weiterhin große Bedeutung haben wird, da sie Voraussetzung des Haftungsausschlusses der höheren Gewalt ist.[811] Insofern bliebe die Effektivität der präventiven Wirkung also weitestgehend beschränkt, da ex ante das rechtskonforme Verhalten nicht verlässlich und mit geringem Aufwand bestimmt werden kann.

Abgesehen davon, dass der Effekt hinsichtlich der konkret umzusetzenden IT-Sicherheitsmaßnahmen nur als gering zu bewerten ist, bestehen weiterhin grundsätzliche Zweifel am theoretischen Konstrukt zur Erläuterung dieses Effekts. Ihm liegt der Gedanke zugrunde, dass das Aktivitätsniveau des Verpflichteten im Rahmen eines Gefährdungshaftungstatbestandes höher ist. Dieses Aktivitätsniveau wird aus einer Kosten-Nutzen-Rechnung abgeleitet, die im System der Gefährdungshaftung auf einer anderen Basis steht und in der Theorie zur Umsetzung von über die Sorgfaltsgrenze hinausgehenden Maßnahmen führen soll.[812] Diese Sorgfaltsgrenze, anhand derer einzubeziehende Kosten von nicht einzubeziehenden Kosten unterschieden werden, ist allerdings praktisch kaum festzulegen. Gerade die beispielhaft behandelte Rechtsunsicherheit bezüglich der Reaktion auf noch abstrakte bzw. schon konkrete Gefahren im Rahmen der Verkehrssicherungspflicht zeigt, dass eine eindeutige Sorgfaltsgrenze wohl nur in der Theorie gezogen werden kann. Angesichts dieser Unbestimmtheit dürfte ein von einer Verschuldenshaftung betroffener Normadressat deshalb in der Praxis ein vergleichbares Aktivitätsniveau an den Tag legen, um sich hinsichtlich der Rechtskonformität seines Handelns sicher sein und Haftungsrisiken ausschließen zu können. Er wird regelmäßig auch IT-Sicherheitsmaßnahmen in Betracht ziehen müssen, die über die von ihm gezogene Sorgfaltsgrenze hinausgehen. Denn ansonsten droht bei abweichender Grenzziehung durch das Gericht eine Einstandspflicht für entstandene Schäden, deren Umfang die Kosten für vorbeugende Maßnahmen zur Verhinderung der Gefahr übersteigen könnte. Der präventive Effekt unterscheidet sich vor diesem Hintergrund kaum von dem, der durch das System der Gefährdungshaftung vermittelt würde.

bb) Undifferenziertheit der Gefährdungshaftung

Zum Zweiten ist trotz der Übertragbarkeit des Grundgedankens der Gefährdungshaftung anzumerken, dass die anerkannten Voraussetzungen für eine Gefährdungshaftung nicht vollständig vorliegen. Den existierenden

---

811 Dazu Kap. 5, Teil I, Abschn. 4.

812 *Dietz*, S. 225.

Gefährdungshaftungstatbeständen lässt sich entnehmen, dass der Gesetzgeber nur darauf zurückgreift, wenn eine hohe Wahrscheinlichkeit für den Eintritt von Schäden besteht und diese sich in hohem Umfang negativ auswirken würden.[813] Die hohe Schadenswahrscheinlichkeit sowie eine außergewöhnliche Schadenshöhe könnten zwar mit Blick auf einige IT-spezifische Produkte und Dienste begründet werden.[814] Sie lassen sich jedoch nicht für sämtliche Produkte und Dienste verallgemeinern.[815] Ein autonomes Fahrzeug ist hinsichtlich seiner Gefahren etwa anders zu bewerten als ein vernetztes Türschloss. Die Unterschiedlichkeit der betroffenen Produkte und Dienste steht also der Idee entgegen, mittels einer generellen Gefährdungshaftung die zu hohe Rechtsunsicherheit zu beseitigen.

cc) Verletzung grundlegender Gerechtigkeitserwägungen

Bedenken bezüglich einer Modifikation des außervertraglichen Haftungsrechts durch eine generelle Gefährdungshaftung resultieren zum Dritten daraus, dass eine derartige Haftpflicht der Produzenten und Diensteanbieter nicht mit grundlegenden Gerechtigkeitserwägungen in Einklang zu bringen ist. Dies wird erneut deutlich beim Blick auf die im geltenden Recht verankerten Gefährdungshaftungstatbestände. Sie sind so konzipiert, dass sie demjenigen das Haftungsrisiko auferlegen, der den engsten Bezug zur Gefahrenquelle aufweist.[816] Es handelt sich dabei um die Personen, die die Gefahrenquelle für eigene Rechnung betreiben, daraus Nutzen ziehen und überdies die Verfügungsgewalt über sie ausüben.[817]

Eine generelle Gefährdungshaftung zulasten der Produzenten bzw. Anbieter IT-spezifischer Produkte und Dienste lässt sich anhand dieser Kriterien jedoch gerade nicht rechtfertigen. Im Gegenteil steht die Vielfältigkeit der Produkte und Dienste einer solchen Lösung entgegen. So ist zwar nicht ausgeschlossen, dass sich für einzelne Angebote eine Gefährdungshaftung zulasten der Produzenten oder Diensteanbieter legitimieren lassen würde, da sie in einer beherrschenden Position sind und der wirtschaftliche Nutzen bei ihnen eintritt. Regelmäßig liegen aber unter Einbeziehung der genannten Gerechtigkeitserwägungen

---

813 *Zech*, JZ 2013, 21, 25.

814 Zu denken ist etwa an autonome, selbstlernende Roboter, vgl. *Spindler*, CR 2015, 766, 775 mwN.

815 So auch in Bezug auf Smart Products *Rempe*, InTeR 2016, 17, 19. Ebenso: *Horner/Kaulartz*, CR 2016, 7, 14.

816 *von Caemmerer*, S. 15.

817 *Dietz*, S. 183; *Spindler*, CR 2015, 766, 775.

andere Akteure, insbesondere die Nutzer bzw. Anwender, als Adressaten für eine derartige Einstandspflicht nahe.[818] Die Einführung einer generellen Gefährdungshaftung zulasten von Produzenten und Diensteanbieter würde also mit grundlegenden Gerechtigkeitserwägungen kollidieren.

dd) Umgestaltung der Systematik des Haftungsrechts

Als letztes spricht schließlich auch die Systematik gegen die Einführung einer Gefährdungshaftung. Grundpfeiler des Haftungsrechts ist die Verschuldenshaftung, während die Gefährdungshaftung nur die Ausnahme darstellt.[819] Mit einer Ausdehnung der Gefährdungshaftung auf IT-spezifische Produkte und Dienste würde dieses grundlegende Verhältnis umgekehrt. Aufgrund der Ubiquität von Informationstechnik würden zahlreiche praxisrelevante Konstellationen in den Anwendungsbereich der Gefährdungshaftung fallen. Diese systematische Umgestaltung sollte nur in Betracht gezogen werden, sofern dadurch gravierende Schwächen des Haftungsrechts beseitigt würden. Die festgestellte Beeinträchtigung der Effektivität der präventiven Wirkung im geltenden Haftungsrecht kann jedoch nicht als eine solche gravierende Schwäche eingestuft werden. Umgekehrt würde es hingegen bei Einführung der generellen Gefährdungshaftung für Hersteller und Anbieter von IT-spezifischen Produkten bzw. Diensten aus den soeben dargestellten Gründen zu einer nicht zu rechtfertigenden, gravierenden Änderung des Haftungsrechts kommen, deren Nachteile im Ganzen betrachtet überwiegen.

c) Zwischenergebnis

Eine generelle Gefährdungshaftung zulasten der Produzenten und Anbieter IT-spezifischer Produkte und Dienste ist zwar geeignet, um die Rechtsunsicherheit bezüglich der Gefahranalyse, die sich unmittelbar in den Verhaltensanforderungen niederschlägt, zu reduzieren. Der präventive Effekt der außervertraglichen Haftungsregeln würde dadurch jedenfalls gestärkt, da der Aufwand und die Fehleranfälligkeit hinsichtlich der Entscheidung über die rechtliche Notwendigkeit von IT-Sicherheitsmaßnahmen reduziert würden.

---

818 In diese Richtung zielen auch die Diskussionen bezüglich autonomer IT-Systeme, deren Verhalten durch den Einsatz künstlicher Intelligenz unvorhersehbarer wird, vgl.: *Bräutigam/Klindt*, NJW 2015, 1137, 1138f; *Horner/Kaulartz*, InTeR 2016, 22, 24; *Grützmacher*, CR 2016, 695, 697; *Spindler*, CR 2015, 766, 775; *Wendt/Oberländer*, InTeR 2016, 58, 64.

819 *Bräutigam/Klindt*, NJW 2015, 1137, 1139; *Horner/Kaulartz*, InTeR 2016, 22, 24.

Diese vorteilhafte Wirkung würde sich allerdings darüber hinaus nur in beschränkter Weise bemerkbar machen, da über das Wie des rechtskonformen Verhaltens weiterhin Rechtsunsicherheit verbliebe. Aufgewogen würden diese Vorteile zusätzlich dadurch, dass es bei Umsetzung des Vorschlags zu schwerwiegenden Nachteilen käme. So würde zum einen das historisch bewährte, systematische Regel-Ausnahme-Verhältnis zwischen Verschuldens- und Gefährdungshaftung aufgeweicht. Zum anderen würde dieser Vorschlag einer gesetzlichen Modifikation gegen grundlegende Gerechtigkeitserwägungen verstoßen. Denn er würde einseitig Hersteller und Diensteanbieter mit einem strengen Haftungsrisiko für die Verwirklichung von Gefahren belasten, obwohl diese nicht zwingend den wirtschaftlichen Nutzen aus den Gefahrenquellen ziehen oder sie beherrschen.

Angesichts dieser negativen Implikationen bei gleichzeitig nur begrenzten positiven Wirkungen stellt sich die Einführung einer generellen Gefährdungshaftung nicht als sinnvoll dar. Punktuell erscheint eine Gefährdungshaftung zwar diskussionswürdig. Da auf diesem Wege jedoch nicht das Maß der Rechtsunsicherheit reduziert würde, welches sämtliche Produzenten und Diensteanbieter bei der Frage nach dem rechtskonformen Verhalten bezüglich der IT-Sicherheit betrifft, kann eine weitere Erörterung dieser Möglichkeit unterbleiben.

2. Erhöhung der Effektivität durch Gefahren-Informationsdienst

Das Konzept einer generellen Gefährdungshaftung eignet sich aus den aufgezeigten Gründen nicht für eine Modifikation des außervertraglichen Haftungsrechts, die in sinnvoller Weise zur Verbesserung des IT-Sicherheitsniveaus beiträgt. Eine gesetzgeberische Handlungsalternative besteht jedoch darin, das geltende Haftungsrecht um ein rechtlich relevantes Hilfsmittel zu ergänzen, welches den Graubereich hinsichtlich der Gefahren effektiver handhabbar macht. Ein solches als Hilfsmittel dienendes Instrument könnte in der Schaffung eines Gefahren-Informationsdienstes mit umfassender Meldepflicht zu sehen sein. Das diesem Ansatz zugrundeliegende Konzept soll im Folgenden vorgestellt werden. Inwiefern das Konzept auf gesetzliche Korrekturen angewiesen ist und welche Maßnahmen der Gesetzgeber umsetzen müsste, ist in dem Zusammenhang zu klären. Sollte eine abschließende Bewertung ergeben, dass dieser gesetzgeberischen Handlungsalternative keine rechtlichen Bedenken entgegenstehen, wäre ein Vorschlag für einen sinnvollen Beitrag zur Verbesserung des IT-Sicherheitsniveaus erbracht.

a) Konzept zur Stärkung des präventiven Effekts

Der Leitgedanke des Konzepts besteht darin, die Rechtsunsicherheit bezüglich der Gefahren, die als Reaktion IT-Sicherheitsmaßnahmen erfordern, zu reduzieren, ohne dabei jedoch den Argumentationsspielraum der Gerichte zu beseitigen. Letzterer ist, wie bereits im Zusammenhang mit der Abstraktheit der gesetzlichen Regelungen sowie der Indizwirkung der technischen Sicherheitsstandards ausgeführt, für den intensiven Effekt der präventiven Wirkung und insbesondere für einen gerechten Schadensausgleich unabdingbar.[820] Die aufgezeigte generelle Vorgehensweise im Rahmen der Gefahranalyse, die sich etwa im Anwendungsbereich des § 823 Abs. 1 BGB dadurch auszeichnet, dass die Grenze zwischen abstrakter und konkreter Gefahren wertungsabhängig gezogen und dabei ein objektivierter Bewertungsmaßstab angelegt wird, bleibt folglich unangetastet. Eine diesbezügliche Änderung würde wegen ihrer negativen Auswirkungen auf die Intensität und den gerechten Schadensausgleich keinen sinnvollen Beitrag zur Verbesserung des IT-Sicherheitsniveaus leisten.

Stattdessen sind Ergänzungen des geltenden Rechts zu diskutieren, die sich auf andere Weise positiv auf den präventiven Effekt auswirken. Zu diesem Zweck erscheint es möglich, die Vorgehensweise im Zusammenhang mit den technischen Sicherheitsstandards zum Vorbild zu nehmen und ein zusätzliches Hilfsmittel für die Bestimmung der Gefahren zu etablieren, welche IT-Sicherheitsmaßnahmen seitens der Hersteller und Diensteanbieter erfordern. Dieses müsste – ähnlich wie die technischen Sicherheitsstandards – indizielle Wirkung für die Gefahranalyse entfalten, ohne zugleich absolut zu wirken.

Als ein solches Hilfsmittel sind ständig aktualisierte Gefahren-Informationsdienste in Betracht zu ziehen. Es ist denkbar, darüber veröffentlichte Gefahren als Anhaltspunkte in positiver wie auch negativer Hinsicht zu qualifizieren. Wenn ein von einer IT-Sicherheitspflicht betroffener Hersteller oder Diensteanbieter eine veröffentlichte Gefahr in seinen Entscheidungsprozess hinsichtlich der IT-Sicherheit einbezogen hätte, könnte dies für die Rechtskonformität seines Handelns sprechen, sofern daran angepasste, angemessene technische oder organisatorische Maßnahmen umgesetzt wurden. Umgekehrt läge ein Rechtsverstoß nahe, sofern ein zur IT-Sicherheit Verpflichteter auf eine veröffentlichte Gefahr nicht reagiert hätte und diese sich zum Nachteil eines Geschädigten ausgewirkt hätte. So entstünde neben den technischen Sicherheitsstandards ein weiterer Orientierungspunkt für das rechtskonforme Handeln.

---

820 Kap. 5, Teil II, Abschn. 2 und 3b).

Zwar würde auch dieses Hilfsmittel den Unternehmen nicht die Entscheidung darüber abnehmen, ab wann sie welche konkreten Maßnahmen zur Gewährleistung der IT-Sicherheit umsetzen müssten. Der Vorteil der Einbeziehung solcher Gefahren-Informationsdienste läge jedoch darin, dass zumindest die Entscheidungsgrundlage für die Hersteller und Dienstanbieter gestärkt würde. Je fundierter die Kenntnis über Gefahren ist, desto besser kann letztlich das rechtskonforme Verhalten gelingen. Denn anstatt für eine konturenlose Menge potenzieller bzw. als konkret zu bewertender Gefahren die Notwendigkeit von Schutzmaßnahmen zu bestimmen und sie in rechtskonformer Weise zu implementieren, wäre eine begrenzte Menge näher bestimmter Gefahren vorgegeben, hinsichtlich derer angemessene Sicherheitsmaßnahmen festzulegen und umzusetzen sind.[821] Gerade mit Blick auf neu entdeckte bzw. neu entstandene Gefahren käme es dadurch zu einer deutlich optimierten Entscheidungsgrundlage. Der organisatorische Aufwand der Bestimmung sowie die Fehleranfälligkeit von IT-Sicherheitsmaßnahmen würde auf diesem Wege gesenkt und die Richtung für das rechtskonforme Verhalten wäre insgesamt eindeutiger. Gleichzeitig bliebe wegen der den Gefahren-Informationsdiensten zuzumessenden bloßen Indizwirkung genügend Argumentationsspielraum für die Gerichte, um etwa trotz fehlendem Hinweis auf eine im konkreten Fall ursächliche Gefahr ein Fehlverhalten im Einzelfall begründen zu können.

b) Notwendigkeit gesetzlicher Änderungen

Gesetzliche Änderungen zur Realisierung des vorgestellten Konzepts erscheinen auf dem ersten Blick allerdings nicht notwendig. Denn der Änderungsvorschlag zielt auf die Verbesserung einer Situation, die Resultat von Bewertungsmaßstäben ist, die von der Rechtsprechung aufgestellt wurden. Die Gerichte verfolgen im Rahmen der Gefahranalyse zur Wahrung der Intensität sowie zur Ermöglichung eines gerechten Schadensausgleichs bewusst den flexiblen, wertungsbezogenen Ansatz hinsichtlich der Gefahren, die IT-Sicherheitsmaßnahmen erforderlich machen. Sie könnten ebenso bewusst Gefahren-Informationsdienste als Hilfsmittel in ihre Entscheidungen einbeziehen. Wie im Folgenden gezeigt wird, fehlt es für eine solche Vorgehensweise allerdings an den notwendigen Voraussetzungen. Diese kann nur der Gesetzgeber schaffen.

---

821 Einen ähnlichen Ansatz vertritt *Roth* mit Blick auf technische Sicherheitsstandards. Er diskutiert eine Verpflichtung auf den IT-Grundschutz, damit sich Unternehmen nur noch mit einem Standard auseinandersetzen müssen, vgl. InTeR 2014, 90, 95.

aa) Umsetzung durch die Rechtsprechung

An sich spricht nichts dagegen, dass die Rechtsprechung unabhängig von legislativen Maßnahmen den Rückgriff auf Gefahren-Informationsdienste für die Analyse der Gefahren, die sich in der Bestimmung von IT-Sicherheitsmaßnahmen widerspiegeln müssen, etabliert und durch dieses Hilfsmittel die Effektivität der präventiven Wirkung erhöht. Die praktischen Voraussetzungen dafür wären prinzipiell vorhanden. So existieren insbesondere für Schwachstellen in weit verbreiteten Hard- und Software-Produkten Informationsangebote, die einen Überblick über die aktuelle Gefahrenlage geben.

Ein Beispiel dafür sind auf nationaler Ebene die Warn- und Informationsdienste der Computer Emergency Response Teams (CERTs)[822] oder im internationalen Kontext das standardisierte Verzeichnis allgemein bekannter Sicherheitslücken in Computersystemen (Common Vulnerabilities and Exposures – CVE).[823] Daneben bieten IT-Sicherheitsforscher offene Plattformen an, über die Informationen über Gefahren für die IT-Sicherheit verbreitet werden.[824] Zusätzlich bestehen Kooperationen von Unternehmen, die zu einer Verbesserung der IT-Sicherheitslage beitragen wollen und deshalb untereinander Informationen über Gefahren austauschen.[825] Angesichts dieser Angebote ist es nicht ausgeschlossen, dass die Rechtsprechung künftig auf diese Quellen zurückgreift und unabhängig von der Aktivität des Gesetzgebers einen Schritt in Richtung der Etablierung dieses Hilfsmittels macht.

bb) Abhängigkeit von ausreichenden Informationen

Die Notwendigkeit legislativer Maßnahmen entfällt dadurch jedoch nicht. Für das Funktionieren des Konzepts ist es unerlässlich, dass die Gerichte den Gefahren-Informationsdiensten tatsächlich eine indizielle Wirkung für rechtskonformes Verhalten zuerkennen können. Für die Zuerkennung dieser Wirkung müssen allerdings bestimmte Vorbedingungen erfüllt sein.

---

822 Der Warn- und Informationsdienst des CERT-Bund ist abrufbar unter: https://www.cert-bund.de/overview.

823 Abrufbar unter: https://cve.mitre.org/.

824 Ein Überblick über verschiedene dieser Plattformen findet sich auf http://seclists.org/.

825 Ein prominentes Beispiel in Deutschland ist die *Allianz für Cybersicherheit*, mit ihren rund 2200 teilnehmenden Institutionen (Stand 05/2017). Nähere Informationen zu ihren Zielen und Vorgehensweisen finden sich unter: https://www.allianz-fuer-cybersicherheit.de/ACS/DE/Home/startseite.html.

So ist es zwingend erforderlich, dass Informationen über Gefahren in ausreichender Quantität und Qualität zur Verfügung stehen. Denn nur bei einer hinreichenden Menge an qualitativ geeigneten Informationen tritt der mit diesem Hilfsmittel bezweckte Effekt ein: Erst dann würde eine Erkenntnisgrundlage für die Verpflichteten geschaffen, die mit höherer Wahrscheinlichkeit zu rechtskonformen angemessenen technischen und organisatorischen Maßnahmen führt und die dadurch Vorteile gegenüber der aktuell wertungsoffenen Gefahranalyse aufweist.

Solange eine ausreichende Quantität und Qualität von Informationen der Gefahren-Informationsdienste hingegen nicht gewährleistet ist, führt das aktuelle Vorgehen trotz des Aufwandes und der Fehleranfälligkeit der Gefahranalyse zu vorzugswürdigen Resultaten. Denn aufgrund der Unberechenbarkeit der nachträglichen richterlichen Bewertung der Gefahrenlage dürfte sich für Hersteller und Diensteanbieter etwa ein höherer Anreiz zu einer Berücksichtigung auch abstrakterer Gefahren ergeben, um so das individuelle Haftungsrisiko zu minimieren. Im Vergleich zu einer Gefahranalyse, die sich wegen der indiziellen Wirkung an einem nicht mit ausreichenden Informationen ausgestatteten Gefahren-Informationsdienst orientieren würde, kommt es dadurch mit größerer Wahrscheinlichkeit zu einem für die IT-Sicherheit positiven Verhalten. Damit das IT-Sicherheitsniveau sich nicht verschlechtert, muss also ein ausreichender Informationsfluss hinsichtlich aktueller Gefahren bestehen.

cc) Fehlender Informationsfluss

Diese Grundvoraussetzung für das Konzept kann aktuell nicht als erfüllt angesehen werden. Es fehlt sowohl in quantitativer als auch in qualitativer Hinsicht an erforderlichen Informationen über Gefahren, die die Produzenten und Anbieter IT-spezifischer Produkte bzw. Dienste betreffen.

(1) Inhaltliche Anforderungen an die Informationen

Um eine Bewertungsgrundlage für Gefahren zu schaffen, die ein rechtskonformes Verhalten der Hersteller und Diensteanbieter wirkungsvoller herbeiführt, sind Informationen über aktuellste Gefahren für die IT-Sicherheit von IT-spezifischen Produkten und Diensten erforderlich. Sie müssen zudem alle für die IT-Sicherheit relevanten Aspekte abdecken. Inhaltlich müssen sie also mindestens darüber informieren, dass durch die Beeinträchtigung der Verfügbarkeit, Vertraulichkeit, Integrität oder Authentizität von Informationen, Systemen, Komponenten oder Prozessen eines IT-spezifischen Produkts oder Dienstes Schäden hinsichtlich der jeweils geschützten Rechtsgüter Dritter drohen. Zudem müssen sie einen möglichst hohen Grad an Detailliertheit aufweisen, also nicht nur über das Ob von Gefahren, sondern soweit wie möglich auch über die Ursache der Gefahr Auskunft geben. Denn je genauer die Gefahrenquelle eingegrenzt werden kann, desto präziser sind IT-Sicherungsmaßnahmen bestimm- und umsetzbar.

(2) Ungeeignetheit freiwillig gemeldeter Informationen

Die momentan zur Verfügung stehenden Informationen erfüllen diese inhaltlichen Anforderungen nicht.[826] Der Inhalt in den beispielhaft genannten Melde- und Warndiensten ist zwar bereits ein Faktor für die Verhinderung von Schäden durch mangelhafte IT-Sicherheit.[827] Die dortigen Informationen reichen jedoch allein nicht aus, da sie im Großen und Ganzen nur weit verbreitete Hard- und Software betreffen und vorwiegend das Ziel haben, Anwender und Intermediäre zu warnen oder ihnen Handlungsoptionen aufzuzeigen.[828] Gefahren, die nicht auf standardisierte Hard- und Software zurückzuführen sind, werden hingegen nur selten behandelt. Schon von der Zielrichtung her sind die Informationen also nicht ausreichend, um darauf aufbauend das vorgestellte Konzept umzusetzen.

Hinzu kommt, dass sie nur in Ausnahmefällen die erforderlichen Details vermitteln, damit Hersteller oder Diensteanbieter daran anknüpfend eine verbesserte Gefahranalyse durchführen können. Derartige Details werden zwar zum Teil durch Veröffentlichungen entweder des Herstellers bzw. Anbieters eines betroffenen Produkts bzw. Dienstes selbst oder von unabhängigen IT-Sicherheitsforschern bereitgestellt.[829] In der Regel bleiben ausführliche Analysen über den Auslöser einer Gefahr jedoch geheim oder werden erst nach Ablauf einer längeren Zeitspanne veröffentlicht.[830]

---

826 Anderer Ansicht ist *Roth,* der bereits von einer Vielzahl von Warnmeldungen ausgeht, die für unterschiedlichste Produkte kursieren, vgl. InTeR 2014, 90, 95.

827 Gerade die CERTs gehören zu den wichtigsten Informationsquellen für IT-Verantwortliche, vgl. *Schadel,* S. 154.

828 So etwa der Warn- und Informationsdienst vom CERT Bund: https://www.cert-bund.de/wid.

829 Siehe beispielhaft für von IT-Sicherheitsforschern veröffentlichte, detaillierte Informationen über Gefahren: *Spaar,* auf: Heise.de, Auto, öffne dich! Sicherheitslücken bei BMWs ConnectedDrive; *Regel,* auf: Seclists.org, Miele Professional PG 8528 – Web Server Directory Traversal.

830 *Gleich,* auf: Heise.de, VW-Wegfahrsperre: Volkswagen-Hack endlich veröffentlicht.

(3) Ungeeignetheit verpflichtend gemeldeter Informationen

An diesem Befund ändern auch spezielle Meldepflichten im geltenden Recht nichts. Die Normadressaten von § 109a TKG, § 15a TMG sowie Art. 33, 34 DSGVO bzw. § 42a BDSG müssen zwar in einigen Fällen einer Verletzung des Schutzes personenbezogener Daten gewisse Informationen an Betroffene sowie die jeweilige Aufsichtsbehörde übermitteln. Diese eignen sich jedoch nicht zur Umsetzung des Konzepts, da sie weder sonstigen Akteuren zur Verfügung stehen, deren IT-spezifische Produkte bzw. Dienste in gleicher Weise von der Gefahr betroffen sein können, noch die erforderliche inhaltliche Tiefe hinsichtlich der Ursache der Gefahr aufweisen.

Letzterer Mangel ist bezüglich der Informationen, die infolge der durch das IT-Sicherheitsgesetz neu eingeführten Meldepflichten zur Verfügung gestellt werden müssen, nicht feststellbar. Denn sie erfordern eine Bekanntgabe der technischen Rahmenbedingungen sowie der tatsächlichen oder vermutlichen Ursache für die zu meldende Störung.[831] Inhaltlich handelt es sich also um die Art von Informationen, die notwendig sind, um das Konzept der Gefahren-Informationsdienste umsetzen zu können. Allerdings müssen nur Betreiber kritischer Infrastrukturen den Meldepflichten nachkommen. Zudem stehen die gemeldeten Informationen nur diesen Betreibern und damit nur einer Teilmenge aus der Gruppe sämtlicher Hersteller von IT-spezifischen Produkten bzw. Anbieter von IT-spezifischen Diensten zur Verfügung. Eine Weitergabe der Informationen an andere Akteure ist gerade nicht vorgesehen.[832] Der für das Konzept erforderliche Informationsfluss in quantitativ und qualitativ ausreichender Weise wird folglich nicht erreicht.

dd) Zwischenergebnis

Festhalten lässt sich, dass die Rechtsprechung ihre Vorgehensweise grundsätzlich eigenständig im Sinne des vorgestellten Konzepts modifizieren und dadurch die Rechtsunsicherheit so reduzieren könnte, dass die präventive Wirkung des außervertraglichen Haftungsrechts erhöht würde. Allerdings fehlt es dafür an den erforderlichen Rahmenbedingungen. Das Konzept stellt nur dann eine Verbesserung gegenüber der jetzigen Situation dar, wenn als Vorbedingung die notwendigen Informationen in quantitativ und qualitativ ausreichendem Maße zur

---

831 Siehe § 8b Abs. 4 S. 2 BSIG; § 44b S. 3 AtG; § 11 Abs. 1c S. 2 EnWG. Im SGB V fehlt eine Vorgabe bezüglich des Inhalts. Wegen der Identität des Regelungsgegenstandes ist jedoch von einer inhaltlich identischen Meldepflicht auszugehen.

832 *Hornung*, NJW 2015, 3334, 3338; *Spindler*, CR 2016, 297, 302.

Verfügung stehen. Diese Voraussetzung ist aktuell jedoch nicht erfüllt, da die erforderlichen Informationen entweder gar nicht, nicht ausreichend oder nicht rechtzeitig vorhanden sind.[833] Dementsprechend sind gesetzliche Modifizierungen notwendig, die die erforderlichen Rahmenbedingungen für eine Umsetzung des Konzepts durch die Rechtsprechung schaffen.

c) Legislativer Änderungsbedarf

Aus der Begründung zur Notwendigkeit legislativer Aktionen lassen sich die Ansatzpunkte für die erforderliche Modifizierung folgern. Als Kernelement der gesetzlichen Änderungen ist die Einführung einer umfassende Meldepflicht über identifizierte Gefahren auszumachen. Der Inhalt und Umfang der zu meldenden Informationen sind gesetzlich festzulegen. Zudem sind für eine funktionierende Umsetzung des Konzepts einige ergänzende gesetzliche Vorgaben zu machen.

aa) Einführung einer Meldepflicht

Wie soeben gezeigt, ist das Konzept zur Erhöhung der präventiven Wirkung des außervertraglichen Haftungsrechts durch die Einbindung von Gefahren-Informationsdiensten auf bestimmte Informationen in quantitativ und qualitativ ausreichendem Maße angewiesen.[834] Die erforderlichen Informationen sind jedoch nach aktuellem Stand nicht in zufriedenstellendem Maße verfügbar. Dieser Missstand ist durch staatliches Handeln zu beheben.[835] Zur Initiierung des Informationsflusses ist deshalb eine gesetzliche Meldepflicht einzuführen.[836]

---

833 Ebenso vor Verabschiedung des IT-Sicherheitsgesetzes mit Blick auf kritische Infrastrukturen: *Enquette-Kommission*, BT-Drucksache 17/12541, S. 96.

834 Die Notwendigkeit eines Informationsaustauschs über Gefahren wurde bereits in einer OECD-Empfehlung im Jahr 2002 hervorgehoben, vgl. *OECD-Rat*, DuD 2002, 689, 690.

835 Auch in den USA zielte staatliches Handeln zur Verbesserung der IT-Sicherheitslage zuletzt darauf, einen effektiveren Informationsfluss zu fördern, vgl: US Cybersecurity Information Sharing Act 2015, abrufbar unter: https://www.congress.gov/114/bills/s754/BILLS-114s754es.pdf; vgl. *US Food and Drug Administration*, Guidelines, S. 7, abrufbar unter: https://www.fda.gov/downloads/MedicalDevices/DeviceRegulationandGuidance/GuidanceDocuments/UCM482022.pdf.

836 So schon das Sondervotum von Teilen der *Enquette-Kommission*, BT-Drucksache 17/12541, S. 115. Eine Meldepflicht zumindest für Soft- und Hardwarehersteller wird auch von Teilen aus Politik und Wirtschaft gefordert, vgl.: *Agenturmeldung*, auf: Heise.de, Nach WannaCry: Telekom-Chef fordert Gesetz zur Bereitstellung von Sicherheits-Updates; *SPD*, auf: SPDFraktion.de, Positionspapier: Stärkung des digitalen Immunsystems, S. 2

(1) Existenz der erforderlichen Informationen

Die Initiierung des Informationsflusses erfordert nicht, dass eine Pflicht zur Schaffung der notwendigen Informationen verankert wird. Denn es kann davon ausgegangen werden, dass die erforderlichen Informationen bereits vorhanden sind. Im Rahmen der Forschung zur Weiterentwicklung ihrer Angebote und insbesondere in Erfüllung der sowohl pro- als auch reaktiven Verkehrssicherungspflicht sammeln Hersteller und Anbieter Wissen über konkrete Gefahren an,[837] die sich aufgrund mangelhafter IT-Sicherheit ihrer Angebote zu Schäden an den geschützten Rechtsgütern Dritter fortentwickeln können.

Dieses Wissen über Gefahren ist für die Umsetzung des Konzepts essentiell. Denn auch wenn die Informationstechnik sich von Angebot zu Angebot unterscheidet, sodass Schwachstellen bezüglich der IT-Sicherheit nicht immer eins zu eins übertragbar sind,[838] ist dennoch nicht auszuschließen, dass IT-spezifische Angebote aus konzeptionellen Gründen ähnliche Gefahrneigungen aufweisen. Dass etwa über eine Handy-App Zugriff auf ein fremdes Kfz erlangt werden kann, weil eine ausreichende Kommunikationsverschlüsselung fehlt und eine erforderliche Identifikationsnummer unnötigerweise bekannt gegeben wird,[839] ist eine Gefahr, die nicht nur jedem Kfz-Hersteller drohen kann, sondern sämtlichen Herstellern, die per App-Zugriff Einfluss auf die Sicherungsvorrichtungen ihrer Produkte gewähren. Würden grundlegende Informationen über diese Gefahr für vergleichbare Produkte zur Verfügung gestellt, könnte jeder weitere Hersteller oder Anbieter daraus eigenverantwortlich ableiten, ob für sein Produkt oder Dienst eine Sicherheitsmaßnahme zur Verhinderung ebendieser Gefahr erforderlich ist. Die Information hätte also über den Einzelnen hinaus gesellschaftlichen Nutzen.[840]

(2) Fehlender Anreiz zum Teilen der Informationen

Ein Anreiz zum Teilen dieser Informationen besteht für die Hersteller und Anbieter nach aktuellem Stand jedoch nicht. Ganz im Gegenteil erscheint ihre

---

837 Ausführlich dazu Kap. 3, Teil III, Abschn. 1d).

838 Vgl. für die Gefahr von Fernzugriffen auf Kfz: *Agenturmeldung*, auf: Heise.de, Bosch-Manager: Auto-Hacks sind schwer zu kopieren.

839 *Spaar*, auf: Heise.de, Auto, öffne dich! Sicherheitslücken bei BMWs ConnectedDrive.

840 Den gesellschaftlichen Nutzen des Informationsaustauschs betont ebenfalls *Pohlmann*, DuD 2016, 38, 40. Für mehr Kooperation zur Überwindung des ineffizienten Ansatzes bezüglich identischer Sicherheitsfragen bei verschiedenen Unternehmen plädieren auch *Waidner/Backes/Müller-Quade*, auf: Kompezenz-it-sicherheit.de, Positionspapier Cybersicherheit, S. 9.

Geheimhaltung aus wirtschaftlicher Sicht sinnvoll, da für die Erlangung der Erkenntnisse regelmäßig erhebliche finanzielle Ressourcen aufgewendet werden, von denen im Ergebnis andere Unternehmen profitieren würden. Zudem besteht die Gefahr, dass aus den Informationen Betriebs- oder Geschäftsgeheimnisse abgeleitet werden könnten. Um keine Vorteile gegenüber Konkurrenten einzubüßen, empfiehlt es sich aus Sicht der Unternehmen also, dieses Wissen für sich zu behalten. Zudem droht durch die Veröffentlichung von Informationen über Gefahren eines Produkts oder Dienstes immer auch das Risiko, den guten Ruf bei Kunden zu verlieren.[841]

(3) Vorschlag für eine Meldepflicht

Da vor diesem Hintergrund nicht mit einer freiwilligen Bereitstellung einer ausreichenden Menge der qualitativ benötigten Informationen zu rechnen ist, ist die gesetzliche Auferlegung einer Meldepflicht notwendig. Diese wäre so zu formulieren, dass die für das Konzept benötigten Informationen passgenau gemeldet würden. Ein auf dieses Ziel ausgerichteter Vorschlag könnte folgendermaßen aussehen:

> Hersteller und Anbieter von IT-spezifischen Produkten bzw. Diensten sind zu einer unverzüglichen Meldung verpflichtet, sofern sie technische oder organisatorische Maßnahmen in Bezug auf ihre Produkte bzw. Dienste umgesetzt haben, die aus ihrer Sicht in Anbetracht der Gefahrenlage erforderlich waren, um Schäden an rechtlich geschützten Gütern und Interessen Dritter aufgrund mangelhafter IT-Sicherheit der von ihnen hergestellten Produkte bzw. angebotenen Dienste zu verhindern.
> Die Meldung muss darüber informieren, dass Maßnahmen zu diesem Zweck durchgeführt wurden, welches Produkt bzw. welchen Dienst die Maßnahmen betrafen, welches geschützte Rechtsgut oder Interesse gefährdet war und welcher technische oder organisatorische Mangel als tatsächliche oder vermutete Ursache für die Gefahr ausgemacht wurde.

bb) Einschränkung der Meldepflicht

Die eben genannte Meldepflicht wäre das Kernstück der gesetzlichen Modifikation zur Stärkung der präventiven Wirkung des außervertraglichen Haftungsrechts. Sie ist bewusst weit formuliert, damit die Menge der benötigten Informationen tatsächlich erzielt wird. Diese Reichweite ist jedoch zur Filterung von unwesentlichen Informationen einzuschränken.

---

841 Vgl. dazu auch das Sondervotum von Teilen der *Enquette-Kommission*, BT-Drucksache 17/12541, S. 115.

So müssen die Meldungen keine detaillierten Informationen über die tatsächliche oder vermutete Ursache der Gefahr enthalten, wenn die Verpflichteten sich sicher sein können, dass diese konkrete Gefahr keinem anderen Akteur droht. Beispielhaft wäre das der Fall bei Programmierfehlern in einer Software mit ansonsten einwandfreiem Sicherheitskonzept, die einzig und allein für das besagte Produkt bzw. den Dienst entwickelt wurde. Es reicht dann der Hinweis, dass eine Maßnahme als Reaktion auf eine individuelle Gefahr durchgeführt wurde. Die Einschränkung dient dazu, dass keine Informationen über Gefahren in den Gefahren-Informationsdienst Eingang finden, die von vornherein als irrelevant für alle sonstigen Hersteller und Anbieter einzustufen sind. Durch die Beschränkung der Meldepflicht soll also verhindert werden, dass zu viele Informationen in Umlauf gelangen, die unnötig organisatorische Kapazität der anderen Akteure im Rahmen der Gefahrenanalyse verbrauchen.[842]

cc) Umgang mit den gemeldeten Informationen

Komplementär zur Verankerung der Meldepflicht sind zusätzliche gesetzliche Vorgaben zum Umgang mit den gemeldeten Informationen erforderlich. In diesem Zusammenhang sind Regelungen zu schaffen, an wen die Meldungen zu richten sind und wie mit ihnen zu verfahren ist.

(1) Beauftragung einer zentralen Meldestelle

Zur unkomplizierten Erfüllung der Meldepflicht empfiehlt sich die Etablierung einer zentralen Empfangsstelle, die als Intermediär die Informationen aufnimmt, strukturiert und weiterverbreitet.[843] Es handelt sich dabei um eine Position von entscheidender Bedeutung für das Funktionieren des Konzepts. Die Aufgabe des Intermediäres soll nicht einfach darin bestehen, die Informationen undifferenziert bekanntzumachen. Stattdessen wird das angestrebte Ziel erst durch eine Aufarbeitung und eine daran anknüpfende, selektive Bekanntgabe der gemeldeten Gefahren erreicht.[844]

---

842 In dem Sinne auch: *Gerling*, RDV 2015, 167, 170.

843 Siehe auch *Schadel*, die auf die Ausgleichs- und Selektionsfunktion von Informationsintermediären hinweist, vgl. S. 152. Zur Steigerung der Effizienz von Sicherheitsmaßnahmen plädieren auch *Waidner/Backes/Müller-Quade* für zentrale Informationsangebote, vgl.: auf: Kompezenz-it-sicherheit.de, Positionspapier Cybersicherheit, S. 2.

844 Ebenso im Rahmen der Bewertung der Meldepflicht nach dem IT-Sicherheitsgesetz: *Gerling*, RDV 2015, 167, 170.

(2) Aufarbeitung der Informationen

Die Aufarbeitung ist zum einen notwendig, um eine zielgerichtete Wissensvermittlung zu erreichen. Aufgrund der vielfältigen Unterschiede zwischen den IT-spezifischen Produkten und Diensten sind nicht sämtliche Informationen über Gefahren für jeden Hersteller oder Anbieter relevant. Deshalb muss aus den eingehenden Informationen abgeleitet werden, welche Branchen von Herstellern oder Dienstanbietern vergleichbaren Gefahren ausgesetzt sind. So kann im Anschluss eine gefilterte Bekanntgabe erfolgen, die verhindert, dass sich Akteure mit Informationen über Gefahren auseinandersetzen müssen, die für sie irrelevant sind.[845]

Die Aufarbeitung ist zum anderen notwendig, um berechtigte Interessen der meldenden Akteure zu schützen. Sie soll dazu führen, dass nicht zu viele Informationen an Konkurrenten preisgegeben werden. So genügt für eine Gefahranalyse die Bekanntgabe der vermuteten oder tatsächlichen Ursache einer Gefahr sowie der gefährdeten Rechtsgüter. Welches Produkt oder welchen Dienst die Gefahr betrifft, ist hingegen irrelevant und zum Schutz des Rufs des meldenden Unternehmens nicht bekannt zu geben. Zudem ist die Ursache nur so detailliert anzugeben, dass keine Betriebs- bzw. Geschäftsgeheimnisse veröffentlicht werden. Der Intermediär ist also verpflichtet, die technischen oder organisatorischen Mängel, die vom Meldenden als Auslöser für eine Gefahr bewertet wurden, so detailliert wie nötig aber zugleich so neutral wie möglich zu formulieren.

Zurückhaltung bezüglich der zu veröffentlichenden Details ist schließlich auch zu wahren, sofern der Meldepflichtige angezeigt hat, dass er die Ursache einer Gefahr zwar erkannt hat, jedoch noch keine Maßnahme zu ihrer Beseitigung umsetzen konnte, sondern zunächst nur Maßnahmen zur Eindämmung der Gefahr getroffen hat. So soll verhindert werden, dass Wissen an Dritte gelangt, das durch diese zu bewussten Schädigungen genutzt werden kann.

(3) Gefilterte Bekanntgabe der Informationen

Anknüpfend an die Aufarbeitung müssen dann in einem zweiten Schritt die selektierten Informationen bekannt gegeben werden. Zur Verwirklichung der bereits angesprochenen Filterfunktion hat die Weitervermittlung über differenzierte Gefahren-Informationsdienste für Gruppen vergleichbarer Produzenten und Dienstanbieter zu erfolgen. Diese einzelnen Gefahren-Informationsdienste

---

845 Dieser zentralisierende Ansatz wird auch mit Blick auf die Bewertung von technischen Sicherheitsstandards diskutiert. Ziel soll es sein, die Verpflichteten von komplexer Recherche und Bewertung zu entlasten, vgl. *Bieker/Hansen*, DuD 2017, 285, 288.

dürfen wiederum nur für Angehörige der jeweiligen Gruppen zugänglich sein. Dies ist im gesamtgesellschaftlichen Interesse geboten. Denn es ist zu berücksichtigen, dass Informationen über Gefahren in den falschen Händen zu einer Vergrößerung des Risikos führen können.[846] Ein öffentlich zugängliches Verzeichnis aktueller Gefahren samt jeweiliger Ursachen würde unnötig Aufmerksamkeit auf Schwachpunkte der IT lenken und damit in größerem Umfang geschützte Rechtsgüter gefährden.[847] Um dem entgegenzuwirken, ist eine Zugangsbeschränkung für die Gefahren-Informationsdienste einzuführen. Über die Zugangsberechtigung könnte der Intermediär im Zusammenspiel mit den berufsständischen Kammern sowie mit Branchenvertretern entscheiden.[848]

dd) Bestimmung des Empfängers der Meldungen

Die enorme Bedeutung der dargestellten Aufgaben im Umgang mit den gemeldeten Informationen bringt es mit sich, dass hohe Anforderungen von der Stelle zu erfüllen sind, die als Intermediär fungieren soll. Der Gesetzgeber könnte seinen Gestaltungsspielraum nutzen, indem er eine neue Behörde schafft, die diesen Anforderungen gerecht wird. Naheliegender ist jedoch, das *BSI* mit diesen Aufgaben zu betrauen. Denn sie liegen auf einer Linie mit dem bestehenden Aufgabenkatalog und würden dazu beitragen, dass dieser effektiver erfüllt werden kann.[849] Die notwendige Expertise wäre aufgrund der gewachsenen Verantwortung im Zusammenhang mit der Gewährleistung von IT-Sicherheit jedenfalls vorhanden.[850]

Die finanziellen und personellen Ressourcen des *BSI* müssten jedoch aufgestockt werden. Zudem wären Sicherungen einzuführen, damit die Informationen nicht zur Unterstützung staatlicher Maßnahmen genutzt werden, die das

---

846 *Hartmann*, PHi 2017, 42, 45. Vgl. etwa auch die „WannaCry"-Attacke im Frühjahr 2017, die auf Wissen über Sicherheitslücken basierte, über das der amerikanische Geheimdienst NSA die Kontrolle verloren hatte: *Agenturmeldung*, auf: Spiegel.de, „WannaCry"-Angriff – Microsoft macht Regierungen Vorwürfe.

847 Ebenso hinsichtlich einer Warnung aufgrund der Pflicht zur Produktbeobachtung: *Rockstroh/Kunkel*, MMR 2017, 77, 81.

848 Auf die Bedeutung von Körperschaften und Verbänden im Zusammenhang mit der Wissensvermittlung verweist auch *Büllingen*, DuD 2013, 173, 176.

849 So ist das *BSI* bereits zur Sammlung von Informationen verpflichtet, vgl. § 3 Abs. 1 Nr. 2 BSIG. Ebenso gehört es gem. § 3 Abs. 1 Nr. 14 BSIG zu dessen Aufgaben, in umfassender Hinsicht beratend tätig zu werden und Warnungen auszusprechen.

850 Zum Bedeutungszuwachs des BSI: *Schallbruch*, CR 2017, 648, 649.

Wissen um mangelhafte IT-Sicherheit zu geheimdienstlichen Zwecken ausnutzen.[851] Solange eine Doppelfunktion des *BSI* besteht, die daraus resultiert, dass es einerseits auf eine Verbesserung der IT-Sicherheitslage zugunsten der Bürgerinnen und Bürger hinwirkt, aber andererseits das Ausnutzen mangelhafter IT-Sicherheit durch staatliche Stellen unterstützt,[852] verbietet sich die Benennung des *BSI* als Intermediär für die Gefahren-Informationsdienste.

ee) Offenheit für weitere Informationen

Neben der Pflicht zur Meldung, ihrer Einschränkung, dem Adressaten der Meldung sowie dem Umgang mit den gemeldeten Informationen wären weitere Regelungen im Recht zu verankern. Durch sie soll die nötige Offenheit des Konzepts der Gefahren-Informationsdienste für die Einbeziehung weiterer Expertise im Zusammenhang mit IT-Sicherheit sichergestellt werden.

So ist zu berücksichtigen, dass der Input für Informationen über Gefahren nicht zwingend von den Herstellern bzw. Anbietern IT-spezifischer Produkte und Dienste stammen muss. Unabhängige IT-Sicherheitsforscher können mit ihren Untersuchungen ebenso wichtige Beiträge zur Aufdeckung von Gefahren leisten, die IT-spezifischen Produkten und Diensten drohen.[853] Diese Erkenntnisse müssen ebenfalls Eingang in die Gefahren-Informationsdienste finden, um eine möglichst umfassende Bewertungsgrundlage für sämtliche aktuelle Gefahren zu erhalten.

Denn insbesondere, wenn Hersteller oder Anbieter außerhalb des Geltungsbereichs des nationalen Rechts niedergelassen sind, geht die Pflicht zur Meldung ins Leere. Diese Lücke kann durch die Einbeziehung des Wissens von Sicherheitsforschern zumindest verkleinert werden. Sollte sich in der Praxis herausstellen, dass dies nicht ausreicht, wäre die Einbeziehung weiterer Akteure in den Pflichtenkreis in Betracht zu ziehen. So könnte ein im Geltungsbereich des Rechts niedergelassener Importeur, Vertriebshändler oder Vertreter des

---

851 Vgl. zur Kritik an der Doppelrolle des BSI: *Chaos Computer Club*, auf: ccc.de, Effektive IT-Sicherheit fördern, S. 8; *Neumann*, Stellungnahme zum IT-Sicherheitsgesetz, Innenausschussdrucksache 18(4)284 F, S. 12; *Tanriverdi*, auf: Süddeutsche.de, Diese Firmen müssen Hacker-Angriffe offenlegen.

852 Grundlage dafür ist die Aufgabenzuweisung in § 3 Abs. 1 Nr. 13 BSIG; Ein Beispiel, das die kritische Doppelfunktion verdeutlicht, ist die Mitwirkung am Bundestrojaner, vgl. *Krempl*, auf: Heise.de, Geheim-Papiere: BSI entwickelte Bundestrojaner mit.

853 Siehe etwa die Aufdeckung der Sicherheitslücken in einer Infusionspumpe oder in einem vernetzten KFZ: *Bergert*, auf: Heise.de, Weitere Sicherheitslücke in Hospira-Infusionspumpen; *Greis*, auf: Zeit.de Auto in voller Fahrt aus der Ferne gehackt.

Herstellers bzw. Anbieters verpflichtet werden, ersatzweise die Übermittlung der Informationen vorzunehmen. Dies wäre ihm möglich, da er mit seinem Geschäftspartner außerhalb des Territoriums vertraglich vereinbaren kann, dass ihm die notwendigen Informationen zufließen.

Unabhängig von einer erst im Verlauf der Zeit zu klärenden Ausdehnung des Kreises der Meldepflichtigen, muss die als Intermediär fungierende Stelle also jedenfalls zum Empfang sowie zur Aufbereitung von Informationen verpflichtet werden, die Dritte bereitstellen, weil sie ihrer begründeten Ansicht nach von Relevanz für einen Gefahren-Informationsdienst sind und IT-Sicherheitsmaßnahmen nach sich ziehen sollten. Damit diese Informationen tatsächlich in ausreichendem Maße an den Intermediär herangetragen werden, wäre zudem ein Anreizsystem für derartige Meldungen zu schaffen. Denkbar ist etwa eine finanzielle Entschädigung für den nachgewiesenen Aufwand, der bei der Ermittlung und Analyse einer tatsächlich relevanten Gefahr entstanden ist. Alternativ könnte auch eine zweckgebundene Gegenleistung mit Bezug zur IT-Sicherheit, etwa in Form einer Unterstützung bei Qualifizierungsmaßnahmen zum Auditor oder zur Zertifizierungsstelle nach § 8a Abs. 4 BSIG, geleistet werden.

Zudem ist das Aufgabenfeld des Intermediäres auch darauf auszurichten, dass er nicht nur passiv Informationen entgegennimmt, sondern ebenso aktiv Informationen einholt. Die Meldepflicht wirkt nur auf nationalstaatlicher Ebene, Gefahren für die IT-Sicherheit machen aber an Staatsgrenzen nicht halt. Bei ausländischen Produkten oder Diensten können unter Umständen bereits Gefahren aufgetreten sein, die in ähnlicher Form auch auf dem deutschen Markt relevant werden können. Internationale Publikationen müssen deshalb ebenfalls auf die Bekanntgabe von Gefahren untersucht und relevante Informationen mit in die Gefahren-Informationsdienste aufgenommen werden. Nur so wird die erforderliche Menge an Informationen erreicht, damit Gerichte den Gefahren-Informationsdiensten indizielle Wirkung für die Gefahranalyse zumessen können.

ff) Gewährleistung der Funktionsweise des Meldesystems

Zur Abrundung des Konzepts sind schließlich gesetzliche Vorgaben nötig, die gewährleisten, dass das Meldesystem praktisch funktioniert. Sie zielen einerseits darauf, abzusichern, dass die Pflichten befolgt werden. Zu diesem Zweck sind Befugnisse des Intermediäres zur Untersuchung der Einhaltung der Meldepflicht ebenso zu verankern wie Befugnisse, die dazu berechtigen, Abhilfe zu schaffen oder Sanktionen im Falle mangelhafter Mitwirkung auszusprechen. Zum anderen sind Sicherheitsvorgaben für die Meldewege und die Gefahren-Informationsdienste vorzuschreiben. Dies ist nötig, damit die Informationen nicht Dritten in die Hände fallen, die damit in erheblichem Umfang Schäden anrichten könnten.

d) Bewertung der erforderlichen Modifizierung

Der soeben skizzierte rechtliche Rahmen ist erforderlich, um die Voraussetzungen zu schaffen, damit die Rechtsprechung ein zusätzliches Hilfsmittel zur Reduzierung der Rechtsunsicherheit bezüglich der Gefahren zur Verfügung stellen und darüber für eine stärkere Entfaltung der präventiven Wirkung der Haftungsregeln sorgen kann. Diese Modifizierung des geltenden Rechts zur Verbesserung des IT-Sicherheitsniveaus sollte jedoch nur vorgenommen werden, sofern ihr keine schwerwiegenderen Bedenken rechtlicher oder tatsächlicher Art entgegenstehen.

aa) Erhebliche finanzielle Gesamtbelastung

Bedenken bezüglich einer derartigen Änderung des Rechts ergeben sich beim Blick auf die vorhersehbare wirtschaftliche Belastung. Sie betrifft nicht nur die verpflichteten privaten Akteure, die dadurch in ihrer unternehmerischen Freiheit beschränkt werden, sondern ebenso den Staat.

Im Rahmen der durch das IT-Sicherheitsgesetz eingeführten Meldepflicht für Betreiber kritischer Infrastrukturen wurde mit Kosten in Höhe von 660 Euro pro Meldung kalkuliert. Dieser Wert ergab sich aus der Multiplikation des veranschlagten elfstündigen Zeitaufwands pro Meldung mit einem angesetzten Stundenlohn von 60 Euro.[854] Auch wenn Details zur Berechnungsgrundlage fehlen, sodass die Korrektheit der Berechnung weder bestätigt noch widerlegt werden kann, ist dieser Wert zur Verdeutlichung der wirtschaftlichen Belastung zu übernehmen. Er eignet sich dazu, weil wie bei der Meldepflicht für Betreiber kritischer Infrastrukturen kaum zusätzliche zeit- und kostenintensive Aktivität seitens der Hersteller und Diensteanbieter nötig ist, um die Pflicht zu erfüllen.[855] Denn die Verpflichteten müssen ihre Angebote insbesondere aufgrund der Verkehrssicherungspflicht gem. § 823 Abs. 1 BGB bereits nach geltendem Recht auf Gefahren für die geschützten Rechtsgüter überwachen.[856] Ein finanzieller Aufwand entsteht lediglich durch das bürokratische Verfahren, die Erkenntnisse über zu meldende Gefahren den Anforderungen der Meldepflicht entsprechend zu formulieren und sodann zu übermitteln.

---

854 Gesetzesbegründung zum IT-Sicherheitsgesetz, BT-Drucksache 18/4096, S. 21.
855 Gesetzesbegründung zum IT-Sicherheitsgesetz, BT-Drucksache 18/4096, S. 21.
856 Dazu ausführlich Kap. 3, Teil III, Abschn. 1d).

Ausgehend von den 660 Euro pro Meldung ergibt sich allerdings anders als bei der durch das IT-Sicherheitsgesetz eingeführten Meldepflicht ein ungleich höherer als der dort geschätzte jährliche Erfüllungsaufwand von 9,24 Millionen Euro. Denn während die Meldepflicht nach dem IT-Sicherheitsgesetz auf unter 2000 Verpflichtete beschränkt ist,[857] wäre aufgrund des weit gezogenen Adressatenkreises ein Vielfaches an Produzenten und Diensteanbietern von der vorgeschlagenen Meldepflicht betroffen.[858] Da die für die Betreiber kritischer Infrastrukturen angenommene Anzahl von im Schnitt 7 Meldungen pro Jahr kaum unterschritten werden dürfte, würde die Gesamtsumme signifikant ansteigen.

Hinzu kommen die für den Staat entstehenden Kosten durch die Ausstattung des Intermediäres mit dem erforderlichen Personal sowie dem benötigten Inventar. Unter Anlehnung an die veranschlagten Kosten für die Ausstattung des *BSI* im Zuge der Implementierung der Meldepflicht für Betreiber kritischer Infrastrukturen dürften die jährlichen Kosten dafür jedenfalls im niedrigen bis mittleren zweistelligen Millionenbereich liegen.[859] In Summe würde die Umsetzung des vorgestellten Konzepts folglich eine erhebliche wirtschaftliche Belastung mit sich bringen, die sowohl die privaten Akteure als auch den Staat betrifft. Diese beachtlichen finanziellen Folgen können gegen eine Durchführung der vorgeschlagenen gesetzlichen Änderungen angeführt werden.

bb) Differenzierte individuelle Belastung

Allerdings kann die wirtschaftliche Belastung auch differenzierter betrachtet werden. Der aufsummierte Erfüllungsaufwand pro Jahr eignet sich nicht als einziger Bewertungsmaßstab. Die geschätzte Gesamtsumme wird aufgrund der personellen Reichweite der Meldepflicht enorm in die Höhe getrieben. Die individuelle finanzielle Belastung bleibt hingegen bei den angesetzten 660 Euro pro Meldung. Dieser Kostenfaktor ist für die Beurteilung der Belastung der Hersteller und Anbieter ins Zentrum zu stellen.

Denn in Anbetracht der Kosten pro Meldung können die Verpflichteten ihren finanziellen Aufwand beeinflussen. Je sicherer das Produkt bzw. der Dienst seiner

857 Nach Erlass der 2. BSI-KritisVO zum 1.6.2017 wird von ca. 1699 Verpflichteten ausgegangen, vgl. Begründung zur BSI-KritisVO, S. 2.

858 Zur Reichweite der erfassten Hersteller und Anbieter siehe Kap. 1, Teil III, Abschn. 2.

859 Gesetzesbegründung zum IT-Sicherheitsgesetz, BT-Drucksache 18/4096, S. 21: Für bis zu 216 neue Stellen wurden jährliche Kosten bis zu 15 Mio. Euro veranschlagt, die zu den einmaligen Sachkosten hinzukommen.

Konzeption nach ist, desto weniger technische oder organisatorische Maßnahmen sind erforderlich, um Gefahren abzuwehren. Dadurch sinkt die Anzahl der Meldungen, was sich positiv auf die individuelle finanzielle Belastung auswirkt. Wenn also das Ziel der Gewährleistung von IT-Sicherheit von Anfang an in die Planung und Entwicklung der jeweiligen Angebote einbezogen wird, können Hersteller und Anbieter ihre zusätzlichen Kosten für die Meldung in einem angemessenen Rahmen halten.

Zudem ist zu berücksichtigen, dass die finanzielle Belastung nicht sämtliche Hersteller und Anbieter in gleichem Umfang betrifft. Während bei einigen IT-spezifischen Produkten oder Diensten kaum technische oder organisatorische Maßnahmen erforderlich werden dürften, weil nur wenige Gefahren für die geschützten Rechtsgüter denkbar sind, wären andere stärker von der Meldepflicht betroffen. Deutlich wird dies etwa bei der Gegenüberstellung vom autonomen Fahrzeug mit einem autonomen Mähroboter.[860] Der Verweis auf den hohen gesamten jährlichen Erfüllungsaufwand verzerrt also die Tatsache, dass die wirtschaftlichen Folgen nicht für jeden Akteur belastend sind. Es würden zwar einige Hersteller und Diensteanbieter finanziell stärker belastet werden, mit Blick auf die Gefahren für die geschützten Rechtsgüter, deren Realisierung durch die Meldepflicht im Endeffekt verhindert werden soll, erscheint die Auferlegung zusätzlicher Kosten allerdings legitim.

cc) Rechtfertigung der finanziellen Belastung

Die Beurteilung der wirtschaftlichen Belastung infolge der Umsetzung des vorgeschlagenen Konzepts kann selbstverständlich zu einem gegenteiligen Ergebnis führen. Insbesondere ändert die differenzierte Betrachtung nichts daran, dass durch die Umsetzung auf jeden Fall hohe jährliche Kosten auf den Staat zukommen würden. Doch selbst bei Hervorhebung dieser hohen wirtschaftlichen Belastung sprechen die besseren Gründe für die Umsetzung des Konzepts. Denn die legislativen Änderungen führen zu Vorteilen, die in ihrer Gesamtheit die mit der Meldepflicht verbundene Kostenlast rechtfertigen.

(1) Erleichterte Bestimmung des individuellen Haftungsrisikos

Zu nennen ist in diesem Zusammenhang in erster Linie der Vorteil, der in der Folgewirkung der Umsetzung des Konzepts liegt: Die Modifizierung bezweckt, die Gefahranalyse zu erleichtern und damit eine einfachere und verlässlichere Bestimmung des ordnungsgemäßen Verhaltens zur Gewährleistung von

860 Zu diesem Beispiel: *Rempe*, InTeR 2016, 17, 18.

IT-Sicherheit zu fördern. Durch dieses Hilfsmittel soll die Effektivität der präventiven Wirkung des Haftungsrechts gestärkt werden. Davon profitieren im Ergebnis genau die Unternehmen, die auch die Kosten aufgrund der Meldepflicht tragen müssen. Anstatt technische und organisatorische Sicherheitsmaßnahmen zur Vermeidung schwer fassbarer Gefahren bestimmen und umzusetzen zu müssen, können sie sich an den Informationen der Gefahren-Informationsdienste orientieren. Da diese als Anhaltspunkte für das rechtskonforme Verhalten dienen, wird das Erreichen der Rechtskonformität im Vergleich zur gegenwärtigen Rechtslage erleichtert. Dies ist wiederum vorteilhaft, da Hersteller und Anbieter IT-spezifischer Produkte bzw. Dienste dadurch ihr Haftungsrisiko besser kalkulieren können. Langfristig sind so Kosteneinsparungen möglich, die ihre individuellen Belastungen durch die Meldepflicht zumindest abmildern.

(2) Steigendes IT-Sicherheitsbewusstsein

Zu diesem individuellen Vorteil für die Verpflichteten kommt ein gesellschaftlicher Nutzen der Gesetzesmodifikation hinzu, der die damit verbundenen Investitionen als gerechtfertigt erscheinen lässt. So trägt die Umsetzung des Konzepts dazu bei, dass das IT-Sicherheitsbewusstsein der Produzenten und Diensteanbieter gestärkt wird. Mangelndes Bewusstsein ist gerade bei kleineren und mittleren Unternehmen eine Ursache für ungenügende IT-Sicherheit.[861] Diese resultiert auch daraus, dass drohende Gefahren kaum greifbar sind, weshalb die Umsetzung von Sicherheitsmaßnahmen vernachlässigt wird oder aber in eine falsche Richtung zielt. Dies würde sich ändern, wenn über die Gefahren-Informationsdienste eine konstante Konfrontation mit relevanten Gefahren ausgelöst wird. Dadurch würde das Bewusstsein geschärft, dass Maßnahmen erforderlich sind, deren Umsetzung letztlich zur Verbesserung des gesamtgesellschaftlichen Zustandes der IT-Sicherheit beiträgt.

(3) Beeinflussung der Entwicklung technischer Sicherheitsstandards

Weiterhin hat die Umsetzung des Konzepts einen unmittelbaren positiven Effekt auf die technischen Sicherheitsstandards, die als Hilfsmittel zur Bestimmung des rechtskonformen Verhaltens bereits etabliert sind. Das durch die Gefahren-Informationsdienste gebündelte Wissen über aktuelle Gefahren und ihre Ursachen

861 *Bundesamt für Sicherheit in der Informationstechnik*, auf: BSI.bund.de, Studie zur IT-Sicherheit in KMU; *Büllingen*, DuD 2013, 173, 175f. Siehe auch: *Backes/Buxmann/Eckert et al.*, auf: Crisp-da.de, Key Challenges in IT Security Research – Discussion Paper for the Dialogue on IT Security, S. 9.

ermöglicht eine schnellere und zielgenauere Entwicklung und Überarbeitung von technischen Sicherheitsstandards. Die Zweifel, ob überhaupt ausreichende Standards für die IT-Sicherheit existieren,[862] dürften infolge dieser Entwicklung abklingen.

Zudem können anknüpfend an dieses Wissen zusätzliche Standards entwickelt werden, die Vorgehensweisen zur Minimierung von Gefahren beinhalten, die von der Reichweite des außervertraglichen Haftungsrechts nicht erfasst werden. Derartige Standards könnten freiwillig erfüllt werden oder sie könnten im Rahmen vertraglicher Auseinandersetzungen herangezogen werden. Bei IT-spezifischen Produkten könnte etwa mittels solcher Standards die Produktbeschaffenheit ausdrücklich vereinbart oder die Üblichkeit der Beschaffenheit im Rahmen des § 434 BGB zumindest bestimmt werden. Die durch die Meldepflicht erlangten Informationen würden so dazu beitragen, dass es zu einer ausgedehnteren Entwicklung von IT-Sicherheitsmaßnahmen kommt, die außerhalb vom außervertraglichen Haftungsrecht Rechtswirkung entfalten.

(4) Verbesserung hoheitlicher Reaktionsmöglichkeiten

Schließlich ermöglicht die Umsetzung des Konzepts eine verbesserte Bewertung der Gefährdungslage der IT-Sicherheit sowie eine verbesserte Reaktion auf diese. Denn der Intermediär erlangt durch die Informationen einen fundierten Gesamtüberblick über aktuelle Gefahren, die die Meldepflichtigen zur Vornahme von IT-Sicherheitsmaßnahmen veranlasst haben.[863] Da ihm Details über die tatsächliche oder vermutliche Ursache zur Verfügung stehen, kann er zielgerichtet Hersteller oder Diensteanbieter kontaktieren, bei denen eine ähnliche Gefährdung naheliegt oder die zur Beseitigung der Gefahr einen Beitrag leisten können.[864] Stellt er ein zu geringes Engagement bei der Reaktion auf Gefahrenhinweise fest, kann er zudem die ihm eingeräumten bzw. einzuräumenden Kompetenzen im Interesse der Abwendung der Gefahr ausüben. Unter der Annahme, das *BSI* würde als Intermediär mit dem Empfang und der Verarbeitung der

862 Dazu Kap. 5, Teil II, Abschn. 3b) lit. bb) Unterpunkt (2).

863 Dass die aktuelle rechtliche Situation keinen zufriedenstellenden Lageüberblick erlaubt, zeigt die Bitte des BSI-Chefs um freiwillige Informationen im Anschluss an die WannaCry-Attacke, vgl. *Zivadinovic,* auf: Heise.de, WannaCry: BSI ruft Betroffene auf, Infektionen zu melden.

864 Dies kann insbesondere erforderlich sein, wenn die Sicherheitslücke aus einem Zuliefererteil resultiert und dieses in einer Vielzahl von Produkten unterschiedlicher Hersteller verbaut ist, vgl.: *Gleich,* auf: Heise.de, VW-Wegfahrsperre: Volkswagen-Hack endlich veröffentlicht.

Meldungen beauftragt, könnte dieses beispielsweise gestützt auf die Informationen nähere Prüfungen konkreter informationstechnischer Systeme und Komponenten vornehmen oder bei Bedarf die Öffentlichkeit besser vor ihren Gefahren warnen.[865] Die durch das Konzept generierten Informationen kämen also auch einem zielgerichteteren Vorgehen des Staates zur Gefahrenabwehr zugute. Auch vor diesem Hintergrund stellen sich die mit der Meldepflicht verbundenen Kosten insgesamt betrachtet als sinnvolle Investition dar, die im Interesse eines hohen IT-Sicherheitsniveaus liegen.

e) Fazit zur Einführung von Gefahren-Informationsdiensten

Durch die Umsetzung des soeben erläuterten Konzepts von Gefahren-Informationsdiensten mit einer umfassenden Meldepflicht würde das Recht so modifiziert, dass die praktischen Schwierigkeiten für die Hersteller und Diensteanbieter bezüglich des rechtskonformen Verhaltens gemindert würden. Um die Rechtsunsicherheit im Rahmen der Gefahranalyse einzudämmen und so die präventive Wirkung der außervertraglichen Haftungsregelungen zu stärken, ist die Umsetzung gesetzlicher Maßnahmen mit dem soeben vorgestellten Inhalt empfehlenswert.

3. Handlungsempfehlung zur Erhöhung der Effektivität

Als Hindernis für eine möglichst hohe Effektivität der präventiven Wirkung des außervertraglichen Haftungsrechts hat sich die Prognoseschwierigkeit bezüglich der Gefahren herausgestellt, die IT-Sicherheitsmaßnahmen seitens der Hersteller und Diensteanbieter von IT-spezifischen Produkten und Diensten erfordern. Eine Erhöhung der Effektivität der präventiven Wirkung erfordert gesetzgeberisches Handeln.

Der legislative Handlungsspielraum kann jedoch nicht dazu genutzt werden, eine generelle Gefährdungshaftung zulasten der Hersteller und Anbieter IT-spezifischer Produkte bzw. Dienste einzuführen. Denn obwohl die aus der Prognoseschwierigkeit resultierende Rechtsunsicherheit bezüglich des Verhaltens dadurch reduziert werden könnte, verbietet sich diese Maßnahme aufgrund der aufgezeigten Nachteile. Insbesondere seine Undifferenziertheit sowie der

---

865 Die Kompetenz dazu hat das BSI bereits, vgl. §§ 7; 7a BSIG. Letzterer begründet allerdings keine Untersuchungsrechte bei Herstellern oder Anbietern, vgl. BT-Drs. 18/4096, S. 25. Fällt die Entscheidung zugunsten einer neuen Behörde als Intermediär müsste über die Verteilung der Kompetenz oder zumindest über eine Kooperation nachgedacht werden.

Verstoß gegen grundlegende Gerechtigkeitserwägungen und die mit ihm verbundene systematische Umwälzung des Haftungssystems stehen diesem Ansatz entgegen. Vor diesem Hintergrund würde eine derartige Modifizierung des außervertraglichen Haftungsrechts keinen Beitrag zu einem hohen IT-Sicherheitsniveau leisten, der insgesamt als sinnvoll zu bewerten wäre.

Stattdessen empfiehlt es sich, dass der Gesetzgeber die Rechtsprechung stärkt, damit sie die abstrakten gesetzlichen Verhaltensanforderungen besser konkretisieren und somit zur stärkeren Entfaltung der präventiven Wirkung des Haftungsrechts beitragen kann. Die Präventionsfunktion wird gesteigert, wenn die Gerichte den Herstellern und Diensteanbietern hinsichtlich der zu verhindernden Gefahren eindeutige Orientierungspunkte vorgeben könnten. Solche Orientierungspunkte können die vorgestellten Gefahren-Informationsdienste bieten. Sie können, ähnlich wie die technischen Sicherheitsstandards, indizielle Wirkung für das Verhalten der Hersteller und Diensteanbieter entfalten. Für diese im Hinblick auf die Prävention vorteilhafte Wirkung ist jedoch Voraussetzung, dass sowohl in quantitativer als auch in qualitativer Hinsicht ausreichende Informationen über Gefahren zur Verfügung stehen.

Da diese Grundvoraussetzung nach geltendem Recht nicht erfüllt ist, muss der Gesetzgeber an dieser Stelle ansetzen. Indem er die vorgeschlagene Meldepflicht einführt, kann er den erforderlichen Informationsfluss initiieren. Zusätzlich muss er die erläuterten ergänzenden Vorschriften zum Umgang mit den gemeldeten Informationen, zu ihrer Bekanntgabe sowie zur Gewährleistung der Funktionsweise der Gefahren-Informationsdienste gesetzlich verankern. Diese Änderungen haben zwar erhebliche finanzielle Belastungen sowohl für den Staat als auch für die betroffenen Unternehmen zur Folge. Sie sind allerdings gerechtfertigt, da sie nicht nur den präventiven Effekt des außervertraglichen Haftungsrechts stärken, ohne zugleich die Intensität sowie die Möglichkeit zum gerechten Schadensausgleich auszuhöhlen. Vielmehr gehen mit dem Meldesystem die aufgezeigten zusätzlichen Vorteile einher, sodass insgesamt ein sinnvoller Beitrag zur Verbesserung des IT-Sicherheitsniveaus geleistet wird.

IV. Fazit

Dieses Kapitel hatte das Ziel, das außervertragliche Haftungsrecht daraufhin zu untersuchen, ob im Regelungsbereich der jeweiligen Haftungsnormen eine möglichst hohe Intensität sowie Effektivität der präventiven Wirkung festzustellen ist. Denn nur wenn das Recht die Hersteller und Diensteanbieter so intensiv und zugleich so effektiv wie möglich zu IT-Sicherheitsmaßnahmen verleitet, wird ein hohes IT-Sicherheitsniveau erreicht. Die diesbezügliche Analyse hat zu folgenden Ergebnissen geführt:

1. Gewährleistung hoher Intensität durch Wertungsabhängigkeit

Die Intensität der präventiven Wirkung des geltenden außervertraglichen Haftungsrechts ist als stark genug zu bewerten, weshalb in dieser Hinsicht keine Modifikationen zur Verbesserung des IT-Sicherheitsniveaus erforderlich sind. Von einer hohen Intensität kann ausgegangen werden, da im jeweiligen Regelungsbereich der identifizierten Haftungsnormen prinzipiell jede Fallkonstellation haftungsrechtliche Folgen haben kann, in der aufgrund mangelhafter IT-Sicherheit ein erfasster Schaden eintritt. Insbesondere sorgt das in der Praxis häufige Ausnutzen mangelhafter IT-Sicherheit durch einen eigenverantwortlich handelnden Dritten nicht dafür, dass eine Inanspruchnahme des für den mangelhaften Zustand der IT-Sicherheit verantwortlichen Herstellers oder Diensteanbieters von vornherein ausgeschlossen ist.

Zwar ist der Verweis darauf, dass ein Dritter letztlich den Schaden herbeigeführt hat, stets als rechtlich erheblich zu qualifizieren. Denn für jede der identifizierten Einstandspflichten kann mit diesem Einwand das Vorliegen von zumindest einer Tatbestandsvoraussetzung bestritten werden. Je nach den Umständen des Einzelfalls ist aufgrund einer wertenden Entscheidung etwa zu beurteilen, ob in Anbetracht des Verhaltens des Dritten überhaupt eine Pflichtverletzung begründet werden kann, ob vor diesem Hintergrund ein Verschuldensvorwurf gemacht werden kann oder ob ein Fall von höherer Gewalt vorliegt.

Gerade diese Wertungsabhängigkeit von den Umständen im Einzelfall gewährleistet, dass die präventive Wirkung des Haftungsrechts die nötige hohe Intensität entfaltet. Denn weil seitens der von einer Haftungsnorm adressierten Unternehmen nicht rechtssicher ex-ante prognostiziert werden kann, ob und inwiefern sie für einen Schaden verantwortlich gemacht werden können, wird ein bedeutender Impuls für ein Verhalten vermittelt, welches für ein hohes IT-Sicherheitsniveau förderlich ist.

2. Minderung der Effektivität durch Wertungsabhängigkeit

Die Effektivität der präventiven Wirkung des außervertraglichen Haftungsrechts ist im Gegensatz dazu nicht als ausreichend stark zu bewerten. Sie ist gemindert, weil die Hersteller und Diensteanbieter nicht sehr wirkungsvoll zu einem Verhalten verleitet werden, welches ein hohes IT-Sicherheitsniveau garantiert. Ursächlich dafür sind die sehr abstrakten Verhaltensanforderungen auf gesetzlicher Ebene. Ihre Erfüllung ist ebenfalls von den Umständen des konkreten

Einzelfalles abhängig, sodass sich auch diesbezüglich eine starke Wertungsabhängigkeit zeigt, die eine spürbare Rechtsunsicherheit zur Folge hat. Die ex-ante zu treffende Entscheidung der Hersteller und Diensteanbieter über das Ob und Wie von IT-Sicherheitsmaßnahmen gestaltet sich vor diesem Hintergrund als aufwändig und fehleranfällig.

Zwar wird die Prognoseschwierigkeit durch konkretisierende Hilfestellungen seitens der Gerichte abgemildert. Denn durch die Einbeziehung technischer Sicherheitsstandards im Rahmen der gerichtlichen Beurteilung des rechtskonformen Verhaltens wird die Rechtsunsicherheit gesenkt. Hersteller und Anbieter IT-spezifischer Produkte bzw. Dienste können sich auf Grundlage der ausführlich erläuterten Faustformeln an den Vorgaben der technischen Sicherheitsstandards orientieren, sodass insofern die erforderlichen IT-Sicherheitsmaßnahmen wirkungsvoller vermittelt werden.

Allerdings hat sich ebenfalls im Rahmen der Analyse gezeigt, dass die technischen Sicherheitsstandards nicht mehr als Anhaltspunkte für das rechtskonforme Verhalten darstellen. Im Ergebnis richten sich die umzusetzenden IT-Sicherheitsmaßnahmen vielmehr stets nach den jeweils drohenden Gefahren, die sich im Vergleich zu analogen Produkten und Diensten allerdings deutlich schneller ändern und eine größere Komplexität aufweisen. Da die Gerichte bei der Gefahranalyse Bewertungsmaßstäbe zugrunde legen, die ihnen einen einzelfallabhängigen Argumentationsspielraum gewähren, bleibt es gerade in Anbetracht der sich dynamisch wandelnden Gefahrenszenarien dabei, dass sich die ex-ante-Bestimmung des ordnungsgemäßen Verhaltens bezüglich der IT-Sicherheit als aufwändig und fehleranfällig erweist. Die Rechtsunsicherheit bezüglich des Verhaltens steht demnach einer möglichst effektiven Verwirklichung der präventiven Wirkung des außervertraglichen Haftungsrechts im Wege.

3. Legislative Änderungen zur Stärkung der Effektivität

Dieses Hindernis ist in Anbetracht des angestrebten Ziels der Verbesserung des IT-Sicherheitsniveaus durch gesetzliches Tätigwerden zu überwinden. Wie ausführlich erklärt wurde, wird allerdings kein sinnvoller Beitrag zur Verbesserung der IT-Sicherheit geleistet, sofern durch gesetzliche Modifikationen eine maximale Effektivität der präventiven Wirkung des außervertraglichen Haftungsrechts angestrebt würde. Dies wäre theoretisch durch detailliertere Verhaltensvorgaben in den Gesetzen oder durch die Bestimmung der technischen Sicherheitsstandards zum absolut verbindlichen Maßstab möglich. Ein solches Vorgehen würde sich jedoch angesichts der Entwicklungsgeschwindigkeit und Komplexität von Informationstechnik nachteilig auf das IT-Sicherheitsniveau auswirken. Insbesondere würde die Intensität der präventiven Wirkung des außervertraglichen Haftungsrechts verringert und zudem die Ermöglichung eines gerechten Schadensausgleichs im Einzelfall erschwert.

Anstatt also konkretere Vorgaben für die umzusetzenden IT-Sicherheitsmaßnahmen zu unterbreiten, sollte der Gesetzgeber die Gefahren in das Zentrum der Modifikationsbestrebungen stellen. Dies ist vor allem deshalb geboten, weil aufgrund der fortschreitenden technischen Entwicklung in immer kürzeren zeitlichen Intervallen neue Gefahren entstehen bzw. entdeckt werden. Im Rahmen der Konzentration auf die Gefahren ist allerdings der Argumentationsspielraum der Gerichte bezüglich der einzelfallabhängigen Bewertung der Gefahren unangetastet zu lassen. Denn der dadurch für die ex-ante-Perspektive entstehende Graubereich hinsichtlich der Gefahren, die IT-Sicherheitsmaßnahmen erfordern, gewährleistet die hohe Intensität der präventiven Wirkung und ermöglicht einen gerechten Schadensausgleich.

Wie gezeigt, kommen vor dem Hintergrund dieser Einschränkung zwei legislative Ansätze zur Verbesserung des IT-Sicherheitsniveaus in Betracht. Es handelt sich dabei um die Einführung einer generellen Gefährdungshaftung sowie die rechtliche Verankerung eines Gefahren-Informationsdienstes mit umfassender Meldepflicht. Als eindeutig vorzugswürdig hat sich die letztgenannte Möglichkeit erwiesen. Denn durch eine generelle Gefährdungshaftung zulasten der Hersteller und Anbieter IT-spezifischer Produkte und Dienste würde zwar die Unsicherheit bezüglich der Gefahranalyse eingedämmt und dadurch die präventive Wirkung des Haftungsrechts gestärkt. Allerdings würde sie aufgrund ihrer Undifferenziertheit gegen generelle Gerechtigkeitserwägungen verstoßen und mit der historisch gewachsenen Systematik des Haftungsrechts brechen. Wegen dieser schwerwiegenden Nachteile wäre ihr Beitrag zur Verbesserung des IT-Sicherheitsniveaus nicht als sinnvoll zu qualifizieren.

Demgegenüber würde sich die gesetzliche Etablierung des vorgestellten Meldesystems trotz der damit einhergehenden Kostenlast in seiner Gesamtheit positiv auf das IT-Sicherheitsniveau auswirken. Die durch die Meldepflicht gewonnenen Informationen würden in Gefahren-Informationsdienste fließen, die sämtlichen Herstellern und Diensteanbietern als Orientierungshilfe für das rechtskonforme Verhalten bezüglich der IT-Sicherheit dienen würden. Primär würde dadurch die Prognoseschwierigkeit hinsichtlich der Gefahranalyse reduziert, was positiv für die Effektivität der präventiven Wirkung wäre. Darüber hinaus würden aber auch die dargestellten, weiteren Vorteile außerhalb des Haftungsrechts auftreten. Diese Modifikation des außervertraglichen Haftungsrechts würde also im Ganzen einen sinnvollen Beitrag zur Verbesserung des IT-Sicherheitsniveaus leisten. Ihre Umsetzung ist daher uneingeschränkt zu empfehlen.

6. Kapitel: Zusammenfassung und Bewertung

In den vorangegangenen Kapiteln ist eine vertiefte Analyse des außervertraglichen Haftungsrechts im Lichte des übergeordneten politisch-gesellschaftlichen Ziels einer Verbesserung des IT-Sicherheitsniveaus durchgeführt worden. In besonderer Weise wurden dabei die erst seit kurzer Zeit wirksamen Reformen mit Bezug zur IT-Sicherheit berücksichtigt, also das IT-Sicherheitsgesetz, die Umsetzungsakte zur NIS-Richtlinie und auch die DSGVO. Es wurde der Fragestellung nachgegangen, ob und inwiefern weitere gesetzliche Modifikationen empfehlenswert sind, um unter Anknüpfung an die präventive Wirkung des Haftungsrechts einen sinnvollen Beitrag zur Erhöhung des IT-Sicherheitsniveaus zu leisten. Der Fokus war in diesem Zusammenhang auf die Hersteller und Anbieter IT-spezifischer Produkte und Dienste gerichtet, da diese den größten Einfluss auf die Herbeiführung von IT-Sicherheit haben und aus Sicht der Geschädigten die naheliegenden Adressaten für Regressforderungen sind. Im Folgenden sollen zunächst die wesentlichen Ergebnisse der Analyse im Überblick dargestellt werden. Daran knüpft eine abschließende Bewertung inklusive Vorstellung der ausgearbeiteten Handlungsempfehlungen an.

I. Zusammenfassung wesentlicher Ergebnisse

Die wesentlichen Ergebnisse der Arbeit lassen sich in komprimierter Form folgendermaßen zusammenfassen:

- Das IT-Sicherheitsgesetz bestätigt eine Weiterentwicklung des inhaltlichen Verständnisses von IT-Sicherheit, die sich in der wissenschaftlichen und auch praktischen Verwendung dieses Begriffes bereits seit längerem angedeutet hat. Der materielle Gehalt ist in seinem Kern zwar weiterhin der Umschreibung in § 2 Abs. 2 BSIG zu entnehmen. Die dort aufgeführten Schutzgüter und Schutzziele sind in Anbetracht der modernen Gefahrenszenarien jedoch zu erweitern.[866]
- Unter Berücksichtigung der inhaltlichen Modifikationen ist der abstrakte Rechtsbegriff IT-Sicherheit als ein idealisiertes Handlungskonzept zu verstehen, das folgendes Verhalten voraussetzt: Zunächst sind Sicherheitsstandards auf individueller Basis zu bestimmen. Grundlage dafür ist eine Risikoanalyse

866 Kap. 2, Teil I; Teil III, Abschn. 2, 3.

mit Blick auf verschiedene Schutzgüter, nämlich die informationstechnisch zu verarbeitenden bzw. übermittelnden Informationen sowie die dazu erforderlichen Systeme, Komponenten und Prozesse. Für deren Schutz gilt als Zielvorgabe die Sicherung ihrer Verfügbarkeit, Integrität, Vertraulichkeit und Authentizität. Anhand der so bestimmten Sicherheitsstandards sind angemessene technische und organisatorische Sicherheitsmaßnahmen zu implementieren. Insgesamt handelt es sich um einen dynamischen Prozess, der kontinuierliche Aktivität erfordert.[867]

- Eine ausdrückliche Norm, die eine Haftung bei Verstößen gegen die inhaltlichen Vorgaben zur IT-Sicherheit anordnet, existiert im geltenden Recht nicht. Eine solche wurde auch nicht mit den jüngeren Gesetzesreformen eingefügt. Folglich war unter Rückgriff auf die idealisierten Verhaltensvorgaben zu prüfen, ob offen formulierte spezialgesetzliche und allgemeine Haftungsgrundlagen prinzipiell eine präventive Wirkung in Richtung IT-Sicherheit entfalten.[868]
- In den sektorspezifischen Regelungen ließen sich nur vereinzelte Haftungsnormen finden, die prinzipiell zu einem Verhalten verleiten, das für ein hohes Niveau der IT-Sicherheit förderlich ist. Denn nur die Gefährdungshaftung in den §§ 1, 2 HaftPflG sowie die verschuldensabhängige Einstandspflicht in § 44 Abs. 1 S. 1, 4 in Verbindung mit § 109 Abs. 1, 2 TKG können eine Haftung an mangelhafte IT-Sicherheit knüpfen. Die davon ausgehende verhaltenslenkende Wirkung trifft jedoch nur wenige Anbieter IT-spezifischer Dienste im Anwendungsbereich dieser Normen.[869]
- Die allgemeine deliktsrechtliche Haftungsgrundlage in § 823 Abs. 1 BGB verleitet hingegen sämtliche Hersteller und Anbieter IT-spezifischer Produkte bzw. Dienste prinzipiell zu IT-Sicherheitsmaßnahmen. Grund dafür ist die auslegungsfähige Verkehrssicherungspflicht, die im Sinne des idealisierten Handlungskonzepts der IT-Sicherheit interpretiert werden kann. Diese Norm ist in Anbetracht ihrer personellen Reichweite für das Ziel eines hohen IT-Sicherheitsniveaus von besonderer Wichtigkeit.[870]
- Die über die Verkehrssicherungspflicht vermittelte präventive Wirkung entfaltet sich in erster Linie in eine proaktive, zukunftsbezogene Richtung. Hersteller und Diensteanbieter müssen ihre jeweiligen IT-Sicherheitsmaßnahmen

867 Kap. 2, Teil II und Teil III.

868 Kap. 3, Teil I.

869 Kap. 3, Teil II.

870 Kap. 3, Teil III, Abschn. 1a) bis c).

stets an den aktuellsten Kenntnisstand über Gefahren für die geschützten Rechtsgüter anpassen.[871]

- Darüber hinaus weist die Verkehrssicherungspflicht eine reaktive, vergangenheitsbezogene Dimension auf, die für die Hersteller IT-spezifischer Produkte von besonderer Relevanz ist. In ihrer Ausprägung als Produktbeobachtungspflicht bewirkt sie, dass bei nachträglicher Kenntniserlangung von Gefahren für die geschützten Rechtsgüter durch bereits im Verkehr befindliche, unsichere Produkte eine Reaktion erfolgen muss. In aller Regel sind organisatorische IT-Sicherheitsmaßnahmen wie eine Warnung oder ein Rückruf vorzunehmen. Eine kostenlose Beseitigung der mangelhaften IT-Sicherheit, insbesondere durch ein Update, ist hingegen nur in absoluten Ausnahmefällen verpflichtend.[872]
- Die Haftungsgrundlage aus § 823 Abs. 2 BGB hat in Verbindung mit als Schutzgesetz zu qualifizierenden gesetzlichen IT-Sicherheitspflichten eine eigenständige Bedeutung neben § 823 Abs. 1 BGB, da darüber Vermögensschäden ersetzt verlangt werden können. Die präventive Wirkung in Richtung IT-Sicherheit kann dadurch eine Ausdehnung erfahren. Dazu kommt es jedoch in der Praxis regelmäßig nicht. Denn entweder weisen gesetzliche IT-Sicherheitspflichten keinen Individualschutz auf, was insbesondere an den durch das IT-Sicherheitsgesetz eingefügten bzw. modifizierten expliziten IT-Sicherheitspflichten wie §§ 8a, 8c BSIG oder § 11 Abs. 1a, 1b EnWG deutlich wurde. Oder aber die Pflichten beziehen sich trotz Vorliegens von Individualschutz nur auf die Sicherung absolut geschützter Güter, weshalb sie sich mit § 823 Abs. 1 BGB decken.[873]
- Eine bedeutende Ausnahme stellt in diesem Zusammenhang jedoch der neu durch das IT-Sicherheitsgesetz eingefügte § 13 Abs. 7 TMG dar. Diese Norm ist in ihrer Gesamtheit als Schutzgesetz zu qualifizieren und hält in Verbindung mit § 823 Abs. 2 BGB die adressierten Telemediendiensteanbieter dazu an, IT-Sicherheitsmaßnahmen auch vor dem Hintergrund umzusetzen, dass keine Vermögensschäden eintreten. Zu beachten ist allerdings, dass sie in der näher erläuterten, restriktiven Art und Weise anzuwenden ist, damit die Haftung nicht systemwidrig ausufert.[874]

871 Kap. 3, Teil III, Abschn. 1d) lit. aa).
872 Kap. 3, Teil III, Abschn. 1d) lit. bb).
873 Kap. 3, Teil III, Abschn. 2a) bis c).
874 Kap. 3, Teil III, Abschn. 2c) lit. bb) und lit. cc).

- Ein von § 823 Abs. 1 BGB abweichender präventiver Effekt in Richtung IT-Sicherheit wird auch durch Art. 82 DSGVO vermittelt. Diese vom europäischen Gesetzgeber neu eingeführte Norm gewährt nicht nur einen Schadensersatzanspruch für sämtliche materielle Schäden, sondern greift auch bei immateriellen Schäden ein. Da zudem eine explizite Pflicht zur Gewährleistung von IT-Sicherheit verankert wurde, geht vom reformierten Datenschutzrecht ein starker eigenständiger Anreiz aus, IT-Sicherheitsmaßnahmen umzusetzen. Er trifft allerdings nur Anbieter IT-spezifischer Dienste, die personenbezogene Daten verarbeiten.[875]
- § 1 Abs. 1 ProdHaftG entfaltet aufgrund der Offenheit des Fehlerbegriffs ebenfalls präventive Wirkung in Richtung IT-Sicherheit. Der Verhaltensanreiz betrifft jedoch ausschließlich Hersteller IT-spezifischer Produkte und deckt sich für diese weitgehend mit der von § 823 Abs. 1 BGB vermittelten Wirkung.[876]
- In ihrer Gesamtheit entfalten die genannten spezialgesetzlichen sowie die allgemeinen Haftungsgrundlagen eine umfassende präventive Wirkung. Denn jeder Hersteller und jeder Anbieter eines IT-spezifischen Produkts bzw. Dienstes ist prinzipiell zumindest von einer IT-Sicherheitspflicht betroffen, bei deren Verletzung eine haftungsrechtliche Inanspruchnahme für daraus resultierende Schäden droht. Folglich besteht ein genereller Anreiz, IT-Sicherheitsmaßnahmen umzusetzen, was für das angestrebte hohe IT-Sicherheitsniveau förderlich ist.[877]
- Verhaltensvorgaben hinsichtlich der IT-Sicherheit sind allerdings nur die notwendige Voraussetzung für die präventive Wirkung des außervertraglichen Haftungsrechts. Erforderliches Gegenstück, damit aus dem prinzipiellen Anreiz zur Umsetzung von IT-Sicherheitsmaßnahmen ein tatsächlicher Anreiz wird, sind drohende Schäden, deren Ersatz rechtlich vorgeschrieben ist. Diesbezüglich ist in den Einstandspflichten ein abgestufter Rechtsgüterschutz erkennbar. Der differenzierte Schutz beeinflusst die Reichweite der präventiven Wirkung bezüglich der IT-Sicherheit maßgeblich.[878]
- Umfassend ist die präventive Wirkung des außervertraglichen Haftungsrechts in Anbetracht des Schutzes von Leben, Körper und Gesundheit. Da jede Haftungsgrundlage offen für den Schutz dieser Rechtsgüter ist, ist stets

875 Kap. 3, Teil III, Abschn. 3a) bis e).
876 Kap. 3, Teil III, Abschn. 4.
877 Kap. 3, Teil IV.
878 Kap. 4, Teil I.

das erforderliche Gegenstück zur jeweiligen IT-Sicherheitspflicht vorhanden. Sofern ein Hersteller bzw. Anbieter prognostizieren kann, dass es im Falle ungenügender IT-Sicherheit seines Produkts bzw. seines Dienstes zur Verletzung von Leben, Körper oder Gesundheit kommen kann, besteht für ihn angesichts des Haftungsrisikos ein Anreiz, IT-Sicherheit zu gewährleisten.[879]

- Im Grunde ebenso umfassend ist die präventive Wirkung des außervertraglichen Haftungsrechts in Anbetracht des Schutzes von Sachen. Denn auch bezüglich dieses Rechtsguts sind sämtliche Haftungsgrundlagen offen formuliert. Allerdings folgt daraus nicht, dass jede negative Beeinträchtigung von Sachen infolge mangelhafter IT-Sicherheit erfasst wird. Insoweit ist lediglich unzweifelhaft, dass Schutz vor einer physischen Beeinträchtigung einer im Eigentum des Geschädigten stehenden Sache gewährt wird, die mit dem mangelhaft gesicherten Produkt oder Dienst in Kontakt geraten kann. Kann ein Produzent oder Diensteanbieter also absehen, dass es infolge seines mangelhaft gesicherten Produkts oder Dienstes zu einer Substanzbeeinträchtigung eines anderen fremden körperlichen Gegenstandes kommen kann, besteht für ihn ein Anreiz, IT-Sicherheitsmaßnahmen umzusetzen. Hinsichtlich sonstiger typischer Folgen mangelhafter IT-Sicherheit in Bezug auf Sachen ist hingegen zu differenzieren.[880]
- Wird ein IT-spezifisches Produkt selbst infolge seiner mangelhaften IT-Sicherheit in der Substanz beschädigt, droht dessen Herstellern wegen der Übertragbarkeit der Kriterien der „Weiterfresser“-Rechtsprechung regelmäßig eine Inanspruchnahme über die deliktische Produzentenhaftung. Die ansonsten parallele Einstandspflicht aus dem ProdHaftG kann in diesen Fällen hingegen keine Anwendung finden. Dieser Unterschied ändert aber nichts daran, dass wegen der deliktischen Haftung von einer präventiven Wirkung in dieser Hinsicht auszugehen ist, die zur Umsetzung von IT-Sicherheitsmaßnahmen verleitet.[881]
- Die Beeinträchtigung der physischen Substanz eines körperlichen Gegenstandes liefert nach vorzugswürdiger Ansicht auch das Argument, warum Daten vom Sachschutz erfasst werden. Denn durch eine Löschung oder Manipulation gespeicherter Daten tritt eine physikalische Änderung des Speichermediums ein. Ist für Hersteller IT-spezifischer Produkte bzw. Anbieter IT-spezifischer Dienste also absehbar, dass infolge mangelhafter IT-Sicherheit

879 Kap. 4, Teil II.
880 Kap. 4, Teil III, Abschn. 1.
881 Kap. 4, Teil III, Abschn. 2.

Daten gelöscht oder manipuliert werden können, folgt daraus ein Anreiz, IT-Sicherheitsmaßnahmen zur Verhinderung dieser Folgen umzusetzen.[882]
- Allerdings gilt dies nur für Daten, die auf einem eigenen Speichermedium eines Geschädigten gespeichert sind. Für extern gespeicherte Daten greift der Sachschutz, auch unter Berücksichtigung des Besitzschutzes, nicht ein. Insofern kommt es zu einer widersprüchlichen Behandlung von Daten, die zu einer unterschiedlichen Reichweite der präventiven Wirkung führt.[883]
- Außerhalb des Sachschutzes sind schließlich im Regelfall diejenigen Konstellationen zu verorten, in denen mangelhafte IT-Sicherheit von IT-spezifischen Produkten oder Diensten zu Nutzungsbeeinträchtigungen von Sachen führt. Denn entweder fehlt es bereits an einer erheblichen Beeinträchtigung oder aber an der dafür erforderlichen unmittelbaren Einwirkung auf die Sache. Scheitern kann die Einordnung dieser Konstellationen unter den Sachschutz schließlich daran, dass nur das vertragsrechtlich geschützte Äquivalenzinteresse davon betroffen ist. Vor diesem Hintergrund entfaltet das Haftungsrecht also keine präventive Wirkung, die sich in IT-Sicherheitsmaßnahmen zur Verhinderung dieser Folgen niederschlägt.[884]
- Nur punktuell vergrößert sich die Reichweite der präventiven Wirkung unter dem Aspekt des Vermögensschutzes. Zwar wurde dieser durch die Einführung des individualschützenden § 13 Abs. 7 TMG ausgedehnt, sodass § 44 TKG und die datenschutzrechtliche Einstandspflicht nicht mehr die einzigen Haftungsgrundlagen für Vermögensschäden sind. Wer allerdings keine personenbezogenen Daten verarbeitet oder nicht von den Pflichten des neu eingefügten § 13 Abs. 7 TMG oder des modifizierten § 109 Abs. 1, 2 TKG betroffen ist, ist weiterhin nicht von einem Haftungsrisiko für durch mangelhafte IT-Sicherheit verursachte Vermögensschäden bedroht. Insbesondere für Anbieter von Leistungen, die zu vergleichbaren Maßnahmen wie in § 109 TKG verpflichtet sind, sowie für Hersteller IT-spezifischer Produkte entfaltet das außervertragliche Haftungsrecht folglich keinen Anreiz zur Umsetzung von IT-Sicherheitsmaßnahmen, die den Eintritt reiner Vermögensschäden verhindern.[885]
- Gering ist die präventive Wirkung des außervertraglichen Haftungsrechts schließlich auch mit Blick auf die Vermeidung von Folgen, die sich nur in

882 Kap. 4, Teil III, Abschn. 3a) bis 3b).
883 Kap. 4, Teil III, Abschn. 3c) bis 3e).
884 Kap. 4, Teil III, Abschn. 4.
885 Kap. 4, Teil IV, Abschn. 1.

immaterieller Weise auswirken. Der Grundregel, wonach immaterielle Schäden nur bei Beeinträchtigung der in § 253 Abs. 2 BGB genannten, absolut geschützten Rechtsgüter durch Zahlung einer billigen Entschädigung in Geld ausgeglichen werden müssen, wurde zwar durch Art. 82 DSGVO eine Ausnahme hinzugefügt. Diese hat für die betroffenen Normadressaten erhebliche Folgen und führt zu einer Ausdehnung der präventiven Wirkung. Allerdings betrifft sie lediglich Anbieter IT-spezifischer Dienste, die als Verantwortliche oder Auftragsverarbeiter mit personenbezogenen Daten umgehen. Außerhalb dieses Regelungsbereichs besteht hingegen weiterhin kein Anreiz für Hersteller und Diensteanbieter, durch IT-Sicherheitsmaßnahmen dafür zu sorgen, dass finanziell nicht spürbare, aber dennoch negative Folgen wie etwa unbefugte Zugriffe auf IT-spezifische Produkte oder Dienste verhindert werden.[886]

- Im Ganzen ergibt sich also ein differenziertes Bild hinsichtlich der Reichweite der präventiven Wirkung des außervertraglichen Haftungsrechts, das seine Ursache in dem abgestuften Schutz der unterschiedlich gewichteten Rechtsgüter hat. Konsequenz daraus ist, dass ein verhaltenslenkender Effekt in Richtung IT-Sicherheit zwar in vielerlei Hinsicht umfassend vermittelt wird. In den drei aufgezeigten, in der Praxis relevanten Fallkonstellationen tritt diese Wirkung jedoch nicht ein. Welche Schlüsse daraus für die angestrebte Verbesserung des IT-Sicherheitsniveaus zu ziehen sind, wird in der sogleich folgenden Bewertung ausgeführt.[887]
- Weitere wesentliche Faktoren für ein hohes IT-Sicherheitsniveau neben der Reichweite, die die präventive Wirkung des Haftungsrechts aufweist, sind ihre Intensität und Effektivität innerhalb des vorgesehenen Regelungsbereichs. Denn je intensiver und effektiver die Hersteller und Anbieter zu IT-Sicherheitsmaßnahmen verleitet werden, desto förderlicher ist dies für den angestrebten Zustand hoher IT-Sicherheit.[888]
- Die Intensität der präventiven Wirkung des Rechts ist als angemessen hoch zu bewerten. Insbesondere das eigenverantwortliche Handeln Dritter, die mangelhafte IT-Sicherheit ausnutzen und einen Schaden herbeiführen, stellt sich nicht als generelles, die Intensität minderndes Hindernis dar. Zwar kann das Verhalten eines Dritten von Herstellern und Diensteanbietern als rechtlich erheblicher Einwand angeführt werden, um eine haftungsrechtliche

886 Kap. 4, Teil IV, Abschn. 2a) bis 2c).
887 Kap. 4, Teil VI.
888 Kap. 5, Einleitung.

Einstandspflicht abzuwehren. Eine gesicherte Annahme, dass dieser Einwand tatsächlich durchgreift, besteht jedoch nicht. Denn jede der identifizierten Haftungsgrundlagen ermöglicht es aufgrund verschiedener wertungsoffener Voraussetzungen, eine Haftung trotz Eingreifens Dritter im Einzelfall zu begründen. Vor diesem Hintergrund vermittelt das außervertragliche Haftungsrecht innerhalb seiner jeweiligen Reichweite einen intensiven Anreiz für IT-Sicherheitsmaßnahmen.[889]

- Anders fällt die Bewertung der Effektivität des präventiven Effekts des außervertraglichen Haftungsrechts aus. Durch die sehr abstrakt gehaltenen gesetzlichen Verhaltensvorgaben wird eine erhebliche Rechtsunsicherheit bezüglich der von den Herstellern und Diensteanbietern umzusetzenden IT-Sicherheitsmaßnahmen erzeugt. Der daraus resultierende Aufwand für ordnungsgemäßes Verhalten und die dabei auftretende Fehleranfälligkeit stellen sich als Hindernis für eine hohe Effektivität der präventiven Wirkung dar.[890]
- In dem hohen gesetzlichen Abstraktionslevel ist allerdings eine notwendige Reaktion auf die Dynamik, Vielgestaltigkeit und Komplexität von IT-Sicherheit zu sehen. Die Regelungstechnik gewährleistet die Intensität der verhaltenslenkenden Wirkung und trägt zu einem fairen Kompromiss zwischen freier wirtschaftlicher Betätigung und erforderlicher Sicherheit bei. Zugleich ermöglicht sie einen interessengerechten Ausgleich von Schäden im Einzelfall. Detailliertere gesetzliche Vorgaben würden diese Vorteile minimieren und sich als kontraproduktiv für ein hohes Niveau der IT-Sicherheit erweisen.[891]
- Akzeptabel ist die abstrakte Regelungstechnik auch deshalb, weil die durch sie hervorgerufene Rechtsunsicherheit hinsichtlich des Verhaltens durch konkretisierende Maßnahmen der Rechtsprechung gemindert wird. Eine erste Annäherung an das rechtskonforme Verhalten bezüglich der IT-Sicherheit kann durch Rückgriff auf die generellen Leitlinien mit den dargestellten Abwägungskriterien erfolgen. Entscheidend für die rechtlich gebotenen Handlungen ist danach eine über das Produkt oder den Dienst drohende Gefahr.[892]
- Da die Leitlinien für die Frage nach dem Ob und Wie von IT-Sicherheitsmaßnahmen jedoch lediglich eine grobe Orientierungshilfe bieten, hat die

889 Kap. 5, Teil I.
890 Kap. 5, Teil II, Abschn. 1.
891 Kap. 5, Teil II, Abschn. 2a) bis 2e).
892 Kap. 5, Teil II, Abschn. 3a).

Rechtsprechung ein zusätzliches Hilfsmittel etabliert, das die Rechtsunsicherheit weiter verringert. Es handelt sich um technische Sicherheitsstandards, die das geforderte Verhalten zwar weder in positiver noch in negativer Hinsicht verbindlich konkretisieren. Sie dienen aber als Anhaltspunkte für das rechtskonforme Verhalten und entfalten damit eine faktische Verbindlichkeit.[893]

- Die faktische Verbindlichkeit stellt sich so dar, dass ein Verstoß gegen relevante technische Sicherheitsstandards eine pflichtwidrige Handlung nahelegt. Umgekehrt ist von rechtskonformem Verhalten auszugehen, wenn sie eingehalten werden. Allerdings sind im Rahmen dieser Faustformeln die abgestuften technischen Sicherheitsmaßstäbe zu beachten. Zu unterscheiden ist zwischen dem Stand der Technik und den allgemein anerkannten Regeln der Technik. Letztere bilden eine Untergrenze für jedes Unternehmen. Wer die dieser Stufe zuzuordnenden Sicherheitsstandards einhält, profitiert grundsätzlich von der indiziellen Wirkung, es sei denn er ist zur Einhaltung des Standes der Technik verpflichtet. Umgekehrt spricht ein Verstoß gegen diese untere Grenze regelmäßig für pflichtwidriges Verhalten.[894]
- Für die Einordnung der Sicherheitsstandards sind ihr Entstehungsprozess sowie ihr Veröffentlichungszeitpunkt heranzuziehen. Technische Sicherheitsstandards unabhängiger Expertengremien oder von Behörden sind eher dem höheren Stand der Technik zuzuordnen als die auf Kompromissen beruhenden Veröffentlichungen von privaten Instituten und Branchenvertretern. Allerdings sinken sie auf oder sogar unter die niedrigere Stufe ab, je länger der Veröffentlichungszeitpunkt zurückliegt und je stärker sie in der Praxis verbreitet sind.[895]
- Die detaillierteren technischen Sicherheitsstandards stellen vor diesem Hintergrund wichtige Anhaltspunkte für die Praxis dar, wodurch die Rechtsunsicherheit bezüglich des Verhaltens gemindert und im Umkehrschluss die Effektivität der Regelungen gestärkt wird. Allerdings handelt es sich beim Rückgriff auf die Standards trotzdem nur um ein Hilfsmittel, dessen Wirkung begrenzt bleibt. In letzter Instanz kommt es für die Konkretisierung der IT-Sicherheitsmaßnahmen immer auf die jeweiligen Gefahren an.[896]
- Da aber die Analyse der Gefahren, die ein Tätigwerden erfordern, anhand wertungsoffener Maßstäbe durchzuführen ist, besteht für die Hersteller und

893 Kap. 5, Teil II, Abschn. 3b) lit. aa) und bb).
894 Kap. 5, Teil II, Abschn. 3b) lit. cc) Unterpunkte (1) bis (3).
895 Kap. 5, Teil II, Abschn. 3b) lit. cc) Unterpunkte (3) bis (5).
896 Kap. 5, Teil II, Abschn. 4a) und 4b).

Diensteanbieter weiterhin eine beträchtliche Unsicherheit über die Art und die Umsetzung der rechtlich gebotenen IT-Sicherheitsmaßnahmen. Die Unsicherheit ist zwar einerseits notwendig, um die Intensität der präventiven Wirkung zu wahren und einen gerechten Ausgleich von Schäden im Einzelfall zu ermöglichen. Andererseits führt sie jedoch dazu, dass aufgrund fehlerhafter Bewertungen IT-Sicherheitsmaßnahmen gar nicht oder nicht so umgesetzt werden, wie es für ein hohes IT-Sicherheitsniveau nötig wäre. Gerade die Dynamik und Komplexität von Informationstechnik steigert das Risiko fehlerhafter Bewertungen, die sich in ungeeigneten IT-Sicherheitsmaßnahmen niederschlagen. Zudem erfordert die unübersichtliche Gefährdungslage einen hohen Analyseaufwand, um überhaupt die korrekten Schlüsse für das ordnungsgemäße Verhalten ziehen zu können. Vor diesem Hintergrund ist die Effektivität der präventiven Wirkung als zu gering zu bewerten.[897]

- Insgesamt lässt sich demnach feststellen, dass die Rechtsunsicherheit bezüglich ordnungsgemäßer IT-Sicherheit, die durch abstrakte Vorgaben des Gesetzgebers ausgelöst und durch die Gerichte lediglich gemindert wird, die Effektivität der präventiven Wirkung des außervertraglichen Haftungsrechts beeinträchtigt. Inwiefern auch deshalb gesetzgeberische Reaktionen zur Verbesserung des IT-Sicherheitsniveaus angezeigt sind, wird in der folgenden, abschließenden Bewertung aufgezeigt.[898]

II. Abschließende Bewertung

Die vergangenen Jahre zeichneten sich durch intensive gesetzgeberische Aktivitäten mit Bezug zur IT-Sicherheit aus.[899] Angetrieben durch eine Vielzahl zum Teil schwerwiegender IT-Sicherheitsvorfälle wurden verschiedene legislative Änderungen vorgenommen, wobei ein Schwerpunkt in der Verabschiedung des IT-Sicherheitsgesetzes bzw. der Umsetzung der inhaltlich verwandten NIS-Richtlinie lag. Daneben hat auch die DSGVO wegen ihrer ausdrücklichen Vorgaben zur Sicherheit der Verarbeitung personenbezogener Daten die Thematik der IT-Sicherheit beeinflusst. Der Gesetzgeber hat sich im Rahmen dieser Handlungen erkennbar bestrebt gezeigt, eine Verbesserung des gesamtgesellschaftlichen IT-Sicherheitsniveaus herbeizuführen.

---

897 Kap. 5, Teil II, Abschn. 4b) und 4c).

898 Kap. 5, Teil II, Abschn. 4c).

899 *de Maiziere*, in: Bundesamt für Sicherheit in der Informationstechnik, auf: BSI.bund.de, Jahresbericht 2017, S. 3; *Schallbruch*, CR 2017, 648, 648.

Das gesetzgeberische Handeln zur Erreichung dieses Ziels ist mit diesen ersten Modifikationen des Rechts noch nicht abgeschlossen.[900] Die Diskussionen um weitergehende regulative Eingriffe dürften spätestens mit den nächsten schweren Hacker-Angriffen oder sonstigen aufsehenerregenden IT-Sicherheitspannen wieder an Intensität gewinnen. Wie sich schon in der Vergangenheit angedeutet hat, dürfte dabei die Thematik der Haftung für mangelhafte IT-Sicherheit eine zentrale Rolle spielen.[901]

Diese Arbeit hat aufgezeigt, dass durch die gesetzgeberischen Aktivitäten bereits einige beachtliche Veränderungen bezüglich der unternehmerischen Haftungsrisiken für Schäden aufgrund mangelhafter IT-Sicherheit herbeigeführt wurden. Zu verweisen ist in diesem Zusammenhang insbesondere auf das neu eingefügte Schutzgesetz in § 13 Abs. 7 TMG sowie die datenschutzrechtliche IT-Sicherheitspflicht in der DSGVO, bei deren Verstoß über Art. 82 DSGVO auch immaterielle Schäden zu ersetzen sind. Zu nennen ist ebenfalls die Aufwertung technischer Sicherheitsstandards, die bei der Konkretisierung des rechtlich geforderten Verhaltens durch die Gerichte Niederschlag finden. Umgekehrt ist aber ebenso deutlich geworden, dass das außervertragliche Haftungsrecht trotz der gesetzgeberischen Änderungen in seiner Wirkungskraft weiterhin limitiert ist. Diese Limitierung steht einem hohen IT-Sicherheitsniveau entgegen. Aus diesem Grunde ist herausgearbeitet worden, wo künftige haftungsrechtliche Änderungen ansetzen sollten, um das IT-Sicherheitsniveau in sinnvoller Weise zu erhöhen.

Im Kern hat die Analyse zwei übergeordnete Anknüpfungspunkte ergeben, die sich eignen, um Verbesserungen des IT-Sicherheitsniveaus zu erreichen. So sollte zum ersten die Reichweite der präventiven Wirkung des außervertraglichen Haftungsrechts durch den Gesetzgeber ausgedehnt werden. Denn die identifizierten Haftungsgrundlagen stoßen hinsichtlich typischer praxisrelevanter Fälle mangelhafter IT-Sicherheit an die dargestellten Grenzen. Zum Zweiten sollte aber auch die Effektivität der präventiven Wirkung des außervertraglichen Haftungsrechts gesteigert werden. Denn die festgestellte Rechtsunsicherheit bezüglich der ordnungsgemäßen IT-Sicherheitsmaßnahmen ist als zu hoch zu bewerten.

---

900 *de Maiziere*, in: Bundesamt für Sicherheit in der Informationstechnik, auf: BSI.bund.de, Jahresbericht 2017, S. 3. Siehe auch: Plenarprotokoll 18/110 der 110. Sitzung vom 12. Juni 2015: S. 10565; 10571; 10574.

901 Siehe dazu bereits die Nachweise in Fußnote 7.

Wie genau der Gesetzgeber seinen legislativen Handlungsspielraum nutzen sollte, um durch eine Fortentwicklung des außervertraglichen Haftungsrechts einen sinnvollen Beitrag zur Verbesserung des IT-Sicherheitsniveaus zu leisten, wird im Folgenden noch einmal zusammenfassend dargestellt.

1. Ausdehnung der Reichweite der präventiven Wirkung

Eine Ausdehnung der Reichweite der präventiven Wirkung des außervertraglichen Haftungsrechts kommt, wie gezeigt,[902] mit Blick auf drei praxisrelevante Fallgruppen mangelhafter IT-Sicherheit in Betracht.

Die erste Fallgruppe resultiert daraus, dass extern gespeicherte Daten eines Geschädigten nicht über das umfassende Rechtsgut Sache geschützt werden. Stattdessen werden sie nur vom partiellen Vermögensschutz erfasst, sodass Hersteller und Diensteanbieter außerhalb der Einstandspflichten gemäß TKG, TMG und der DSGVO nicht dazu verleitet werden, IT-Sicherheitsmaßnahmen im Hinblick auf extern gespeicherte Daten umzusetzen. Eine Verbesserung der Situation ist auch nicht durch richterrechtliche Rechtsfortbildung möglich, welche den Schutz angleichen würde. Denn für eine Anerkennung eines absolut wirkenden Rechts am eigenen Datenbestand, welches die Integrität von Daten unabhängig vom Speicherort schützen und folglich umfassend zu IT-Sicherheitsmaßnahmen verleiten würde, fehlt es am Zuweisungsgehalt dieser Rechtsposition.[903]

Eine gesetzliche Modifikation ist in dieser Hinsicht dennoch nicht zwingend erforderlich. Eine schutzzweckorientierte Auslegung des durch das IT-Sicherheitsgesetz neu eingeführten § 13 Abs. 7 TMG führt dazu, dass Anbieter von Speicherdiensten einem Haftungsrisiko unterliegen, falls infolge mangelhafter IT-Sicherheit die Integrität von werthaltigen Daten Dritter beeinträchtigt wird.[904] Auf diesem Wege wird zwar nicht die unterschiedliche Behandlung extern und intern gespeicherter Daten überwunden. Es werden allerdings die einflussreichsten Akteure für die IT-Sicherheit extern gespeicherter Daten in die Verantwortung genommen. Die angestrebte Verbesserung des IT-Sicherheitsniveaus wird dadurch in einem ausreichenden Maße verwirklicht.

Eine weitere Fallgruppe praxisrelevanter Konstellationen, für die eine Ausdehnung des Haftungsrechts in Betracht zu ziehen ist, beruht darauf, dass Beeinträchtigungen immaterieller Art infolge mangelhafter IT-Sicherheit nur

902 Kap. 4, Teil V, Einleitung.
903 Kap. 4, Teil V, Abschn. 1a).
904 Kap. 4, Teil V, Abschn. 1b).

in bestimmten Ausnahmefällen zu Schadensersatzpflichten führen. Gesetzliche Modifikationen der Haftungsgrundlagen mit dem Ziel, diesbezüglich einen höheren Anreiz zu IT-Sicherheitsmaßnahmen zu setzen, sind jedoch nicht empfehlenswert. Sie würden sich nicht nur innovationshemmend auswirken, sondern auch Historie und Systematik des außervertraglichen Haftungsrechts widersprechen. Zudem ist erst vor kurzem in dieser Hinsicht der präventive Effekt durch Art. 82 DSGVO ausgedehnt worden. Für den aus praktischer Sicht bedeutsamen Umgang mit personenbezogenen Daten ist demnach eine Gesetzesänderung durchgeführt worden, deren Beitrag zur Verbesserung des IT-Sicherheitsniveaus sich erst entfalten muss.[905] Ein weitergehendes Tätigwerden des Gesetzgebers erscheint von daher nicht sinnvoll.

Bezüglich der dritten ausgearbeiteten Fallgruppe ist hingegen gesetzgeberisches Tätigwerden angezeigt, um einen sinnvollen Beitrag zur Erhöhung des IT-Sicherheitsniveaus zu leisten. Es handelt sich dabei um Konstellationen, in denen mangelhafte IT-Sicherheit zu Beeinträchtigungen der Nutzung von Sachen führt und diese sich vermögensmindernd auswirken. Diesbezüglich sind einerseits Modifikationen mit Blick auf Anbieter IT-spezifischer Dienste und andererseits rechtliche Änderungen in Bezug auf Hersteller IT-spezifischer Produkte vorzunehmen.

Anbieter IT-spezifischer Dienste, die gesellschaftlich besonders bedeutsame Leistungen erbringen und die deshalb explizit zur Gewährleistung von IT-Sicherheit verpflichtet werden, sollten künftig auch reine Vermögensschäden infolge einer Nutzungsbeeinträchtigung von Sachen ersetzen müssen, die aus einem schuldhaften Verstoß gegen diese Pflichten resultieren. Rechtstechnisch wären dafür am Vorbild der §§ 44, 44a TKG orientierte Haftungsnormen ins außervertragliche Haftungsrecht einzufügen, die speziell auf diese Anbieter zugeschnitten sind.[906] Deren Einfügung würde zwar nur zu einer punktuellen, aber zugleich folgenreichen Ausdehnung der präventiven Wirkung des außervertraglichen Haftungsrechts führen, die wegen ihrer gesamtgesellschaftlichen Vorteile gerechtfertigt ist. Das Niveau der IT-Sicherheit würde so in sinnvoller Weise gesteigert.

Den Herstellern IT-spezifischer Produkte müssten hingegen zunächst spezifische Verhaltenspflichten auferlegt werden, die dazu verleiten, IT-Sicherheit auch mit Blick auf reine Nutzungsbeeinträchtigungen der von ihnen hergestellten Sachen zu gewährleisten. Da die in dieser Hinsicht an sich vorrangigen

---

905 Kap. 4, Teil V, Abschn. 3.
906 Kap. 4, Teil V, Abschn. 2a) und 2b).

kaufrechtlichen Gewährleistungsregelungen aufgrund der Entwicklungsgeschwindigkeit von Informationstechnik an Grenzen stoßen, ist Abhilfe im außervertraglichen Recht zu schaffen. Der vorgestellte Vorschlag einer an die Gewährleistung angelehnten Fehlerbeseitigungspflicht der Hersteller, die jedoch vom statischen Zeitpunkt der Übergabe des Produkts gelöst ist, würde dieses Ziel erreichen.[907] Sie würde auch die Kontroverse über die Pflicht zur Vornahme kostenfreier nachträglicher Updates beenden. Indem die Art der Fehlerbeseitigung freigestellt und diese Pflicht im Verlauf der Zeit durch ein Recht auf eine finanzielle Entschädigung ausgeglichen wird, wären zudem die berechtigten Interessen der Hersteller in angemessener Weise berücksichtigt.

Für die Ausdehnung des präventiven Effekts wären sodann Haftungsgrundlagen zu schaffen, die an Verstöße gegen diese Pflicht anknüpfen. Wie näher ausgeführt wurde,[908] ist es empfehlenswert, bei schuldhaftem Verstreichenlassen einer angemessenen Frist zur Beseitigung mangelhafter IT-Sicherheit einen Anspruch gegen den Produkthersteller auf Ausgleich der Kosten für eine Reparatur oder Ersatzbeschaffung zu gewähren. Darüber hinaus wäre eine Einstandspflicht in das Recht einzufügen, über die ab dem schuldhaften Verstreichenlassen der allerersten Frist zur Fehlerbeseitigung die Vermögensschäden sämtlicher Geschädigter auch ohne Fristsetzung ersetzt verlangt werden können. Zum Schutz vor unkalkulierbaren Haftungsrisiken der Hersteller müsste allerdings eine absolute Haftungshöchstgrenze im Recht zu verankert werden. In ihrer Gesamtheit würden diese Änderungen des Gesetzgebers die präventive Wirkung des außervertraglichen Haftungsrechts im Hinblick auf typische praxisrelevante Konstellationen ausdehnen und damit für das angestrebte Ziel eines hohen IT-Sicherheitsniveaus einen sinnvollen Beitrag leisten.

2. Stärkung der Effektivität der präventiven Wirkung

Unabhängig von der Ausdehnung der Reichweite empfiehlt sich wegen der aufgezeigten Unsicherheiten hinsichtlich der Gefahren, zu deren Verhinderung IT-Sicherheitsmaßnahmen rechtlich geboten sind, auch eine Stärkung der Effektivität der präventiven Wirkung. Um den Herstellern und Diensteanbietern die Bestimmung des ordnungsgemäßen Verhaltens wirkungsvoller zu ermöglichen, sind gesetzliche Modifikationen des außervertraglichen Haftungsrechts angezeigt.

---

907 Kap. 4, Teil V, Abschn. 2a) und 2c).

908 Kap. 4, Teil V, Abschn. 2c).

Zur Erreichung dieses Ziels sollte allerdings keine generelle Gefährdungshaftung für IT-spezifische Produkte und Dienste eingeführt werden. Wie im Rahmen der Arbeit näher erläutert wurde,[909] würde durch dieses Instrument zwar die Rechtsunsicherheit hinsichtlich der Frage, ob IT-Sicherheitsmaßnahmen von den Herstellern und Diensteanbietern umzusetzen sind, reduziert werden. Mit der Realisierung dieses Vorschlags würden jedoch zugleich schwerwiegende Nachteile einhergehen. So würde das historisch bewährte, systematische Regel-Ausnahme-Verhältnis zwischen Verschuldens- und Gefährdungshaftung durchbrochen. Zudem stünde der Vorschlag im Widerspruch mit grundlegenden Gerechtigkeitserwägungen. Denn Hersteller und Diensteanbieter würden einseitig mit einem strikten Haftungsrisiko für die Verwirklichung von Gefahren belastet, obwohl sie nicht zwingend den wirtschaftlichen Nutzen aus den Gefahrenquellen ziehen oder sie beherrschen. Angesichts dieser negativen Folgen verbietet es sich, die Rechtsunsicherheit im Rahmen der Gefahranalyse mittels einer generellen Gefährdungshaftung einzudämmen.

Demgegenüber wäre die Einführung von Gefahren-Informationsdiensten inklusive einer umfassenden Meldepflicht ein geeignetes Instrument, um die Rechtsunsicherheit bezüglich der gebotenen IT-Sicherheitsmaßnahmen zu reduzieren. Wie gezeigt,[910] würde dadurch neben den technischen Sicherheitsstandards ein weiteres Hilfsmittel geschaffen, das die Bestimmung der im konkreten Fall angemessenen technischen und organisatorischen Maßnahmen erleichtert. Denn die Gerichte könnten diesem Hilfsmittel ebenfalls indizielle Wirkung zumessen, sodass die Hersteller und Diensteanbieter die Gefahranalyse künftig einfacher und verlässlicher als bisher durchführen könnten. Die Normadressaten würden so wirkungsvoller als nach jetziger Rechtslage zu dem gebotenen Verhalten bezüglich der IT-Sicherheit geführt.

Damit die präventive Wirkung des außervertraglichen Haftungsrechts in dieser Weise gestärkt wird, muss der Gesetzgeber allerdings die notwendigen Rahmenbedingungen schaffen. Dazu gehört primär die Initiierung eines in quantitativer und qualitativer Hinsicht ausreichenden Informationsflusses bezüglich aktueller Gefahren. Denn momentan stehen Informationen über Gefahren, denen eine Indizwirkung zugesprochen werden könnte, entweder gar nicht zur Verfügung oder aber sie weisen nicht die erforderliche inhaltliche Tiefe auf. An diesem Mangel haben auch die durch das IT-Sicherheitsgesetz neu eingeführten, auf Betreiber kritischer Infrastruktur beschränkten Meldepflichten

909 Kap. 5, Teil III, Abschn. 1.
910 Kap. 5, Teil III, Abschn. 2a).

nichts Wesentliches geändert. Da das Interesse der Unternehmen an freiwilligen Mitteilungen zudem gering ist, ist eine allgemeine Verpflichtung zur Meldung geboten. Diese Pflicht sollte inhaltlich darauf zielen, dass immer dann eine unverzügliche Meldung zu erfolgen hat, wenn Hersteller und Diensteanbieter technische oder organisatorische IT-Sicherheitsmaßnahmen in Bezug auf ihre Produkte bzw. Dienste umgesetzt haben, die aus ihrer Sicht in Anbetracht der Gefahrenlage erforderlich waren, um drohende Schäden an rechtlich geschützten Gütern und Interessen Dritter zu verhindern.[911]

Neben dem Kernelement der umfassenden Meldepflicht sind weitere ergänzende Regelungen vom Gesetzgeber einzuführen, damit die Gefahren-Informationsdienste eine Stärkung der Effektivität der präventiven Wirkung herbeiführen. So sind der Umfang der Meldungen sowie der Umgang mit ihnen festzuschreiben. Um zu verhindern, dass Meldungen Eingang in die Gefahren-Informationsdienste finden, die von vornherein irrelevant für alle sonstigen Hersteller und Anbieter sind, ist die Meldepflicht in dieser Hinsicht einzuschränken. Zudem ist die Art und Weise der Weiterverbreitung der Meldungen festzulegen. Damit die Gefahren-Informationsdienste die angestrebte Funktion erfüllen, ist eine Aufbereitung der Meldungen erforderlich. Sie sollen deshalb an einen Intermediär gerichtet werden, der diese auswertet, bearbeitet und dann gefiltert über die Gefahren-Informationsdienste bekannt gibt. Die Zwischenschaltung einer zentralen Stelle soll zum einen der möglichst zielgenauen Veröffentlichung relevanter Gefahren an ähnlich gefährdete Empfänger dienen. Zum anderen sollen dadurch berechtigte Interessen der meldenden Unternehmen geschützt werden. Dies geschieht, indem der Intermediär die Meldungen so detailliert wie nötig, aber zugleich so neutral wie möglich in die Informationsdienste einpflegt. Verhindert werden soll auf diesem Wege schließlich auch, dass die Informationen Dritten in die Hände fallen.[912]

Die ordnungsgemäße Erfüllung der Tätigkeit als Intermediär ist elementar, damit das vorgestellte Konzept zur Stärkung der Effektivität beiträgt. Angesichts der Bedeutung der Position liegt es nahe, das *BSI* damit zu betrauen. Denn die Aufgabe würde sich gut in das bereits bestehende Aufgabenspektrum der Behörde einfügen. Dem steht allerdings die widersprüchliche Rolle des *BSI* im Zusammenhang mit der Thematik der IT-Sicherheit entgegen. Denn es wirkt nicht nur auf eine Verbesserung der IT-Sicherheitslage zugunsten der Bevölkerung hin, sondern unterstützt auch das Ausnutzen mangelhafter IT-Sicherheit

911 Kap. 5, Teil III, Abschn. 2b) und 2c) lit. aa).

912 Kap. 5, Teil III, Abschn. 2c) lit. bb) und cc).

durch staatliche Stellen. Solange diesbezüglich keine klaren Grenzen gezogen sind, ist davon abzusehen, dem *BSI* als Intermediär Informationen über Gefahren zukommen zu lassen, die von weiteren Herstellern und Diensteanbietern IT-Sicherheitsmaßnahmen erfordern könnten. Stattdessen müsste der Gesetzgeber eine andere, unabhängige Behörde mit der Tätigkeit beauftragen.[913]

Abgerundet wird das zur Stärkung der Effektivität der präventiven Wirkung vorgeschlagene Instrument durch Regelungen, die die Offenheit der Gefahren-Informationsdienste für weitere Erkenntnisquellen gewährleisten. Über ein Anreizsystem für IT-Sicherheitsforscher ist dafür zu sorgen, dass deren Expertise eingebunden wird und der erforderliche Informationsfluss tatsächlich zustande kommt. Zudem muss der Intermediär dazu verpflichtet werden, Gefahren aktiv selbst zu ermitteln. Hierbei sind gerade internationale Veröffentlichungen verstärkt in den Blick zu nehmen. Denn Gefahren für die IT-Sicherheit machen angesichts der immer stärkeren Vernetzung nicht an nationalstaatlichen Grenzen Halt. Schließlich sind die technisch-funktionalen Grundlagen der Meldewege sowie der Informationsdienste gesetzlich vorzugeben. Angesichts der Risiken, die durch unbefugte Kenntnisnahme der gemeldeten Informationen drohen, sind diesbezüglich ausreichende Sicherungsvorkehrungen zu treffen.[914]

Obwohl sich die Einführung der Gefahren-Informationsdienste als kostenintensive Maßnahme sowohl für die Hersteller und Anbieter als auch für den Staat darstellt, sind die finanziellen Belastungen in Anbetracht der positiven Effekte dieser Fortentwicklung des Rechts gerechtfertigt. Denn für die von der Meldepflicht betroffenen Unternehmen werden sich die damit verbundenen Aufwendungen langfristig auszahlen. Sie profitieren von den veröffentlichten Informationen über Gefahren, da die stets erforderliche Gefahrenanalyse durch die Konzentration auf die gesammelten Erkenntnisse weniger aufwändig und fehleranfällig wird. Dies erhöht nicht nur die Qualität der IT-Sicherheitsmaßnahmen, sondern bewirkt generell eine Verbesserung des IT-Sicherheitsbewusstseins, da die Gefahrenszenarien für die Hersteller und Diensteanbieter greifbarer werden.

Zudem treten außerhalb des Haftungsrechts zwei begrüßenswerte Nebeneffekte ein. Zum einen sind die Erkenntnisse über die Gefahren ein nützliches Mittel, um die technischen Sicherheitsstandards dynamisch fortzuentwickeln. Diese können wiederum auch außerhalb des Haftungsrechts in größerem Umfang im Rechtsverkehr genutzt werden und sich dort positiv auswirken. Zum anderen

913 Kap. 5, Teil III, Abschn. 2c) lit. dd).

914 Kap. 5, Teil III, Abschn. 2c) lit. ee) und ff).

erlauben die Informationen ein gezielteres Vorgehen staatlicher Stellen, um drohende Schäden für die Bevölkerung durch mangelhafte IT-Sicherheit präventiv abzuwehren. In Anbetracht dieser Vorteile empfiehlt sich folglich trotz der damit verbundenen finanziellen Belastungen die vorgestellte gesetzliche Modifikation, um dadurch einen sinnvollen Beitrag zu einem höheren IT-Sicherheitsniveau zu leisten.

3. Fazit

„Liability changes everything" – mit diesen Worten hat der renommierte US-amerikanische Sicherheitsforscher Bruce Schneier bereits vor rund 15 Jahren seinen Vorschlag zur Überwindung von Sicherheitsproblemen in der digitalisierten Welt kurz und prägnant auf den Punkt gebracht.[915] Damals hatte er primär Softwarehersteller im Blick, heute vertritt er diese Meinung noch immer – allerdings auch unter Bezugnahme auf Hersteller von Hardware sowie Produkten, die Teil des Internet of Things sind.[916]

Ihm ist zuzustimmen, dass die Aussicht, ansonsten für Schäden aufkommen zu müssen, ein wesentlicher Antrieb für die Umsetzung von präventiven Sicherheitsmaßnahmen ist. Denn in Anbetracht eines Haftungsrisikos gebietet es die wirtschaftliche Vernunft, jedenfalls so lange in Maßnahmen zur Vermeidung der Haftung zu investieren wie die dafür notwendigen Investitionen unterhalb der Summe liegen, die im Schadensfalle zu leisten wäre. Das gilt in jedem Geschäftsbereich und folglich auch dort, wo Produkte und Dienste von sicherer Informationstechnik abhängen.

Ein Antrieb zur Gewährleistung von IT-Sicherheit, das hat die vorliegende Arbeit gezeigt, wird durch das geltende außervertragliche Haftungsrecht jedoch nur in Teilen und zudem in unterschiedlicher Stärke vermittelt. Die haftungsrechtlichen Grundlagen sind zwar durch gesetzgeberisches Tätigwerden in jüngster Vergangenheit in Bewegung geraten, was sich für das angestrebte Ziel der Erhöhung des IT-Sicherheitsniveaus als positiv herausgestellt hat. Die Neuerungen haben jedoch nur punktuell etwas an den aufgezeigten Hindernissen der begrenzten Reichweite der präventiven Wirkung sowie ihrer limitierten Effektivität geändert. Vor diesem Hintergrund nimmt das außervertragliche Haftungsrecht weiterhin keinen optimalen Einfluss auf ein hohes IT-Sicherheitsniveau.

---

915 *Schneier*, auf: Heise.de, Liability changes everything.

916 *Schneier*, auf: Schneier.com, We Need to Save the Internet from the Internet of Things; *ders.*, auf: Telekom.com, Was wir aus dem DDoS-Angriff auf Dyn lernen können.

Durch die Umsetzung der in der vorliegenden Arbeit entwickelten Ideen würde die von vielen Personen zurecht kritisierte mangelhafte Lage der IT-Sicherheit deutlich verbessert. Die Vorschläge erweisen sich diesbezüglich nicht nur als zielgerichtet, sondern sie berücksichtigen auch die Tatsache, dass eine Haftung für betroffene Unternehmen ganz im Sinne Schneiers zwar „alles ändert", die Änderungen aber nicht zwingend eine positive Gesamtwirkung entfalten. Die dargestellten Handlungsempfehlungen respektieren daher sowohl die berechtigten Interessen der Hersteller und Diensteanbieter als auch das grundsätzliche gesellschaftliche Streben nach technischem Fortschritt. Ihr Inhalt ist das Ergebnis eines möglichst schonenden Ausgleichs dieser Belange mit dem gewichtigen Ziel der Erhöhung des IT-Sicherheitsniveaus.

Vor diesem Hintergrund stellen sich die vorgestellten haftungsrechtlichen Änderungen und die damit einhergehenden Belastungen der Hersteller und Diensteanbieter insgesamt als angemessene Maßnahmen dar, über die in sinnvoller Weise ein entscheidender Beitrag zur Verbesserung des IT-Sicherheitsniveaus geleistet wird. Der Gesetzgeber sollte angesichts der weiterhin optimierungsbedürftigen IT-Sicherheitslage den von ihm eingeschlagenen Weg zu mehr IT-Sicherheit konsequent fortsetzen und dabei seinen Handlungsspielraum in der vorgeschlagenen Art und Weise nutzen.

Literaturverzeichnis

Amann**, **Esther**; **Atzmüller**, **Hugo, IT-Sicherheit – was ist das?, DuD 1992, S. 286–297.

Arndt**, **Hans-Wolfgang**; **Fetzer**, **Thomas**; **Scherer**, **Joachim**; **Graulich**, **Kurt, TKG – Telekommunikationsgesetz, 2. Auflage, Berlin 2015.

Bamberger**, **Heinz Georg**; **Roth**, **Herbert, Beck'scher Online-Kommentar BGB, 42. Edition, München 2017.

Bartels**, **Karsten U.**; **Backer**, **Merlin, ITSiG-konforme Telemedien. Technische und organisatorische Vorkehrungen nach § 13 Abs. 7 Telemediengesetz, DuD 2016, S. 22–28.

Barton**, **Dirk-M., Risiko-Management und IT-Sicherheit. Der europäische Gesetzgeber will die Überwachung des Internetarbeitsplatzes weitgehend einschränken, K&R 2004, S. 305–312.

Bartsch**, **Michael, Daten als Rechtsgut nach § 823 Abs. 1 BGB, in: Conrad, Isabell; Grützmacher, Malte, Recht der Daten und Datenbanken im Unternehmen – Jochen Schneider zum 70. Geburtstag, Köln 2014, S. 297–303.

Berberich**, **Matthias, Absolute Rechte an der Nutzung einer Domain – eine zentrale Weichenstellung für die Rechtsentwicklung, WRP 2011, S. 543–549.

Beucher**, **Klaus**; **Utzerath**, **Julia, Cybersicherheit: Nationale und internationale Regulierungsinitiativen. Folgen für die IT-Compliance und die Haftungsmaßstäbe, MMR 2013, S. 362–367.

Beukelmann**, **Stephan, Cyber-Attacken – Erscheinungsformen, Strafbarkeit und Prävention, NJW-Spezial 2017, S. 376–377.

Bieker**, **Felix**; **Hansen**, **Marit, Normen des technischen Datenschutzes nach der europäischen Datenschutzreform, DuD 2017, S. 285–289.

von Bodungen**, **Benjamin**; **Hoffmann**, **Martin, Autonomes Fahren. Haftungsverschiebung entlang der Supply Chain?, NZV 2016, S. 503–509.

Borges**, **Georg, Haftung für selbstfahrende Autos. Warum eine Kausalhaftung für selbstfahrende Autos gesetzlich geregelt werden sollte, CR 2016, S. 272–280.

Borges**, **Georg/Meents**, **Jan Geert, Cloud Computing – Rechtshandbuch, München 2016.

Böhme**, **Rainer**; **Pesch**, **Paulina, Datenschutz trotz öffentlicher Blockchain? Chancen und Risiken bei der Verfolgung und Prävention Bitcoin-bezogener Straftaten, DuD 2017, S. 93–98.

Börding, Andreas; Jülicher, Tim; Röttgen, Charlotte; von Schönfeld, Max, Neue Herausforderungen der Digitalisierung für das Zivilrecht - Praxis und Rechtsdogmatik, CR 2017, S. 134–140.

Bräutigam, Peter; Klindt, Thomas, Industrie 4.0, das Internet der Dinge und das Recht, NJW 2015, S. 1137–1142.

Buchmann, Felix, Schluss mit Neuland! Das neue IT-Sicherheitsgesetz löst die Probleme der Informationstechnologie, BB 21/2015, S. I–II.

Buchner, Benedikt, Informationelle Selbstbestimmung im Privatrecht, Tübingen 2006.

Buermeyer, Ulf; Golla, Sebastian J., „Digitaler Hausfriedensbruch“. Der Entwurf eines Gesetzes zur Strafbarkeit der unbefugten Benutzung informationstechnischer Systeme, K&R 2017, S. 14–18.

Büllingen, Franz, Die Umsetzungslücke: Warum IT-Sicherheit im Mittelstand ein zentrales Thema bleibt. Ergebnisse einer empirischen Erhebung, DuD 2013, S. 173–176.

von Caemmerer, Ernst, Reform der Gefährdungshaftung, Schriftenreihe der Juristischen Gesellschaft Berlin, Band 42, Berlin 1971.

Canaris, Claus-Wilhelm, Schutzgesetze - Verkehrspflichten - Schutzpflichten, in: Canaris, Claus-Wilhelm; Diederichsen, Uwe [Hrsg.], Festschrift für Karl Larenz zum 80. Geburtstag am 23. April 1983, München 1983, S. 27–111.

Danner, Wolfgang; Theobald, Christian, Energierecht - Energiewirtschaftsgesetz mit Verordnungen, EU-Richtlinien, Gesetzesmaterialien, Gesetze und Verordnungen zu Energieeinsparung und Umweltschutz sowie andere energiewirtschaftlich relevante Rechtsregelungen, 91. Ergänzungslieferung, München 2017.

Deutsch, Erwin, Allgemeines Haftungsrecht, 2. Auflage, Köln 1996.

Dierstein, Rüdiger, Sicherheit in der Informationstechnik - der Begriff der IT-Sicherheit, InformatikSpektrum 2004, S. 343–353.

Dietz, Florian M., Technische Risiken und Gefährdungshaftung - Regelungsstrukturen im deutschen und europäischen Recht, Köln 2006.

Djeffal, Christian, Neue Sicherungspflicht für Telemediendiensteanbieter - Webseitensicherheit jetzt Pflicht nach dem IT-Sicherheitsgesetz, MMR 2015, S. 716–721.

Dorner, Michael, Big Data und „Dateneigentum“. Grundfragen des modernen Daten- und Informationshandels, CR 2014, S. 617–628.

Drexl, Josef; Hilty, Reto M.; Desaunettes, Luc, et al., Ausschließlichkeits- und Zugangsrechte an Daten - Positionspapier des Max-Planck-Instituts für

Innovation und Wettbewerb vom 16.8.2016 zur aktuellen europäischen Debatte, GRUR Int. 2016, S. 914–918.

Eckhardt*, *Jens, Rechtliche Grundlagen der IT-Sicherheit, DuD 2008, S. 330–336.

Ehlen*, *Theresa*; *Brandt*, *Elena, Die Schutzfähigkeit von Daten. Herausforderungen und Chancen für Big Data Anwender, CR 2016, S. 570–575.

Engelhardt*, *Christian*; *Klein*, *Sascha, Bitcoins – Geschäfte mit Geld, das keines ist. Technische Grundlagen und zivilrechtliche Betrachtung, MMR 2014, S. 355–360.

Ensthaler*, *Jürgen, Industrie 4.0 erfordert keine juristische Revolution, InTeR 2017, S. 1–2.

Ensthaler*, *Jürgen, Industrie 4.0 und die Berechtigung an Daten, NJW 2016, S. 3473–3478.

Faust*, *Florian, Digitale Wirtschaft – Analoges Recht: Braucht das BGB ein Update?, NJW-Beil. 2016, S. 29–32.

Faust*, *Florian, Digitale Wirtschaft – Analoges Recht: Braucht das BGB ein Update?, in: Verhandlungen des 71. Deutschen Juristentages – Band I, Teil A, München 2017.

Faustmann*, *Jörg, Der deliktische Datenschutz, VuR 2006, S. 260–263.

Fezer*, *Karl-Heinz, Dateneigentum der Bürger – Ein originäres Immaterialgüterrecht sui generis an verhaltensgenerierten Informationsdaten der Bürger, ZD 2017, S. 99–105.

Fezer*, *Karl-Heinz, Dateneigentum – Theorie des immaterialgüterrechtlichen Eigentums an verhaltensgenerierten Personendaten der Nutzer als Datenproduzenten, MMR 2017, S. 3–5.

Filthaut*, *Werner, Haftpflichtgesetz – Kommentar zum Haftpflichtgesetz und zu den konkurrierenden Vorschriften anderer Haftungsgesetze, 9. Auflage, München 2015.

Foerste*, *Ulrich*; *Graf von Westphalen*, *Friedrich, Produkthaftungshandbuch, 3. Auflage, München 2012.

Fox*, *Dirk, Editorial: …denn sie wissen nicht, was sie tun, DuD 2015, S. 717.

Gaycken*, *Sandro*; *Karger*, *Michael, Entnetzung statt Vernetzung. Paradigmenwechsel bei der IT-Sicherheit, MMR 2011, S. 3–8.

Gehrmann*, *Mareike*; *Klett*, *Detlef, IT-Sicherheit in Unternehmen – Weiterhin viel Unsicherheit bei der Umsetzung des IT-Sicherheitsgesetzes, K&R 2017, S. 372–378.

Gehrmann*, *Mareike*; *Voigt*, *Paul, Die europäische NIS-Richtlinie. Neue Vorgaben zur Netz- und IT-Sicherheit, ZD 2016, S. 355–358.

Gehrmann*, *Mareike*; *Voigt*, *Paul, IT-Sicherheit: Kein Thema nur für Betreiber Kritischer Infrastrukturen. Entwurf zur Umsetzung der NIS-Richtlinie erweitert den Kreis ungeklärter IT-sicherheitsrechtlicher Fragen, CR 2017, S. 93–99.

Geigel*, *Reinhard, Der Haftpflichtprozess – mit Einschluss des materiellen Haftpflichtrechts, 27. Auflage, München 2015.

Geppert*, *Martin*; *Schütz*, *Raimund, Beck'scher TKG-Kommentar, 4. Auflage, München 2013.

Gerlach*, *Carsten, Sicherheitsanforderungen für Telemediendienste. Der neue § 13 Abs. 7 TMG, CR 2015, S. 581–589.

Gerling*, *Rainer W., Das IT-Sicherheitsgesetz: purer Aktionismus oder doch mehr IT-Sicherheit?, RDV 2015, 167–170.

Gersdorf*, *Hubertus*; *Paal*, *Boris P., Beck'scher Onlinekommentar Informations- und Medienrecht, 16. Edition, München 2017.

Gitter*, *Rotraud*; *Meißner*, *Alexander*; *Spauschus*, *Philipp, Das IT-Sicherheitsgesetz. Sicherheit und Datenschutz: gemeinsames Ziel oder Widerspruch?, DuD 2016, S. 7–11.

Gitter*, *Rotraud*; *Meißner*, *Alexander*; *Spauschus*, *Philipp, Das neue IT-Sicherheitsgesetz. IT-Sicherheit zwischen Digitalisierung und digitaler Abhängigkeit, ZD 2015, S. 512–516.

Gless*, *Sabine*; *Janal*, *Ruth, Hochautomatisiertes und autonomes Autofahren – Risiko und rechtliche Verantwortung, JR 2016, S. 561–575.

Gliss*, *Hans, IT-Sicherheitsgesetz: Kabinettsentwurf beschlossen, DSB 2015, S. 15–16.

Gliss*, *Hans, Nachweis der IT-Sicherheit: Auswirkung des novellierten § 11 BDSG, DSB 2005, S. 14–15.

Gola*, *Peter*; *Klug*, *Christoph*; *Körffer*, *Barbara*; *Schomerus*, *Rudolf, Bundesdatenschutzgesetz, 12. Auflage, München 2015.

Gola*, *Peter*; *Piltz*, *Carlo, Die Datenschutz-Haftung nach geltendem und zukünftigem Recht. Ein vergleichender Ausblick auf Art. 77 DS-GVO, RDV 2015, S. 279–285.

Gomille*, *Christian, Herstellerhaftung für automatisierte Fahrzeuge, JZ 2016, S. 76–82.

Greger*, *Reinhard*; *Zwickel*, *Martin, Haftungsrecht des Straßenverkehrs – Handbuch und Kommentar, 5. Auflage, Berlin 2014.

Grudzien*, *Waldemar, IT-Sicherheitsgesetz: Gedanken zur Implementierung, DuD 2016, S. 29–33.

Grützmacher*, *Malte, Dateneigentum: ein Flickenteppich. Wem gehören die Daten bei Industrie 4.0, Internet der Dinge und Connected Cars?, CR 2016, S. 485–495.

Grützmacher*, *Malte, Die deliktische Haftung für autonome Systeme – Industrie 4.0 als Herausforderung für das bestehende Recht?, CR 2016, S. 695–698.

Gsell*, *Beate, Deliktsrechtlicher Eigentumsschutz bei „weiterfressendem" Mangel, NJW 2004, S. 1913–1915.

Gsell*, *Beate*; *Krüger*, *Wolfgang*; *Lorenz*, *Stephan*; *Mayer*, *Jörg*; *Henssler*, *Martin, Beck-Online.Großkommentar, München 2017.

Günther*, *Andreas, Produkthaftung für Informationsgüter, Köln 2001.

Günther*, *Jan-Philipp, Roboter und rechtliche Verantwortung. Eine Untersuchung der Benutzer- und Herstellerhaftung, München 2016.

Haberstumpf*, *Helmut, Verkauf immaterieller Güter, NJOZ 2015, S. 793–804.

Hartmann*, *Volker, Here come the robots – Produkthaftung und Robotik am Beispiel des automatisierten und autonomen Fahrens (Teil 1: Anforderungen an die Konstruktion), PHi 2017, S. 2–9.

Hartmann*, *Volker, Here come the robots – Produkthaftung und Robotik am Beispiel des automatisierten und autonomen Fahrens (Teil 2: Anforderungen an die Produktbeobachtung), PHi 2017, S. 42–49.

Härting*, *Nico, „Dateneigentum", Schutz durch Immaterialgüterrecht? Was sich aus dem Verständnis von Software für den zivilrechtlichen Umgang mit Daten gewinnen lässt, CR 2016, S. 646–649.

Heckmann*, *Dirk, Rechtspflichten zur Gewährleistung von IT-Sicherheit im Unternehmen. Maßstäbe für ein IT-Sicherheitsrecht, MMR 2006, S. 280–285.

Heun*, *Sven-Erik*; *Assion*, *Simon, Internet(recht) der Dinge. Zum Aufeinandertreffen von Sachen- und Informationsrecht, CR 2015, S. 812–818.

Heymann*, *Thomas, Der Schutz von Daten bei der Cloud Verarbeitung, CR 2015, S. 807–811.

Heymann*, *Thomas, Rechte an Daten. Warum Daten keiner eigentumsrechtlichen Logik folgen. (Michael Bartsch zum 70. Geburtstag gewidmet), CR 2016, S. 650–657.

Hilber*, *Marc, Handbuch Cloud Computing, Köln 2014.

Hinderberger*, *Lucas, Der Entzug virtueller Gegenstände, Baden-Baden 2014.

Hoeren*, *Thomas, Dateneigentum – Versuch einer Anwendung von § 303a StGB im Zivilrecht, MMR 2013, S. 486–491.

Hoeren*, *Thomas*; *Völkel*, *Jonas, Daten als Gegenstand des Rechts – Fragmente zu einer Struktur des Datenverkehrsrechts, in: Aarnio, Aulis; Hoeren, Thomas; Paulson, Stanley L.; Schulte, Martin; Wyduckel, Dieter [Hrsg.], Positivität,

Normativität und Institutionalität des Rechts – Festschrift für Werner Krawietz zum 80. Geburtstag, Berlin 2013, S. 603–614.

Hoeren*, *Thomas, Der strafrechtliche Schutz von Daten durch § 303a StGB und seine Auswirkungen auf ein Datenverkehrsrecht, in: Conrad, Isabell; Grützmacher, Malte [Hrsg.], Recht der Daten und Datenbanken im Unternehmen – Jochen Schneider zum 70. Geburtstag, Köln 2014, S. 303–312.

von Holleben*, *Kevin Max*; *Menz*, *Monika, IT-Risikomanagement – Pflichten der Geschäftsleitung, CR 2010, S. 63–68.

Holznagel*, *Bernd, Recht der IT-Sicherheit, München 2003.

Hoppen*, *Peter, Sicherung von Eigentumsrechten an Daten. Technisch basierte Anmerkungen zur Rechtsentwicklung, CR 2015, S. 802–806.

Horner*, *Susanne*; *Kaulartz*, *Markus, Haftung 4.0. Rechtliche Herausforderungen im Kontext der Industrie 4.0, InTeR 2016, S. 22–27.

Horner*, *Susanne*; *Kaulartz*, *Markus, Haftung 4.0. Verschiebung des Sorgfaltsmaßstabs bei Herstellung und Nutzung autonomer Systeme, CR 2016, S. 7–14.

Hornung*, *Gerrit, Neue Pflichten für Betreiber kritischer Infrastrukturen: Das IT-Sicherheitsgesetz des Bundes, NJW 2015, S. 3334–3340.

Hornung*, *Gerrit*; *Goeble*, *Thilo, „Data Ownership" im vernetzten Automobil – Die rechtliche Analyse des wirtschaftlichen Werts von Automobildaten und ihr Beitrag zum besseren Verständnis der Informationsordnung, CR 2015, S. 265–273.

Hörl*, *Bernhard, Schadensersatz für Datenverlust – Deliktische Ansprüche des Dateninhabers auch in der Cloud?, ITRB 2014, S. 111–113.

Jansen*, *Nils, Die Struktur des Haftungsrechts – Geschichte, Theorie und Dogmatik außervertraglicher Ansprüche auf Schadensersatz, Tübingen 2003.

Jänich*, *Volker M.*; *Schrader*, *Paul T.*; *Reck*, *Vivian, Rechtsprobleme des autonomen Fahrens, NZV 2015, S. 313–318.

Junker*, *Holger, IT-Sicherheit für Industrie 4.0 und IoT – Aktuelle Bedrohungslage und Herausforderungen der Smart Factory, DuD 2015, S. 647–651.

Kerber*, *Wolfgang, A New (Intellectual) Property Right for Non-Personal Data? An Economic Analysis, GRUR Int. 2016, S. 989–998.

Kerber*, *Wolfgang, Governance of Data: Exclusive Property vs. Access, IIC 2016, S. 759–762.

Kersten*, *Heinrich*; *Reuter*, *Jürgen*; *Schröder*, *Klaus-Werner, IT-Sicherheitsmanagement nach ISO 27001 und Grundschutz – der Weg zur Zertifizierung, 4. Auflage, Wiesbaden 2013.

Kian*, *Bardia, Cloud Computing – Herausforderung für das Rechtssystem, Baden-Baden 2016.

Kipker*, *Dennis-Kenji*; *Pfeil*, *David, IT-Sicherheitsgesetz in Theorie und Praxis. Was Betreiber (wirklich) beachten müssen. Eine interdisziplinäre Fallstudie, DuD 2016, S. 810–814.

Klein-Hennig*, *Martin*; *Schmidt*, *Felix, Zurück auf Los – Die IT-Sicherheit zurück in der Steinzeit, DuD 2017, S. 605–611.

Klindt*, *Thomas, Produktsicherheitsgesetz, 2. Auflage, München 2015.

Koch*, *Frank A., Updating von Sicherheitssoftware – Haftung und Beweislast. Eine Problemskizze zur Verkehrssicherungspflicht zum Einsatz von Antivirenprogrammen, CR 2009, S. 485–491.

Könen*, *Andreas, IT-Sicherheit gesetzlich geregelt. Kooperationen gestalten, Umsetzung steuern, DuD 2016, S. 12–16.

Kötz*, *Hein, Ziele des Haftungsrechts, in: Baur, Jürgen F.; Hopt, Klaus J.; Mailänder, K. Peter, Festschrift für Ernst Steindorff zum 70. Geburtstag, Berlin 1990, S. 643–667.

Kötz*, *Hein*; *Wagner*, *Gerhard, Deliktsrecht, 13., neu bearbeitete Auflage, München 2016.

Krauß*, *Christoph*; *Waidner*, *Michael, IT-Sicherheit und Datenschutz im vernetzten Fahrzeug. Bedrohungen und Herausforderungen, DuD 2015, S. 383–387.

Kullmann*, *Hans Josef, Die Rechtsprechung des BGH zur deliktischen Haftung des Herstellers für Schäden an der von ihm hergestellten Sache, BB 1985, S. 409–414.

Kühling*, *Jürgen*; *Buchner*, *Benedikt, Datenschutz-Grundverordnung, München 2017.

Kütük-Markendorf*, *Merih Erdem*; *Essers*, *David, Zivilrechtliche Haftung des Herstellers beim autonomen Fahren. Haftungsfragen bei einem durch ein autonomes System verursachten Verkehrsunfall, MMR 2016, S. 22–26.

Larenz*, *Karl, Lehrbuch des Schuldrechts, Erster Band: Allgemeinter Teil, 14. Auflage, München 1987.

Larenz*, *Karl*; *Canaris*, *Claus-Wilhelm, Lehrbuch des Schuldrechts/Band 2. Besonderer Teil Halbband 2, 13. Auflage, München 1994.

Lehmann*, *Michael, Produkt- und Produzentenhaftung für Software, NJW 1992, S. 1721–1725.

Leisterer*, *Hannfried*; *Schneider*, *Florian, Der überarbeitete Entwurf für ein IT-Sicherheitsgesetz. Überblick und Problemfelder, CR 2014, S. 574–578.

Lensdorf*, *Lars*; *Mayer-Wegelin*, *Clemens, Die Bedeutung von Standards und Best Practices beim Schutz personenbezogener Daten. Eine Analyse der IT-Grundschutzkataloge des BSI und der BSI-Standards, CR 2009, S. 545–552.

Maier-Reimer, Georg, Schutzgesetze – Verhaltensnormen, Sanktionen und ihr Adressat, NJW 2007, S. 3157–3162.

Marburger, Peter, Die haftungs- und versicherungsrechtliche Bedeutung technischer Regeln, VersR 1983, S. 597–608.

Marburger, Peter, Grundsatzfragen des Haftungsrechts unter dem Einfluß der gesetzlichen Regelungen zur Produzenten- und zur Umwelthaftung, AcP 1992, S. 1–34.

Meier, Klaus; Wehlau, Andreas, Die zivilrechtliche Haftung für Datenlöschung, Datenverlust und Datenzerstörung, NJW 1998, S. 1585–1589.

Mehrbrey, Kim Lars; Schreibauer, Marcus, Haftungsverhältnisse bei Cyber-Angriffen. Ansprüche und Haftungsrisiken von Unternehmen und Organen, MMR 2016, S. 75–82.

Meyer, Oliver; Harland, Hanno, Haftung für softwarebezogene Fehlfunktionen technischer Geräte am Beispiel von Fahrerassistenzsystemen, CR 2007, S. 689–695.

Moelle, Henning; Dockhorn, Ilka, Anmerkung zu EuGH, Urt. v. 5.3.2015 – C-503/13, C-504/13, NJW 2015, S. 1165.

Müller, Gerda, Neue Perspektiven beim Schadensersatz, VersR 2006, S. 1289–1297.

Neusel, Hans, Aktivitäten der Bundesregierung zur IT-Sicherheit, RDV 1990, S. 161–167.

Ortner, Roderic; Daubenbüchel, Felix, Medizinprodukte 4.0 – Haftung, Datenschutz, IT-Sicherheit, NJW 2016, S. 2918–2924.

Paal, Boris P.; Pauly, Daniel A., Datenschutz-Grundverordnung, München 2017.

Palandt, Otto, Bürgerliches Gesetzbuch, 76. Auflage, München 2017.

Paulus, Sachar, Software-Integrität – geht das? Vertraulichkeit und Integrität von Informationen durch sichere Software, DuD 2012, S. 413–418.

Picker, Eduard, Deliktsrechtlicher Eigentumsschutz bei Störungen der Sach-Umwelt-Beziehung – eine Skizze, JZ 2010, S. 541–553.

Pohle, Jan; Ammann, Thorsten, Über den Wolken … – Chancen und Risiken des Cloud Computing, CR 2009, S. 273–278.

Pohlmann, Norbert; Blumberg, Hartmut F., Der IT-Sicherheitsleitfaden, 2. Auflage, Heidelberg 2006.

Pohlmann, Norbert, Die Vertrauenswürdigkeit von Software. Eine Analyse und Diskussion über die Beurteilung und den Aufbau von Vertrauenswürdigkeit von Software, DuD 2014, S. 655–660.

Pohlmann*, *Norbert, Zur Entwicklung einer IT-Sicherheitskultur. Wie das IT-Sicherheitsgesetz den gesellschaftlichen Umgang mit IT-Risiken fördern kann, DuD 2016, S. 38–43.

Raab*, *Thomas, Die Bedeutung der Verkehrspflichten und ihre systematische Stellung im Deliktsrecht, JuS 2002, S. 1041–1048.

Rath*, *Michael*; *Kuss*, *Christian*; *Bach*, *Simone, Das neue IT-Sicherheitsgesetz, K&R 2015, S. 437–440.

Raue*, *Benjamin, Haftung für unsichere Software, NJW 2017, S. 1841–1846.

Redeker*, *Helmut, Information als eigenständiges Rechtsgut. Zur Rechtsnatur der Information und dem daraus resultierenden Schutz, CR 2011, S. 634–639.

Redeker*, *Helmut, Software – ein besonderes Gut, NJOZ 2008, S. 2917–2926.

Reinicke*, *Dietrich*; *Tiedtke*, *Klaus, Stoffgleichheit zwischen Mangelunwert und Schäden im Rahmen der Produzentenhaftung, NJW 1986, S. 10–15.

Rempe*, *Christoph, Smart Products in Haftung und Regress, InTeR 2016, S. 17–21.

Rockstroh*, *Sebastian*; *Kunkel*, *Hanno, IT-Sicherheit in Produktionsumgebungen. Verantwortlichkeit von Herstellern für Schwachstellen in ihren Industriekomponenten, MMR 2017, S. 77–82.

Roth*, *Birgit*; *Schneider*, *Uwe K., IT-Sicherheit und Haftung, ITRB 2005, S. 19–22.

Roth*, *Hans-Peter, Neuer Referentenentwurf zum IT-Sicherheitsgesetz. Dringende Neuregelung der Netz- und Informationssicherheit, ZD 2015, S. 17–22.

Roos*, *Philipp, Das IT-Sicherheitsgesetz. Wegbereiter oder Tropfen auf den heißen Stein?, MMR 2015, S. 636–645.

Roos*, *Philipp, Der neue Entwurf eines IT-Sicherheitsgesetzes. Bewegung oder Stillstand?, MMR 2014, S. 723–730.

Roßnagel*, *Alexander, Das IT-Sicherheitsgesetz, DVBl 2015, S. 1206–1212.

Säcker*, *Franz Jürgen*; *Rixecker*, *Roland*; *Oetker*, *Hartmut*; *Limperg*, *Bettina, Münchener Kommentar zum Bürgerlichen Gesetzbuch

Band 1: Allgemeiner Teil, 7. Auflage, München 2017

Band 2: Schuldrecht – Allgemeiner Teil, 7. Auflage, München 2017

Band 6: Schuldrecht – Besonderer Teil IV, 7. Auflage, München 2017

Band 7: Sachenrecht, 7. Auflage, München 2017.

Schadel*, *Ruth, Informationsrechte und -pflichten bei Sicherheitslücken im Internet. Zum Beitrag des Rechts zur Steuerung der IT-Sicherheit im Internet, Darmstadt 2007.

Schallbruch*, *Martin, Die EU-Richtlinie über Netz- und Informationssicherheit: Anforderungen an digitale Dienste. Wie groß ist der Umsetzungsbedarf der NIS-Richtlinie in deutsches Recht im Bereich digitaler Dienste?, CR 2016, S. 663–670.

Schallbruch*, *Martin, IT-Sicherheitsrecht – Schutz kritischer Infrastrukturen und staatlicher IT-Systeme. Zur Entwicklung des IT-Sicherheitsrechts in der 18. Legislaturperiode (Teil 1), CR 2017, S. 648–655.

Schallbruch*, *Martin, IT-Sicherheitsrecht – Schutz kritischer Infrastrukturen und staatlicher IT-Systeme. Zur Entwicklung des IT-Sicherheitsrechts in der 18. Legislaturperiode (Teil 2), CR 2017, S. 798–804.

Schiemann*, *Gottfried, Argumente und Prinzipien bei der Fortbildung des Schadensrechts, München 1981.

Schlinkert*, *Hans-Jürgen, Industrie 4.0 – Wie das Recht Schritt hält, ZRP 2017, S. 222–225.

Schmelling*, *Heinz-Dieter, Wie verhält sich die IT-Sicherheit zum IT-Outsourcing? Eine Bestandaufnahme, DuD 2016, S. 635–639.

Schmidl*, *Michael, Aspekte des Rechts der IT-Sicherheit, NJW 2010, S. 476–481.

Schönke*, *Adolf*; *Schröder*, *Horst, Strafgesetzbuch. Kommentar, 29. Auflage, München 2014.

Schrader*, *Paul T., Haftungsrechtlicher Begriff des Fahrzeugführers bei zunehmender Automatisierung von Kraftfahrzeugen, NJW 2015, S. 3537–3542.

Schultze-Melling*, *Jyn, IT-Sicherheit in der anwaltlichen Beratung. Rechtliche, praktische und wirtschaftliche Aspekte eines effektiven Information Security-Managements, CR 2005, S. 73–80.

Schulz*, *Thomas, Verantwortlichkeit bei autonom agierenden Systemen – Fortentwicklung des Rechts und Gestaltung der Technik, Baden-Baden 2015.

Schwartmann*, *Rolf*; *Hentsch*, *Christian-Henner, Eigentum an Daten: Das Urheberrecht als Pate für ein Datenverwertungsrecht, RDV 2015, S. 221–230.

Seibel*, *Mark, Abgrenzung der „allgemein anerkannten Regeln der Technik“ vom „Stand der Technik“, (zugl. Anmerkung zu: BGH, U. v. 24.05.2013 – V ZR 182/12 – OLG Düsseldorf, U. v. 11.01.2011 – 23 U 28/10), NJW 2013, S. 3000–3004.

Simitis*, *Spiros, Bundesdatenschutzgesetz, 8. Auflage, Baden-Baden 2014.

Sodtalbers*, *Axel, Softwarehaftung im Internet – die außervertragliche Produkthaftung für online in Verkehr gegebene Computerprogramme, Frankfurt 2006.

Solmecke, Christian; Jockisch, Jan, Das Auto bekommt ein Update! – Rechtsfragen zu Software in Pkws. Zulassungs- und Haftungsfragen zu softwarebasierten Fahrzeugsystemen, MMR 2016, S. 359–364.

Sosnitza, Olaf, Das Internet der Dinge – Herausforderung oder gewohntes Terrain für das Zivilrecht?, CR 2016, S. 764–772.

Specht, Louisa, Ausschließlichkeitsrechte an Daten. Notwendigkeit, Schutzumfang, Alternativen. Eine Erläuterung des gegenwärtigen Meinungsstands und Gedanken für eine zukünftige Ausgestaltung, CR 2016, S. 288–296.

Spickhoff, Andreas, Der Schutz von Daten durch das Deliktsrecht, in: Leible, Stefan; Lehmann, Matthias; Zech, Herbert, Unkörperliche Güter im Zivilrecht, Tübingen 2011, S. 233–245.

Spindler, Gerald, Daten im Deliktsrecht, in: Hilbig-Lugani, Katharina; Jakob, Dominique u.a., Zwischenbilanz – Festschrift für Dagmar Coester-Waltjen zum 70. Geburtstag am 11. Juli 2015, Bielefeld 2015, S. 1183–1192.

Spindler, Gerald, Der Schutz virtueller Gegenstände, in: Leible, Stefan; Lehmann, Matthias; Zech, Herbert, Unkörperliche Güter im Zivilrecht, Tübingen 2011, S. 261–282.

Spindler, Gerald, Digitale Wirtschaft – analoges Recht: Braucht das BGB ein update?, JZ 2016, S. 805–816.

Spindler, Gerald, Haftung und Verantwortlichkeit im IT-Recht. Ein Rück- und Ausblick zu den Bewährungsproben der allgemeinen Grundsätze des Haftungsrechts, CR 2005, S. 741–747.

Spindler, Gerald, IT-Sicherheit und Produkthaftung – Sicherheitslücken, Pflichten der Hersteller und der Softwarenutzer, NJW 2004, S. 3145–3150.

Spindler, Gerald, IT-Sicherheitsgesetz und zivilrechtliche Haftung. Auswirkungen des IT-Sicherheitsgesetzes im Zusammenspiel mit der endgültigen EU-NIS-Richtlinie auf die zivilrechtliche Haftung, CR 2016, S. 297–312.

Spindler, Gerald, Roboter, Automation, künstliche Intelligenz; selbst-steuernde Kfz. Braucht das Recht neue Haftungskategorien? Eine kritische Analyse möglicher Haftungsgrundlagen für autonome Steuerungen, CR 2015, S. 766–776.

Spindler, Gerald, Zivilrechtliche Fragen beim Einsatz von Robotern, in: Hilgendorf, Eric, Robotik im Kontext von Recht und Moral, Baden-Baden 2014, S. 63–80.

Staudinger, Julius v., Kommentar zum Bürgerlichen Gesetzbuch mit Einführungsgesetz und Nebengesetzen

Buch 1: Allgemeiner Teil. §§ 90–124; §§ 130–133, Neubearbeitung, Berlin 2017

Buch 2: Recht der Schuldverhältnisse. Schadensersatzrecht, Neubearbeitung, Berlin 2017

Buch 2: Recht der Schuldverhältnisse. Unerlaubte Handlungen 1, Neubearbeitung, Berlin 2017

Buch 2: Recht der Schuldverhältnisse. Unerlaubte Handlungen 1 – Teilband 2, Neubearbeitung, Berlin 2017

Buch 2: Recht der Schuldverhältnisse. Unerlaubte Handlungen 2 – Produkthaftung, Neubearbeitung, Berlin 2014

Buch 3: Sachenrecht. Einleitung zum Sachenrecht; §§ 854–882, Neubearbeitung, Berlin 2012.

Steffen*, *Erich, Die Bedeutung der „Stoffgleichheit" mit dem „Mangelunwert" für die Herstellerhaftung aus Weiterfresserschäden, VersR 1987, S. 977–980.

Stelzer*, *Dieter, Kritik des Sicherheitsbegriffs im IT-Sicherheitsrahmenkonzept, DuD 1990, S. 501–506.

Taeger*, *Jürgen, Außervertragliche Haftung für fehlerhafte Computerprogramme, Tübingen 1995.

Taeger*, *Jürgen, Die Entwicklung des IT-Rechts im Jahr 2016, NJW 2016, S. 3764–3770.

Taschner*, *Hans Claudius, Die künftige Produzentenhaftung in Deutschland, NJW 1986, S. 611–616.

Tiedtke*, *Klaus, Produkthaftung des Herstellers und des Zulieferers für Schäden an dem Endprodukt seit dem 1. Januar 1990, NJW 1990, S. 2961–2965.

Vogt*, *Wolfgang, Fahrerassistenzsysteme: Neue Technik – Neue Rechtsfragen?, NZV 2003, S. 153–160.

Wagner*, *Eric*; *Ruttloff*, *Marc*; *Freytag*, *Christiane, Automatisiertes Fahren nach der StVG- Novelle: Next Steps – Rechtsverordnungen und Haftungsfragen, CB 2017, S. 386–391.

Weber*, *Rolf H.*; *Willi*, *Annette, IT-Sicherheit und Recht – Grundlagen eines integrativen Gestaltungskonzepts, Zürich 2006.

Wehlau*, *Andreas, Haftung für Datenverlust – der Datenbestand als sonstiges Recht i.S.d. § 823 Abs. 1 BGB, OLGReport 14/2004, K 27–K 31.

Welp*, *Jürgen, Datenveränderung (§ 303a StGB) – Teil 1, IuR 1988, S. 443–449.

Wendt*, *Janine*; *Oberländer*, *Marcel, Produkt- und Produzentenhaftung bei selbstständig veränderlichen Systemen. Ein Überblick, InTeR 2016, S. 58–65.

Wicker*, *Magda, Haftet der Cloud-Anbieter für Schäden bei Cloud-Nutzer? Relevante Haftungsfragen in der Cloud, MMR 2014, S. 715–718.

Wiebe*, *Andreas, Protection of industrial data – a new property right for the digital economy?, GRUR Int. 2016, S. 877–884.

Wiebe*, *Andreas, Von Datenrechten zu Datenzugang. Ein rechtlicher Rahmen für die europäische Datenwirtschaft. Überblick und erste Bewertung zur Mitteilung der EU-Kommission vom 10.01.2017, CR 2017, S. 87–93.

Witt*, *Bernhard C., IT-Sicherheit kompakt und verständlich – eine praxisorientierte Einführung, Wiesbaden 2006.

Witt*, *Thorsten*; *Freudenberg*, *Philipp, NIS-Richtlinie. Die Richtlinie über Maßnahmen zur Gewährleistung einer hohen gemeinsamen Netz- und Informationssicherheit (NIS) in der Union, CR 2016, S. 657–663.

Wybitul*, *Tim, DS-GVO veröffentlicht. Was sind die neuen Anforderungen an die Unternehmen?, ZD 2016, S. 253–254.

Zech*, *Herbert, Daten als Wirtschaftsgut. Überlegungen zu einem „Recht des Datenerzeugers". Gibt es für Anwenderdaten ein eigenes Vermögensrecht bzw. ein übertragbares Ausschließlichkeitsrecht?, CR 2015, S. 137–146.

Zech*, *Herbert, Gefährdungshaftung und neue Technologien, JZ 2013, S. 21–29.

Zech*, *Herbert, „Industrie 4.0": Rechtsrahmen für eine Datenwirtschaft im digitalen Binnenmarkt, GRUR 2015, S. 1151–1160.

Im Hinblick auf verwendete Abkürzungen wird verwiesen auf ***Kirchner*, *Hildebert***, Abkürzungsverzeichnis der Rechtssprache, 8. Auflage, Berlin 2015.

Anhang: Verzeichnis der Online-Quellen

Agenturmeldung, auf: Süddeutsche.de, ADAC knackt BMWs per Mobilfunk, Art. v. 3.2.2015, abrufbar unter: http://www.sueddeutsche.de/digital/it-sicherheitsluecke-adac-knackt-bmws-per-mobilfunk-1.2328051.

Agenturmeldung, auf: Spiegel.de, Aldi-Kameras lassen sich von Fremden fernsteuern, Art. v. 15.1.2016, abrufbar unter: http://www.spiegel.de/netzwelt/gadgets/aldi-kameras-unbefugte-koennen-bild-und-ton-anzapfen-a-1072252.html.

Agenturmeldung, auf: Süddeutsche.de, Apple weist Schuld an Nacktfoto-Hack von sich, Art. v. 3.9.2014, abrufbar unter: http://www.sueddeutsche.de/digital/veroeffentlichung-intimer-fotos-apple-weist-schuld-an-nacktfoto-hack-von-sich-1.2114198.

Agenturmeldung, auf: Süddeutsche.de, Aufwachen nach dem Blackout, Art. v. 17.5.2010, abrufbar unter: http://www.sueddeutsche.de/politik/stromausfall-in-westeuropa-aufwachen-nach-dem-blackout-1.779766.

Agenturmeldung, auf: Faz.net, Autonomes Fahren: Wer haftet, wenn das Auto von selbst fährt?, Art. v. 27.3.2017, abrufbar unter: http://www.faz.net/aktuell/wirtschaft/neue-mobilitaet/autonomes-fahren-wer-haftet-wenn-das-auto-von-selbst-faehrt-14944912.html.

Agenturmeldung, auf: Heise.de, Bosch-Manager: Auto-Hacks sind schwer zu kopieren, Art. v. 11.8.2015, abrufbar unter: https://www.heise.de/newsticker/meldung/Bosch-Manager-Auto-Hacks-sind-schwer-zu-kopieren-2776482.html.

Agenturmeldung, auf: Faz.net, Hackerangriff legt polnische Fluglinie lahm, Art. v. 22.6.2015, abrufbar unter: http://www.faz.net/aktuell/wirtschaft/unternehmen/warschau-hackerangriff-legt-polnische-fluglinie-lahm-13660652.html.

Agenturmeldung, auf: Zeit.de, Hinweise auf Hackerangriff verdichten sich, Art. v. 28.11.2016, abrufbar unter: http://www.zeit.de/digital/internet/2016-11/internet-deutsche-telekom-stoerung-fernsehen-telefonie-netz.

Agenturmeldung, auf: Heise.de, Nach WannaCry: Telekom-Chef fordert Gesetz zur Bereitstellung von Sicherheits-Updates, Art. v. 28.5.2017, abrufbar unter: https://www.heise.de/newsticker/meldung/Nach-Wannacry-Telekom-Chef-fordert-Gesetz-zur-Bereitstellung-von-Sicherheits-Updates-3726900.html.

Agenturmeldung, auf: Spiegel.de, „WannaCry"-Attacke – Fakten zum globalen Cyberangriff, Art. v. 13.5.2017, abrufbar unter: http://www.spiegel.de/netzwelt/web/wannacry-attacke-fakten-zum-globalen-cyber-angriff-a-1147523.html.

Agenturmeldung, auf: Spiegel.de, „WannaCry"-Angriff – Microsoft macht Regierungen Vorwürfe, Art. v. 15.5.2017, abrufbar unter: http://www.spiegel.de/netzwelt/web/ransomware-wannacry-microsoft-macht-regierungen-vorwuerfe-a-1147656.html.

Backes, Michael; Buxmann, Peter; Eckert, Claudia, et al., auf: Crisp-da.de, Key Challenges in IT Security Research – Discussion Paper for the Dialogue on IT Security, abrufbar unter: https://www.crisp-da.de/fileadmin/News___Veranstaltungen/PDF_fuer_news_events/Keychallenges_in_IT-security_research_online.compressed.pdf.

Barczok, Achim, auf: Heise.de, Gestohlene Promi-Nacktbilder: 18 Monate für „Celebgate"-Hacker, Art. v. 29.10.2016, abrufbar unter: https://www.heise.de/newsticker/meldung/Gestohlene-Promi-Nacktbilder-18-Monate-fuer-Celebgate-Hacker-3383839.html.

Becker, Leo, auf: Heise.de, Brute-Force-Angriff auf iCloud-Konten: Apple wusste angeblich um Schwachstelle, Art. v. 25.9.2014, abrufbar unter: https://www.heise.de/mac-and-i/meldung/Brute-Force-Angriff-auf-iCloud-Konten-Apple-wusste-angeblich-um-Schwachstelle-2403676.html.

Beer, Kristina, auf: Heise.de, Nach WannaCry-Attacke: Dobrindt für schärferes IT-Sicherheitsgesetz, Art. v. 15.5.2017, abrufbar unter: https://www.heise.de/newsticker/meldung/Nach-WannaCry-Attacke-Dobrindt-fuer-schaerferes-IT-Sicherheitsgesetz-3713755.html.

Beer, Kristina, auf Heise.de, Vodafone/Kabel Deutschland-Störung auch nach zwölf Stunden noch immer nicht komplett behoben, Art. v. 1.7.2016, abrufbar unter: http://www.heise.de/newsticker/meldung/Vodafone-Kabel-Deutschland-Stoerung-auch-nach-zwoelf-Stunden-noch-immer-nicht-komplett-behoben-3252131.html.

Bergert, Denise, auf: Heise.de, Sicherheit: Hacker übernehmen smartes Scharfschützengewehr, Art. v. 29.7.2015, abrufbar unter: https://www.heise.de/newsticker/meldung/Sicherheit-Hacker-uebernehmen-smartes-Scharfschuetzengewehr-2765095.html.

Bergert, Denise, auf: Heise.de, Weitere Sicherheitslücke in Hospira-Infusionspumpen, Art. v. 9.6.2015, abrufbar unter: https://www.heise.de/newsticker/meldung/Weitere-Sicherheitsluecke-in-Hospira-Infusionspumpen-2682272.html.

Bernau, Varinia, auf: Süddeutsche.de, Banken müssen gegen Cybergangster aufrüsten, Art. v. 17.2.2015, abrufbar unter: http://www.sueddeutsche.de/digital/hacker-bankraub-banken-muessen-gegen-cybergangster-aufruesten-1.2353515.

Bernau, Patrick, auf: Faz.net, Der große Coup der Hacker, Art. v. 22.10.2016, abrufbar unter: http://www.faz.net/aktuell/wirtschaft/netzwirtschaft/webseiten-gestoert-der-grosse-coup-der-hacker-14493092.html.

Beuth, Patrick; Strathmann, Marvin, auf: Zeit.de, Locky und die Liga der außergewöhnlichen Schadprogramme, Art. v. 7.3.2016, abrufbar unter: http://www.zeit.de/digital/datenschutz/2016-03/ransomware-lockey-keranger-tesla-crypt-erfolg/komplettansicht.

Bitkom, auf: Bitkom.org, Potenziale und Einsatz von Big Data, Studie aus dem Mai 2014, abrufbar unter: https://www.bitkom.org/noindex/Publikationen/2014/Studien/Studie-Big-Data-in-deutschen-Unternehmen/Studienbericht-Big-Data-in-deutschen-Unternehmen.pdf.

Bitkom, auf: Bitkom.org, Zukunft der Consumer Electronics, Studie aus dem September 2015, abrufbar unter: https://www.bitkom.org/Publikationen/2015/Studien/CE-Studie-2015/150901_CE-Studie-2015_online.pdf.

Bräutigam, Peter; Klindt, Thomas, auf: Bdi.eu, Digitalisierte Wirtschaft/Industrie 4.0, Gutachten im Auftrag des BDI, abrufbar unter: http://bdi.eu/media/themenfelder/digitalisierung/downloads/20151117_Digitalisierte_Wirtschaft_Industrie_40_Gutachten_der_Noerr_LLP.pdf.

Bundesamt für Sicherheit in der Informationstechnik, auf: BSI.bund.de, IT-Sicherheit in kleinen und mittleren Unternehmen (KMU), Bonn 2011, abrufbar unter: https://www.bsi.bund.de/DE/Publikationen/Studien/KMU/Studie_IT-Sicherheit_KMU.html.

Bundesamt für Sicherheit in der Informationstechnik, auf: BSI.bund.de, BSI-Standard 100-2 – IT-Grundschutz-Vorgehensweise, Version 2.0, abrufbar unter: https://www.bsi.bund.de/DE/Themen/ITGrundschutz/ITGrundschutz-Standards/Standard02/ITGStandard02_node.html.

Bundesamt für Sicherheit in der Informationstechnik, auf: BSI.bund.de, Die Lage der IT-Sicherheit in Deutschland 2017, Bonn 2017, abrufbar unter: https://www.bsi.bund.de/SharedDocs/Downloads/DE/BSI/Publikationen/Lageberichte/Lagebericht2017.pdf.

Bundesamt für Sicherheit in der Informationstechnik, auf: BSI.bund.de, Die Lage der IT-Sicherheit in Deutschland 2016, Bonn 2016, abrufbar unter: https://www.bsi.bund.de/SharedDocs/Downloads/DE/BSI/Publikationen/Lageberichte/Lagebericht2016.pdf.

Bundesamt für Sicherheit in der Informationstechnik, auf: BSI.bund.de, Die Lage der IT-Sicherheit in Deutschland 2015, Bonn 2015, abrufbar unter: https://www.bsi.bund.de/SharedDocs/Downloads/DE/BSI/Publikationen/Lageberichte/Lagebericht2015.pdf.

Bundesamt für Sicherheit in der Informationstechnik, auf: BSI.bund.de, Die Lage der IT-Sicherheit in Deutschland 2014, Bonn 2014, abrufbar unter: https://www.bsi.bund.de/SharedDocs/Downloads/DE/BSI/Publikationen/Lageberichte/Lagebericht2014.pdf.

Bundesamt für Sicherheit in der Informationstechnik, auf: BSI.bund.de, Grundschutz-Kataloge, 15. Ergänzungslieferung 2015, abrufbar unter: https://www.bsi.bund.de/DE/Themen/ITGrundschutz/ITGrundschutzKataloge/itgrundschutzkataloge_node.html.

Bundesamt für Sicherheit in der Informationstechnik, auf: BSI.bund.de, Leitfaden Informationssicherheit – IT-Grundschutz kompakt, Bonn 2012.

Bundesamt für Sicherheit in der Informationstechnik, auf: BSI.bund.de, Verantwortlichkeiten von IT-Herstellern, Nutzern und Intermediären – Studie im Auftrag des BSI durchgeführt von Prof. Gerald Spindler, Bonn 2007, abrufbar unter: https://www.bsi.bund.de/SharedDocs/Downloads/DE/BSI/Publikationen/Studien/ITSicherheitUndRecht/Gutachten_pdf.

Bundesdruckerei GmbH, auf: Bundesdruckerei.de, IT-Sicherheit im Rahmen der Digitalisierung, Berlin 2016, abrufbar unter: https://www.bundesdruckerei.de/en/system/files/whitepaper/whitepaper-studie-it-sicherheit.pdf.pdf.

Bundesministerium des Innern, auf: BMI.bund.de, Cybersicherheitsstrategie für Deutschland 2016, abrufbar unter: http://www.bmi.bund.de/DE/Themen/Sicherheit/IT-Cybersicherheit/Cyber-Sicherheitsstrategie/cyber-sicherheitsstrategie_node.html.

Bundesnetzagentur für Elektrizität, Gas, Telekommunikation, Post und Eisenbahnen, auf: Bundesnetzagentur.de, IT-Sicherheitskatalog gemäß § 11 Absatz 1a EnWG, Stand August 2015, abrufbar unter: https://www.bundesnetzagentur.de/SharedDocs/Downloads/DE/Sachgebiete/Energie/Unternehmen_Institutionen/Versorgungssicherheit/IT_Sicherheit/IT_Sicherheitskatalog_08-2015.pdf.

Bundesnetzagentur für Elektrizität, Gas, Telekommunikation, Post und Eisenbahnen, auf: Bundesnetzagentur.de, Katalog von Sicherheitsanforderungen für das Betreiben von Telekommunikations- und Datenverarbeitungssystemen sowie für die Verarbeitung personenbezogener Daten nach § 109 Telekommunikationsgesetz (TKG), Stand 7.1.2016, abrufbar unter: http://www.bundesnetzagentur.de/SharedDocs/Downloads/DE/Sachgebiete/Telekommunikation/Unternehmen_Institutionen/Anbieterpflichten/OeffentlicheSicherheit/KatalogSicherheitsanforderungen/KatalogSicherheitsanforderungen.pdf.

Bündnis 90/Die Grünen, auf: Gruene-bundestag.de, Fraktionsbeschluss vom 25.2.2017: Sicherheit im Digitalen, abrufbar unter: https://www.gruene-bundestag.de/fileadmin/media/gruenebundestag_de/fraktion/beschluesse/IT-Sicherheit.pdf.

Chaos Computer Club, auf: ccc.de, Effektive IT-Sicherheit fördern – Stellungnahme zur 7. Sitzung des Ausschusses Digitale Agenda des Deutschen Bundestages vom 7.5.2015, abrufbar unter: http://ccc.de/system/uploads/149/original/StellungnahmeDigitaleAgenda.pdf.

de Maiziere, Thomas, auf: Bundesregierung.de, IT-Sicherheit – künftige Herausforderungen für Staat, Wirtschaft und Gesellschaft, Bulletin der Bundesregierung, Nr. 67-3 vom 19. Mai 2015, abrufbar unter: https://www.bundesregierung.de/Content/DE/Bulletin/2010–2015/2015/05/Anlagen/67-3-bmi.pdf.

Deloitte/TU München, auf: Deloitte.com, Ready for Takeoff? Smart Home aus Konsumentensicht, Studie aus dem Juli 2015, abrufbar unter: http://www2.deloitte.com/de/de/pages/technology-media-and-telecommunications/articles/marktaussichten-fuer-smart-home.html.

Deutschland sicher im Netz e.V., auf: Sicher-im-netz.de, Sicherheitsmonitor Mittelstand 2015, Berlin 2015, abrufbar unter: https://www.sicher-im-netz.de/sites/default/files/download/dsin_sicherheitsmonitor_2015_web.pdf.

Deutsche Telekom, auf: Telekom.com, Cybersecurity Report 2015, abrufbar unter: https://www.telekom.com/de/medien/medieninformationen/detail/cyber-security-report-2015--sind-cyber-angriffe-das-groesste-risiko-fuer-industrie-4-0--349260.

Deutscher Anwaltverein, auf: Anwaltverein.de, Frage des „Eigentums" an Daten und Informationen, Stellungnahme 75/16 vom 25.11.2016, abrufbar unter: https://anwaltverein.de/de/newsroom/sn-75-16-frage-des-eigentums-an-daten-und-informationen.

Eikenberg, Ronald, auf: Heise.de, DHL Packstation: Sicherheitslücke begünstigt Missbrauch der fast 3000 Paketautomaten, Art. v. 22.6.2016, abrufbar unter: http://www.heise.de/newsticker/meldung/DHL-Packstation-Sicherheitsluecke-beguenstigt-Missbrauch-der-fast-3000-Paketautomaten-3243343.html.

Freiberger, Harald; Schmidbauer, Jan, auf: Süddeutsche.de, Comdirect-Kunden hatten Zugriff auf fremde Konten, Art. v. 18.7.2016, abrufbar unter: http://www.sueddeutsche.de/wirtschaft/online-banking-comdirect-kunden-konnten-auf-fremde-konten-zugreifen-1.3083289.

Gleich, Clemens, auf: Heise.de, VW-Wegfahrsperre: Volkswagen-Hack endlich veröffentlicht, Art. v. 13.8.2015, abrufbar unter: https://www.heise.de/newsticker/meldung/VW-Wegfahrsperre-Volkswagen-Hack-endlich-veroeffentlicht-2778632.html.

Greenberg, Andy, auf: Wired.com, Hackers Remotely Kill a Jeep on the Highway – With Me in It, Art. v. 21.7.2015, abrufbar unter: https://www.wired.com/2015/07/hackers-remotely-kill-jeep-highway.

Greenberg, Andy, auf: Wired.com, The Jeep Hackers Are Back to Prove Car Hacking Can Get Much Worse, Artikel vom 1.8.2016, abrufbar unter: https://www.wired.com/2016/08/jeep-hackers-return-high-speed-steering-acceleration-hacks/.

Greis, Friedhelm, auf: Zeit.de Auto in voller Fahrt aus der Ferne gehackt, Art. v. 22.7.2015, abrufbar unter: http://www.zeit.de/digital/datenschutz/2015-07/jeep-hacker-steuerung-internet.

Harloff, Thomas, auf: Süddeutsche.de, Der Fahrer ist machtlos, Art. v. 22.7.2015, abrufbar unter: http://www.sueddeutsche.de/auto/auto-aus-der-ferne-gehackt-der-fahrer-ist-machtlos-1.2577174.

Heeg, Thiemo, auf: Faz.net, IT-Sicherheit – Eine Falle für Cyberkriminelle, Art. v. 15.3.2016, abrufbar unter: http://www.faz.net/aktuell/wirtschaft/cebit/die-it-sicherheit-hat-nachholbedarf-14124733.html.

Holland, Martin, auf: Heise.de, Nach Hackerangriff auf LOT: Piloten fordern mehr Sicherheit, Art. v. 24.6.2015, abrufbar unter: http://www.heise.de/newsticker/meldung/Nach-Hackerangriff-auf-LOT-Piloten-fordern-mehr-Sicherheit-2724404.html.

Holland, Martin, auf: Heise.de, Medizintechnik: US-Hersteller warnt vor Hackerangriffen auf Insulinpumpen, Art. v. 5.10.2016, abrufbar unter: https://www.heise.

de/newsticker/meldung/Medizintechnik-US-Hersteller-warnt-vor-Hackerangriffen-auf-Insulinpumpen-3341645.html.

Holland, Martin, auf: Heise.de, WannaCry: Deutschland laut BSI-Chef „mit blauem Auge davongekommen", Art. v. 15.5.2017, abrufbar unter: https://www.heise.de/newsticker/meldung/WannaCry-Deutschland-laut-BSI-Chef-mit-blauem-Auge-davongekommen-3714338.html.

Jurran, Nico, auf: Heise.de, Sicherheitslücke: Hintertür im Smart Home von Loxone, Art. v. 31.8.2016, abrufbar unter: http://www.heise.de/newsticker/meldung/Sicherheitsluecke-Hintertuer-im-Smart-Home-von-Loxone-3308004.html.

Kleinhans, Jan-Peter, auf: Zeit.de, Der Staat gegen das Netz der unsicheren Dinge, Art. v. 5.11.2016, abrufbar unter: http://www.zeit.de/digital/internet/2016-11/it-sicherheit-politik-internet-der-dinge-botnetze.

Kleinz, Torsten, auf: Heise.de, IT-Sicherheitskongress: BSI-Chef befürwortet neue Haftungsregeln, Art. v. 17.5.2017, abrufbar unter: https://www.heise.de/newsticker/meldung/IT-Sicherheitskongress-BSI-Chef-befuerwortet-neue-Haftungsregeln-3715980.html.

Kleinz, Torsten, auf: Heise.de, Konferenz zur Sicherheit von Autos: Vom Crashtest zum Pentest, Art. v. 13.11.2015, abrufbar unter: http://www.heise.de/newsticker/meldung/Konferenz-zur-Sicherheit-von-Autos-Vom-Crashtest-zum-Pentest-2921292.html.

Kleinz, Torsten, auf: Zeit.de, Telekom-Router – Allergische Reaktion mit Folgen, Art. v. 1.12.2016, abrufbar unter: http://www.zeit.de/digital/internet/2016-11/telekom-router-botnetz-hoettges-cyber-nato/komplettansicht.

Kooperationsgruppe „Informationssicherheit des IT-PLR", auf: IT-Planungsrat.de, Leitlinie für die Informationssicherheit in der öffentlichen Verwaltung, Stand 19.2.2013, abrufbar unter: http://www.it-planungsrat.de/SharedDocs/Downloads/DE/Entscheidungen/10_Sitzung/Leitlinie_Informationssicherheit_Hauptdokument.pdf;jsessionid=2FC59313A8644D3DD50F79BE8E6CAA37.2_cid350.

Krempl, Stefan, auf: Heise.de, Geheim-Papiere: BSI entwickelte Bundestrojaner mit, Art. v. 17.3.2015, abrufbar unter: https://www.heise.de/newsticker/meldung/Geheimpapiere-BSI-entwickelte-Bundestrojaner-mit-2577582.html.

Krempl, Stefan, auf: Heise.de, Bericht: Hacker haben Teile des US-Stromnetzes infiltriert, Art. v. 22.12.2015, abrufbar unter: http://www.heise.de/newsticker/

meldung/Bericht-Hacker-haben-Teile-des-US-Stromnetzes-infiltriert-3054887.html.

Krempl, Stefan, auf: Heise.de, EU-Polizeinetzwerk will Autos ferngesteuert stoppen, Art. v. 27.1.2014, abrufbar unter: https://www.heise.de/newsticker/meldung/EU-Polizeinetzwerk-will-Autos-ferngesteuert-stoppen-2098389.html.

Krempl, Stefan, auf: Heise.de, IT-Gipfel: Produkthaftung gegen die „digitale Sorglosigkeit", Art. v. 19.11.2015, abrufbar unter: http://www.heise.de/newsticker/meldung/IT-Gipfel-Produkthaftung-gegen-die-digitale-Sorglosigkeit-2973242.html.

Krempl, Stefan, auf: Heise.de, Stromausfall in der Ukraine augenscheinlich durch Hacker ausgelöst, Art. v. 6.1.2016, abrufbar unter: http://www.heise.de/newsticker/meldung/Stromausfall-in-der-Ukraine-augenscheinlich-durch-Hacker-ausgeloest-3063343.html.

Kühl, Eike; Breitegger, Benjamin, auf: Zeit.de, DDos-Attacke: Der Angriff, der aus dem Kühlschrank kam, Art. v. 24.10.2016, abrufbar unter: http://www.zeit.de/digital/internet/2016-10/ddos-attacke-dyn-internet-der-dinge-us-wahl.

Kühl, Eike; Caspari, Lisa, auf: Zeit.de, Was wir über den Angriff auf den Bundestag wissen, Art. v. 11.6.2015, abrufbar unter: http://www.zeit.de/digital/datenschutz/2015-06/bundestag-hacker-trojaner-angriff/komplettansicht.

Labs, Lutz, auf: Heise.de, ING-Bank: Serverausfall durch Probealarm, Art. v. 12.9.2016, abrufbar unter: https://www.heise.de/newsticker/meldung/ING-Bank-Serverausfall-durch-Probealarm-3318342.html.

Mayntz, Gregor, auf: RP-online.de, Beschlusspapier der Innenministerkonferenz: Plan gegen Spionage im Kühlschrank, Art. v. 23.5.2017, abrufbar unter: http://www.rp-online.de/politik/deutschland/innenminister-planen-it-guetesiegel-fu-er-smart-home-geraete-aid-1.6838817.

Polke-Majewski, Karsten, auf: Zeit.de, Angriff auf die Infrastruktur: Gefahr für die Weltmarktführer, Art. v. 18.9.2015, abrufbar unter: http://www.zeit.de/digital/2015-09/industrie-hacker-sicherheit-digitalisierung/komplettansicht.

Regel, Jens, auf: Seclists.org, Miele Professional PG 8528 – Web Server Directory Traversal, Veröffentlichung v. 24.3.2017, abrufbar unter: http://seclists.org/fulldisclosure/2017/Mar/63.

Reißmann, Ole, auf: Spiegel.de, Nacktfotos im Netz – Warum Apple nicht unschuldig ist, Art. v. 3.9.2014, abrufbar unter: http://www.spiegel.de/netzwelt/web/

apple-spricht-von-zielgenauen-angriffen-auf-nacktfotos-von-promis-a-989582.html.

Ries, Uli, auf: Heise.de, Sicherheits-Report: Unternehmen setzen selbst simple Schutzmechanismen nicht um, Art. v. 26.4.2016, abrufbar unter: https://www.heise.de/newsticker/meldung/Sicherheits-Report-Unternehmen-setzen-selbst-simple-Schutzmechanismen-nicht-um-3184485.html.

Rütten, Christiane, auf: Heise.de, WEP-Verschlüsselung von WLANs in unter einer Minute geknackt, Art. v. 4.4.2007, abrufbar unter: https://www.heise.de/security/meldung/WEP-Verschluesselung-von-WLANs-in-unter-einer-Minute-geknackt-164971.html.

Scherschel, Fabian A., auf: Heise.de, Simuliertes Zug-Steuersystem HoneyTrain: 2,7 Millionen Angriffe in sechs Wochen, Art. v. 11.9.2015, abrufbar unter: https://www.heise.de/newsticker/meldung/Simuliertes-Zug-Steuersystem-HoneyTrain-2-7-Millionen-Angriffe-in-sechs-Wochen-2810967.html.

Scherschel, Fabian A., auf: Heise.de, Sony Pictures: Hacker veröffentlichen Mitarbeiterdaten, Art. v. 4.12.2014, abrufbar unter: www.heise.de/newsticker/meldung/Sony-Pictures-Hacker-veroeffentlichen-Mitarbeiterdaten-2480740.html.

Schesswendter, Raimund, auf: Heise.de, Nach Fernsteuerungs-Hack ruft Fiat Chrysler 1,4 Millionen Autos zurück, Art. v. 24.7.2015, abrufbar unter: https://www.heise.de/newsticker/meldung/Nach-Fernsteuerungs-Hack-ruft-Fiat-Chrysler-1-4-Millionen-Autos-zurueck-2762914.html.

Schieb, Jörg, auf: Wdr.de, Gefahrenquelle „Zero Day Exploits“, Art. v. 10.3.2017, abrufbar unter: https://blog.wdr.de/digitalistan/gefahrenquelle-zero-day-exploits/.

Schirrmacher, Dennis, auf: Heise.de, Gas- und Öl-Industrie: Leichte Ziele für Hacker, Art. v. 17.11.2015, abrufbar unter: http://www.heise.de/newsticker/meldung/Gas-und-Oel-Industrie-Leichte-Ziele-fuer-Hacker-2922912.html.

Schirrmacher, Dennis, auf: Heise.de, Nicht abgesichert: Steuerungen deutscher Wasserwerke über das Internet manipulierbar, Art. v. 15.7.2016, abrufbar unter: http://www.heise.de/security/meldung/Nicht-abgesichert-Steuerungen-deutscher-Wasserwerke-ueber-das-Internet-manipulierbar-3268693.html

Schirrmacher, Dennis, auf: Heise.de, Smarte Verkehrsleitsysteme leicht zu manipulieren, Art. v. 26.4.2016, abrufbar unter: http://www.heise.de/newsticker/meldung/Smarte-Verkehrsleitsysteme-leicht-zu-manipulieren-3183601.html.

Schirrmacher, Dennis, auf: Heise.de, Tausende medizinische Geräte aus dem Internet angreifbar, Art. v. 29.9.2015, abrufbar unter: http://www.heise.de/newsticker/meldung/Tausende-medizinische-Geraete-aus-dem-Internet-angreifbar-2831620.html.

Schmidt, Julia, auf: Heise.de, US-Bundesbehörde aktualisiert Leitfaden für sichere E-Mail-Kommunikation, Art. v. 2.4.2016, abrufbar unter: https://www.heise.de/newsticker/meldung/US-Bundesbehoerde-aktualisiert-Leitfaden-fuer-sichere-E-Mail-Kommunikation-3160942.html.

Schmidt, Jürgen, auf: Heise.de, ENISA-Chef fordert Produkthaftung für Hard- und Software, Art. v. 17.3.2016, abrufbar unter: http://www.heise.de/newsticker/meldung/ENISA-Chef-fordert-Produkthaftung-fuer-Hard-und-Software-3140943.html.

Schmidt, Jürgen, auf: Heise.de, Kommentar: Das Internet (der Dinge) darf kein rechtsfreier Raum bleiben, Art. v. 2.12.2016, abrufbar unter: https://www.heise.de/security/meldung/Kommentar-Das-Internet-der-Dinge-darf-kein-rechtsfreier-Raum-bleiben-3529743.html.

Schmitz, Peter, auf: Heise.de, SIM-Karten-Prüfdatenbank hat Telekom-Mobilfunknetz lahmgelegt, Art. v. 11.6.2016, abrufbar unter: http://www.heise.de/newsticker/meldung/SIM-Karten-Pruefdatenbank-hat-Telekom-Mobilfunknetz-lahmgelegt-3235647.html.

Schneier, Bruce, auf: Heise.de, Liability changes everything, Kommentar v. 20.11.2003, abrufbar unter: https://www.heise.de/security/artikel/Liability-changes-everything-270356.html.

Schneier, Bruce, auf: Telekom.com, Was wir aus dem DDoS-Angriff auf Dyn lernen können, Gastbeitrag auf dem Magenta Security Kongress 2016, abrufbar unter: https://www.telekom.com/de/verantwortung/datenschutz-und-datensicherheit/magenta-security-kongress-2016/magenta-security-kongress-2016/lernen-aus-ddos-angriff-auf-dyn-444378.

Schneier, Bruce, auf: Schneier.com, We Need to Save the Internet from the Internet of Things, Essay vom 6.10.2016, abrufbar unter: https://www.schneier.com/essays/archives/2016/10/we_need_to_save_the_.html.

Schwan, Ben, auf: Heise.de, Hackangriff auf Ampeln, Art. v. 26.8.2014, abrufbar unter: http://www.heise.de/newsticker/meldung/Hackangriff-auf-Ampeln-2301448.html.

Sokolov, Daniel, auf: Heise.de, US-Anklage: Hacking für Insiderhandel, Art. v. 11.8.2015, abrufbar unter: http://www.heise.de/newsticker/meldung/US-Anklage-Hacking-fuer-Insiderhandel-2776580.html.

Sokolow, Andrej, auf Heise.de, Autohersteller stecken Positionen für Kampf um Daten-Schatz ab, Art. v. 11.1.2016, abrufbar unter: http://www.heise.de/newsticker/meldung/Autohersteller-stecken-Positionen-fuer-Kampf-um-Daten-Schatz-ab-3067882.html.

Spaar, Dieter, auf: Heise.de, Auto, öffne dich! Sicherheitslücken bei BMWs ConnectedDrive, Art. v. 6.2.2015, abrufbar unter: https://www.heise.de/ct/ausgabe/2015-5-Sicherheitsluecken-bei-BMWs-ConnectedDrive-2536384.html#1424306007946193_1422883339.

SPD Bundestagsfraktion, auf: SPDFraktion.de, Stärkung des digitalen Immunsystems, Positionspapier v. 21.6.2016, abrufbar unter: http://www.spdfraktion.de/system/files/documents/16-06-21_digitales-immunsystem_beschluss_spd-btf.pdf.

Spindler, Gerald; Thorun, Christian, auf: Sriw.de, Eckpunkte einer digitalen Ordnungspolitik – Politikempfehlungen zur Verbesserung der Rahmenbedingungen für eine effektive Ko-Regulierung in der Informationsgesellschaft, Studie im Auftrag von: Selbstregulierung Informationswirtschaft e.V, abrufbar unter: https://sriw.de/images/pdf/Spindler_Thorun-Eckpunkte_digitale_Ordnungspolitik_final.pdf.

Steiner, Falk; Briegleb, Volker, auf: Heise.de, Softwarehaftung: CDU will Hersteller in die Haftung nehmen, Art. v. 21.3.2017, abrufbar unter: https://www.heise.de/newsticker/meldung/Softwarehaftung-CDU-will-Hersteller-in-die-Pflicht-nehmen-3660901.html.

Tanriverdi, Hakan, auf: Süddeutsche.de, Diese Firmen müssen Hacker-Angriffe offenlegen, Art. v. 12.6.2015, abrufbar unter: http://www.sueddeutsche.de/digital/hacker-angriffe-warum-das-it-sicherheitsgesetz-nicht-weit-genug-geht-1.2517907.

Tanriverdi, Hakan, auf: Süddeutsche.de, Massiver DDos-Angriff zwingt populäre Webseiten in die Knie, Art. v. 22.10.2016, abrufbar unter: http://www.sueddeutsche.de/digital/it-sicherheit-massiver-hacker-angriff-zwingt-populaere-webseiten-in-die-knie-1.3217490.

TeleTrusT – Bundesverband IT-Sicherheit, auf: Teletrust.de, IT-Sicherheit bei Industrie 4.0: Botschaft angekommen, Umsetzung hapert, Pressemitteilung vom

16.9.2015, abrufbar unter: https://www.teletrust.de/uploads/media/PM-150916-TeleTrusT-Industrie4_0-Umfrageergebnis.pdf.

Verband der deutschen Internetwirtschaft, auf: eco.de, IT-Sicherheit 2016: Ein Report der eco Kompetenzgruppe Sicherheit, Köln 2016, abrufbar unter: https://www.eco.de/wp-content/blogs.dir/eco-report-it-sicherheit-2016.pdf.

Verband der deutschen Internetwirtschaft, auf: eco.de, IT-Sicherheit 2015: Ein Report der eco Kompetenzgruppe Sicherheit, Köln 2015, abrufbar unter: https://www.eco.de/wp-content/blogs.dir/eco-report-it-sicherheit-2015-final.pdf.

Waidner, Michael; Backes; Michael; Müller-Quade, Jörn, auf: Kompetenz-it-sicherheit.de, Positionspapier Cybersicherheit in Deutschland, Stuttgart 2017, abrufbar unter: https://www.kompetenz-it-sicherheit.de/wp-content/uploads/2017/02/Positionspapier_der_drei_Kompetenzzentren_IT-Sicherheit_web.pdf.

Wendt, Johannes, auf: Zeit.de, Auch Medizintechnik lässt sich hacken, Art. v. 10.4.2015, abrufbar unter: http://www.zeit.de/digital/internet/2015-04/medizintechnik-krankenhaus-it-sicherheit.

Wiegel, Michaela, auf: Faz.net, TV5 Monde gehackt: „Ein Angriff unbekannten Ausmaßes", Art. v. 9.4.2015, abrufbar unter: http://www.faz.net/aktuell/politik/ausland/europa/islamisten-hacken-franzoesischen-sender-tv5-monde-13528859.html.

Wilkens, Andreas, auf: Heise.de, BSI-Chef befürchtet Todesfälle durch Hackerangriffe auf Autos, Art. v. 24.4.2016, abrufbar unter: http://www.heise.de/newsticker/meldung/BSI-Chef-befuerchtet-Todesfaelle-durch-Hackerangriffe-auf-Autos-3182414.html.

Wilkens, Andreas, auf: Heise.de, Sipgate und Fidor Bank sollten mit DDoS-Angriffen erpresst werden, Art. v. 27.10.2014, abrufbar unter: http://www.heise.de/newsticker/meldung/Sipgate-und-Fidor-Bank-sollten-mit-DDoS-Angriffen-erpresst-werden-2435043.html.

Wocher, Martin, auf: Handelsblatt.com, Geschäftsmodell Datenanalyse: Die Verschmelzung der Welten, Art. v. 3.5.2016, abrufbar unter: http://www.handelsblatt.com/technik/hannovermesse/geschaeftsmodell-datenanalyse-die-verschmelzung-der-welten/13517718.html.

Zaboji, Niklas, auf: Faz.net, Unheimliche Bilder, Art. v. 8.6.2016, abrufbar unter: http://www.faz.net/aktuell/feuilleton/medien/smart-tv-wird-gehackt-und-filmt-paar-heimlich-beim-sex-14268177.html.

Zivadinovic, Dusan, auf: Heise.de, WannaCry: BSI ruft Betroffene auf, Infektionen zu melden, Art. v. 13.5.2017, abrufbar unter: https://www.heise.de/newsticker/meldung/WannaCry-BSI-ruft-Betroffene-auf-Infektionen-zu-melden-3713442.html.

Die angegebenen Quellen wurden zuletzt abgerufen am 14.01.2019.

www.ingramcontent.com/pod-product-compliance
Ingram Content Group UK Ltd.
Pitfield, Milton Keynes, MK11 3LW, UK
UKHW021835290926
8980IPUK00004B/469

9 783631 787212